民国四大报纸社论篇名索引

上册

主　编：李　玉　于　川
副主编：段金萍　袁　勇

国家图书馆出版社

图书在版编目（CIP）数据

民国四大报纸社论篇名索引/李玉，于川主编. —北京：国家图书馆
出版社，2011.6
ISBN 978 -7 -5013 -3879 -5

Ⅰ. ①民… Ⅱ. ①李… ②于… Ⅲ. ①社论 –中国 –民国 –索引
Ⅳ. ① Z89：D693.09

中国版本图书馆 CIP 数据核字（2010）第 259936 号

责任编辑　殷梦霞　邓咏秋

ISBN 978-7-5013-3879-5

9 787501 338795 >

| 书　　名 | 民国四大报纸社论篇名索引（全三册） |
| 著　　者 | 李玉、于川 主编 |

出　　版　国家图书馆出版社（100034 北京市西城区文津街 7 号）
发　　行　(010) 66139745，66175620，66126153
　　　　　　66174391（传真），66126156（门市部）
E-mail　　btsfxb@ nlc. gov. cn（邮购）
Website　 www. nlcpress. com（投稿）
经　　销　新华书店
印　　刷　河北三河弘翰印务有限公司

开　　本　787 ×1092 毫米　1/16
印　　张　114
字　　数　1300 千
版　　次　2011 年 6 月第 1 版　2011 年 6 月第 1 次印刷

书　　号　ISBN 978 -7 -5013 -3879 -5
定　　价　1500.00 元

编 委 会

目　　录

前　言

李　玉

著名报人张友渔先生曾言："报纸之使命，在报告事实与发表意见，前者为新闻记事，后者即所谓社论。社论在报纸所占之地位，有时且较新闻记事为重要。"又说："社论者，代表报社之意见，对于时事有所解释、批判及主张，以期指导读者之论评也。"① 由此说明，社论或社评乃现代报纸神韵之所系、魅力之所在。在西方，社论甚至被称为"报纸的灵魂"②。

社论或社评是中国近代报纸的一大特色。1874 年 1 月王韬在香港创办《循环日报》，亲笔撰写了大量政论文章。同期创办的《申报》，一大亮点就在于头版的评论文章。其他报纸的社论同样颇受时人关注。叶仲钧所著《上海鳞爪竹枝词》有一节专门记述"各报社评之变迁"，中有"曾记从前各报章，长篇社论冠头张"之句③。报纸社论"系论世界大势及中国应兴革之事"④，所以对国人视界开阔、思想转变与知识建构无疑具有重要意义。时人如此评价报馆的作用："是非曲直报中分，一纸风行四海闻；振聩发聋权力大，万般提创总由君。"⑤ 评判是非曲直，引导大众观念，振作社会心态，固然是报纸的整体作用，但其中社论无疑扮演着重要角色。有的报社在撰写社论方面"曾下过很大的力"，不少社论"产生了很大的号召力量"⑥。在一些特殊的历史场域，社论的意义更为重大。正如著名报人于右任在 1940 年演讲时指出的：

> 在今日战云弥漫的世界中，我们看见的是武器战、外交战、经济战；好几年前，还曾经有过关税战。但无论哪一种战争，都离不了笔战，都莫不以笔战作先锋。新闻纸就是记者的战场，社评实是笔战的焦点，也就是新闻纸的灵魂。

① 张友渔《何谓社论？——1932 年任教于燕京大学新闻系之讲义》，中国社会科学院新闻研究所《新闻研究资料》编辑室编辑《新闻研究资料》，1981 年第 3 辑（总第 8 辑），新华出版社 1981 年版，第 52 页；《张友渔学术精华录》，北京师范学院出版社 1988 年版，第 296 页。

② 薛中军《新闻评论》，上海大学出版社 2003 年版，第 57 页。

③ 见顾炳权编著《上海洋场竹枝词》，上海书店出版社 1996 年版，第 291 页。

④ 朱峙三《朱峙三日记》，光绪二十七年八月二十九日，《辛亥革命史丛刊》第 10 辑，湖北人民出版社 1999 年版，第 325 页。

⑤ 见上文所引顾炳权编著《上海洋场竹枝词》，第 128 页。

⑥ 中国人民政治协商会议全国委员会文史资料研究委员会编《文化史料》，第 2 辑，文史资料出版社 1981 年版，第 171、172 页。

炮弹的射程不能出乎数十公里之外，但是权威报纸的社评，却能在几点钟之内跑遍全世界。事实上，无数人们是以社评的见解为见解，不知不觉中在社评的领导支配之下，社评竟成了他们思想和行动的指南针。明乎此，便认识了社评的意义和重要性。①

于右任在抗战关头从国民党文化宣传工作者角度提出了报纸社论的"大众化"、"革命化"和"时代化"要求。"革命化"固然有不同的政治属性，不能一概而论，但"大众化"与"时代化"无疑是近代报纸社论的共同趋向。

社论是近代报纸最为传神的栏目，一般排于醒目位置，其冠名除"社论"之外，或为"社评"，或为"时评"，或为"专论"等，均是对现实的感悟，对时政的议论，对社会的评判。在重要历史时期和重大历史关头，报纸社论或呼喊鼓动，或因势利导，对社会舆论和政治形势的形成颇有影响。即使在平常之际，社论或针砭陋习弊窦，或褒扬先进高明，对社会文化建设与文明演进的推动作用亦不可低估。近代报纸的社论撰稿人多为职业政论家或著名知识分子，其文或长或短，或庄或谐，文辞典重，议论精辟，既属政论体裁，亦具文学特色，对了解中国近代主流媒体的政治立场和解读国内意识形态结构，深具价值。为方便学术界使用，兹将《申报》、《民国日报》（上海）、《中央日报》和《大公报》（天津）的社论目录裒辑汇编，以飨学界。倘有疏漏，尚望指正。

之所以选择这四种报纸，是因为它们均有新中国成立后的影印版，查阅方便，且广为学界所用。《申报》早期的评论文章虽未冠以专栏名称，但究其内容，与后来的"社论"或"时评"相类。天津《大公报》1926年9月改组后，"社论"栏目基本常态化。而《民国日报》和《中央日报》的社论则并非每日都有。考虑到三、四十年代《申报》的"星期论坛"、"星期评论"与《大公报》的"星期论文"均具有明显的时论特点，对这两个栏目的篇名也予以摘录。

这四大报纸在上世纪80—90年代已全文影印，公开出版，并广泛收藏于各大图书馆。为便于学者利用其中的社论资料，我们将这四大报纸的社论篇名汇编成索引，按原样著录篇名，揭示出处，为学者提供治学门径。其中有些社论在政治、民族、宗教等方面的观点与立场已经被历史证明是错误的，对此，相信读者能够加以辨识。

在讲求"论文"、"专著"等学术指标的今天，编目录搞索引肯定不是明智之举，数百万字的索引抵不上一篇数千字的核心期刊论文，甚至在某些学术评价体系中一文不值。但我们总觉得，学术工作一方面在于思想劳动，另一方面也在于体力劳动。倘不能在"思想"方面有所建树，实实在在地付出些体力劳动，对学界无疑也是一点贡献。治学的价值一方面在于给他人提供新的知识或思想，另一方面也在于给他人提供一定的便利。

---

① 于右任《如何写作社评》（1940年5月），《新闻学季刊》第1卷第2期，1940年；刘永平编：《于右任集》，陕西人民出版社1989年版，第148页。

　　笔者数年前为南京大学硕士研究生讲授《中国近现代史料评介》①课程时，就产生了编纂本史料索引的想法，后来得到南京图书馆民国文献部主任于川研究员的全力支持，她联合南京图书馆的技术人员为本项编辑工作的数据库设计作出关键性贡献。本书部分内容是南京大学历史系 2007 级中国近现代史专业硕士研究生作为《中国近现代史料评介》课程作业的一部分而摘录的，也有一些是我在编辑《民国研究》时选摘的，段金萍在编纂工作中出力尤多，袁勇、曾磊磊、凌霄、连红祯、周进修、湛峰、郑晓芳、马学磊、王政丽、朱静静等均不同程度地贡献了自己的劳动。

　　令我们感佩的是，为学界奉献"体力劳动"的设想，得到国家图书馆出版社的大力支持，殷梦霞编审一反目下出版市场的经济利益导向原则，以社会效应为先，精心策划，多方努力，促成了本史料索引的出版。责任编辑邓咏秋女士在具体编纂事务方面多有指导，一并致谢。

2011 年 3 月

---

　　①　本课程由笔者与朱宝琴教授合上。

编制与使用说明

一、本书汇编了《申报》《大公报》《民国日报》和《中央日报》所刊社论篇名。

《申报》于1872年4月30日（同治十一年三月二十三日）在上海创刊，1937年12月14日停刊，1938年1月15日至7月31日出版汉口版，同年10月10日在上海复刊，1949年5月27日终刊。其中，1938年3月1日至1939年7月10日又出版香港版。上海书店自1982年开始影印该报，至1987年全部完成，共分400册。

《大公报》于1902年6月17日（光绪二十八年五月十二日）在天津创刊，1925年11月26日停刊，次年9月1日复刊，1937年日军侵占天津后停刊。1937年9月18日至1938年10月17日在汉口出版，1938年12月1日移至重庆出版，1945年12月1日迁回天津，1949年1月15日终刊。该报由人民出版社于1982—1983年间影印出版，共分164册。

《民国日报》1916年1月22日创刊于上海，1932年2月停刊，1945年10月复刊，1947年1月31日终刊。人民出版社于1981年将该报影印出版，分99册。

《中央日报》于1928年2月1日在上海创刊，1929年2月移至南京，1937年12月13日停刊，1938年3月在长沙复刊，同年9月1日迁重庆出版，1945年9月10日迁回南京，1949年4月23日终刊。该报影印版由江苏古籍出版社与上海书店于1994年联合完成，共分60册。

这些报纸虽然出版发行历程不同，但都经历和见证了民国时期（1912—1949年）的内政与外交、经济与社会、文化与教育等，各报的影印版被国内各大图书馆广泛收藏，为学界提供了较多便利。我们编纂本书，依据的就是各报影印版。为了体现报纸的历史延续性，方便读者查阅清末资料，我们对《申报》和《大公报》在清末的社论篇目也全部收录，特此说明。

二、正文按社论篇名的汉语拼音顺序排列。篇名之后，依次标明报名、发表日期、影印版册数与页码，各要素之间以空格表示，并冠以序列号。例如：

00047　哀国会　《申报》　1917年6月14日　第146册　第774页
......
00100　爱故乡更爱祖国　《中央日报》　1947年4月5日　第55册　第936页

......

00268　八股辨　《申报》　1898 年 8 月 6 日　第 59 册　第 659 页

三、原标题的书名号与引号以及繁体与异体字，均改为现在通用形式。

四、原标题无法识读的字用□表示。

五、因本书在后期审校过程中调整了多音字篇名的排列顺序，故某些地方的序列号不连贯。

A

00001　□□九日潘君振声来函后　《申报》　1879 年 11 月 3 日　第 15 册　第 501 页

00002　□饬堂官慎重京察谕旨后　《申报》　1882 年 1 月 6 日　第 20 册　第 21 页

00003　□论近日营勇之弊　《申报》　1878 年 1 月 10 日　第 12 册　第 33 页

00004　×军进攻西北的面面观　《申报》(香港版)　1938 年 12 月 10 日　第 357 册　第 433 页

00005　×人大举进犯华南　《申报》(香港版)　1938 年 10 月 13 日　第 357 册　第 173 页

00006　阿比西尼亚并未灭亡　《申报》　1936 年 8 月 9 日　第 343 册　第 216 页

00007　阿部的服毒政策　《大公报》　1939 年 9 月 15 日　第 143 册　第 58 页

00008　阿部方针与中日问题　《申报》　1939 年 10 月 4 日　第 366 册　第 484 页

00009　阿部口中的三难题　《大公报》　1939 年 11 月 30 日　第 143 册　第 364 页

00010　阿部内阁崩溃与今后的日本政局　《大公报》　1940 年 1 月 15 日　第 144 册　第 58 页

00011　阿部内阁的末日已近　《大公报》　1939 年 11 月 27 日　第 143 册　第 352 页

00012　阿部下野与日本政治　《申报》　1940 年 1 月 15 日　第 368 册　第 204 页

00013　阿部要吃毒药吗?　《大公报》　1940 年 1 月 6 日　第 144 册　第 22 页

00014　阿尔巴尼亚战云与欧局　《申报》(香港版)　1939 年 4 月 8 日　第 358 册　第 306 页

00015　阿富汗足以屏蔽印度说　《申报》　1885 年 6 月 20 日　第 26 册　第 933 页

00016　阿懋　《民国日报》　1931 年 5 月 24 日　第 92 册　第 264 页

00017　阿根廷对轴心绝交的意义　《大公报》　1944 年 1 月 29 日　第 152 册　第 124 页

00018　阿根廷革命的意义　《大公报》　1943 年 6 月 10 日　第 150 册　第 712 页

00019　阿根廷将放弃否决权　《申报》　1947 年 8 月 20 日　第 394 册　第 502 页

00020　阿根廷酝酿革命　《申报》　1930 年 8 月 30 日　第 273 册　第 726 页

00021　阿军继续抗战　《申报》　1936 年 6 月 24 日　第 341 册　第 627 页

00022　阿拉善与额济纳　《大公报》　1936 年 10 月 23 日　第 134 册　第 740 页

00023　阿拉伯的反英运动　《申报》　1936 年 5 月 26 日　第 340 册　第 645 页

00024　阿拉伯联邦与犹太建国　《大公报》　1944 年 3 月 2 日　第 152 册　第 270 页

00025　阿拉伯民族的觉醒　《大公报》　1945 年 6 月 4 日　第 154 册　第 656 页

00026　阿米巴会变质吗?　《中央日报》　1948 年 10 月 7 日　第 60 册　第 280 页

00027　阿图岛与崩角　《大公报》　1943 年 5 月 25 日　第 150 册　第 642 页

00028　阿图与鄂西的两个胜仗　《大公报》　1943 年 6 月 2 日　第 150 册　第 676 页

00029　阿犹两族应有的警觉　《中央日报》　1948 年 5 月 19 日　第 59 册　第 156 页

00030　阿洲非废地说　《申报》　1879 年 9 月 26 日　第 15 册　第 349 页

00031　哀不拒款国民（短论）/湘君　《民国日报》　1917 年 11 月 6 日　第 12 册　第 62 页

00032　哀蔡锷　《申报》　1916 年 11 月 10 日　第 143 册　第 166 页

00033　哀长沙难民　《中央日报》　1930 年 8 月 14 日　第 11 册　第 543 页

00034　哀朝鲜!　《中央日报》　1931 年 7 月 31 日　第 15 册　第 335 页

00035　哀陈英士先生　《民国日报》　1916 年 5 月 19 日　第 3 册　第 218 页

00036　哀川黔民众　《大公报》　1935 年 4 月 16 日　第 125 册　第 744 页

00037　哀悼鲍威尔先生　《申报》　1947 年 3 月 3 日　第 392 册　第 656 页

00038　哀悼廖仲恺先生（言论）　《民国日报》　1925 年 8 月 25 日　第 58 册　第 608 页

00039　哀悼伍廷芳　《民国日报》　1922 年 12 月 17 日　第 42 册　第 622 页

00040　哀悼一个三轮车夫　《大公报》　1946 年 9 月 28 日　第 157 册　第 474 页

00041　哀多益寡论　《申报》　1893 年 6 月 21 日　第 44 册　第 369 页

00042　哀匪军　《大公报》　1936 年 11 月 20 日　第 135 册　第 272 页

00043　哀冯国璋　《申报》　1919 年 12 月 30 日　第 161 册　第 1035 页

00044　哀告之言　《申报》　1915 年 9 月 2 日　第 136 册　第 18 页

00045　哀广东　《申报》　1915 年 7 月 19 日　第 135 册　第 310 页

00046　哀国会　《申报》　1917 年 6 月 14 日　第 146 册　第 774 页

00047　哀江苏（一）：江北之畸形行政　《民国日报》　1916 年 9 月 8 日　第 5 册　第 86 页

00048　哀江苏（二）：齐耀琳今尚无恙　《民国日报》　1916 年 9 月 9 日　第 5 册　第 98 页

00049　哀捷克　《中央日报》　1939 年 3 月 17 日　第 41 册　第 920 页

00050　哀矜的用心与除恶的决心　《申报》　1948 年 8 月 29 日　第 398 册　第 472 页

00051　哀矜勿喜　《申报》　1928 年 10 月 7 日　第 251 册　第 171 页

00052　哀近日之北京　《申报》　1922 年 11 月 21 日　第 186 册　第 429 页

00053　哀莫大于心死！　《中央日报》　1931 年 11 月 1 日　第 16 册　第 380 页

00054　哀内讧　《申报》　1921 年 7 月 23 日　第 171 册　第 447 页

00055　哀农民　《申报》　1906 年 11 月 30 日　第 85 册　第 529 页

00056　哀农民　《大公报》　1930 年 6 月 27 日　第 96 册　第 812 页

00057　哀农民　《大公报》　1934 年 7 月 22 日　第 121 册　第 312 页

00058　哀热河　《申报》　1933 年 3 月 7 日　第 302 册　第 187 页

00059　哀人为的失业群！　《申报》　1946 年 9 月 3 日　第 390 册　第 26 页

00060　哀日本议会　《大公报》　1945 年 9 月 7 日　第 155 册　第 296 页

00061　哀日相原敬　《申报》　1921 年 11 月 6 日　第 175 册　第 118 页

00062　哀陕民　《中央日报》　1930 年 7 月 15 日　第 11 册　第 167 页

00063　哀上海　《申报》　1941 年 3 月 25 日　第 375 册　第 308 页

00064　哀舍卫古国　《民国日报》　1928 年 9 月 30 日　第 76 册　第 468 页

00065　哀时篇　《申报》　1907 年 5 月 2 日　第 88 册　第 16 页

00066　哀时篇（续）　《申报》　1907 年 5 月 5 日　第 88 册　第 57 页

00067　哀死济生　《申报》　1925 年 6 月 11 日　第 213 册　第 182 页

00068　哀痛了以后　《民国日报》　1930 年 3 月 12 日　第 85 册　第 158 页

00069　哀汪逆兆铭！　《大公报》　1944 年 11 月 13 日　第 153 册　第 606 页

00070　哀维琪政府并吊土伦法舰　《大公报》　1942 年 12 月 1 日　第 149 册　第 666 页

00071　哀西粤文　《申报》　1903 年 6 月 9 日　第 74 册　第 257 页

00072　哀香港　《大公报》　1941 年 12 月 27 日　第 147 册　第 708 页

00073　哀湘学生　《申报》　1920 年 4 月 29 日　第 163 册　第 1079 页

00074　哀哉德清之民　《申报》　1909 年 7 月 21 日　第 101 册　第 299 页

00075　哀章太炎先生　《中央日报》　1936 年 6 月 15 日　第 34 册　第 905 页

00076　哀郑汝成　《申报》　1915 年 11 月 11 日　第 137 册　第 164 页

00077　哀直鲁之民　《申报》　1928 年 9 月 7 日　第 250 册　第 187 页

00078　哀中国教育之前途　《申报》　1907 年 6 月 11 日　第 88 册　第 527 页

00079　哀总统之乡里　《申报》　1923 年 9 月 19 日　第 195 册　第 399 页

00080　唉！一石十七元　《民国日报》　1920 年 9 月 20 日　第 29 册　第 268 页

00081　埃及撤废领判权问题　《申报》　1937 年 4 月 17 日　第 351 册　第 403 页

00082　埃及加入国联　《申报》　1937 年 5 月 29 日　第 352 册　第 680 页

00083　埃及乱事　《申报》　1930 年 7 月 31 日　第 272 册　第 736 页

00084　埃及新内阁成立　《申报》　1930 年 1 月 5 日　第 266 册　第 78 页

00085　埃及之反英运动　《申报》　1935 年 11 月 23 日　第 334 册　第 547 页

00086　挨次拆台的军阀　《民国日报》　1920 年 12 月 12 日　第 30 册　第 578 页

00087　艾登辞职与其影响　《申报》（汉口版）　1938 年 2 月 25 日　第 356 册　第 83 页

00088　艾登的徒劳（译论）　《申报》　1943 年 3 月 25 日　第 383 册　第 584 页

00089　艾登赴美　《申报》　1943 年 3 月 18 日　第 383 册　第 542 页

00090　艾登赫尔二氏的演说　《中央日报》　1942 年 7 月 25 日　第 46 册　第 474 页

00091　艾登重任外相　《中央日报》　1940 年 12 月 24 日　第 44 册　第 220 页

00092　艾迪博士来沪演讲有感　《申报》　1934 年 11 月 30 日　第 322 册　第 876 页

00093　艾迪博士与日人之辩难　《大公报》　1934 年 9 月 27 日　第 122 册　第 392 页

00094　艾顿演词与欧局鸟瞰　《大公报》　1936 年 1 月 20 日　第 130 册　第 222 页

00095　艾森豪威尔远东之行　《中央日报》　1946 年 5 月 10 日　第 52 册　第 968 页

00096　爱地方者必爱国/闻兰亭（星期评论）　《申报》　1945 年 8 月 13 日　第 387 册　第 545 页

00097　爱多亚路惨案的几个要点（言论）　《民国日报》　1926 年 9 月 9 日　第 59 册　第 97 页

00098　爱而近路火灾惨剧　《申报》　1934 年 10 月 16 日　第 321 册　第 479 页

00099　爱尔兰之运动　《申报》　1930 年 4 月 2 日　第 269 册　第 35 页

00100　爱故乡更爱祖国　《中央日报》　1947 年 4 月 5 日　第 55 册　第 936 页

00101　爱国男儿邓铁梅被捕感言　《申报》　1934 年 6 月 15 日　第 317 册　第 445 页

00102　爱国桥头的华表　《中央日报》　1946 年 3 月 4 日　第 52 册　第 566 页

00103　爱国青年的蔡先生　《民国日报》　1919 年 9 月 16 日　第 23 册　第 182 页

00104　爱国说　《申报》　1897 年 2 月 14 日　第 55 册　第 231 页

00105　爱国说　《申报》　1905 年 12 月 26 日　第 81 册　第 989 页

00106　爱国心与暴动　《申报》　1915 年 5 月 21 日　第 134 册　第 338 页

00107　爱国与亡国　《中央日报》　1947 年 8 月 22 日　第 56 册　第 1152 页

00108　爱国运动的效力在那里（言论）　《民国日报》　1926 年 3 月 25 日　第 62 册　第 242 页

00109　爱国运动与其气度（言论）　《民国日报》　1925 年 8 月 13 日　第 58 册　第 462 页

00110　爱国运动中的军警观　《民国日报》　1920 年 2 月 13 日　第 25 册　第 524 页

00111　爱国之保障　《民国日报》　1919 年 6 月 12 日　第 21 册　第 507 页

00112　爱国之厄运　《申报》　1919 年 5 月 15 日　第 158 册　第 231 页

00113　爱国之凭证　《申报》　1915 年 4 月 1 日　第 133 册　第 494 页

00114　爱国忠君说　《申报》　1903 年 8 月 3 日　第 74 册　第 657 页

00115　爱恨悔的辩证道理/萧一山（星期论文）　《大公报》　1943 年 5 月 10 日　第 150 册　第 578 页

00116　爱护金融/默　《申报》　1932 年 2 月 7 日　第 290 册　第 657 页

00117　爱护良好的币制　《中央日报》　1948 年 8 月 21 日　第 59 册　第 930 页

00118　爱护我们的下一代　《大公报》　1944 年 4 月 4 日　第 152 册　第 422 页

00119　爱护学校，爱惜自己！　《中央日报》　1947 年 12 月 30 日　第 57 册　第 1230 页

00120　爱护自由　《大公报》　1946 年 12 月 31 日　第 158 册　第 594 页

00121　爱民与畏民　《大公报》　1927 年 2 月 10 日　第 78 册　第 269 页

00122　爱因斯坦论非战　《申报》　1931 年 9 月 17 日　第 286 册　第 469 页

00123　爱憎顺逆论　《申报》　1889 年 3 月 23 日　第 34 册　第 419 页

00124　安　《申报》　1918 年 8 月 2 日　第 153 册　第 522 页

00125　安案之法律问题　《申报》　1932 年 5 月 10 日　第 292 册　第 149 页

00126　安不忘危　《申报》　1927 年 5 月 6 日　第 234 册　第 108 页

00127　安插犹太人会议　《中央日报》　1938 年 12 月 5 日　第 41 册　第 354 页

00128　安德思考察协定之破裂问题　《大公报》　1929 年 4 月 22 日　第 89 册　第 836 页

00129　安定吧，人民还要生存！　《大公报》　1946 年 3 月 27 日　第 156 册　第 340 页

00130　安定第一！法纪至上！　《申报》　1948 年 2 月 4 日　第 396 册　第 324 页

00131　安定第一：上海市参议会第三次大会开幕献词　《申报》　1947 年 5 月 26 日　第 393 册　第 556 页

00132　安定公教人员的生活　《申报》　1949 年 2 月 7 日　第 400 册　第 220 页

00133　安定华北　《中央日报》　1947 年 10 月 13 日　第 57 册　第 444 页

00134　安定冀察之急务　《大公报》　1935 年 12 月 16 日　第 129 册　第 614 页

00135　安定江淮之一战　《中央日报》　1948 年 7 月 8 日　第 59 册　第 586 页

00136　安定教育界的生活　《大公报》　1945 年 3 月 19 日　第 154 册　第 330 页

00137　安定金融须亟求良策　《大公报》　1935 年 5 月 10 日　第 126 册　第 148 页

00164　安福部之今日　《申报》　1919 年 11 月 12 日　第 161 册　第 203 页

00165　安福三长辞职　《申报》　1920 年 7 月 26 日　第 165 册　第 469 页

00166　安福万能　《申报》　1919 年 7 月 19 日　第 159 册　第 297 页

00167　安福系与和议　《申报》　1919 年 7 月 15 日　第 159 册　第 233 页

00168　安福衔的贾阁（言论）　《民国日报》　1926 年 3 月 9 日　第 62 册　第 82 页

00169　安福新传　《申报》　1920 年 9 月 27 日　第 166 册　第 447 页

00170　安福之罪恶　《申报》　1920 年 7 月 2 日　第 165 册　第 22 页

00171　安海民变　《申报》　1920 年 9 月 9 日　第 166 册　第 141 页

00172　安徽旅沪同乡恳亲会演说词　《申报》　1907 年 6 月 8 日　第 88 册　第 489 页

00173　安徽旅沪同乡恳亲会演说词　《申报》　1907 年 6 月 9 日　第 88 册　第 501 页

00174　安徽旅沪同乡恳亲会演说词　《申报》　1907 年 6 月 10 日　第 88 册　第 515 页

00175　安徽马炮营兵变感言　《申报》　1908 年 11 月 22 日　第 97 册　第 334 页

00176　安徽人再不能忍耐了　《民国日报》　1921 年 6 月 8 日　第 33 册　第 536 页

00177　安徽巡抚冯煦奏印花税骤难举办折　《申报》　1908 年 8 月 21 日　第 95 册　第 710 页

00178　安徽咨议局筹办处驻宁研究会致皖教育总会意见书　《申报》　1908 年 10 月 17 日　第 96 册　第 670 页

00179　安靖地方说　《申报》　1911 年 10 月 26 日　第 114 册　第 971 页

00180　安居乐业　《申报》　1913 年 10 月 19 日　第 124 册　第 654 页

00181　安乐患难　《申报》　1920 年 12 月 28 日　第 167 册　第 995 页

00182　安乱　《申报》　1924 年 2 月 13 日　第 199 册　第 760 页

00183　安民策　《申报》　1900 年 8 月 13 日　第 65 册　第 729 页

00184　安命说　《申报》　1888 年 11 月 27 日　第 33 册　第 967 页

00185　安内攘外　《申报》　1933 年 4 月 13 日　第 303 册　第 366 页

00186　安内攘外之具体化　《民国日报》　1932 年 1 月 26 日　第 96 册　第 186 页

00187　安内为攘外之本　《大公报》　1932 年 3 月 20 日　第 107 册　第 194 页

00188　安内为先　《大公报》　1935 年 5 月 24 日　第 126 册　第 372 页

00189　安南非琉球之比说　《申报》　1882 年 5 月 16 日　第 20 册　第 639 页

00190　安宁中国要注意农村　《民国日报》　1946 年 12 月 9 日　第 99 册　第 443 页

00191　安贫说　《申报》　1890 年 6 月 18 日　第 36 册　第 993 页

00192　安全保障与德增加国防经费　《中央日报》　1934 年 4 月 12 日　第 26 册　第 134 页

00193　安全裁军方案与军缩前途　《中央日报》　1932 年 11 月 4 日　第 20 册　第 26 页

00194　安全理事会的否决　《民国日报》　1946 年 9 月 27 日　第 99 册　第 137 页

00195　安全理事会开会　《中央日报》　1946 年 1 月 18 日　第 52 册　第 296 页

00196　安全之方法　《申报》　1925 年 2 月 16 日　第 209 册　第 746 页

00197　安系　《申报》　1919 年 6 月 21 日　第 158 册　第 855 页

00198　安系决战　《申报》　1919 年 10 月 16 日　第 160 册　第 831 页

00199　安系余孽　《申报》　1921 年 1 月 5 日　第 168 册　第 67 页

00200　安行旅说　《申报》　1890 年 9 月 8 日　第 37 册　第 447 页

00201　安行旅说　《申报》　1900 年 11 月 5 日　第 66 册　第 385 页

00202　安义命说　《申报》　1879 年 1 月 29 日　第 14 册　第 77 页

00203　安逸与快乐　《申报》　1914 年 12 月 21 日　第 131 册　第 722 页

00204　安与不安　《申报》　1928 年 9 月 6 日　第 250 册　第 160 页

00205　安与静　《申报》　1928 年 6 月 30 日　第 247 册　第 819 页

00206　安知非福　《申报》　1921 年 11 月 12 日　第 175 册　第 258 页

00207　安置督军　《申报》　1920 年 6 月 15 日　第 164 册　第 829 页

00208　安置流氓说　《申报》　1901 年 2 月 28 日　第 67 册　第 301 页

00209　安置流民议　《申报》　1897 年 4 月 22 日　第 55 册　第 643 页

00210　安置同济学生　《民国日报》　1917 年 3 月 30 日　第 8 册　第 334 页

00211　安置倭奴刍议　《申报》　1895 年 1 月 6 日　第 49 册　第 33 页

00212　安置游民说　《申报》　1902 年 4 月 4 日　第 70 册　第 537 页

00213　安置游民说　《申报》　1903 年 7 月 3 日　第 74 册　第 427 页

00214　暗潮　《申报》　1915 年 7 月 4 日　第 135 册　第 56 页

00215　暗潮与权限　《申报》　1916 年 10 月 24 日　第 142 册　第 916 页

00216　暗潮愈烈　《申报》　1916 年 12 月 17 日　第 143 册　第 844 页

00217　暗斗　《申报》　1916 年 5 月 25 日　第 140 册　第 380 页

00218　暗渡陈仓之计　《申报》　1921 年 2 月 25 日　第 168 册　第 804 页

00219　暗昧　《申报》　1916 年 3 月 14 日　第 139 册　第 210 页

00220　暗杀　《申报》　1913 年 3 月 22 日　第 121 册　第 256 页

00221　暗杀　《申报》　1914 年 6 月 30 日　第 128 册　第 958 页

00222　暗杀是下策（言论）　《民国日报》　1925 年 12 月 11 日　第 60 册　第 482 页

00223 暗杀又起 《申报》 1913 年 10 月 29 日 第 124 册 第 800 页

00224 暗杀与毒药 《申报》 1914 年 3 月 1 日 第 127 册 第 2 页

00225 暗杀之风 《申报》 1931 年 3 月 18 日 第 280 册 第 453 页

00226 暗杀之风不可长！ 《申报》 1946 年 7 月 19 日 第 389 册 第 466 页

00227 暗杀主义 《申报》 1914 年 1 月 11 日 第 126 册 第 128 页

00228 暗战 《申报》 1916 年 2 月 25 日 第 138 册 第 726 页

00229 黯淡景象之日本政治季节 《申报》 1941 年 1 月 23 日 第 374 册 第 294 页

00230 黯淡时光 《申报》 1925 年 1 月 27 日 第 209 册 第 359 页

00231 拗执与坚定 《申报》 1927 年 3 月 6 日 第 232 册 第 121 页

00232 傲说 《申报》 1887 年 9 月 22 日 第 31 册 第 521 页

00233 奥变内幕之透视 《申报》 1934 年 2 月 20 日 第 313 册 第 476 页

00234 奥反对法西斯蒂 《中央日报》 1933 年 9 月 20 日 第 23 册 第 806 页

00235 奥阁改组与中欧和平 《大公报》 1936 年 5 月 18 日 第 132 册 第 242 页

00236 奥国大政变中之惨剧 《大公报》 1934 年 7 月 27 日 第 121 册 第 388 页

00237 奥国的悲剧 《申报》 1936 年 10 月 13 日 第 345 册 第 310 页

00238 奥国独立问题与多瑙河流域关系 《申报》 1934 年 9 月 20 日 第 320 册 第 609 页

00239 奥国复辟问题 《申报》 1934 年 8 月 11 日 第 319 册 第 297 页

00240 奥国复辟运动之国际关系 《申报》 1935 年 8 月 5 日 第 331 册 第 118 页

00241 奥国恢复征兵制的前瞻 《申报》 1936 年 4 月 7 日 第 339 册 第 168 页

00242 奥国扩军与中欧问题之新展开 《申报》 1935 年 5 月 17 日 第 328 册 第 436 页

00243 奥国内阁改组与中欧政局 《申报》 1936 年 5 月 17 日 第 340 册 第 415 页

00244 奥国内战之三大意义 《大公报》 1934 年 2 月 21 日 第 118 册 第 666 页

00245 奥国政局的教训 《大公报》 1933 年 9 月 20 日 第 116 册 第 280 页

00246 奥国重整军备与欧洲局势 《申报》 1935 年 4 月 9 日 第 327 册 第 237 页

00247 奥局与巴尔干 《大公报》 1935 年 7 月 15 日 第 127 册 第 204 页

00248 奥勒尔与蒙达 《大公报》 1943 年 8 月 6 日 第 151 册 第 164 页

00249   奥林匹克保卫战   《大公报》   1941 年 4 月 18 日   第 146 册   第 452 页

00250   奥塞已宣战   《申报》   1914 年 7 月 30 日   第 129 册   第 460 页

00251   "奥为武力所屈服矣"!   《申报》（汉口版）   1938 年 3 月 13 日   第 356 册   第 115 页

00252   奥匈重整军备问题   《大公报》   1936 年 4 月 7 日   第 131 册   第 524 页

00253   奥约非力争不可   《民国日报》   1919 年 8 月 28 日   第 22 册   第 662 页

00254   奥约权利损失警告   《民国日报》   1919 年 8 月 23 日   第 22 册   第 602 页

00255   奥约中之天津租界   《申报》   1919 年 7 月 18 日   第 159 册   第 281 页

00256   奥之棒喝党与社会党   《申报》   1930 年 5 月 25 日   第 270 册   第 628 页

00257   奥总理访英法与中欧公约   《申报》   1935 年 2 月 26 日   第 325 册   第 648 页

00258   澳门考略   《申报》   1887 年 3 月 13 日   第 30 册   第 389 页

00259   澳门窝匪论   《申报》   1872 年 11 月 12 日   第 1 册   第 665 页

00260   澳门应归还中国   《大公报》   1945 年 8 月 24 日   第 155 册   第 236 页

00261   澳门怎样？   《大公报》   1947 年 4 月 16 日   第 159 册   第 730 页

00262   澳门重案中之新政府：在政局变动中不减国际友威   《民国日报》   1922 年 6 月 8 日   第 39 册   第 518 页

00263   澳门猪仔论   《申报》   1872 年 8 月 3 日   第 1 册   第 321 页

00264   澳纽南非总理访美之重要性   《中央日报》   1942 年 8 月 30 日   第 46 册   第 700 页

00265   澳政治家之卓见   《中央日报》   1942 年 7 月 16 日   第 46 册   第 418 页

00266   澳洲是反攻根据地   《中央日报》   1942 年 3 月 22 日   第 45 册   第 968 页

B

00267   八方灾难复兴农村   《大公报》   1948 年 9 月 4 日   第 164 册   第 20 页

00268   八股辨   《申报》   1898 年 8 月 6 日   第 59 册   第 659 页

00269   八国拟组领权问题委员会   《申报》   1929 年 11 月 10 日   第 264 册   第 254 页

00270   八年国庆文   《民国日报》   1919 年 10 月 10 日   第 23 册   第 470 页

00271   八年与九年   《申报》   1919 年 12 月 31 日   第 161 册   第 1047 页

00272   八旗兵卫考   《申报》   1892 年 2 月 16 日   第 40 册   第 225 页

00273   八千镑   《大公报》   1929 年 12 月 7 日   第 93 册   第 580 页

00274   八千子弟   《申报》   1920 年 4 月 16 日   第 163 册   第 847 页

00300　巴尔干纷争的检讨　《申报》　1940 年 11 月 6 日　第 373 册　第 70 页

00301　巴尔干公约之展望　《申报》　1934 年 2 月 7 日　第 313 册　第 187 页

00302　巴尔干会战将告段落　《申报》　1941 年 4 月 23 日　第 375 册　第 670 页

00303　巴尔干局势的动乱　《申报》　1948 年 1 月 14 日　第 396 册　第 114 页

00304　巴尔干局势的开展　《申报》　1941 年 1 月 12 日　第 374 册　第 128 页

00305　巴尔干局势的剖视　《申报》　1939 年 11 月 5 日　第 367 册　第 56 页

00306　巴尔干局势的新发展　《中央日报》　1948 年 1 月 8 日　第 58 册　第 76 页

00307　巴尔干局势的展望　《申报》　1941 年 3 月 9 日　第 375 册　第 104 页

00308　巴尔干局势前瞻　《申报》　1941 年 3 月 30 日　第 375 册　第 370 页

00309　巴尔干局势与苏义对立　《申报》　1939 年 12 月 24 日　第 367 册　第 732 页

00310　巴尔干情势　《中央日报》　1940 年 1 月 12 日　第 42 册　第 992 页

00311　巴尔干问题　《申报》　1944 年 10 月 13 日　第 386 册　第 337 页

00312　巴尔干问题将来之影响　《申报》　1912 年 10 月 31 日　第 119 册　第 331 页

00313　巴尔干问题将来之影响　《申报》　1912 年 11 月 1 日　第 119 册　第 343 页

00314　巴尔干协约国会议与欧局　《申报》　1936 年 5 月 9 日　第 340 册　第 202 页

00315　巴尔干与近东　《大公报》　1940 年 10 月 21 日　第 145 册　第 424 页

00316　巴尔干与罗马尼亚　《中央日报》　1936 年 9 月 10 日　第 35 册　第 857 页

00317　巴尔干之静的检讨　《申报》　1941 年 4 月 12 日　第 375 册　第 532 页

00318　巴尔干之新风云　《大公报》　1927 年 6 月 11 日　第 79 册　第 569 页

00319　巴尔干之新面目　《中央日报》　1937 年 3 月 28 日　第 38 册　第 329 页

00320　巴勒斯坦的分治　《申报》　1947 年 12 月 11 日　第 395 册　第 716 页

00321　巴勒斯坦的回犹民族冲突　《申报》　1936 年 4 月 27 日　第 339 册　第 662 页

00322　巴勒斯坦的前途　《申报》　1946 年 7 月 27 日　第 389 册　第 554 页

00323　巴勒斯坦与近东和平　《大公报》　1939 年 2 月 27 日　第 142 册　第 230 页

00324　巴黎暴动　《申报》　1934 年 2 月 9 日　第 313 册　第 243 页

00325　巴黎的解放　《中央日报》　1944 年 8 月 25 日　第 49 册　第 1054 页

00326　巴黎四外长会议　《大公报》　1946 年 4 月 30 日　第 156 册　第 476 页

00327　巴黎外长会议复会　《大公报》　1946 年 6 月 15 日　第 156 册　第 660 页

00328 巴黎陷落后 《申报》 1940 年 6 月 16 日 第 370 册 第 612 页

00329 巴黎之解放 《大公报》 1944 年 8 月 25 日 第 153 册 第 254 页

00330 巴力士坦的难题 《大公报》 1946 年 7 月 18 日 第 157 册 第 70 页

00331 巴力士坦决定分治后 《大公报》 1947 年 12 月 9 日 第 161 册 第 604 页

00332 巴力士坦新提案 《大公报》 1947 年 2 月 14 日 第 159 册 第 326 页

00333 巴力斯坦分区计画 《申报》 1937 年 7 月 10 日 第 354 册 第 258 页

00334 巴力斯坦分区制度 《中央日报》 1937 年 7 月 16 日 第 40 册 第 185 页

00335 巴力斯坦乱事 《申报》 1930 年 4 月 3 日 第 269 册 第 63 页

00336 巴力斯坦问题 《中央日报》 1947 年 5 月 2 日 第 56 册 第 12 页

00337 巴马论 《申报》 1893 年 3 月 20 日 第 43 册 第 443 页

00338 巴纳号案 《大公报》 1937 年 12 月 27 日 第 139 册 第 766 页

00339 巴西副总统遇刺 《申报》 1930 年 2 月 9 日 第 267 册 第 206 页

00340 巴西又起革命说 《申报》 1930 年 8 月 31 日 第 273 册 第 753 页

00341 叭喇锡矿与赛兰格相为表里说 《申报》 1882 年 7 月 23 日 第 21 册 第 133 页

00342 拔草经验谈 《申报》 1928 年 4 月 9 日 第 245 册 第 211 页

00343 跋畿辅水利议 《申报》 1880 年 7 月 18 日 第 17 册 第 69 页

00344 跋乐道善人论厘金 《申报》 1875 年 12 月 23 日 第 7 册 第 601 页

00345 跋吴清卿中丞勘灾感事诗后 《申报》 1888 年 5 月 5 日 第 32 册 第 713 页

00346 跋显志堂文集 《申报》 1891 年 1 月 5 日 第 38 册 第 25 页

00347 跋姚拙民先生景詹暗遗文 《申报》 1888 年 11 月 4 日 第 33 册 第 823 页

00348 跋英高约款后 《申报》 1883 年 12 月 12 日 第 23 册 第 987 页

00349 跋中西算学源流考后 《申报》 1890 年 6 月 1 日 第 36 册 第 883 页

00350 把后方人心献给前方将士：请读者献金慰劳湖南战士！ 《大公报》 1944 年 6 月 20 日 第 152 册 第 766 页

00351 把握 《申报》 1918 年 9 月 21 日 第 154 册 第 340 页

00352 把握革新政治的时机 《申报》 1944 年 4 月 21 日 第 385 册 第 387 页

00353 把握时代需要的中心 《中央日报》 1939 年 3 月 22 日 第 41 册 第 950 页

00354 把握时机 《申报》 1944 年 6 月 27 日 第 385 册 第 617 页

00355 把握时机稳定物价 《中央日报》 1945 年 9 月 13 日 第 51 册 第 624 页

00356　把握问题的焦点：向党务座谈会建言　《中央日报》　1948 年 8 月 4 日　第 59 册　第 798 页

00357　把握着四战场的胜利　《中央日报》　1941 年 5 月 31 日　第 44 册　第 904 页

00358　把握政局的动向　《中央日报》　1947 年 3 月 2 日　第 55 册　第 654 页

00359　把握住必胜的锁钥：对于日本八十三届议会的感想　《申报》　1943 年 10 月 30 日　第 384 册　第 667 页

00360　把戏的议和（来论）/言孚　《民国日报》　1919 年 8 月 15 日　第 22 册　第 506 页

00361　"把意志筑成一条长城"　《中央日报》　1939 年 3 月 5 日　第 41 册　第 848 页

00362　罢工是少数人利用得的吗　《民国日报》　1924 年 3 月 24 日　第 50 册　第 298 页

00363　罢工问题　《申报》　1920 年 6 月 23 日　第 164 册　第 981 页

00364　罢工问题的商榷　《民国日报》　1919 年 6 月 9 日　第 21 册　第 470 页

00365　罢工与业务　《申报》　1925 年 9 月 30 日　第 216 册　第 645 页

00366　罢工之后　《申报》　1925 年 10 月 4 日　第 217 册　第 66 页

00367　罢课　《申报》　1919 年 12 月 11 日　第 161 册　第 698 页

00368　罢课的研究（一）　《民国日报》　1920 年 4 月 21 日　第 26 册　第 692 页

00369　罢课的研究（二）　《民国日报》　1920 年 4 月 22 日　第 26 册　第 704 页

00370　罢课声又起　《申报》　1920 年 4 月 13 日　第 163 册　第 799 页

00371　罢课问题之各省情势　《申报》　1920 年 5 月 10 日　第 164 册　第 177 页

00372　罢市　《申报》　1925 年 6 月 2 日　第 213 册　第 26 页

00373　罢市后将如何（言论）　《民国日报》　1925 年 6 月 2 日　第 57 册　第 442 页

00374　罢土木　汰冗滥　《大公报》　1942 年 3 月 5 日　第 148 册　第 268 页

00375　罢业志哀　《申报》　1925 年 6 月 25 日　第 213 册　第 426 页

00376　罢粤督　《申报》　1917 年 10 月 29 日　第 148 册　第 986 页

00377　白澳政策的毒素：人类和平之一威胁　《大公报》　1947 年 9 月 6 日　第 161 册　第 32 页

00378　白尔丁号事件　《民国日报》　1946 年 1 月 9 日　第 97 册　第 35 页

00379　白尔丁事件后的中法关系　《申报》　1946 年 1 月 7 日　第 388 册　第 39 页

00380　白宫的三国会谈　《中央日报》　1942 年 6 月 26 日　第 46 册　第 288 页

00381　白宫之火　《申报》　1929 年 12 月 27 日　第 265 册　第 736 页

00382　白河与天津　《大公报》　1927 年 9 月 5 日　第 80 册　第 527 页

00383　白画现形之妖相　《民国日报》　1917 年 9 月 28 日　第 11 册　第 326 页

00384　白话乎法律乎　《申报》　1921 年 1 月 4 日　第 168 册　第 43 页

00385　白狼　《申报》　1914 年 6 月 21 日　第 128 册　第 814 页

00386　白狼不能平　《申报》　1914 年 2 月 24 日　第 126 册　第 680 页

00387　白狼又突围矣　《申报》　1914 年 6 月 18 日　第 128 册　第 766 页

00388　白狼之外交　《申报》　1914 年 5 月 11 日　第 128 册　第 166 页

00389　白里安辞职说　《申报》　1931 年 5 月 26 日　第 282 册　第 633 页

00390　白里安的老把戏　《民国日报》　1931 年 4 月 5 日　第 91 册　第 426 页

00391　白里安赴日内瓦　《申报》　1931 年 5 月 16 日　第 282 册　第 384 页

00392　白利安之辞职与黎副总统之辞职　《申报》　1915 年 6 月 11 日　第 134 册　第 698 页

00393　白鲁宁抵巴黎　《民国日报》　1931 年 7 月 20 日　第 93 册　第 240 页

00394　白鲁宁去罗马　《中央日报》　1931 年 8 月 9 日　第 15 册　第 431 页

00395　白鲁宁去罗马　《中央日报》　1931 年 8 月 10 日　第 15 册　第 447 页

00396　白树仁君游西北感言　《大公报》　1932 年 11 月 5 日　第 111 册　第 52 页

00397　白银出口征税　《申报》　1934 年 10 月 17 日　第 321 册　第 505 页

00398　白银出口征税与平衡收支　《申报》　1934 年 10 月 20 日　第 321 册　第 594 页

00399　白银国有政策与美国经济危机　《申报》　1934 年 8 月 14 日　第 319 册　第 379 页

00400　白银外流防止论之商榷　《申报》　1934 年 8 月 26 日　第 319 册　第 738 页

00401　白银问题将告段落　《大公报》　1934 年 5 月 25 日　第 120 册　第 358 页

00402　白银问题再检讨　《大公报》　1934 年 10 月 13 日　第 122 册　第 627 页

00403　白银协定问题　《申报》　1934 年 2 月 25 日　第 313 册　第 623 页

00404　白银有再行流出之危险　《大公报》　1934 年 10 月 24 日　第 122 册　第 800 页

00405　百工手艺人薄待其徒最为恶习说　《申报》　1879 年 6 月 20 日　第 14 册　第 615 页

00406　百架滑翔机呈献礼　《大公报》　1942 年 12 月 25 日　第 149 册　第 768 页

00407　百灵庙蒙政会之前途　《大公报》　1936 年 5 月 6 日　第 132 册　第 74 页

00408　百年耻辱一笔勾消：英美宣布放弃在华特权　《大公报》　1942 年 10 月 11

日　第 149 册　第 450 页

00409　百万人的痛苦和呼吁　《大公报》　1945 年 1 月 26 日　第 154 册　第 108 页

00410　百万赈灾之真价值　《大公报》　1927 年 12 月 30 日　第 81 册　第 719 页

00411　百闻不如一见（言论）　《民国日报》　1926 年 8 月 10 日　第 64 册　第 402 页

00412　柏林的命运　《大公报》　1945 年 2 月 5 日　第 154 册　第 152 页

00413　柏林东京同时混乱　《中央日报》　1944 年 7 月 22 日　第 49 册　第 908 页

00414　柏林会战之展望　《申报》　1945 年 4 月 20 日　第 387 册　第 291 页

00415　柏林盟管会的危机　《大公报》　1948 年 3 月 27 日　第 162 册　第 514 页

00416　柏林盟约的真性质　《中央日报》　1940 年 10 月 17 日　第 43 册　第 1112 页

00417　柏林三头会议　《申报》　1945 年 7 月 20 日　第 387 册　第 497 页

00418　柏林事件的意义　《中央日报》　1948 年 10 月 1 日　第 60 册　第 234 页

00419　柏林危机的恶化　《申报》　1948 年 7 月 20 日　第 398 册　第 154 页

00420　柏林危机的诉诸联大　《申报》　1948 年 9 月 28 日　第 398 册　第 702 页

00421　柏林之绿色国际　《申报》　1930 年 5 月 16 日　第 270 册　第 393 页

00422　败匪　《申报》　1914 年 3 月 3 日　第 127 册　第 34 页

00423　败家子的借债法　《民国日报》　1923 年 4 月 25 日　第 44 册　第 756 页

00424　败类的处分　《民国日报》　1919 年 11 月 16 日　第 24 册　第 182 页

00425　败兴的远东运动会祝辞　《民国日报》　1921 年 5 月 30 日　第 33 册　第 410 页

00426　败征　《申报》　1920 年 9 月 12 日　第 166 册　第 189 页

00427　败之一束　《申报》　1924 年 12 月 21 日　第 208 册　第 398 页

00428　拜年说　《申报》　1880 年 2 月 15 日　第 16 册　第 157 页

00429　班禅回藏与藏边风云　《大公报》　1931 年 5 月 26 日　第 102 册　第 304 页

00430　颁布约法案成立　《民国日报》　1928 年 8 月 12 日　第 75 册　第 727 页

00431　颁律例以示民间说　《申报》　1883 年 1 月 16 日　第 22 册　第 89 页

00432　办边卒相攻事　《申报》　1886 年 6 月 16 日　第 28 册　第 965 页

00433　办法拿出来了　《申报》　1947 年 2 月 17 日　第 392 册　第 516 页

00434　办匪徒以靖地方说　《申报》　1887 年 8 月 20 日　第 31 册　第 309 页

00435　办荒不可限以时日说　《申报》　1889 年 10 月 31 日　第 35 册　第 759 页

00436　办教育者何以无中心信仰　《民国日报》　1931 年 1 月 21 日　第 90 册　第 154 页

788 页

00469　宝山筹办县道　《申报》　1920 年 5 月 22 日　第 164 册　第 389 页

00470　宝山种棉说略　《申报》　1906 年 8 月 7 日　第 84 册　第 367 页

00471　宝石说　《申报》　1898 年 4 月 20 日　第 58 册　第 659 页

00472　宝侍讲奏牍衍说　《申报》　1879 年 3 月 6 日　第 14 册　第 201 页

00473　宝星考　《申报》　1899 年 7 月 15 日　第 62 册　第 571 页

00474　饱聆谣言后的笑话　《民国日报》　1924 年 5 月 17 日　第 51 册　第 194 页

00475　保　《申报》　1920 年 8 月 25 日　第 165 册　第 979 页

00476　保安队与工潮　《民国日报》　1922 年 10 月 29 日　第 41 册　第 798 页

00477　保安公约与国联公约　《申报》　1930 年 4 月 28 日　第 269 册　第 753 页

00478　保藏篇　《申报》　1904 年 2 月 6 日　第 76 册　第 213 页

00479　保朝末议　《申报》　1890 年 11 月 2 日　第 37 册　第 793 页

00480　保持革命之精神　《申报》　1928 年 7 月 15 日　第 248 册　第 442 页

00481　保持国家生命　《中央日报》　1937 年 8 月 3 日　第 40 册　第 403 页

00482　保持与发展抗战的优势　《申报》（香港版）　1939 年 4 月 28 日　第 358 册　第 466 页

00483　保定二师案潜伏的严重性　《大公报》　1932 年 7 月 17 日　第 109 册　第 196 页

00484　保定各校迁移问题　《大公报》　1947 年 11 月 29 日　第 161 册　第 544 页

00485　保定会议　《申报》　1920 年 10 月 19 日　第 166 册　第 849 页

00486　保定会议　《申报》　1920 年 10 月 22 日　第 166 册　第 894 页

00487　保定会议之结果　《申报》　1923 年 8 月 3 日　第 194 册　第 46 页

00488　保富说　《申报》　1907 年 12 月 19 日　第 91 册　第 608 页

00489　保护安南十策总论　《申报》　1882 年 7 月 15 日　第 21 册　第 85 页

00490　保护安南十策第一　《申报》　1882 年 7 月 20 日　第 21 册　第 115 页

00491　保护安南十策第二　《申报》　1882 年 7 月 24 日　第 21 册　第 139 页

00492　保护安南十策第三　《申报》　1882 年 8 月 2 日　第 21 册　第 193 页

00493　保护安南十策第四　《申报》　1882 年 9 月 9 日　第 21 册　第 421 页

00494　保护安南十策第五　《申报》　1882 年 9 月 28 日　第 21 册　第 535 页

00495　保护安南十策第六　《申报》　1882 年 10 月 3 日　第 21 册　第 565 页

00496　保护安南十策第七　《申报》　1882 年 9 月 20 日　第 21 册　第 487 页

00497　保护安南十策第八　《申报》　1882 年 9 月 22 日　第 21 册　第 499 页

00498　保护安南十策第九　《申报》　1882 年 10 月 6 日　第 21 册　第 583 页

00499　保护安南十策第十　《申报》　1882 年 10 月 7 日　第 21 册　第 589 页

00528 保洛分家 《申报》 1922 年 8 月 22 日 第 183 册 第 452 页

00529 保洛之战已剧 《申报》 1922 年 11 月 23 日 第 186 册 第 471 页

00530 保民食宜永禁奸商贩米出洋论 《申报》 1899 年 11 月 2 日 第 63 册 第 437 页

00531 保民食以防隐患论 《申报》 1901 年 8 月 1 日 第 68 册 第 553 页

00532 保民食议 《申报》 1902 年 10 月 23 日 第 72 册 第 359 页

00533 保侨 《民国日报》 1928 年 5 月 16 日 第 74 册 第 229 页

00534 保侨与出兵 《大公报》 1928 年 4 月 20 日 第 83 册 第 501 页

00535 保全财货说 《申报》 1883 年 3 月 6 日 第 22 册 第 293 页

00536 保全文物保全民命 《大公报》 1949 年 1 月 14 日 第 164 册 第 641 页

00537 保商说 《申报》 1904 年 1 月 8 日 第 76 册 第 43 页

00538 保身篇 《申报》 1895 年 7 月 31 日 第 50 册 第 587 页

00539 保身慎疾刍言 《申报》 1903 年 9 月 21 日 第 75 册 第 147 页

00540 保身说 《申报》 1890 年 9 月 5 日 第 37 册 第 429 页

00541 保守 《申报》 1920 年 4 月 20 日 第 163 册 第 919 页

00542 保寿 《申报》 1922 年 11 月 10 日 第 186 册 第 194 页

00543 保卫察哈尔 《申报》 1937 年 8 月 9 日 第 355 册 第 175 页

00544 保卫长春 《民国日报》 1946 年 4 月 17 日 第 97 册 第 409 页

00545 保卫大武汉 《申报》（汉口版） 1938 年 7 月 15 日 第 356 册 第 367 页

00546 保卫和平的途径 《中央日报》 1939 年 6 月 26 日 第 42 册 第 180 页

00547 保卫华南 《申报》（汉口版） 1938 年 6 月 3 日 第 356 册 第 283 页

00548 保卫华南 《申报》（香港版） 1938 年 6 月 6 日 第 356 册 第 789 页

00549 保卫琉球 《申报》 1945 年 4 月 26 日 第 387 册 第 305 页

00550 保卫太平洋的新任务：国人应急起直追增进海军知识 《申报》 1943 年 5 月 21 日 第 383 册 第 925 页

00551 保卫西班牙！ 《申报》 1939 年 1 月 24 日 第 361 册 第 422 页

00552 保卫下一代 《申报》 1949 年 5 月 14 日 第 400 册 第 861 页

00553 保卫仰光！ 《大公报》 1942 年 2 月 5 日 第 148 册 第 154 页

00554 保卫越南的重要性 《申报》 1945 年 3 月 14 日 第 387 册 第 205 页

00555 保暹罗以固藩封说 《申报》 1893 年 7 月 31 日 第 44 册 第 647 页

00556 保暹说 《申报》 1884 年 6 月 13 日 第 24 册 第 933 页

00557 保险 《申报》 1915 年 9 月 28 日 第 136 册 第 432 页

00558 保险防弊说 《申报》 1901 年 6 月 18 日 第 68 册 第 289 页

00559 保乡即所以卫国 《中央日报》 1947 年 11 月 14 日 第 57 册 第 774 页

00560 保婴得婴论 《申报》 1888 年 2 月 5 日 第 32 册 第 213 页

00561 保婴一得论 《申报》 1881 年 8 月 14 日 第 19 册 第 177 页

00562 保障 《申报》 1917 年 3 月 10 日 第 145 册 第 164 页

00563 保障大学生的读书自由 《中央日报》 1947 年 5 月 27 日 第 56 册 第 266 页

00564 保障党员生命安全 《中央日报》 1932 年 8 月 3 日 第 19 册 第 18 页

00565 保障国家的安定力量 《申报》 1943 年 3 月 9 日 第 383 册 第 474 页

00566 保障和平与和平之障碍 《申报》 1933 年 5 月 19 日 第 304 册 第 474 页

00567 保障技术人才问题 《大公报》 1928 年 3 月 14 日 第 83 册 第 131 页

00568 保障技术人员的必要 《民国日报》 1928 年 3 月 24 日 第 73 册 第 336 页

00569 保障讲学与课业自由 《中央日报》 1947 年 6 月 21 日 第 56 册 第 514 页

00570 保障权利说 《申报》 1928 年 11 月 21 日 第 252 册 第 580 页

00571 保障人民身体自由 《大公报》 1944 年 8 月 1 日 第 153 册 第 144 页

00572 保障人权之谓何? 《大公报》 1931 年 6 月 21 日 第 102 册 第 616 页

00573 保障社会杜塞乱源! 《中央日报》 1947 年 3 月 5 日 第 55 册 第 680 页

00574 保障世界和平的机构 《中央日报》 1944 年 6 月 1 日 第 49 册 第 678 页

00575 保障事务官之先决条件 《申报》 1935 年 1 月 7 日 第 324 册 第 126 页

00576 保障学生的安全 《中央日报》 1945 年 12 月 6 日 第 52 册 第 32 页

00577 保障学术自由 《大公报》 1947 年 7 月 25 日 第 160 册 第 534 页

00578 保障渔民,防制垄断 《中央日报》 1947 年 12 月 27 日 第 57 册 第 1202 页

00579 保障战时人民权利 《大公报》 1943 年 11 月 5 日 第 151 册 第 566 页

00580 保障正当商人 《大公报》 1941 年 1 月 9 日 第 146 册 第 42 页

00581 保障自由善用自由 《中央日报》 1946 年 1 月 30 日 第 52 册 第 368 页

00582 保障自由与澄清行政 《大公报》 1935 年 11 月 14 日 第 129 册 第 190 页

00583 保障作家生活 《中央日报》 1940 年 1 月 30 日 第 42 册 第 1068 页

00584 保证 《申报》 1925 年 5 月 19 日 第 212 册 第 367 页

00585 保证全面的胜利 《中央日报》 1943 年 12 月 26 日 第 48 册 第 1096 页

00650　报纪襄阳闹教系之以论　《申报》　1897 年 3 月 25 日　第 55 册　第 473 页

00651　报纪讯犯须知系之以论　《申报》　1898 年 6 月 21 日　第 59 册　第 327 页

00652　报纪医学总会送诊书以志喜　《申报》　1898 年 5 月 21 日　第 59 册　第 121 页

00653　报纪议收人税书后　《申报》　1898 年 3 月 6 日　第 58 册　第 361 页

00654　报纪英俄警电感而书此　《申报》　1897 年 12 月 23 日　第 57 册　第 699 页

00655　报纪英皇加冕改期事率笔书此　《申报》　1902 年 6 月 28 日　第 71 册　第 393 页

00656　报纪英练华军因广论之　《申报》　1900 年 12 月 29 日　第 66 册　第 707 页

00657　报纪英美公廨举行土地会事愤而书此　《申报》　1905 年 6 月 30 日　第 80 册　第 519 页

00658　报纪谕领股票一则系之以论　《申报》　1898 年 3 月 2 日　第 58 册　第 333 页

00659　报纪粤中多盗因推论之　《申报》　1898 年 4 月 14 日　第 58 册　第 621 页

00660　报纪哲人其萎事慨书于后　《申报》　1904 年 11 月 7 日　第 78 册　第 459 页

00661　报纪中国人数因推论之　《申报》　1898 年 4 月 12 日　第 58 册　第 607 页

00662　报纪遵旨撤员因书其后　《申报》　1898 年 3 月 29 日　第 58 册　第 521 页

00663　报纪唐朱氏被谢巧云引诱事系之以论　《申报》　1892 年 3 月 18 日　第 40 册　第 415 页

00664　报捷　《申报》　1914 年 4 月 26 日　第 127 册　第 918 页

00665　报律译述　《申报》　1903 年 9 月 11 日　第 75 册　第 75 页

00666　报人的责任　《申报》　1948 年 7 月 13 日　第 398 册　第 98 页

00667　报人宣誓　《大公报》　1939 年 4 月 15 日　第 142 册　第 418 页

00668　报人之当前使命　《申报》（汉口版）　1938 年 3 月 1 日　第 356 册　第 91 页

00669　报人之当前使命　《申报》（香港版）　1938 年 3 月 4 日　第 356 册　第 413 页

00670　报湘乡先生书　《申报》　1906 年 12 月 14 日　第 85 册　第 655 页

00671   报湘乡先生书（一续）   《申报》   1906 年 12 月 15 日   第 85 册   第 665 页

00672   报湘乡先生书（二续）   《申报》   1906 年 12 月 16 日   第 85 册   第 675 页

00673   报业对于国际和平之应负责任   《申报》   1936 年 10 月 17 日   第 345 册   第 412 页

00674   报业之道德问题   《申报》   1935 年 10 月 1 日   第 333 册   第 8 页

00675   报章人民自由的第一声   《民国日报》   1922 年 3 月 19 日   第 38 册   第 248 页

00676   报纸如何可以为民众说话   《大公报》   1930 年 7 月 15 日   第 97 册   第 172 页

00677   报纸文字应该完全用白话   《大公报》   1934 年 1 月 7 日   第 118 册   第 76 页

00678   抱薪救火的玩意   《申报》   1946 年 2 月 18 日   第 388 册   第 263 页

00679   抱有计划的乐观（专论）/胡朴安   《民国日报》   1946 年 11 月 25 日   第 99 册   第 376 页

00680   鲍莱东来的任务   《申报》   1946 年 5 月 27 日   第 388 册   第 914 页

00681   鲍罗廷归国   《大公报》   1927 年 8 月 1 日   第 80 册   第 249 页

00682   鲍罗廷在汉演词之怀疑   《大公报》   1926 年 12 月 21 日   第 77 册   第 875 页

00683   鲍与曹   《申报》   1922 年 3 月 11 日   第 178 册   第 192 页

00684   暴敌必败   《申报》（汉口版）   1938 年 7 月 8 日   第 356 册   第 353 页

00685   暴敌的末路   《中央日报》   1939 年 8 月 28 日   第 42 册   第 436 页

00686   暴敌对我的侮辱与毒谋   《大公报》   1939 年 2 月 3 日   第 142 册   第 134 页

00687   暴敌军人的自由   《中央日报》   1940 年 12 月 29 日   第 44 册   第 240 页

00688   暴敌"屈膝"抑"切腹"?   《中央日报》   1941 年 12 月 3 日   第 45 册   第 518 页

00689   暴敌与各国租界   《中央日报》   1939 年 5 月 18 日   第 42 册   第 40 页

00690   暴敌之残暴行为   《申报》（汉口版）   1938 年 1 月 30 日   第 356 册   第 31 页

00691   暴敌之非人道行为   《申报》（汉口版）   1938 年 6 月 2 日   第 356 册   第 281 页

00692   暴敌之又一谬论   《大公报》   1939 年 1 月 19 日   第 142 册   第 74 页

00693   暴俄启衅后我们应该怎样   《民国日报》   1929 年 8 月 20 日   第 81 册   第 836 页

00694 暴风雨前之中南半岛 《中央日报》 1941 年 3 月 2 日 第 44 册 第 510 页

00695 暴军：公谕昭于天下，大仇如何不报 《民国日报》 1916 年 3 月 13 日 第 2 册 第 146 页

00696 暴力不足恃的铁证 《中央日报》 1946 年 10 月 12 日 第 54 册 第 122 页

00697 暴力无所用 《中央日报》 1946 年 8 月 8 日 第 53 册 第 584 页

00698 暴力压迫下的长沙（来论） 《民国日报》 1926 年 5 月 16 日 第 63 册 第 142 页

00699 暴利课税 《大公报》 1940 年 4 月 4 日 第 144 册 第 380 页

00700 暴露 《申报》 1927 年 4 月 7 日 第 233 册 第 122 页

00701 暴日不能以苏代美 《大公报》 1939 年 11 月 28 日 第 143 册 第 356 页

00702 暴日垂涎荷印 《大公报》 1940 年 4 月 19 日 第 144 册 第 440 页

00703 暴日的悲惨面容 《大公报》 1939 年 2 月 7 日 第 142 册 第 150 页

00704 暴日的次一行动 《大公报》 1942 年 3 月 25 日 第 148 册 第 354 页

00705 暴日的根本苦闷 《大公报》 1940 年 5 月 29 日 第 144 册 第 600 页

00706 暴日的"公债亡国"并略评敌国预算 《大公报》 1939 年 12 月 9 日 第 143 册 第 400 页

00707 暴日的狂妄 《中央日报》 1941 年 5 月 2 日 第 44 册 第 778 页

00708 暴日的南进与北守 《大公报》 1940 年 9 月 16 日 第 145 册 第 286 页

00709 暴日的世界野心："欲征服中国必先征服世界"!? /邵毓麟（星期论文） 《大公报》 1939 年 3 月 26 日 第 142 册 第 338 页

00710 暴日的外交破产了! 《大公报》 1939 年 8 月 24 日 第 142 册 第 540 页

00711 暴日的银样蜡枪头 《中央日报》 1940 年 12 月 14 日 第 44 册 第 178 页

00712 暴日的致命伤 《中央日报》 1942 年 3 月 18 日 第 45 册 第 952 页

00713 暴日的罪状 《中央日报》 1941 年 12 月 17 日 第 45 册 第 574 页

00714 暴日对美外交的阴谋 《中央日报》 1940 年 5 月 5 日 第 43 册 第 428 页

00715 暴日对美心劳日拙 《大公报》 1939 年 11 月 2 日 第 143 册 第 252 页

00716 暴日对美之恫吓 《大公报》 1941 年 11 月 6 日 第 147 册 第 504 页

00717 暴日对美之心劳日拙 《大公报》 1939 年 9 月 23 日 第 143 册 第 90 页

00718 暴日对苏渐感不耐 《大公报》 1941 年 8 月 21 日 第 147 册 第 186 页

4 月 21 日　第 144 册　第 448 页

00740　暴日侵泰之机已动　《大公报》　1941 年 8 月 1 日　第 147 册　第 122 页

00741　暴日屈膝了！　《大公报》　1938 年 8 月 12 日　第 141 册　第 184 页

00742　暴日人力的枯竭　《大公报》　1939 年 11 月 11 日　第 143 册　第 288 页

00743　暴日设所谓"中国派遣军"　《大公报》　1939 年 9 月 13 日　第 143 册　第 50 页

00744　暴日是屈服还是反抗？　《中央日报》　1941 年 8 月 29 日　第 45 册　第 126 页

00745　暴日外交的动向　《大公报》　1939 年 9 月 27 日　第 143 册　第 106 页

00746　暴日往何处去？　《大公报》　1938 年 12 月 20 日　第 141 册　第 524 页

00747　暴日为何对越软化？　《大公报》　1940 年 9 月 7 日　第 145 册　第 250 页

00748　暴日为什么要南进？　《大公报》　1940 年 10 月 2 日　第 145 册　第 350 页

00749　暴日新国防计划检讨　《大公报》　1939 年 4 月 13 日　第 142 册　第 410 页

00750　暴日蓄意酿成世界第二次大战　《民国日报》　1931 年 11 月 30 日　第 95 册　第 371 页

00751　暴日阴谋更暴露一层　《大公报》　1940 年 2 月 29 日　第 144 册　第 238 页

00752　暴日阴谋全部实现矣　《中央日报》　1931 年 11 月 17 日　第 16 册　第 571 页

00753　暴日又向苏联挑衅　《大公报》　1939 年 2 月 16 日　第 142 册　第 186 页

00754　暴日与荷印　《中央日报》　1940 年 8 月 30 日　第 43 册　第 916 页

00755　暴日与教廷　《大公报》　1942 年 3 月 28 日　第 148 册　第 368 页

00756　暴日与越南　《大公报》　1940 年 6 月 24 日　第 144 册　第 700 页

00757　暴日与中南美　《中央日报》　1940 年 3 月 20 日　第 43 册　第 210 页

00758　暴日在东南美的阴谋　《大公报》　1940 年 5 月 8 日　第 144 册　第 516 页

00759　暴日真要南进了！　《大公报》　1940 年 9 月 21 日　第 145 册　第 306 页

00760　暴日之黑暗与饥馑　《大公报》　1939 年 10 月 27 日　第 143 册　第 228 页

00761　暴日之四顾茫茫　《中央日报》　1939 年 5 月 17 日　第 42 册　第 36 页

00762　暴日自掘坟墓　《大公报》　1937 年 9 月 27 日　第 139 册　第 401 页

00763　暴日自食其果：论美国新造舰计划　《中央日报》　1940 年 1 月 14 日　第 42 册　第 1000 页

00764 暴日最近几点动向 《大公报》 1939 年 10 月 19 日 第 143 册 第 196 页

00765 爆裂物 《申报》 1920 年 10 月 29 日 第 166 册 第 1015 页

00766 "卑勿高"的行政改革论 《大公报》 1935 年 2 月 14 日 第 124 册 第 648 页

00767 杯酒一席谈/何永佶（星期论文） 《大公报》 1948 年 4 月 11 日 第 162 册 第 608 页

00768 悲哀 《申报》 1925 年 6 月 4 日 第 213 册 第 60 页

00769 悲哀之事 《申报》 1925 年 6 月 18 日 第 213 册 第 306 页

00770 悲惨壮烈的上海自杀案 《大公报》 1934 年 5 月 8 日 第 120 册 第 104 页

00771 悲侧之时期 《申报》 1914 年 5 月 31 日 第 128 册 第 486 页

00772 悲观声浪里的乐观/胡适（星期论文） 《大公报》 1934 年 10 月 14 日 第 122 册 第 646 页

00773 悲观主义 《申报》 1912 年 7 月 1 日 第 118 册 第 1 页

00774 悲怀无已！ 《大公报》 1945 年 4 月 16 日 第 154 册 第 448 页

00775 悲愧奋力 《大公报》 1938 年 2 月 4 日 第 140 册 第 142 页

00776 悲日本地震大火灾 《申报》 1923 年 9 月 3 日 第 195 册 第 52 页

00777 悲苏人 《大公报》 1926 年 9 月 11 日 第 77 册 第 81 页

00778 悲痛难抑的今日 《民国日报》 1928 年 5 月 5 日 第 74 册 第 51 页

00779 悲痛之词 《申报》 1929 年 6 月 1 日 第 259 册 第 8 页

00780 悲壮的五月/彬 《申报》 1932 年 5 月 1 日 第 292 册 第 2 页

00781 北般岛干那八达颜新地说 《申报》 1883 年 7 月 15 日 第 23 册 第 85 页

00782 北大风潮 《大公报》 1928 年 12 月 3 日 第 87 册 第 385 页

00783 北大教授停教三天 《大公报》 1948 年 10 月 25 日 第 164 册 第 326 页

00784 北大学潮解决 《大公报》 1929 年 1 月 30 日 第 88 册 第 440 页

00785 北大学潮宜即结束 《大公报》 1929 年 1 月 8 日 第 88 册 第 89 页

00786 北大学生案慨言 《民国日报》 1919 年 8 月 22 日 第 22 册 第 590 页

00787 北大之夹潮 《民国日报》 1922 年 10 月 24 日 第 41 册 第 730 页

00788 北代表甘入歧途了 《民国日报》 1921 年 12 月 19 日 第 36 册 第 650 页

00789 北代表果又全体辞职耶 《民国日报》 1919 年 3 月 29 日 第 20 册 第 336 页

00790 北代表立脚先不稳 《民国日报》 1921 年 12 月 23 日 第 36 册 第

704 页

00836 北方军民分治之初步 《大公报》 1928 年 3 月 27 日 第 83 册 第 261 页

00837 北方军事善后决定以后 《大公报》 1930 年 12 月 26 日 第 99 册 第 664 页

00838 北方乱局急变的原因 《民国日报》 1930 年 5 月 28 日 第 86 册 第 364 页

00839 北方民食若何 《大公报》 1927 年 5 月 16 日 第 79 册 第 361 页

00840 北方民众革命精神之表现（言论） 《民国日报》 1927 年 6 月 3 日 第 68 册 第 485 页

00841 北方偏枯要求美援 《大公报》 1948 年 8 月 23 日 第 163 册 第 686 页

00842 北方青年之出路问题 《大公报》 1930 年 11 月 25 日 第 99 册 第 292 页

00843 北方请愿团归来 《大公报》 1948 年 1 月 29 日 第 162 册 第 178 页

00844 北方人还不该死吗？ 《民国日报》 1920 年 9 月 28 日 第 29 册 第 380 页

00845 北方人民的悲哀 《大公报》 1947 年 5 月 23 日 第 160 册 第 144 页

00846 北方人民的心声 《大公报》 1947 年 6 月 11 日 第 160 册 第 262 页

00847 北方时局 《大公报》 1935 年 12 月 27 日 第 129 册 第 746 页

00848 北方食粮问题宜速救济 《大公报》 1930 年 7 月 30 日 第 97 册 第 352 页

00849 北方水利论 《申报》 1881 年 3 月 21 日 第 18 册 第 289 页

00850 北方铁路运输问题 《大公报》 1947 年 1 月 8 日 第 159 册 第 56 页

00851 北方问题 《申报》 1928 年 7 月 17 日 第 248 册 第 497 页

00852 北方问题之次序 《申报》 1926 年 4 月 28 日 第 222 册 第 622 页

00853 北方形势之一斑 《大公报》 1936 年 5 月 23 日 第 132 册 第 312 页

00854 北方选举竞争预测 《民国日报》 1920 年 12 月 29 日 第 30 册 第 816 页

00855 北方战局 《申报》 1937 年 10 月 6 日 第 355 册 第 662 页

00856 北方战局中两疑问 《申报》 1926 年 3 月 10 日 第 221 册 第 202 页

00857 北方政府竟个死胎 《民国日报》 1930 年 9 月 20 日 第 88 册 第 249 页

00858 北方之大饥 《申报》 1920 年 9 月 10 日 第 166 册 第 152 页

00859 北方之举动 《申报》 1927 年 7 月 1 日 第 236 册 第 7 页

00860 北方之军事善后 《大公报》 1933 年 6 月 19 日 第 114 册 第 690 页

00861 北方之社会问题 《大公报》 1927 年 4 月 6 日 第 79 册 第 41 页

00862 北方之武人间 《申报》 1924 年 5 月 9 日 第 202 册 第 183 页

00889　北京逮捕学生事　《大公报》　1927年3月25日　第78册　第613页

00890　北京当道之财政谈　《申报》　1921年12月13日　第176册　第252页

00891　北京当局与学生问题　《大公报》　1927年9月28日　第80册　第711页

00892　北京导报倡瓜分中国论（言论）　《民国日报》　1926年2月25日　第61册　第560页

00893　北京的公债买卖　《民国日报》　1924年7月11日　第52册　第166页

00894　北京的教育经费（时论）　《民国日报》　1926年6月7日　第63册　第361页

00895　北京的开学问题（言论）　《民国日报》　1926年8月23日　第64册　第532页

00896　北京的头把交椅（代论）　《民国日报》　1926年4月10日　第62册　第402页

00897　北京讹财杀人巨案　《大公报》　1927年9月17日　第80册　第623页

00898　北京改制　《大公报》　1927年6月19日　第79册　第633页

00899　北京官僚生活之末日　《大公报》　1927年5月14日　第79册　第345页

00900　北京国立京大与私立大学　《大公报》　1927年11月18日　第81册　第383页

00901　北京国立九校关门　《大公报》　1927年4月28日　第79册　第217页

00902　北京国立九校之改组计划　《大公报》　1927年8月5日　第80册　第281页

00903　北京国民大会两要点　《民国日报》　1919年12月9日　第24册　第458页

00904　北京果将设禁烟局耶　《大公报》　1927年9月10日　第80册　第567页

00905　北京贿案之多　《申报》　1917年4月21日　第145册　第910页

00906　北京减政问题　《大公报》　1928年3月30日　第83册　第291页

00907　北京将征奢侈品税　《大公报》　1927年11月16日　第81册　第367页

00908　北京教育当局今后之责任　《大公报》　1927年9月1日　第80册　第495页

00909　北京金融的消息　《民国日报》　1923年9月23日　第47册　第316页

00910　北京近事　《申报》　1920年8月27日　第165册　第1015页

00911　北京警察厅禁止罢工（言论）　《民国日报》　1925年8月15日　第58册　第485页

00912　北京局面（言论）　《民国日报》　1926年4月18日　第62册　第

482 页

00941 北京中立 《申报》 1922年4月20日 第179册 第401页

00942 北京组阁之虚玄 《申报》 1923年11月2日 第197册 第23页

00943 北军阀破裂之征兆 《申报》 1921年9月14日 第173册 第269页

00944 北军无久占汉阳之理 《申报》 1911年11月30日 第115册 第425页

00945 北军之欺诈 《申报》 1911年11月1日 第115册 第1页

00946 北军中两个力 《民国日报》 1924年2月12日 第49册 第486页

00947 北满抗日战之重要性 《大公报》 1932年10月11日 第110册 第484页

00948 北满与韩民移住问题：满蒙交涉之重要骨干 《大公报》 1927年9月9日 第80册 第559页

00949 北内阁与南政府 《申报》 1920年5月11日 第164册 第189页

00950 北宁路商务会议之重要 《大公报》 1929年12月15日 第93册 第708页

00951 北宁路水灾之严重 《大公报》 1930年8月20日 第97册 第604页

00952 北宁路五十年纪念 《大公报》 1931年6月9日 第102册 第472页

00953 北宁铁路之地位与责任 《大公报》 1929年12月14日 第93册 第692页

00954 北宁与开滦之斗争如何 《大公报》 1931年3月31日 第101册 第364页

00955 北宁有无华军辨 《申报》 1884年3月20日 第24册 第425页

00956 北欧封锁战 《中央日报》 1940年4月12日 第43册 第322页

00957 北欧局势 《中央日报》 1940年2月28日 第43册 第112页

00958 北欧战争的演变 《申报》 1940年4月23日 第369册 第728页

00959 北派 《申报》 1918年1月17日 第150册 第224页

00960 北平绑殴记者案 《中央日报》 1932年9月29日 第19册 第474页

00961 北平大学区制之试验 《大公报》 1928年12月23日 第87册 第625页

00962 北平大学校长院长辞职矣 《大公报》 1932年6月11日 第108册 第414页

00963 北平地面之兴废 《大公报》 1928年8月23日 第85册 第531页

00964 北平电力公司复业问题 《大公报》 1929年11月4日 第93册 第52页

00965 北平国立图书馆今日开幕 《大公报》 1931年6月25日 第102册 第664页

00966 北平教育的厄运 《大公报》 1946年12月20日 第158册 第522页

00967 北平近郊的战事 《大公报》 1938 年 5 月 7 日 第 140 册 第 552 页

00968 北平九校师生之庄严责任 《大公报》 1928 年 11 月 13 日 第 87 册 第 145 页

00969 北平两大学之前途 《大公报》 1929 年 10 月 3 日 第 92 册 第 516 页

00970 北平农大风潮与教育部 《大公报》 1930 年 4 月 27 日 第 95 册 第 916 页

00971 北平女生被辱事件 《申报》 1946 年 12 月 31 日 第 391 册 第 730 页

00972 北平伪组织之解剖 《大公报》 1938 年 1 月 3 日 第 140 册 第 11 页

00973 北平新气象 《大公报》 1931 年 4 月 5 日 第 101 册 第 424 页

00974 北平学潮 《大公报》 1929 年 9 月 8 日 第 92 册 第 116 页

00975 北平学潮扩大之感想 《大公报》 1932 年 6 月 13 日 第 108 册 第 434 页

00976 北平学潮之将来如何 《大公报》 1929 年 8 月 8 日 第 91 册 第 612 页

00977 北平学联会的重要决议 《大公报》 1936 年 1 月 21 日 第 130 册 第 234 页

00978 北平学生的不幸事件 《大公报》 1948 年 6 月 10 日 第 163 册 第 242 页

00979 北平学生之读书运动 《大公报》 1928 年 9 月 4 日 第 86 册 第 37 页

00980 北平与滦东 《大公报》 1933 年 9 月 25 日 第 116 册 第 354 页

00981 北平政委会发表宣言 《大公报》 1932 年 8 月 1 日 第 109 册 第 376 页

00982 北平政整会撤销 《大公报》 1935 年 8 月 30 日 第 127 册 第 874 页

00983 北平政整会第五次大会 《大公报》 1934 年 10 月 6 日 第 122 册 第 522 页

00984 北平之反佛教运动 《大公报》 1929 年 10 月 22 日 第 92 册 第 804 页

00985 北省大水 《申报》 1929 年 8 月 9 日 第 261 册 第 231 页

00986 北省急赈会之募捐启 《申报》 1920 年 10 月 6 日 第 166 册 第 606 页

00987 北太平洋海战之开始 《大公报》 1942 年 6 月 11 日 第 148 册 第 686 页

00988 北廷摧残言论观 《民国日报》 1919 年 9 月 14 日 第 23 册 第 158 页

00989 北廷对北京大学之隐秘 《民国日报》 1919 年 5 月 12 日 第 21 册 第 134 页

00990 北廷对付民意手段 《民国日报》 1920 年 2 月 1 日 第 25 册 第 404 页

00991 北廷和战并进之愤言 《民国日报》 1919 年 2 月 16 日 第 19 册 第 458 页

00992 北廷和战并进之愤言（续） 《民国日报》 1919 年 2 月 18 日 第 19 册

01017　北洋正统　《申报》　1922 年 5 月 29 日　第 180 册　第 581 页

01018　北洋正统"家中国"的心声（言论）　《民国日报》　1925 年 11 月 10 日　第 60 册　第 110 页

01019　贝当的覆辙可畏！　《大公报》　1940 年 10 月 15 日　第 145 册　第 404 页

01020　贝当的罪行　《大公报》　1945 年 7 月 27 日　第 155 册　第 114 页

01021　贝当与赖伐尔之法国　《中央日报》　1940 年 7 月 24 日　第 43 册　第 766 页

01022　贝尔纳斯的广播　《申报》　1946 年 7 月 18 日　第 389 册　第 454 页

01023　贝尔纳斯的演说　《申报》　1946 年 10 月 21 日　第 390 册　第 630 页

01024　备不可弛说　《申报》　1880 年 8 月 26 日　第 17 册　第 225 页

01025　备不可懈说　《申报》　1894 年 8 月 31 日　第 47 册　第 865 页

01026　备车　《申报》　1922 年 7 月 27 日　第 182 册　第 580 页

01027　备俄策　《申报》　1880 年 3 月 17 日　第 16 册　第 281 页

01028　备俄策下　《申报》　1880 年 3 月 23 日　第 16 册　第 305 页

01029　备俄策中　《申报》　1880 年 3 月 21 日　第 16 册　第 297 页

01030　备俄已有全策论　《申报》　1880 年 9 月 22 日　第 17 册　第 333 页

01031　备荒策　《申报》　1890 年 5 月 19 日　第 36 册　第 803 页

01032　备荒万年策　《申报》　1889 年 11 月 11 日　第 35 册　第 825 页

01033　备荒新说上　《申报》　1888 年 4 月 15 日　第 32 册　第 593 页

01034　备荒新说下　《申报》　1888 年 4 月 16 日　第 32 册　第 599 页

01035　备荒宜建社仓议　《申报》　1889 年 3 月 17 日　第 34 册　第 381 页

01036　备荒与抱佛脚　《申报》　1920 年 6 月 1 日　第 164 册　第 569 页

01037　备荒政以遏乱源策　《申报》　1901 年 7 月 27 日　第 68 册　第 523 页

01038　备火说　《申报》　1883 年 1 月 4 日　第 22 册　第 17 页

01039　备考英法俄三国学校之制　《申报》　1895 年 3 月 25 日　第 49 册　第 469 页

01040　备日议　《申报》　1894 年 7 月 15 日　第 47 册　第 549 页

01041　备史梯芬的参考　《民国日报》　1920 年 12 月 25 日　第 30 册　第 760 页

01042　备战：第二次宣言之后盾　《民国日报》　1919 年 3 月 17 日　第 20 册　第 192 页

01043　备战的近卫内阁　《大公报》　1941 年 7 月 19 日　第 147 册　第 74 页

01044　备战篇　《申报》　1902 年 6 月 22 日　第 71 册　第 355 页

01045　备战中之日本外交　《大公报》　1934 年 1 月 25 日　第 118 册　第 328 页

01046　背驰的统一主张　《民国日报》　1923 年 2 月 7 日　第 43 册　第 502 页

01047　背道而驰　《申报》　1916 年 3 月 7 日　第 139 册　第 98 页

01072　本报纪英民踊跃因而论之　《申报》　1903 年 5 月 23 日　第 74 册　第 143 页

01073　本报纪拐妻谋命事系之以论　《申报》　1893 年 6 月 2 日　第 44 册　第 231 页

01074　本报纪议而弁事系之以论　《申报》　1891 年 11 月 27 日　第 39 册　第 905 页

01075　本报继续出版宣言（言论）　《民国日报》　1926 年 11 月 17 日　第 66 册　第 3 页

01076　本报解除停邮处分　《大公报》　1935 年 12 月 12 日　第 129 册　第 566 页

01077　本报敬募劳军献金　《大公报》　1943 年 6 月 30 日　第 150 册　第 796 页

01078　本报刊送六周纪念册预告（特载）　《民国日报》　1922 年 1 月 22 日　第 37 册　第 288 页

01079　本报科学奖金征文揭晓　《大公报》　1937 年 7 月 1 日　第 139 册　第 4 页

01080　本报六十周年纪念刊词：六十年来之国难/彬　《申报》　1932 年 4 月 30 日　第 291 册　第 643 页

01081　本报六十周年纪念年宣言　《申报》　1931 年 9 月 1 日　第 286 册　第 12 页

01082　本报三纪黄堂课士书后　《申报》　1896 年 8 月 26 日　第 53 册　第 759 页

01083　本报设立科学奖金　《申报》　1944 年 5 月 1 日　第 385 册　第 423 页

01084　本报社址被炸述感　《大公报》　1941 年 7 月 11 日　第 147 册　第 44 页

01085　本报特列筹办咨议局一门通告　《申报》　1908 年 10 月 1 日　第 96 册　第 429 页

01086　本报文艺奖金发表　《大公报》　1937 年 5 月 15 日　第 138 册　第 202 页

01087　本报续刊二周年之感想　《大公报》　1928 年 9 月 1 日　第 86 册　第 1 页

01088　本报续刊四周年纪念感言　《大公报》　1930 年 9 月 1 日　第 98 册　第 4 页

01089　本报一万号纪念辞　《大公报》　1931 年 5 月 22 日　第 102 册　第 253 页

01090　本报移渝出版　《大公报》　1938 年 10 月 17 日　第 141 册　第 444 页

01091　本报元旦献辞　《申报》（香港版）　1939 年 1 月 1 日　第 357 册　第 606 页

01092　本报在汉出版的声明　《大公报》　1937 年 9 月 18 日　第 139 册　第 365 页

01093　本报在渝出版　《大公报》　1938 年 12 月 1 日　第 141 册　第 448 页

01119　本科顺天乡试变通录科章程示　《申报》　1903 年 8 月 24 日　第 74 册　第 815 页

01120　本末论　《申报》　1889 年 8 月 20 日　第 35 册　第 315 页

01121　本能，理智，与民族生命：中国与英国民族性的比较/雷海宗（星期论坛）　《申报》　1948 年 3 月 7 日　第 396 册　第 608 页

01122　本年的棉花究竟有过剩吗？/冯泽芳（星期论文）　《大公报》　1937 年 10 月 31 日　第 139 册　第 537 页

01123　本年第一季的战局　《中央日报》　1943 年 3 月 25 日　第 47 册　第 856 页

01124　本年度对外贸易的方针　《中央日报》　1940 年 1 月 16 日　第 42 册　第 1008 页

01125　本年度国家总预算论（上）/张白衣（星期论坛）　《申报》　1948 年 2 月 9 日　第 396 册　第 374 页

01126　本年度国家总预算论（中）/张白衣（星期论坛）　《申报》　1948 年 2 月 13 日　第 396 册　第 386 页

01127　本年度国家总预算论（下）/张白衣（星期论坛）　《申报》　1948 年 2 月 14 日　第 396 册　第 396 页

01128　本年度国家总预算之检讨（上）（专论）/李荣廷　《民国日报》　1947 年 1 月 5 日　第 99 册　第 595 页

01129　本年度国家总预算之检讨（下）（专论）/李荣廷　《民国日报》　1947 年 1 月 6 日　第 99 册　第 599 页

01130　本年度之总概算案　《申报》　1934 年 7 月 22 日　第 318 册　第 638 页

01131　本年度总预算之批判/彬　《申报》　1932 年 4 月 11 日　第 291 册　第 359 页

01132　本年日本对华政策之积极性及其经济基础　《大公报》　1935 年 1 月 17 日　第 124 册　第 248 页

01133　本年生活程度若何　《大公报》　1927 年 5 月 22 日　第 79 册　第 409 页

01134　本年世界经济及经济政策之展望　《大公报》　1935 年 1 月 3 日　第 124 册　第 24 页

01135　本年世界经济之动向　《大公报》　1936 年 1 月 3 日　第 130 册　第 18 页

01136　本年下半年度预算论（上）：兼论财政金融改革政策/张白衣（星期论坛）　《申报》　1948 年 8 月 1 日　第 398 册　第 250 页

01137　本年下半年度预算论（下）/张白衣（星期论坛）　《申报》　1948 年 8 月 2 日　第 398 册　第 261 页

01138　本年之人民义务服役：人民总动员举办水利及有关工事　《申报》　1935 年 9 月 14 日　第 332 册　第 384 页

01163   比尔苏斯基逝世与欧局   《大公报》   1935 年 5 月 14 日   第 126 册   第 212 页

01164   比法日三国修订商约问题   《大公报》   1926 年 9 月 7 日   第 77 册   第 49 页

01165   比国补缺选举揭晓后的内政外交   《申报》   1937 年 4 月 14 日   第 351 册   第 327 页

01166   比国请设领事论   《申报》   1898 年 12 月 27 日   第 60 册   第 827 页

01167   比国新借款之失策   《申报》   1913 年 9 月 12 日   第 124 册   第 145 页

01168   比国宣布中立之背景及其影响   《申报》   1936 年 10 月 18 日   第 345 册   第 440 页

01169   比国之中立政策   《大公报》   1936 年 10 月 20 日   第 134 册   第 698 页

01170   比国中立问题之新发展   《中央日报》   1937 年 4 月 21 日   第 38 册   第 625 页

01171   比皇回都祝辞   《民国日报》   1918 年 11 月 26 日   第 18 册   第 302 页

01172   比较   《申报》   1927 年 8 月 14 日   第 237 册   第 283 页

01173   比较（言论）   《民国日报》   1926 年 8 月 11 日   第 64 册   第 412 页

01174   比较中西挖煤之法说   《申报》   1875 年 7 月 9 日   第 7 册   第 29 页

01175   比京会议的结果   《中央日报》   1937 年 11 月 27 日   第 40 册   第 899 页

01176   比京会议今日开始   《大公报》   1937 年 11 月 3 日   第 139 册   第 549 页

01177   比京会议宣言以后   《大公报》   1937 年 11 月 17 日   第 139 册   第 605 页

01178   比京会议延会   《大公报》   1937 年 11 月 26 日   第 139 册   第 641 页

01179   比京会议与调解中日问题   《大公报》   1937 年 11 月 5 日   第 139 册   第 557 页

01180   比京会议与国际形势   《申报》   1937 年 11 月 5 日   第 355 册   第 922 页

01181   比京会议与我国的运命   《申报》   1937 年 10 月 31 日   第 355 册   第 876 页

01182   比京会议与中国   《大公报》   1937 年 10 月 16 日   第 139 册   第 477 页

01183   比京会议之前途   《大公报》   1937 年 11 月 4 日   第 139 册   第 553 页

01184   比塞大突尼斯攻克：同盟国须防日寇蠢动   《中央日报》   1943 年 5 月 9 日   第 48 册   第 51 页

01185   比王投降与欧战展望   《申报》   1940 年 5 月 30 日   第 370 册   第 384 页

01186   比约善后如何？   《大公报》   1926 年 11 月 8 日   第 77 册   第 531 页

01187   比约只余两日   《大公报》   1926 年 10 月 25 日   第 77 册   第 419 页

01188   比总理齐兰之调查工作   《中央日报》   1937 年 4 月 25 日   第 38 册   第 673 页

01189 彼辈碌碌 《申报》 1913 年 11 月 17 日 第 125 册 第 230 页

01190 彼己 《申报》 1925 年 10 月 29 日 第 217 册 第 607 页

01191 秕政与邪教/吴中行（星期评论） 《申报》 1945 年 6 月 3 日 第 387 册 第 393 页

01192 币原何必恋栈？ 《大公报》 1946 年 1 月 23 日 第 156 册 第 92 页

01193 币原认祸源在宣传 《大公报》 1931 年 7 月 18 日 第 103 册 第 208 页

01194 币原摄阁后之外交 《申报》 1930 年 11 月 17 日 第 276 册 第 445 页

01195 币原外相演说与日议会解散 《申报》 1930 年 1 月 22 日 第 266 册 第 524 页

01196 币制改革成败的关键/粟寄沧（专论） 《申报》 1948 年 6 月 15 日 第 397 册 第 632 页

01197 币制改革的第二次宣布 《大公报》 1936 年 5 月 19 日 第 132 册 第 256 页

01198 币制改革的时机问题/俞增康（专论） 《申报》 1946 年 12 月 22 日 第 391 册 第 622 页

01199 币制改革告一段落 《申报》 1936 年 2 月 12 日 第 337 册 第 306 页

01200 币制改革以后（专论） 《申报》 1948 年 10 月 26 日 第 399 册 第 174 页

01201 币制改革以来 《大公报》 1948 年 9 月 25 日 第 164 册 第 146 页

01202 币制改革意见/徐恩元 《申报》 1913 年 4 月 17 日 第 121 册 第 595 页

01203 币制改革意见续 《申报》 1913 年 4 月 18 日 第 121 册 第 607 页

01204 币制改革与物价/段逸珊（星期论坛） 《申报》 1948 年 9 月 26 日 第 398 册 第 688 页

01205 币制改革之初 《中央日报》 1948 年 8 月 24 日 第 59 册 第 952 页

01206 币制顾问员上度支部论币制书 《申报》 1910 年 4 月 8 日 第 105 册 第 610 页

01207 币制借款 《申报》 1913 年 11 月 28 日 第 125 册 第 384 页

01208 币制实行改革了 《大公报》 1948 年 8 月 22 日 第 163 册 第 680 页

01209 币制已实行改革了 《申报》 1948 年 8 月 20 日 第 398 册 第 402 页

01210 币制应否即时改革问题（专论）/李荣廷 《民国日报》 1946 年 12 月 8 日 第 99 册 第 438 页

01211 币制与干涉 《申报》 1921 年 5 月 20 日 第 170 册 第 335 页

01212 必不得已而去 《申报》 1921 年 12 月 1 日 第 176 册 第 6 页

01213 必不可让的一步 《中央日报》 1946 年 9 月 8 日 第 53 册 第 882 页

01214 必得其位 《申报》 1925 年 2 月 8 日 第 209 册 第 589 页

01215 必然的倾家荡产象（言论） 《民国日报》 1925 年 4 月 16 日 第 56 册

第 630 页

01216　必如何而后可?　《民国日报》　1930 年 1 月 18 日　第 84 册　第 214 页

01217　《必胜国民读本》译书序/陈彬龢(代论)　《申报》　1944 年 9 月 8 日　第 386 册　第 227 页

01218　必胜政治/德富苏峰(星期评论)　《申报》　1944 年 8 月 27 日　第 386 册　第 189 页

01219　必胜之关键　《申报》(香港版)　1938 年 5 月 21 日　第 356 册　第 726 页

01220　必胜之键在此!　《申报》(汉口版)　1938 年 5 月 19 日　第 356 册　第 253 页

01221　必须摧毁侵略哲学　《中央日报》　1943 年 2 月 2 日　第 47 册　第 572 页

01222　必须奋斗到底之目标　《申报》(汉口版)　1938 年 5 月 1 日　第 356 册　第 217 页

01223　必须奋斗到底之目标　《申报》(香港版)　1938 年 5 月 3 日　第 356 册　第 654 页

01224　必须排除的一种错觉　《申报》　1937 年 10 月 27 日　第 355 册　第 840 页

01225　必须收复缅甸　《中央日报》　1942 年 5 月 28 日　第 46 册　第 116 页

01226　必须寻求切实办法　《中央日报》　1941 年 6 月 18 日　第 44 册　第 980 页

01227　必欲一试　《申报》　1920 年 9 月 17 日　第 166 册　第 279 页

01228　必曰正名　《申报》　1927 年 10 月 1 日　第 239 册　第 5 页

01229　毕德门之演辞　《申报》　1936 年 2 月 14 日　第 337 册　第 357 页

01230　毕卡教授之高空探险　《申报》　1932 年 8 月 20 日　第 295 册　第 481 页

01231　毕业后之职业问题　《申报》　1934 年 8 月 1 日　第 319 册　第 11 页

01232　毕业即失业?　《大公报》　1947 年 7 月 10 日　第 160 册　第 444 页

01233　毕业生出路问题　《大公报》　1934 年 8 月 11 日　第 121 册　第 604 页

01234　毕业生无出路　《大公报》　1948 年 6 月 18 日　第 163 册　第 290 页

01235　毕业生职业问题　《大公报》　1935 年 6 月 10 日　第 126 册　第 644 页

01236　毕业学生出路问题　《大公报》　1932 年 6 月 29 日　第 108 册　第 594 页

01237　毕业学生无出路　《大公报》　1947 年 8 月 2 日　第 160 册　第 582 页

01238　毕业总考问题　《中央日报》　1941 年 5 月 30 日　第 44 册　第 898 页

01239　闭城求雨解　《申报》　1880 年 12 月 8 日　第 17 册　第 641 页

01240　"闭户潜养增长能力"　《大公报》　1927 年 12 月 11 日　第 81 册　第 567 页

01241　闭会开会　《申报》　1919 年 2 月 12 日　第 156 册　第 531 页

01242　闭门造车　《申报》　1923 年 10 月 1 日　第 196 册　第 3 页

01243　敝屣谈　《申报》　1922 年 3 月 17 日　第 178 册　第 312 页

01244　弊捐　《申报》　1887 年 11 月 18 日　第 31 册　第 909 页

01245　弊俗宜防其渐论　《申报》　1885 年 7 月 19 日　第 27 册　第 109 页

01246　弊政　《申报》　1924 年 4 月 22 日　第 201 册　第 454 页

01247　避　《申报》　1919 年 7 月 12 日　第 159 册　第 183 页

01248　避乱从扰说　《申报》　1884 年 8 月 3 日　第 25 册　第 199 页

01249　避免不必要的痛苦　《申报》　1944 年 9 月 29 日　第 386 册　第 293 页

01250　避免牵涉　《申报》　1929 年 7 月 24 日　第 260 册　第 670 页

01251　避难　《申报》　1918 年 5 月 9 日　第 152 册　第 130 页

01252　避难与享乐　《中央日报》　1937 年 9 月 13 日　第 40 册　第 620 页

01253　避债说　《申报》　1882 年 2 月 16 日　第 20 册　第 185 页

01254　边防切要篇　《申报》　1883 年 12 月 15 日　第 23 册　第 1005 页

01255　边疆建设问题　《中央日报》　1941 年 4 月 26 日　第 44 册　第 750 页

01256　边疆教育会议的召开：并贺国际文化合作协会成立　《申报》　1946 年 12 月 28 日　第 391 册　第 694 页

01257　边疆政策应有之新途径　《大公报》　1937 年 4 月 8 日　第 137 册　第 536 页

01258　边警与敌侨　《申报》　1918 年 3 月 16 日　第 151 册　第 224 页

01259　边境国家与欧陆和平　《中央日报》　1937 年 5 月 18 日　第 39 册　第 213 页

01260　边情紧急　《申报》　1933 年 6 月 11 日　第 305 册　第 291 页

01261　边省之军队　《申报》　1913 年 12 月 22 日　第 125 册　第 736 页

01262　砭蒙篇　《申报》　1912 年 1 月 21 日　第 116 册　第 236 页

01263　砭蒙篇　《申报》　1912 年 1 月 23 日　第 116 册　第 252 页

01264　砭俗论　《申报》　1887 年 8 月 22 日　第 31 册　第 321 页

01265　砭消极的国民性　《民国日报》　1924 年 5 月 27 日　第 51 册　第 314 页

01266　编辑小学教科书之中心：其工作与接收工作同一急要且更重要（专论）/胡朴安　《民国日报》　1945 年 10 月 12 日　第 96 册　第 207 页

01267　编遣程序大纲　《大公报》　1929 年 1 月 19 日　第 88 册　第 264 页

01268　编遣公债发行的前途　《中央日报》　1929 年 8 月 23 日　第 7 册　第 273 页

01269　编遣会议闭幕　《大公报》　1929 年 1 月 26 日　第 88 册　第 376 页

01270　编遣会议与国防　《大公报》　1929 年 1 月 2 日　第 88 册　第 17 页

01271　编遣会议之根本问题　《大公报》　1929 年 1 月 17 日　第 88 册　第 232 页

01272 编遣会议之前途 《申报》 1928 年 12 月 23 日 第 253 册 第 660 页

01273 编遣期中之财政问题 《中央日报》 1929 年 8 月 8 日 第 7 册 第 89 页

01274 编遣实施会议当怎样 《民国日报》 1929 年 8 月 4 日 第 81 册 第 570 页

01275 编遣实施以后之反动势力 《民国日报》 1929 年 11 月 15 日 第 83 册 第 242 页

01276 编遣实施以后之反动势力 《民国日报》 1929 年 11 月 17 日 第 83 册 第 274 页

01277 编遣实施之第一步工作 《大公报》 1929 年 8 月 31 日 第 91 册 第 980 页

01278 编遣与财政 《大公报》 1929 年 8 月 9 日 第 91 册 第 628 页

01279 编遣中之三要点 《申报》 1929 年 9 月 7 日 第 262 册 第 185 页

01280 编实会议闭幕后应注意的问题 《民国日报》 1929 年 8 月 8 日 第 81 册 第 636 页

01281 编译教科书的重要/叶公超（星期论坛） 《申报》 1937 年 5 月 16 日 第 352 册 第 361 页

01282 编制地方预算应顾及人民负担能力 《申报》 1933 年 10 月 12 日 第 309 册 第 354 页

01283 编制来年度国家总预算的商榷 《申报》 1947 年 11 月 7 日 第 395 册 第 376 页

01284 鞭长莫及 《申报》 1925 年 4 月 28 日 第 211 册 第 513 页

01285 褊狭之性 《申报》 1928 年 3 月 16 日 第 244 册 第 376 页

01286 便不护法也应讨逆 《民国日报》 1918 年 7 月 26 日 第 16 册 第 278 页

01287 便利与实益 《申报》 1927 年 6 月 3 日 第 235 册 第 48 页

01288 便民 《申报》 1925 年 11 月 22 日 第 218 册 第 428 页

01289 便贫民即所以化莠民说 《申报》 1882 年 12 月 8 日 第 21 册 第 961 页

01290 便平静也不过一时 《民国日报》 1922 年 11 月 27 日 第 42 册 第 358 页

01291 便图便宜也该起来 《民国日报》 1922 年 4 月 24 日 第 38 册 第 742 页

01292 变 《申报》 1920 年 4 月 12 日 第 163 册 第 771 页

01293 变动后之人心 《申报》 1927 年 7 月 31 日 第 236 册 第 651 页

01294 变动外汇率以后 《申报》 1946 年 8 月 19 日 第 389 册 第 828 页

01295 变法当先防流弊论 《申报》 1898 年 6 月 13 日 第 59 册 第 271 页

第 25 页

01353 辨西人论事 《申报》 1875年10月25日 第7册 第397页

01354 辨习俗称谓之谬误 《申报》 1896年8月22日 第53册 第733页

01355 辨谣 《申报》 1884年4月24日 第24册 第633页

01356 辨异 《申报》 1891年10月21日 第39册 第683页

01357 辨正借款北廷的外论 《民国日报》 1920年2月24日 第25册 第572页

01358 辨正小儿惊风说 《申报》 1905年5月6日 第80册 第43页

01359 辨制篇 《申报》 1893年9月12日 第45册 第75页

01360 辨字林新报所言略兵入关事 《申报》 1876年5月2日 第8册 第397页

01361 辨左伯相与山西人借贷军饷事 《申报》 1877年6月7日 第10册 第517页

01362 辩白 《申报》 1922年2月14日 第177册 第680页

01363 辩囤头罗间把持勒索事 《申报》 1873年3月22日 第2册 第253页

01364 辩嘉湖丝捐搭收本洋说 《申报》 1876年4月28日 第8册 第385页

01365 辩近日风传中英失和事 《申报》 1876年5月25日 第8册 第477页

01366 辩梁逆所著清议报记电询江鄂之诬 《申报》 1900年1月1日 第64册 第1页

01367 辩刘廷琛反对新刑律 《申报》 1911年3月29日 第111册 第450页

01368 辩论人主不可微行事 《申报》 1873年12月22日 第3册 第597页

01369 辩明一个当地的谣传（言论） 《民国日报》 1925年4月29日 第56册 第814页

01370 辩日本征召后备兵之诬 《申报》 1903年12月27日 第75册 第807页

01371 辩廷寄之伪 《申报》 1902年8月31日 第71册 第831页

01372 标本统筹 《申报》 1944年2月22日 第385册 第187页

01373 标金投机之影响 《申报》 1935年11月3日 第334册 第61页

01374 标语讨论 《民国日报》 1928年1月28日 第72册 第283页

01375 表里 《申报》 1917年3月14日 第145册 第240页

01376 表里 《申报》 1927年8月4日 第237册 第66页

01377 表里如一 《申报》 1926年6月18日 第224册 第416页

01378 表里如一之人 《申报》 1927年11月30日 第240册 第653页

01379 表里说 《申报》 1914年5月18日 第128册 第278页

01380 表面与骨子 《申报》 1927年11月21日 第240册 第459页

01381 表面与实力 《申报》 1919年7月11日 第159册 第167页

01382 表面之希望 《申报》 1920年11月11日 第167册 第178页

01383　表明心迹　《申报》　1918 年 9 月 3 日　第 154 册　第 38 页

01384　表示　《申报》　1917 年 3 月 1 日　第 145 册　第 2 页

01385　表示　《申报》　1919 年 5 月 6 日　第 158 册　第 83 页

01386　表示　《申报》　1920 年 4 月 22 日　第 163 册　第 947 页

01387　表示　《申报》　1927 年 2 月 19 日　第 231 册　第 984 页

01388　表示民意的目标　《民国日报》　1923 年 10 月 9 日　第 47 册　第 544 页

01389　表示之种类　《申报》　1927 年 6 月 30 日　第 235 册　第 631 页

01390　表扬忠烈　《大公报》　1940 年 11 月 29 日　第 145 册　第 580 页

01391　表彰经训以杜歧趋说　《申报》　1903 年 10 月 26 日　第 75 册　第 393 页

01392　表彰科学技术人员　《申报》　1944 年 2 月 21 日　第 385 册　第 185 页

01393　表彰忠义惩处奸宄　《中央日报》　1939 年 1 月 3 日　第 41 册　第 482 页

01394　别参政会　《大公报》　1948 年 3 月 28 日　第 162 册　第 520 页

01395　别给人吃掉拐掉！　《申报》　1946 年 6 月 26 日　第 389 册　第 230 页

01396　别忘了痛！　《大公报》　1944 年 12 月 11 日　第 153 册　第 722 页

01397　别矣麦令斯　《申报》　1941 年 11 月 22 日　第 378 册　第 651 页

01398　别矣一九四零年　《申报》　1940 年 12 月 31 日　第 373 册　第 836 页

01399　瘭螺痧辨　《申报》　1890 年 9 月 3 日　第 37 册　第 417 页

01400　瘭螺痧论　《申报》　1895 年 9 月 2 日　第 51 册　第 7 页

01401　宾红阁答问　《申报》　1888 年 12 月 10 日　第 33 册　第 1049 页

01402　宾红阁答问　《申报》　1890 年 2 月 24 日　第 36 册　第 277 页

01403　宾红阁赏月记　《申报》　1887 年 10 月 3 日　第 31 册　第 959 页

01404　宾红阁卮言　《申报》　1888 年 9 月 3 日　第 33 册　第 435 页

01405　宾阳之克复　《大公报》　1940 年 2 月 14 日　第 144 册　第 178 页

01406　滨海通商各埠积谷不如积银议　《申报》　1889 年 1 月 9 日　第 34 册　第 47 页

01407　滨口首相被刺　《申报》　1930 年 11 月 15 日　第 276 册　第 387 页

01408　濒于破裂之军缩会议　《申报》　1934 年 5 月 22 日　第 316 册　第 615 页

01409　冰血烽火中的北方　《大公报》　1947 年 12 月 2 日　第 161 册　第 562 页

01410　兵　《申报》　1914 年 10 月 9 日　第 130 册　第 534 页

01411　兵　《申报》　1918 年 11 月 20 日　第 155 册　第 306 页

01412　兵　《申报》　1927 年 1 月 24 日　第 231 册　第 525 页

01413　兵败于匪　《申报》　1922 年 11 月 13 日　第 186 册　第 260 页

01414　兵变　《申报》　1920 年 8 月 26 日　第 165 册　第 995 页

01415　兵变频传　《申报》　1922 年 7 月 10 日　第 182 册　第 212 页

01416　兵变痛言：是可以加入战团乎　《民国日报》　1917 年 4 月 22 日　第 8 册　第 610 页

01417　兵变中的罪人是谁　《民国日报》　1921 年 6 月 13 日　第 33 册　第 606 页

01418　兵不贵多论　《申报》　1901 年 8 月 7 日　第 68 册　第 589 页

01419　兵部奏遵旨裁革书吏折　《申报》　1904 年 9 月 6 日　第 78 册　第 39 页

01420　兵财民三者不可得兼　《申报》　1926 年 7 月 13 日　第 225 册　第 307 页

01421　兵船不可事送迎而废操练说　《申报》　1886 年 7 月 8 日　第 29 册　第 43 页

01422　兵船不能巡洋探敌说　《申报》　1885 年 3 月 13 日　第 26 册　第 361 页

01423　兵船宜出洋历练说　《申报》　1885 年 6 月 15 日　第 26 册　第 903 页

01424　兵船用人说　《申报》　1880 年 8 月 20 日　第 17 册　第 201 页

01425　兵船游历外洋论　《申报》　1891 年 1 月 19 日　第 38 册　第 113 页

01426　兵多　《申报》　1925 年 11 月 12 日　第 218 册　第 219 页

01427　兵多丁少　《申报》　1925 年 3 月 19 日　第 210 册　第 350 页

01428　兵额与选民额　《申报》　1921 年 3 月 13 日　第 169 册　第 209 页

01429　兵匪　《申报》　1920 年 10 月 5 日　第 166 册　第 581 页

01430　兵工政策的开端　《民国日报》　1928 年 3 月 27 日　第 73 册　第 379 页

01431　兵工政策与河北治河问题　《大公报》　1928 年 7 月 21 日　第 85 册　第 201 页

01432　兵贵乎用说　《申报》　1903 年 12 月 12 日　第 75 册　第 709 页

01433　兵贵练胆说　《申报》　1891 年 9 月 4 日　第 39 册　第 399 页

01434　兵贵神速　《大公报》　1941 年 12 月 23 日　第 147 册　第 692 页

01435　兵贵训练说　《申报》　1890 年 9 月 26 日　第 37 册　第 563 页

01436　兵荒说　《申报》　1892 年 1 月 20 日　第 40 册　第 115 页

01437　兵祸与匪祸　《大公报》　1927 年 12 月 3 日　第 81 册　第 511 页

01438　兵祸之预测　《申报》　1913 年 7 月 18 日　第 123 册　第 238 页

01439　兵谏　《申报》　1920 年 7 月 5 日　第 165 册　第 81 页

01440　兵谏与军用内阁　《申报》　1922 年 1 月 20 日　第 177 册　第 338 页

01441　兵将一心说　《申报》　1880 年 7 月 22 日　第 17 册　第 85 页

01442　兵客卿　《申报》　1915 年 2 月 4 日　第 132 册　第 470 页

01443　兵力与闽事　《申报》　1919 年 12 月 1 日　第 161 册　第 531 页

01444　兵轮宜预熟海道说　《申报》　1884 年 11 月 29 日　第 25 册　第 863 页

01445　兵论（上）　《申报》　1874 年 9 月 2 日　第 5 册　第 217 页

01446　兵论（下）　《申报》　1874 年 9 月 3 日　第 5 册　第 221 页

01447　兵盘与民盘　《民国日报》　1919 年 9 月 29 日　第 23 册　第 338 页

01448　兵期无兵论　《申报》　1890 年 11 月 9 日　第 37 册　第 837 页

01449　兵去匪来　《申报》　1924 年 11 月 30 日　第 207 册　第 496 页

01450 兵权 《申报》 1916 年 8 月 23 日 第 141 册 第 888 页

01451 兵甚于匪 《申报》 1924 年 7 月 22 日 第 204 册 第 490 页

01452 兵胜法 《申报》 1926 年 2 月 6 日 第 220 册 第 755 页

01453 兵士心理 《申报》 1921 年 7 月 3 日 第 171 册 第 47 页

01454 兵式的学生 《民国日报》 1923 年 11 月 6 日 第 48 册 第 80 页

01455 兵式的学生（二） 《民国日报》 1923 年 11 月 7 日 第 48 册 第 94 页

01456 兵事蠡测 《申报》 1895 年 1 月 4 日 第 49 册 第 21 页

01457 兵势强弱不关器械新旧说 《申报》 1883 年 3 月 21 日 第 22 册 第 373 页

01458 兵宜习勤说 《申报》 1892 年 1 月 13 日 第 40 册 第 77 页

01459 兵以用而后知论 《申报》 1890 年 12 月 9 日 第 37 册 第 1027 页

01460 兵役部的设立 《中央日报》 1944 年 9 月 27 日 第 50 册 第 122 页

01461 兵役部与兵役法 《大公报》 1944 年 11 月 3 日 第 153 册 第 562 页

01462 兵役的除弊与兴利 《大公报》 1945 年 2 月 1 日 第 154 册 第 134 页

01463 兵役法之施行 《申报》 1936 年 3 月 3 日 第 338 册 第 61 页

01464 兵役实施之改善 《中央日报》 1939 年 1 月 18 日 第 41 册 第 572 页

01465 兵役问题 《大公报》 1939 年 1 月 20 日 第 142 册 第 78 页

01466 兵役行政的本质 《中央日报》 1944 年 10 月 25 日 第 50 册 第 252 页

01467 兵役行政上几个问题 《中央日报》 1944 年 12 月 23 日 第 50 册 第 506 页

01468 兵役行政与心理建设 《中央日报》 1944 年 9 月 2 日 第 50 册 第 5 页

01469 兵役宣传的要义 《中央日报》 1940 年 1 月 29 日 第 42 册 第 1064 页

01470 兵勇辨 《申报》 1889 年 9 月 7 日 第 35 册 第 425 页

01471 兵勇均贵土著说 《申报》 1883 年 12 月 18 日 第 23 册 第 1023 页

01472 兵勇异同论 《申报》 1873 年 4 月 3 日 第 2 册 第 293 页

01473 兵与民与盗 《申报》 1920 年 11 月 17 日 第 167 册 第 285 页

01474 兵与饷 《申报》 1920 年 10 月 26 日 第 166 册 第 978 页

01475 兵战与法战 《申报》 1926 年 1 月 12 日 第 220 册 第 245 页

01476 兵争与政争 《申报》 1920 年 4 月 12 日 第 163 册 第 775 页

01477 兵争之机又动 《申报》 1920 年 5 月 15 日 第 164 册 第 261 页

01478 兵争之外 《申报》 1918 年 7 月 8 日 第 153 册 第 112 页

01479 兵之动静 《申报》 1926 年 10 月 11 日 第 228 册 第 297 页

01480 兵之力 《申报》 1928 年 5 月 27 日 第 246 册 第 737 页

01481 兵之上海 《申报》 1927 年 3 月 2 日 第 232 册 第 27 页

01482 兵治国 《申报》 1917 年 1 月 10 日 第 144 册 第 128 页

01483 丙申年上海市面大概情形论 《申报》 1897 年 1 月 30 日 第 55 册 第

437 页

01562　补救米荒　《申报》　1920 年 6 月 17 日　第 164 册　第 869 页

01563　补救议院之研究　《申报》　1913 年 5 月 14 日　第 122 册　第 172 页

01564　补救议院之研究（二）　《申报》　1913 年 5 月 15 日　第 122 册　第 184 页

01565　补录唐景星方伯祝嘏事并书其后　《申报》　1892 年 6 月 28 日　第 41 册　第 377 页

01566　补说孙总统主张　《民国日报》　1922 年 6 月 25 日　第 39 册　第 752 页

01567　补药宜慎论　《申报》　1886 年 11 月 22 日　第 29 册　第 889 页

01568　补罪言赘言　《申报》　1885 年 4 月 13 日　第 26 册　第 531 页

01569　捕盗式的总攻击令　《民国日报》　1921 年 6 月 22 日　第 33 册　第 734 页

01570　捕蝗刍议上　《申报》　1893 年 9 月 4 日　第 45 册　第 21 页

01571　捕蝗刍议下　《申报》　1893 年 9 月 5 日　第 45 册　第 27 页

01572　捕蝗古法最善火攻说　《申报》　1879 年 6 月 26 日　第 14 册　第 639 页

01573　捕奸与惩奸　《大公报》　1945 年 12 月 27 日　第 155 册　第 764 页

01574　捕快与盗：敬告西南义师　《民国日报》　1917 年 12 月 30 日　第 12 册　第 706 页

01575　不安　《申报》　1916 年 10 月 16 日　第 142 册　第 782 页

01576　不安不定之日本政局　《大公报》　1932 年 3 月 18 日　第 107 册　第 174 页

01577　不安定之日本政局　《大公报》　1928 年 3 月 11 日　第 83 册　第 101 页

01578　不安分足以致贫说　《申报》　1888 年 12 月 26 日　第 33 册　第 1145 页

01579　不安与不定　《大公报》　1931 年 3 月 13 日　第 101 册　第 148 页

01580　不安与循环　《申报》　1925 年 2 月 19 日　第 209 册　第 802 页

01581　不安之局　《申报》　1926 年 6 月 24 日　第 224 册　第 563 页

01582　不北伐终将南侵（言论）　《民国日报》　1926 年 4 月 25 日　第 62 册　第 552 页

01583　不必　《申报》　1915 年 11 月 24 日　第 137 册　第 372 页

01584　不必灰心　《申报》　1933 年 8 月 24 日　第 307 册　第 668 页

01585　不必今日　《申报》　1918 年 11 月 3 日　第 155 册　第 35 页

01586　不必要问题　《申报》　1928 年 2 月 23 日　第 243 册　第 539 页

01587　不必有者　《申报》　1926 年 3 月 15 日　第 221 册　第 316 页

01588　不必有之波澜　《申报》　1913 年 3 月 24 日　第 121 册　第 283 页

01589　不便　《申报》　1922 年 6 月 21 日　第 181 册　第 414 页

01590　不测　《申报》　1927 年 8 月 19 日　第 237 册　第 388 页

01591　不测风云　《申报》　1924 年 3 月 8 日　第 200 册　第 158 页

01592　不测之事变　《申报》　1913 年 3 月 23 日　第 121 册　第 270 页

01593　不撤兵何能商条件　《大公报》　1931 年 10 月 21 日　第 104 册　第 592 页

01594　不成不败　《申报》　1922 年 3 月 7 日　第 178 册　第 118 页

01595　不成不败之现状　《申报》　1923 年 4 月 26 日　第 190 册　第 527 页

01596　不成会　《申报》　1922 年 12 月 17 日　第 187 册　第 356 页

01597　不成问题的粮食问题　《中央日报》　1941 年 7 月 22 日　第 44 册　第 1136 页

01598　不成问题之问题　《申报》　1914 年 7 月 1 日　第 129 册　第 2 页

01599　不承认新借款　《民国日报》　1916 年 4 月 13 日　第 2 册　第 518 页

01600　不承认主义的理论学　《中央日报》　1946 年 5 月 1 日　第 52 册　第 914 页

01601　不承认主义之又一试验　《申报》　1934 年 7 月 25 日　第 318 册　第 716 页

01602　不诚之龟监　《申报》　1917 年 7 月 8 日　第 147 册　第 124 页

01603　不传之传　《申报》　1927 年 7 月 22 日　第 236 册　第 454 页

01604　不措意　《申报》　1927 年 9 月 25 日　第 238 册　第 519 页

01605　不大为人注意的美国宪法几条：宪法平议之九/何永佶（星期论文）　《大公报》　1946 年 12 月 1 日　第 158 册　第 396 页

01606　不当以恢复国会为议和条件　《民国日报》　1917 年 12 月 16 日　第 12 册　第 542 页

01607　不得人心　《申报》　1926 年 4 月 6 日　第 222 册　第 122 页

01608　不得要领　《申报》　1920 年 11 月 16 日　第 167 册　第 268 页

01609　不得要领　《申报》　1924 年 1 月 27 日　第 199 册　第 548 页

01610　不得已　《申报》　1915 年 8 月 16 日　第 135 册　第 770 页

01611　不得已（言论）　《民国日报》　1926 年 8 月 28 日　第 64 册　第 583 页

01612　不得已而讨逆　《民国日报》　1917 年 6 月 1 日　第 9 册　第 374 页

01613　不得已之征蒙计划　《民国日报》　1916 年 9 月 15 日　第 5 册　第 170 页

01614　不得已之征蒙计划（续）：（一）军事上之设施　《民国日报》　1916 年 9 月 16 日　第 5 册　第 182 页

01615　不得已之征蒙计划（续）：（二）对于日本之协商　《民国日报》　1916 年 9 月 17 日　第 5 册　第 194 页

01616　不电不言　《申报》　1924 年 12 月 16 日　第 208 册　第 277 页

01617　不动　《申报》　1924 年 11 月 21 日　第 207 册　第 341 页

01618　不动　《申报》　1926 年 10 月 28 日　第 228 册　第 702 页

01619 不动产银行之筹设 《申报》 1935 年 12 月 31 日 第 335 册 第 744 页

01620 不动心 《申报》 1921 年 9 月 6 日 第 173 册 第 111 页

01621 不动以驭至动（专论）/胡朴安 《民国日报》 1946 年 9 月 11 日 第 99 册 第 64 页

01622 不断暴腾中之物价 《申报》 1941 年 10 月 25 日 第 378 册 第 303 页

01623 不堕落的该急起自造政府 《民国日报》 1923 年 6 月 12 日 第 45 册 第 582 页

01624 不法之势力 《申报》 1925 年 5 月 28 日 第 212 册 第 570 页

01625 不妨 《申报》 1922 年 7 月 24 日 第 182 册 第 516 页

01626 不分胜负 《申报》 1922 年 5 月 4 日 第 180 册 第 63 页

01627 不分胜负 《申报》 1924 年 9 月 17 日 第 206 册 第 293 页

01628 不符 《申报》 1922 年 7 月 9 日 第 182 册 第 186 页

01629 不负责任 《申报》 1920 年 5 月 16 日 第 164 册 第 273 页

01630 不覆不止 《申报》 1926 年 1 月 21 日 第 220 册 第 426 页

01631 不该接受十年公债 《民国日报》 1921 年 9 月 13 日 第 35 册 第 168 页

01632 不改革内政断不能力争外交 《民国日报》 1921 年 8 月 30 日 第 34 册 第 834 页

01633 不干不助主义 《申报》 1922 年 4 月 23 日 第 179 册 第 464 页

01634 不干涉还待何时？ 《大公报》 1937 年 9 月 24 日 第 139 册 第 389 页

01635 不给徼倖者留空隙 《大公报》 1940 年 11 月 16 日 第 145 册 第 530 页

01636 不苟且 《申报》 1929 年 3 月 30 日 第 256 册 第 863 页

01637 不顾国家大局之官吏 《申报》 1915 年 6 月 22 日 第 134 册 第 876 页

01638 不顾后来 《申报》 1922 年 7 月 23 日 第 182 册 第 491 页

01639 不顾目前 《申报》 1926 年 2 月 2 日 第 220 册 第 675 页

01640 不顾一切 《申报》 1927 年 11 月 13 日 第 240 册 第 282 页

01641 "不管"的精神 《民国日报》 1924 年 5 月 12 日 第 51 册 第 134 页

01642 不光明 《申报》 1926 年 4 月 8 日 第 222 册 第 164 页

01643 不合理之性习 《申报》 1929 年 2 月 26 日 第 255 册 第 565 页

01644 不合作之政府与议会 《申报》 1924 年 6 月 13 日 第 203 册 第 265 页

01645 不和 《申报》 1918 年 5 月 26 日 第 152 册 第 390 页

01646 不和不战间之自家整理 《大公报》 1928 年 2 月 25 日 第 82 册 第 489 页

01647 不和平之祸根：即徐氏现在召集之督军团 《民国日报》 1918 年 11 月 7 日 第 18 册 第 74 页

01648　不和之根　《申报》　1918 年 12 月 20 日　第 155 册　第 786 页

01649　不和中之和　《申报》　1924 年 10 月 30 日　第 206 册　第 987 页

01650　不欢而散　《申报》　1922 年 11 月 14 日　第 186 册　第 278 页

01651　不悔不悟　《申报》　1919 年 7 月 22 日　第 159 册　第 347 页

01652　不急之务　《申报》　1926 年 6 月 17 日　第 224 册　第 393 页

01653　不假借之力　《申报》　1927 年 12 月 24 日　第 241 册　第 524 页

01654　"不见棺材不落泪"　《大公报》　1927 年 6 月 14 日　第 79 册　第 593 页

01655　不剿强盗难为学生　《民国日报》　1923 年 5 月 21 日　第 45 册　第 274 页

01656　不解　《大公报》　1928 年 9 月 7 日　第 86 册　第 73 页

01657　不解决能力　《申报》　1913 年 6 月 9 日　第 122 册　第 522 页

01658　不戒于火　《申报》　1873 年 2 月 22 日　第 2 册　第 157 页

01659　不借外债之声明　《申报》　1920 年 12 月 13 日　第 167 册　第 737 页

01660　不近情理的曼谷事件　《中央日报》　1945 年 9 月 28 日　第 51 册　第 714 页

01661　不进不退　《申报》　1920 年 4 月 29 日　第 163 册　第 1083 页

01662　不进不退　《申报》　1922 年 4 月 26 日　第 179 册　第 528 页

01663　不进不退　《申报》　1924 年 3 月 7 日　第 200 册　第 136 页

01664　不进则退　《申报》　1919 年 11 月 28 日　第 161 册　第 475 页

01665　不景气果由于通货紧缩乎　《申报》　1935 年 3 月 18 日　第 326 册　第 522 页

01666　不久解决的桂事观　《民国日报》　1921 年 7 月 20 日　第 34 册　第 268 页

01667　不绝不止　《申报》　1924 年 12 月 28 日　第 208 册　第 540 页

01668　"不均"与"不安"　《民国日报》　1921 年 1 月 21 日　第 31 册　第 276 页

01669　不开花脸之强盗　《申报》　1921 年 6 月 12 日　第 170 册　第 742 页

01670　不堪设想之中国工业　《大公报》　1930 年 2 月 14 日　第 94 册　第 644 页

01671　不堪想象国家的前途　《大公报》　1946 年 10 月 11 日　第 158 册　第 64 页

01672　不可不用　《申报》　1920 年 9 月 15 日　第 166 册　第 239 页

01673　不可测　《申报》　1924 年 10 月 26 日　第 206 册　第 923 页

01674　不可测　《大公报》　1927 年 6 月 10 日　第 79 册　第 561 页

01675　不可测之时局　《申报》　1923 年 3 月 27 日　第 189 册　第 555 页

01676   不可怠忽   《申报》   1928 年 5 月 25 日   第 246 册   第 674 页

01677   不可动摇的方针   《申报》   1937 年 11 月 3 日   第 355 册   第 901 页

01678   不可分   《申报》   1921 年 9 月 22 日   第 173 册   第 416 页

01679   不可忽视的朝鲜问题   《申报》   1946 年 11 月 4 日   第 391 册   第 38 页

01680   不可忽视之残敌   《中央日报》   1929 年 4 月 23 日   第 5 册   第 673 页

01681   不可忽视之川患   《申报》   1933 年 8 月 3 日   第 307 册   第 72 页

01682   不可解的两件事   《申报》   1946 年 7 月 20 日   第 389 册   第 478 页

01683   不可解的三个现象   《民国日报》   1923 年 9 月 25 日   第 47 册   第 344 页

01684   不可解之出兵   《申报》   1925 年 3 月 18 日   第 210 册   第 329 页

01685   不可解之党务问题   《大公报》   1930 年 6 月 16 日   第 96 册   第 680 页

01686   不可解之中俄交涉   《申报》   1924 年 3 月 21 日   第 200 册   第 432 页

01687   不可理解之暴举   《中央日报》   1929 年 8 月 10 日   第 7 册   第 113 页

01688   不可能之事   《申报》   1923 年 8 月 23 日   第 194 册   第 476 页

01689   不可收拾   《申报》   1915 年 3 月 10 日   第 133 册   第 146 页

01690   不可有兵争不可无政争   《大公报》   1931 年 5 月 3 日   第 102 册   第 28 页

01691   不可预定之争象   《申报》   1920 年 10 月 18 日   第 166 册   第 829 页

01692   不可知   《申报》   1926 年 1 月 14 日   第 220 册   第 284 页

01693   不可知之事   《申报》   1915 年 12 月 9 日   第 137 册   第 628 页

01694   不可知之现在   《申报》   1925 年 9 月 2 日   第 216 册   第 27 页

01695   不可捉摸之将来   《申报》   1925 年 1 月 17 日   第 209 册   第 298 页

01696   不可琢磨   《申报》   1917 年 12 月 17 日   第 149 册   第 748 页

01697   不可坐待其毙   《民国日报》   1924 年 2 月 23 日   第 49 册   第 622 页

01698   不哭盛宣怀而哭民国：愿勿谓拟不于论   伤心人自有独抱   《民国日报》   1917 年 11 月 19 日   第 12 册   第 218 页

01699   不夸胜不讳败   《申报》   1933 年 3 月 25 日   第 302 册   第 720 页

01700   不理   《申报》   1922 年 3 月 2 日   第 178 册   第 21 页

01701   不理之法   《申报》   1920 年 4 月 23 日   第 163 册   第 975 页

01702   不两立   《申报》   1919 年 3 月 7 日   第 157 册   第 98 页

01703   不两立   《申报》   1925 年 8 月 25 日   第 215 册   第 500 页

01704   不谅与求谅   《申报》   1929 年 7 月 15 日   第 260 册   第 416 页

01705   不料   《申报》   1925 年 12 月 20 日   第 219 册   第 397 页

01706   不留破坏民主的祸根   《中央日报》   1947 年 4 月 12 日   第 55 册   第 992 页

01707   "不落形式法窠臼" 的疑义   《民国日报》   1920 年 8 月 11 日   第 28 册

第 576 页

01708 不卖买私货运动感言 《申报》 1937 年 6 月 28 日 第 353 册 第 715 页

01709 不满意 《申报》 1921 年 5 月 22 日 第 170 册 第 369 页

01710 不满意 《申报》 1929 年 3 月 26 日 第 256 册 第 745 页

01711 不满足 《申报》 1915 年 5 月 3 日 第 134 册 第 36 页

01712 不明之点 《申报》 1917 年 8 月 29 日 第 147 册 第 1010 页

01713 不能不要日本赔偿! 《申报》 1949 年 5 月 17 日 第 400 册 第 873 页

01714 不能成立 《申报》 1916 年 12 月 4 日 第 143 册 第 616 页

01715 不能动 《申报》 1917 年 7 月 26 日 第 147 册 第 438 页

01716 不能接近之各方 《申报》 1922 年 2 月 15 日 第 177 册 第 698 页

01717 不能忍 《申报》 1925 年 5 月 29 日 第 212 册 第 592 页

01718 不能容忍时局之混沌：政府人民莫忘今日犹在训政时期中 《中央日报》
1936 年 6 月 24 日 第 34 册 第 1013 页

01719 不能容忍这种乌烟瘴气：从无锡刘案到辜仁发 《中央日报》 1934 年 3
月 27 日 第 25 册 第 808 页

01720 不能为 《申报》 1917 年 9 月 21 日 第 148 册 第 342 页

01721 不能畏难 《申报》 1925 年 6 月 5 日 第 213 册 第 77 页

01722 不能悬之案 《申报》 1925 年 2 月 17 日 第 209 册 第 764 页

01723 不能以五易三 《民国日报》 1946 年 9 月 17 日 第 99 册 第 98 页

01724 不能再使人民失望! 《申报》 1948 年 4 月 27 日 第 397 册 第 210 页

01725 不批评和助纣为虐 《民国日报》 1924 年 1 月 15 日 第 49 册 第
196 页

01726 不批准和约之美国 《民国日报》 1920 年 3 月 9 日 第 26 册 第 114 页

01727 不偏重 《申报》 1917 年 12 月 18 日 第 149 册 第 764 页

01728 不骗段不能开国民会议（言论） 《民国日报》 1926 年 1 月 20 日 第 61
册 第 226 页

01729 不平 《申报》 1915 年 3 月 23 日 第 133 册 第 350 页

01730 不平等 《申报》 1925 年 6 月 24 日 第 213 册 第 410 页

01731 不平等待遇与不平等条约 《大公报》 1927 年 5 月 20 日 第 79 册 第
393 页

01732 不平等条约 《申报》 1931 年 5 月 9 日 第 282 册 第 197 页

01733 不平等条约能否废除视此一周间民众之努力如何 《大公报》 1926 年 10
月 21 日 第 77 册 第 387 页

01734 不平父论杨月楼事 《申报》 1874 年 1 月 7 日 第 4 册 第 21 页

01735 不平衡岁计与新币制前途：当前的严重问题/侯树彤 《大公报》 1937 年
2 月 14 日 第 136 册 第 570 页

01736　不平与真和　《申报》　1921 年 12 月 21 日　第 176 册　第 406 页

01737　不欺与不受欺　《申报》　1927 年 9 月 10 日　第 238 册　第 196 页

01738　不签字后难说：北廷无暇及此　《民国日报》　1919 年 7 月 15 日　第 22 册　第 170 页

01739　不签字后难说（二）：办法要分两段说　《民国日报》　1919 年 7 月 16 日　第 22 册　第 182 页

01740　不签字后难说（三）：不签字算不得外交　《民国日报》　1919 年 7 月 17 日　第 22 册　第 194 页

01741　不签字以后：（一）道歉与声明　《民国日报》　1919 年 7 月 5 日　第 22 册　第 50 页

01742　不签字以后：（二）论专使辞职电　《民国日报》　1919 年 7 月 6 日　第 22 册　第 62 页

01743　不求人知　《申报》　1927 年 9 月 1 日　第 238 册　第 6 页

01744　不屈　《申报》　1927 年 6 月 11 日　第 235 册　第 214 页

01745　不屈不挠之民族精神　《中央日报》　1931 年 10 月 1 日　第 16 册　第 3 页

01746　不任命桂军总司令　《民国日报》　1921 年 8 月 6 日　第 34 册　第 504 页

01747　不容忽视的日本复兴　《申报》　1946 年 10 月 30 日　第 390 册　第 738 页

01748　不容忽视之泛美会议/陈彬龢（星期评论）　《申报》（香港版）　1938 年 12 月 11 日　第 357 册　第 441 页

01749　不容忽视之防水工作　《申报》　1937 年 6 月 30 日　第 353 册　第 765 页

01750　不容忽视之内蒙问题　《申报》　1936 年 1 月 20 日　第 336 册　第 447 页

01751　不容忽视之新疆局面　《申报》　1933 年 7 月 8 日　第 306 册　第 227 页

01752　不容稍缓的一事（专论）/胡朴安　《民国日报》　1946 年 11 月 4 日　第 99 册　第 292 页

01753　不容须臾忽视之紧急问题　《大公报》　1929 年 7 月 5 日　第 91 册　第 68 页

01754　不如是之甚　《申报》　1915 年 2 月 5 日　第 132 册　第 484 页

01755　不如意　《申报》　1927 年 12 月 9 日　第 241 册　第 188 页

01756　不如意（二）　《申报》　1927 年 12 月 10 日　第 241 册　第 209 页

01757　"不杀敌不生还"！　《中央日报》　1942 年 3 月 11 日　第 45 册　第 922 页

01758　不上不下　《申报》　1917 年 6 月 7 日　第 146 册　第 656 页

01759　不上不下　《申报》　1918 年 9 月 8 日　第 154 册　第 124 页

01760　不生不灭之内阁　《申报》　1921 年 9 月 28 日　第 173 册　第 535 页

01761 不实行之北京宪法 《申报》 1923 年 11 月 27 日 第 197 册 第 547 页

01762 不使侵华寇军生还 《中央日报》 1944 年 10 月 6 日 第 50 册 第 160 页

01763 不是国民的议和 《民国日报》 1919 年 9 月 27 日 第 23 册 第 314 页

01764 不守本分之冯梁：内阁风潮中之游手 《民国日报》 1917 年 3 月 7 日 第 8 册 第 58 页

01765 不受人弄 《申报》 1928 年 5 月 29 日 第 246 册 第 793 页

01766 不受疏通在我呀 《民国日报》 1919 年 9 月 7 日 第 23 册 第 74 页

01767 不受灾者应有之心理 《大公报》 1931 年 9 月 2 日 第 104 册 第 15 页

01768 "不死"与"复活"（言论） 《民国日报》 1925 年 4 月 11 日 第 56 册 第 558 页

01769 不太平的剖解 《民国日报》 1924 年 2 月 20 日 第 49 册 第 584 页

01770 不谈是非且讲利害 《大公报》 1932 年 2 月 17 日 第 106 册 第 458 页

01771 不谈文体 《申报》 1915 年 8 月 12 日 第 135 册 第 702 页

01772 不谈政治 《申报》 1920 年 8 月 11 日 第 165 册 第 741 页

01773 不讨好的日本外交 《申报》 1937 年 10 月 13 日 第 355 册 第 723 页

01774 不通 《申报》 1922 年 7 月 25 日 第 182 册 第 538 页

01775 不统一之害 《申报》 1925 年 7 月 22 日 第 214 册 第 410 页

01776 不妥协 《申报》 1944 年 11 月 9 日 第 386 册 第 425 页

01777 不忘今日 《中央日报》 1939 年 8 月 13 日 第 42 册 第 376 页

01778 不为奴隶的精神 《申报》（香港版） 1938 年 10 月 5 日 第 357 册 第 137 页

01779 不为已甚说 《申报》 1900 年 5 月 2 日 第 65 册 第 9 页

01780 不稳之消息 《申报》 1915 年 12 月 27 日 第 137 册 第 922 页

01781 不牺牲争什么自治 《民国日报》 1920 年 11 月 4 日 第 30 册 第 44 页

01782 不相容 《申报》 1924 年 2 月 19 日 第 199 册 第 892 页

01783 不相容之时期 《申报》 1920 年 5 月 25 日 第 164 册 第 437 页

01784 不相信，且再试着看罢！ 《申报》 1946 年 2 月 23 日 第 388 册 第 289 页

01785 不相值 《申报》 1927 年 8 月 9 日 第 237 册 第 174 页

01786 不祥之"法定人数"问题 《大公报》 1928 年 1 月 3 日 第 82 册 第 23 页

01787 不祥之声（言论） 《民国日报》 1926 年 7 月 25 日 第 64 册 第 242 页

01788 不肖之心度人 《申报》 1927 年 12 月 2 日 第 241 册 第 30 页

01789 不信任案的前途 《民国日报》 1923 年 4 月 27 日 第 44 册 第 782 页

01790 不信任案与顾问薪 《申报》 1923 年 4 月 7 日 第 190 册 第 129 页

01791 不幸之鲁局 《大公报》 1932 年 10 月 23 日 第 110 册 第 632 页

01792 不幸之事 《申报》 1922 年 7 月 16 日 第 182 册 第 341 页

01793 不许干涉中国的内政 《中央日报》 1947 年 3 月 12 日 第 55 册 第 738 页

01794 不许举行国庆 《民国日报》 1920 年 10 月 5 日 第 29 册 第 478 页

01795 不许开国民大会 《民国日报》 1920 年 3 月 16 日 第 26 册 第 210 页

01796 不许破裂！必须和平！ 《大公报》 1946 年 10 月 9 日 第 158 册 第 50 页

01797 不恤民隐之官吏 《申报》 1915 年 6 月 19 日 第 134 册 第 828 页

01798 不寻常之世界事件 《申报》 1931 年 1 月 29 日 第 278 册 第 551 页

01799 不言和·不迁都 《中央日报》 1948 年 12 月 2 日 第 60 册 第 682 页

01800 不要打，却更不许拖！ 《申报》 1946 年 6 月 29 日 第 389 册 第 260 页

01801 不要单羡慕广东 《民国日报》 1921 年 11 月 22 日 第 36 册 第 290 页

01802 不要苟安 《申报》 1944 年 3 月 18 日 第 385 册 第 273 页

01803 "不要藉口军事而一事不作" 《中央日报》 1930 年 9 月 3 日 第 11 册 第 795 页

01804 不要送的却要劫的（言论） 《民国日报》 1925 年 10 月 31 日 第 59 册 第 722 页

01805 不要太信任日本！ 《申报》 1947 年 6 月 23 日 第 393 册 第 836 页

01806 不要侮辱，我爱国学生 《中央日报》 1947 年 3 月 4 日 第 55 册 第 672 页

01807 不要做新犹太人 《申报》 1944 年 4 月 22 日 第 385 册 第 391 页

01808 不一 《申报》 1925 年 10 月 13 日 第 217 册 第 289 页

01809 不一贯的手段与目的 《民国日报》 1922 年 9 月 26 日 第 41 册 第 344 页

01810 不一致之害 《申报》 1920 年 10 月 23 日 第 166 册 第 925 页

01811 不易 《申报》 1926 年 8 月 11 日 第 226 册 第 249 页

01812 不易明白之情势 《申报》 1926 年 1 月 28 日 第 220 册 第 574 页

01813 不应该征税的土地 《中央日报》 1937 年 2 月 23 日 第 37 册 第 611 页

01814 不应再拖延时间 《中央日报》 1946 年 6 月 23 日 第 53 册 第 190 页

01815 不与虎谋皮 《中央日报》 1929 年 4 月 25 日 第 5 册 第 689 页

01816 不预备之时机 《申报》 1926 年 6 月 10 日 第 224 册 第 218 页

01817 不愿信其为"有"的事情 《申报》 1946 年 2 月 7 日 第 388 册 第

205 页

01818 不沾不脱说 《申报》 1887 年 10 月 15 日 第 31 册 第 675 页

01819 不战不和 《申报》 1917 年 4 月 4 日 第 145 册 第 614 页

01820 不战不和 《申报》 1918 年 3 月 31 日 第 151 册 第 462 页

01821 不战不争 《申报》 1925 年 11 月 11 日 第 218 册 第 200 页

01822 不战而困倭人说 《申报》 1894 年 8 月 9 日 第 47 册 第 719 页

01823 不战屈人 《申报》 1924 年 10 月 9 日 第 206 册 第 636 页

01824 不战则降 《民国日报》 1918 年 3 月 24 日 第 14 册 第 278 页

01825 不战之前车 《民国日报》 1918 年 2 月 23 日 第 13 册 第 530 页

01826 不争执 《申报》 1927 年 12 月 5 日 第 241 册 第 103 页

01827 不支蔓 《申报》 1927 年 9 月 5 日 第 238 册 第 96 页

01828 不知轻重 《申报》 1920 年 5 月 13 日 第 164 册 第 225 页

01829 不知人世间事 《申报》 1923 年 5 月 27 日 第 191 册 第 561 页

01830 不知有党的人偏称救党明明祸国的人还说救国（时论）/胡汉民 《民国日报》 1929 年 5 月 29 日 第 80 册 第 459 页

01831 不知有党的人偏称救党明明祸国的人还说救国 续（时论）/胡汉民 《民国日报》 1929 年 5 月 30 日 第 80 册 第 475 页

01832 不知足 《申报》 1925 年 9 月 12 日 第 216 册 第 250 页

01833 不值一顾的外交姿态 《大公报》 1939 年 12 月 20 日 第 143 册 第 444 页

01834 不值注意的丑剧 《中央日报》 1939 年 10 月 4 日 第 42 册 第 584 页

01835 不驻兵 《申报》 1925 年 5 月 24 日 第 212 册 第 480 页

01836 不驻兵与不退兵 《申报》 1925 年 1 月 30 日 第 209 册 第 416 页

01837 不准酌加盐价说 《申报》 1878 年 8 月 24 日 第 13 册 第 189 页

01838 不自爱 《申报》 1922 年 10 月 22 日 第 185 册 第 469 页

01839 不自由无和平！ 《申报》 1940 年 3 月 31 日 第 369 册 第 408 页

01840 不自争之团体 《申报》 1920 年 4 月 9 日 第 163 册 第 714 页

01841 不足法定人数有感 《申报》 1913 年 4 月 23 日 第 121 册 第 671 页

01842 不遵报律之第一案 《申报》 1914 年 5 月 12 日 第 128 册 第 182 页

01843 不做"美国的同志" 《申报》 1944 年 3 月 6 日 第 385 册 第 233 页

01844 布雷先生安葬杭州 《中央日报》 1948 年 12 月 10 日 第 60 册 第 716 页

01845 布置 《申报》 1916 年 4 月 28 日 第 139 册 第 924 页

01846 步步跌价 《大公报》 1927 年 12 月 25 日 第 81 册 第 679 页

01847 步步为营 《申报》 1927 年 9 月 29 日 第 238 册 第 603 页

01848 步步为营之奉军 《申报》 1922 年 5 月 27 日 第 180 册 第 536 页

01849　部分的进出口联锁制　《民国日报》　1946 年 8 月 14 日　第 98 册　第 452 页

01850　部下　《申报》　1926 年 1 月 11 日　第 220 册　第 226 页

C

01851　猜谜式之政治　《申报》　1926 年 5 月 22 日　第 223 册　第 519 页

01852　猜孙陈复合的错了　《民国日报》　1923 年 2 月 9 日　第 43 册　第 528 页

01853　猜疑犹豫　《申报》　1921 年 1 月 15 日　第 168 册　第 223 页

01854　才多说　《申报》　1890 年 7 月 2 日　第 37 册　第 7 页

01855　才浅力薄　《申报》　1924 年 2 月 22 日　第 199 册　第 960 页

01856　财　《申报》　1918 年 5 月 10 日　第 152 册　第 146 页

01857　财部颁布紧急法令　《申报》　1935 年 11 月 4 日　第 334 册　第 87 页

01858　财产捐应即推行　《中央日报》　1947 年 8 月 4 日　第 56 册　第 966 页

01859　财产税草案的缺点　《申报》　1947 年 6 月 9 日　第 393 册　第 696 页

01860　财产税法案及其他　《中央日报》　1948 年 6 月 11 日　第 59 册　第 354 页

01861　财产与战争/周毓英（星期评论）　《申报》　1945 年 4 月 22 日　第 387 册　第 297 页

01862　财长到任后之第一事　《申报》　1920 年 8 月 21 日　第 165 册　第 909 页

01863　财长更替中之问题　《申报》　1933 年 10 月 30 日　第 309 册　第 936 页

01864　财长通过　《申报》　1917 年 5 月 2 日　第 146 册　第 18 页

01865　财长问题　《申报》　1923 年 8 月 12 日　第 194 册　第 240 页

01866　财长之争　《申报》　1922 年 9 月 23 日　第 184 册　第 472 页

01867　财金改革案之修正　《申报》　1949 年 4 月 9 日　第 400 册　第 664 页

01868　财金改革新方案的批评　《申报》　1949 年 2 月 26 日　第 400 册　第 342 页

01869　财困之转机　《申报》　1914 年 5 月 16 日　第 128 册　第 246 页

01870　财力与新政　《申报》　1915 年 7 月 17 日　第 135 册　第 278 页

01871　财粮会议闭幕以后　《申报》　1946 年 6 月 14 日　第 389 册　第 116 页

01872　财陆冲突　《申报》　1919 年 2 月 5 日　第 156 册　第 419 页

01873　财律　《申报》　1927 年 10 月 2 日　第 239 册　第 30 页

01874　财穷与中国　《申报》　1921 年 3 月 15 日　第 169 册　第 245 页

01875　财与政　《申报》　1922 年 9 月 14 日　第 184 册　第 283 页

01876　财与中国　《申报》　1927 年 1 月 7 日　第 231 册　第 147 页

01877　财政部收支报告书后　《申报》　1912 年 8 月 6 日　第 118 册　第 361 页

01907　财政数字公开以后　《民国日报》　1946 年 3 月 28 日　第 97 册　第 330 页

01908　财政条陈　《申报》　1915 年 6 月 15 日　第 134 册　第 764 页

01909　财政统一与结束军事　《大公报》　1929 年 4 月 11 日　第 89 册　第 660 页

01910　财政问题　《申报》　1916 年 2 月 26 日　第 138 册　第 742 页

01911　财政问题　《申报》　1926 年 1 月 19 日　第 220 册　第 386 页

01912　财政新谈　《申报》　1914 年 5 月 21 日　第 128 册　第 326 页

01913　财政学者的动员　《中央日报》　1942 年 4 月 21 日　第 45 册　第 1096 页

01914　财政与财政长　《申报》　1921 年 11 月 8 日　第 175 册　第 166 页

01915　财政与当局　《申报》　1921 年 2 月 20 日　第 168 册　第 716 页

01916　财政与督军　《申报》　1920 年 11 月 26 日　第 167 册　第 445 页

01917　财政与既往　《申报》　1923 年 3 月 11 日　第 189 册　第 217 页

01918　财政与经济政策配合之关键　《中央日报》　1945 年 1 月 16 日　第 50 册　第 608 页

01919　财政与时局　《大公报》　1931 年 2 月 2 日　第 100 册　第 352 页

01920　财政整理会　《申报》　1923 年 8 月 6 日　第 194 册　第 114 页

01921　财政之解决　《申报》　1919 年 9 月 22 日　第 160 册　第 383 页

01922　财政之窘况　《申报》　1921 年 3 月 6 日　第 169 册　第 90 页

01923　财政之一助　《申报》　1916 年 6 月 22 日　第 140 册　第 808 页

01924　财政总长　《申报》　1917 年 4 月 28 日　第 145 册　第 1030 页

01925　财政总长陈锦涛呈请筹设兴农殖边银行文　《申报》　1912 年 3 月 13 日　第 116 册　第 603 页

01926　财政总长贿案警铎　《民国日报》　1917 年 5 月 2 日　第 9 册　第 14 页

01927　财政总长允许外人专办奖贮实业纠谬　《申报》　1913 年 3 月 10 日　第 121 册　第 110 页

01928　财之暗斗　《申报》　1917 年 2 月 1 日　第 144 册　第 369 页

01929　财之有无　《申报》　1922 年 8 月 24 日　第 183 册　第 492 页

01930　裁兵刍议　《申报》　1897 年 6 月 20 日　第 56 册　第 305 页

01931　裁兵的两个前提　《民国日报》　1923 年 6 月 1 日　第 45 册　第 428 页

01932　裁兵的梦　《民国日报》　1921 年 4 月 26 日　第 32 册　第 784 页

01933　裁兵的先决问题　《民国日报》　1921 年 1 月 12 日　第 31 册　第 150 页

01934　裁兵的一个办法　《民国日报》　1922 年 12 月 16 日　第 42 册　第 608 页

01935　裁兵费　《申报》　1928 年 12 月 19 日　第 253 册　第 536 页

01936　裁兵节饷问题　《申报》　1917 年 4 月 29 日　第 145 册　第 1048 页

01937　裁兵救国论　《民国日报》　1916 年 11 月 3 日　第 6 册　第 26 页

01938　裁兵绝非空言　《民国日报》　1928年6月29日　第74册　第957页

01939　裁兵论　《申报》　1926年5月11日　第223册　第247页

01940　裁兵浅议　《申报》　1912年7月16日　第118册　第151页

01941　裁兵说　《申报》　1920年8月3日　第165册　第601页

01942　裁兵协会　《申报》　1929年9月21日　第262册　第616页

01943　裁兵演讲　《申报》　1922年10月12日　第185册　第265页

01944　裁兵宜先裁劣弁以复制兵旧额　《申报》　1897年8月26日　第56册第725页

01945　裁兵与长官士兵　《大公报》　1928年6月29日　第84册　第591页

01946　裁兵与地方治安　《申报》　1928年3月22日　第244册　第522页

01947　裁兵与国民党　《大公报》　1928年6月27日　第84册　第571页

01948　裁兵与国民政府　《大公报》　1928年6月28日　第84册　第581页

01949　裁兵与河北　《大公报》　1931年2月18日　第100册　第540页

01950　"裁兵"与"化兵为工"手段　《民国日报》　1922年10月7日　第41册　第494页

01951　裁兵与拥兵　《申报》　1920年8月16日　第165册　第825页

01952　裁兵与用兵：为了裁兵尤其要赶快用兵　《民国日报》　1928年3月20日第73册　第282页

01953　裁兵原则不可破坏　《大公报》　1929年9月15日　第92册　第228页

01954　裁兵运动　《大公报》　1928年6月25日　第84册　第551页

01955　裁兵之好现象　《申报》　1928年7月3日　第248册　第70页

01956　裁兵之前途　《申报》　1919年11月3日　第161册　第47页

01957　裁并厘局无益于筹饷说　《申报》　1881年2月5日　第18册　第113页

01958　裁并厘局宜求实效说　《申报》　1899年9月7日　第63册　第43页

01959　裁差役议　《申报》　1904年10月19日　第78册　第327页

01960　裁差役尤急于裁书吏论　《申报》　1901年11月7日　第69册　第415页

01961　裁撤长江水师论　《申报》　1886年2月19日　第28册　第251页

01962　裁撤厘捐仿行印花税说　《申报》　1901年11月3日　第69册　第391页

01963　裁撤驻防旗兵议　《申报》　1901年8月4日　第68册　第571页

01964　裁道府增知县各缺论　《申报》　1901年4月21日　第67册　第617页

01965　裁革汛地官议　《申报》　1897年4月9日　第55册　第561页

01966　裁减转口出口两税问题　《申报》　1935年3月27日　第326册　第775页

01967　裁教育废学　《申报》　1923年1月10日　第188册　第183页

01968　裁节浮费末议　《申报》　1880 年 4 月 2 日　第 16 册　第 345 页

01969　裁捐篇　《申报》　1891 年 4 月 14 日　第 38 册　第 553 页

01970　裁军会议与军备竞赛　《大公报》　1934 年 4 月 15 日　第 119 册　第 644 页

01971　裁军会议与英国　《大公报》　1933 年 3 月 17 日　第 113 册　第 228 页

01972　裁军会议之前途　《大公报》　1932 年 11 月 14 日　第 111 册　第 160 页

01973　裁军会议之前途与国民应有之觉悟　《大公报》　1934 年 5 月 16 日　第 120 册　第 222 页

01974　裁军会之现阶段　《大公报》　1934 年 6 月 2 日　第 120 册　第 470 页

01975　裁卡增税议　《申报》　1901 年 7 月 6 日　第 68 册　第 397 页

01976　裁厘　《大公报》　1930 年 1 月 19 日　第 94 册　第 260 页

01977　裁厘抵补　《申报》　1925 年 10 月 9 日　第 217 册　第 164 页

01978　裁厘抵补公债　《申报》　1920 年 12 月 8 日　第 167 册　第 661 页

01979　裁厘后之商民苦痛　《大公报》　1931 年 3 月 30 日　第 101 册　第 352 页

01980　裁厘加税推算及筹划抵补不足办法意见书（代论）　《民国日报》　1927 年 8 月 9 日　第 69 册　第 565 页

01981　裁厘加税推算及筹划抵补不足办法意见书（续）（代论）　《民国日报》　1927 年 8 月 10 日　第 69 册　第 581 页

01982　裁厘加税推算及筹划抵补不足办法意见书（续）（代论）　《民国日报》　1927 年 8 月 13 日　第 69 册　第 631 页

01983　裁厘加税推算及筹划抵补不足办法意见书（续）（代论）　《民国日报》　1927 年 8 月 14 日　第 69 册　第 647 页

01984　裁厘加税推算及筹划抵补不足办法意见书（续）（言论）　《民国日报》　1927 年 8 月 16 日　第 69 册　第 670 页

01985　裁厘加税中的警告　《民国日报》　1922 年 9 月 19 日　第 41 册　第 248 页

01986　裁厘声中商民之态度　《大公报》　1930 年 12 月 29 日　第 99 册　第 700 页

01987　裁厘说　《申报》　1902 年 9 月 18 日　第 72 册　第 115 页

01988　裁厘之预料　《申报》　1925 年 10 月 3 日　第 217 册　第 44 页

01989　裁冗员　《申报》　1920 年 8 月 20 日　第 165 册　第 891 页

01990　裁世俸说　《申报》　1901 年 10 月 25 日　第 69 册　第 335 页

01991　裁汰部吏衍义　《申报》　1901 年 6 月 3 日　第 68 册　第 199 页

01992　"裁无可裁"?　《大公报》　1933 年 10 月 3 日　第 116 册　第 470 页

01993　裁驿站议　《申报》　1897 年 10 月 15 日　第 57 册　第 273 页

01994　裁员　《申报》　1923 年 12 月 1 日　第 198 册　第 3 页

02021   参议院之命令   《申报》   1917年9月30日   第148册   第490页

02022   参院通过张阁案   《申报》   1922年12月30日   第187册   第625页

02023   参战·建国与兴业   《申报》   1943年3月21日   第383册   第560页

02024   参战·政治与外交   《申报》   1943年3月22日   第383册   第566页

02025   参战八个月的反省   《申报》   1943年9月9日   第384册   第457页

02026   参战处大辱国：不去段无以为国   《民国日报》   1918年11月2日   第18册   第14页

02027   参战的第三年   《申报》   1945年1月9日   第387册   第23页

02028   参战后之宣言   《申报》   1918年11月1日   第155册   第2页

02029   参战奖案   《申报》   1919年8月11日   第159册   第684页

02030   参战军之声明   《申报》   1919年2月23日   第156册   第707页

02031   参战殊勋   《申报》   1919年9月15日   第160册   第259页

02032   参战之内疚：造因于宣而不战一语   《民国日报》   1918年11月22日   第18册   第254页

02033   参政会闭幕   《中央日报》   1940年4月10日   第43册   第312页

02034   参政会闭幕以后   《中央日报》   1943年9月28日   第48册   第714页

02035   参政会大会闭幕   《中央日报》   1946年4月2日   第52册   第740页

02036   参政会第二次大会   《中央日报》   1938年10月27日   第41册   第186页

02037   参政会划时代的成就   《中央日报》   1944年9月17日   第50册   第80页

02038   参政会又开幕了！   《申报》   1947年5月20日   第393册   第496页

02039   参政会与共党   《民国日报》   1946年3月22日   第97册   第306页

02040   参政会圆满闭幕   《中央日报》   1947年6月3日   第56册   第330页

02041   参政会之功绩   《中央日报》   1945年7月21日   第51册   第302页

02042   参政会之重大成就：国民大会决议之伟大意义   《中央日报》   1945年7月20日   第51册   第296页

02043   参政会中之中共波纹   《申报》   1941年3月14日   第375册   第166页

02044   参政院   《申报》   1915年5月31日   第134册   第510页

02045   参政院之回顾   《民国日报》   1916年2月23日   第1册   第324页

02046   参追州县亏空论   《申报》   1879年10月10日   第15册   第405页

02047   餐花小记   《申报》   1887年3月8日   第30册   第355页

02048   残匪窜黔之感言   《大公报》   1934年12月21日   第123册   第738页

02049   残共渡河与今后   《大公报》   1936年11月9日   第135册   第116页

02050   残破之武人势力   《民国日报》   1917年5月29日   第9册   第338页

02051   残缺不全之北京   《申报》   1924年7月21日   第204册   第467页

02082　曹吴用匪的猜度　《民国日报》　1923 年 5 月 27 日　第 45 册　第 358 页

02083　曹银不配说那些话　《民国日报》　1923 年 7 月 11 日　第 46 册　第 142 页

02084　曹元森上苏抚陈中丞禀（续昨稿）　《申报》　1906 年 7 月 10 日　第 84 册　第 87 页

02085　曹元森上苏抚陈中丞禀　《申报》　1906 年 7 月 9 日　第 84 册　第 77 页

02086　曹元森上苏抚推广四乡警察禀并章程　《申报》　1906 年 7 月 18 日　第 84 册　第 167 页

02087　曹张　《申报》　1918 年 6 月 24 日　第 152 册　第 850 页

02088　曹张出京之迟迟　《申报》　1920 年 8 月 24 日　第 165 册　第 967 页

02089　曹张假面具拉破了　《民国日报》　1920 年 7 月 27 日　第 28 册　第 366 页

02090　曹张倪与岑陆　《申报》　1918 年 8 月 7 日　第 153 册　第 606 页

02091　曹张倪与张李王陈　《申报》　1918 年 8 月 8 日　第 153 册　第 625 页

02092　曹张奇异之态度　《申报》　1918 年 7 月 18 日　第 153 册　第 275 页

02093　曹张通电　《申报》　1923 年 5 月 2 日　第 191 册　第 22 页

02094　曹张又将入京　《申报》　1921 年 3 月 14 日　第 169 册　第 229 页

02095　曹张又南下　《申报》　1918 年 6 月 29 日　第 152 册　第 930 页

02096　曹张与内阁　《申报》　1921 年 4 月 17 日　第 169 册　第 807 页

02097　漕务客谈　《申报》　1893 年 4 月 12 日　第 43 册　第 589 页

02098　漕运亟宜更章说　《申报》　1885 年 3 月 12 日　第 26 册　第 357 页

02099　漕运昔闻　《申报》　1894 年 3 月 1 日　第 46 册　第 343 页

02100　漕运总督陈漕帅奏设江北种植牧养工艺公司片　《申报》　1902 年 5 月 9 日　第 71 册　第 59 页

02101　漕运总督奏裁汰屯卫大概办法折　《申报》　1902 年 4 月 16 日　第 70 册　第 619 页

02102　草菅人命说　《申报》　1877 年 1 月 10 日　第 10 册　第 33 页

02103　测俄新论　《申报》　1885 年 4 月 12 日　第 26 册　第 525 页

02104　测法篇　《申报》　1884 年 5 月 19 日　第 24 册　第 783 页

02105　测法新论　《申报》　1885 年 4 月 6 日　第 26 册　第 491 页

02106　测各省督军　《申报》　1920 年 10 月 12 日　第 166 册　第 729 页

02107　测李陈辞职说（短论）/湘君　《民国日报》　1918 年 1 月 14 日　第 13 册　第 134 页

02108　测李陈辞职说（二）（短论）/湘君　《民国日报》　1918 年 1 月 15 日　第 13 册　第 146 页

02109　测量三峡水闸工程有感　《大公报》　1946 年 10 月 24 日　第 158 册　第

150 页

02110　测倭篇　《申报》　1894 年 12 月 26 日　第 48 册　第 723 页

02111　测隐论　《申报》　1883 年 9 月 24 日　第 23 册　第 513 页

02112　测袁篇　《申报》　1912 年 1 月 28 日　第 116 册　第 292 页

02113　测郑州同盟　《民国日报》　1920 年 9 月 6 日　第 29 册　第 72 页

02114　测字说　《申报》　1890 年 3 月 7 日　第 36 册　第 345 页

02115　策福建　《民国日报》　1917 年 8 月 31 日　第 10 册　第 722 页

02116　策福建　《民国日报》　1917 年 9 月 1 日　第 11 册　第 2 页

02117　策高丽通商事宜开矿第一　《申报》　1882 年 6 月 22 日　第 20 册　第 861 页

02118　策高丽通商事宜设官第二　《申报》　1882 年 6 月 26 日　第 20 册　第 885 页

02119　策高丽通商事宜招商第三　《申报》　1882 年 6 月 30 日　第 20 册　第 909 页

02120　策高丽通商事宜置戍第四　《申报》　1882 年 7 月 2 日　第 21 册　第 7 页

02121　策高丽通商事宜化俗第五　《申报》　1882 年 7 月 11 日　第 21 册　第 61 页

02122　策高丽通商事宜兴学第六　《申报》　1882 年 7 月 27 日　第 21 册　第 157 页

02123　策高丽通商事宜靖乱第七　《申报》　1882 年 8 月 23 日　第 21 册　第 319 页

02124　策高丽通商事宜诛逆第八　《申报》　1882 年 8 月 25 日　第 21 册　第 331 页

02125　策高丽通商事宜去党第九　《申报》　1882 年 8 月 29 日　第 21 册　第 355 页

02126　策高丽通商事宜辨惑第十　《申报》　1882 年 9 月 4 日　第 21 册　第 391 页

02127　策进建设工程之必要条件　《申报》　1937 年 3 月 9 日　第 350 册　第 201 页

02128　策进战时节约　《中央日报》　1942 年 6 月 12 日　第 46 册　第 200 页

02129　策略　《申报》　1925 年 12 月 3 日　第 219 册　第 44 页

02130　策略的玩弄　《中央日报》　1949 年 2 月 15 日　第 60 册　第 961 页

02131　策略停战与永久和平　《民国日报》　1946 年 9 月 30 日　第 99 册　第 149 页

02132　策皖：政府何爱于张倪　《民国日报》　1916 年 9 月 3 日　第 5 册　第 26 页

02133　策粤　《民国日报》　1916 年 9 月 7 日　第 5 册　第 74 页

02134　策之之后　《申报》　1928 年 11 月 1 日　第 252 册　第 7

02135　岑春煊入川　《申报》　1911 年 9 月 20 日　第 114 册　第 342 页

02136　岑督果应欢迎乎抑应阻拒乎　《申报》　1907 年 6 月 14 日　第 88 册　第 563 页

02137　岑督粤汉铁路筹款议　《申报》　1906 年 1 月 12 日　第 82 册　第 89 页

02138　岑西林之电　《申报》　1916 年 6 月 19 日　第 140 册　第 760 页

02139　岑之宣言　《申报》　1920 年 6 月 22 日　第 164 册　第 959 页

02140　岑总裁覆徐电疑问　《民国日报》　1919 年 1 月 17 日　第 19 册　第 182 页

02141　层出不穷之兵祸　《申报》　1925 年 1 月 19 日　第 209 册　第 336 页

02142　查办弹劾案　《申报》　1920 年 8 月 26 日　第 165 册　第 1003 页

02143　查办匪乡论　《申报》　1894 年 1 月 8 日　第 46 册　第 47 页

02144　"查办吴佩孚"（言论）　《民国日报》　1925 年 11 月 25 日、第 60 册　第 290 页

02145　查办杨森　《民国日报》　1928 年 1 月 8 日　第 72 册　第 100 页

02146　查办与讨伐　《民国日报》　1929 年 5 月 25 日　第 80 册　第 389 页

02147　查荒余议　《申报》　1880 年 7 月 25 日　第 17 册　第 97 页

02148　查禁佛店当持之以久论　《申报》　1894 年 11 月 23 日　第 48 册　第 523 页

02149　查禁工会之贺电（言论）　《民国日报》　1926 年 9 月 20 日　第 59 册　第 231 页

02150　查禁书场说　《申报》　1886 年 12 月 9 日　第 29 册　第 995 页

02151　查禁主义的人要先晓得反对的学说　《民国日报》　1920 年 3 月 8 日　第 26 册　第 101 页

02152　茶寮议会　《申报》　1913 年 4 月 30 日　第 121 册　第 763 页

02153　茶事刍言　《申报》　1889 年 5 月 23 日　第 34 册　第 793 页

02154　茶诉　《申报》　1886 年 8 月 25 日　第 29 册　第 337 页

02155　茶叙　《申报》　1890 年 6 月 5 日　第 36 册　第 909 页

02156　茶业禀稿　《申报》　1889 年 11 月 30 日　第 35 册　第 943 页

02157　茶叶败局亟宜减额振作论/同业悟非子　《申报》　1887 年 12 月 7 日　第 31 册　第 1033 页

02158　察北问题之严重性　《申报》　1936 年 1 月 18 日　第 336 册　第 386 页

02159　察北与绥东之提携/张其昀（星期论文）　《大公报》　1936 年 12 月 6 日　第 135 册　第 496 页

02160　察东问题　《申报》　1935 年 1 月 26 日　第 324 册　第 656 页

02161 察东之新危机 《申报》 1934 年 7 月 20 日 第 318 册 第 583 页

02162 察哈尔善后问题 《大公报》 1933 年 8 月 16 日 第 115 册 第 648 页

02163 察哈尔问题 《申报》 1933 年 6 月 3 日 第 305 册 第 65 页

02164 察哈尔之和平解决 《申报》 1933 年 8 月 7 日 第 307 册 第 184 页

02165 察哈尔之整军安民 《大公报》 1933 年 6 月 29 日 第 114 册 第 830 页

02166 察局现状终不能久！ 《大公报》 1933 年 7 月 24 日 第 115 册 第 326 页

02167 察局之善后 《申报》 1933 年 8 月 12 日 第 307 册 第 319 页

02168 察事处理令 《大公报》 1935 年 6 月 20 日 第 126 册 第 804 页

02169 察验机器说 《申报》 1896 年 11 月 30 日 第 54 册 第 575 页

02170 差查禀复情形可疑说 《申报》 1879 年 5 月 23 日 第 14 册 第 503 页

02171 差强人意之消息 《申报》 1913 年 1 月 25 日 第 120 册 第 267 页

02172 差扰篇 《申报》 1892 年 6 月 7 日 第 41 册 第 241 页

02173 拆壁角政策 《申报》 1914 年 7 月 7 日 第 129 册 第 98 页

02174 拆穿空前的骗局 《中央日报》 1941 年 12 月 4 日 第 45 册 第 522 页

02175 拆穿西洋镜（言论） 《民国日报》 1926 年 10 月 1 日 第 65 册 第 302 页

02176 拆迁日本棉毛纺织机器及其制造设备并其它重要化学工厂作一部分战债赔偿 /李烛尘（星期论文） 《大公报》 1947 年 8 月 17 日 第 160 册 第 672 页

02177 拆梢解 《申报》 1888 年 1 月 26 日 第 32 册 第 159 页

02178 拆台之报应 《申报》 1923 年 7 月 20 日 第 193 册 第 417 页

02179 产生国民会议代表之四法团 《大公报》 1931 年 1 月 17 日 第 100 册 第 160 页

02180 产销并征问题评议 《申报》 1914 年 7 月 4 日 第 129 册 第 50 页

02181 产销并征问题评议（二） 《申报》 1914 年 7 月 5 日 第 129 册 第 66 页

02182 产销并征问题评议（三） 《申报》 1914 年 7 月 6 日 第 129 册 第 82 页

02183 产业合理化 《申报》 1930 年 3 月 22 日 第 268 册 第 591 页

02184 产业危机之救济 《申报》 1934 年 4 月 16 日 第 315 册 第 459 页

02185 产业证券交易方法之商榷 《申报》 1935 年 9 月 26 日 第 332 册 第 706 页

02186 产业政策 《申报》 1930 年 7 月 3 日 第 272 册 第 59 页

02187 产婴用稳婆辨 《申报》 1878 年 12 月 12 日 第 13 册 第 565 页

02188 铲除赤匪与兴复中国：在国府纪念周报告辞（专载）/于佑任 《民国日报》

1931 年 7 月 1 日　第 93 册　第 5 页

02189 铲除反动与革新政治/胡汉民　《民国日报》　1929 年 12 月 2 日　第 83 册
第 528 页

02190 铲除匪共党政军应分工合作　《中央日报》　1931 年 1 月 23 日　第 13 册
第 231 页

02191 铲除官僚资本的三大理由/赵迺搏（星期论文）　《大公报》　1946 年 1 月
27 日　第 156 册　第 108 页

02192 铲除官僚资本三大理由/赵迺搏（星期论文）　《大公报》　1945 年 11 月
25 日　第 155 册　第 634 页

02193 铲除贪污保障循吏　《大公报》　1944 年 9 月 21 日　第 153 册　第 378 页

02194 铲除异己　《申报》　1921 年 6 月 14 日　第 170 册　第 777 页

02195 铲共剿匪的切实办法　《民国日报》　1930 年 12 月 29 日　第 89 册　第
706 页

02196 阐发二氏戒杀论　《申报》　1873 年 8 月 20 日　第 3 册　第 173 页

02197 阐微说　《申报》　1900 年 8 月 31 日　第 65 册　第 827 页

02198 忏悔　《申报》　1919 年 2 月 17 日　第 156 册　第 611 页

02199 昌教会序　《申报》　1907 年 10 月 5 日　第 90 册　第 410 页

02200 昌教会序（续）　《申报》　1907 年 10 月 6 日　第 90 册　第 421 页

02201 昌文学以崇圣道　《申报》　1895 年 8 月 12 日　第 50 册　第 669 页

02202 娼妓卜相与烟酒　《大公报》　1928 年 8 月 13 日　第 85 册　第 431 页

02203 长城战争与国防新觉悟　《大公报》　1933 年 3 月 20 日　第 113 册　第
270 页

02204 长春必须迅速克复　《民国日报》　1946 年 4 月 22 日　第 97 册　第
429 页

02205 长春收复以后　《大公报》　1946 年 5 月 26 日　第 156 册　第 580 页

02206 长短　《申报》　1922 年 8 月 28 日　第 183 册　第 586 页

02207 长江匪势炽烈之可虞　《大公报》　1930 年 7 月 27 日　第 97 册　第
316 页

02208 长江共党问题之严重　《大公报》　1930 年 5 月 21 日　第 96 册　第
324 页

02209 长江航业的争竞　《民国日报》　1928 年 3 月 10 日　第 73 册　第 134 页

02210 长江流域水患之新危机　《申报》　1931 年 8 月 16 日　第 285 册　第
421 页

02211 长江门户　《申报》　1913 年 8 月 15 日　第 123 册　第 574 页

02212 长江水患与水利建设　《申报》　1935 年 7 月 8 日　第 330 册　第 201 页

02213 长江水患与水利建设　《申报》　1948 年 7 月 23 日　第 398 册　第 178 页

02214 长江水闸的建筑：中国历史上一件大事 《申报》 1945 年 12 月 4 日 第 387 册 第 667 页

02215 长江下游 《申报》 1923 年 8 月 13 日 第 194 册 第 264 页

02216 长江之危机 《申报》 1921 年 10 月 4 日 第 174 册 第 66 页

02217 长江之治标与治本：治水问题 《中央日报》 1932 年 6 月 6 日 第 18 册 第 210 页

02218 长久之计 《申报》 1922 年 6 月 15 日 第 181 册 第 288 页

02219 长久之计 《申报》 1925 年 7 月 7 日 第 214 册 第 119 页

02220 长久之战争 《申报》 1926 年 9 月 13 日 第 227 册 第 324 页

02221 长芦纲总案 《大公报》 1929 年 11 月 23 日 第 93 册 第 356 页

02222 长芦盐输出之检讨 《大公报》 1936 年 3 月 21 日 第 131 册 第 282 页

02223 长期抵抗对于敌我两方之影响 《中央日报》 1932 年 3 月 2 日 第 17 册 第 361 页

02224 长期抵抗对于国际关系之影响 《中央日报》 1932 年 3 月 6 日 第 17 册 第 377 页

02225 长期奋斗已开始矣：国人在战时应有之训练与决心 《中央日报》 1932 年 2 月 11 日 第 17 册 第 283 页

02226 长期奋斗之根本义 《大公报》 1932 年 3 月 11 日 第 107 册 第 104 页

02227 长期抗战与鼓舞民心 《大公报》 1937 年 12 月 21 日 第 139 册 第 742 页

02228 长期抗战与振兴小工艺 《大公报》 1938 年 4 月 13 日 第 140 册 第 442 页

02229 长崎一案宜宽猛并用论 《申报》 1886 年 9 月 30 日 第 29 册 第 561 页

02230 长沙惨劫与汪精卫：在立法院纪念周演讲（专载）/胡汉民 《民国日报》 1930 年 8 月 10 日 第 87 册 第 515 页

02231 长沙惨劫之责任者 《大公报》 1930 年 8 月 10 日 第 97 册 第 484 页

02232 长沙大胜与太平洋 《中央日报》 1942 年 1 月 8 日 第 45 册 第 670 页

02233 长沙共祸与汪精卫 《中央日报》 1930 年 8 月 11 日 第 11 册 第 507 页

02234 长沙火后再慰湘人 《中央日报》 1938 年 11 月 22 日 第 41 册 第 298 页

02235 长沙罗长裿解释自由原理说 《申报》 1905 年 1 月 12 日 第 79 册 第 67 页

02236 长沙善后中之铲共问题 《中央日报》 1930 年 8 月 16 日 第 11 册 第 567 页

02237 长沙事变 《大公报》 1930 年 7 月 31 日 第 97 册 第 364 页

02238 长沙事变以后 《民国日报》 1930 年 8 月 15 日 第 87 册 第 582 页

02239 长沙事件 《民国日报》 1923 年 6 月 4 日 第 45 册 第 470 页

02240 长沙曾庆榜上书外部详论粤汉铁路废约事 《申报》 1904 年 12 月 12 日 第 78 册 第 695 页

02241 长沙之火：敬慰湘民 《中央日报》 1938 年 11 月 18 日 第 41 册 第 280 页

02242 长沙之捷与太平洋战局 《大公报》 1942 年 1 月 7 日 第 148 册 第 34 页

02243 长时期之奋斗 《申报》 1925 年 6 月 23 日 第 213 册 第 394 页

02244 长元吴教育会函致教育总会论省视学员吴某不职事 《申报》 1907 年 8 月 31 日 第 89 册 第 737 页

02245 长元吴三县禀牍驳议 《申报》 1905 年 10 月 11 日 第 81 册 第 335 页

02246 长治久安的正路 《民国日报》 1923 年 2 月 22 日 第 43 册 第 610 页

02247 长洲消息的辨正 《民国日报》 1922 年 7 月 12 日 第 40 册 第 154 页

02248 尝粪狗吠之雄 《申报》 1920 年 11 月 25 日 第 167 册 第 437 页

02249 尝试 《申报》 1914 年 11 月 20 日 第 131 册 第 280 页

02250 尝试伪统一的新梦 《民国日报》 1921 年 12 月 30 日 第 36 册 第 800 页

02251 偿款不如割地说 《申报》 1900 年 10 月 2 日 第 66 册 第 181 页

02252 常德大会战的胜利 《中央日报》 1943 年 12 月 10 日 第 48 册 第 1026 页

02253 常德的硬仗打得好！ 《大公报》 1943 年 11 月 30 日 第 151 册 第 678 页

02254 常德为训练工作之中心：贡献于首都全市训练会议 《中央日报》 1930 年 9 月 19 日 第 11 册 第 993 页

02255 常德之捷 《中央日报》 1943 年 11 月 30 日 第 48 册 第 982 页

02256 常德之收复 《大公报》 1943 年 12 月 10 日 第 151 册 第 720 页

02257 常度 《申报》 1926 年 10 月 12 日 第 228 册 第 322 页

02258 常度 《申报》 1926 年 11 月 14 日 第 229 册 第 320 页

02259 常度 《申报》 1929 年 5 月 15 日 第 258 册 第 386 页

02260 常与怪 《申报》 1920 年 6 月 11 日 第 164 册 第 761 页

02261 近世妇女之怪现状 《申报》 1920 年 6 月 5 日 第 164 册 第 647 页

02262 论宗教 《申报》 1920 年 6 月 7 日 第 164 册 第 689 页

02263 平心谈 《申报》 1920 年 6 月 2 日 第 164 册 第 593 页

02264 说时（续） 《申报》 1920 年 7 月 21 日 第 165 册 第 385 页

02265　元旦祝词　《申报》　1921 年 1 月 1 日　第 168 册　第 18 页

02266　中国人嗜赌之特性　《申报》　1920 年 6 月 8 日　第 164 册　第 707 页

02267　功与罪　《申报》　1920 年 7 月 21 日　第 165 册　第 385 页

02268　禁赌评　《申报》　1920 年 6 月 4 日　第 164 册　第 629 页

02269　我之北方战争观察　《申报》　1920 年 7 月 19 日　第 165 册　第 349 页

02270　信用与金钱　《申报》　1920 年 6 月 8 日　第 164 册　第 707 页

02271　娶妾之罪恶　《申报》　1920 年 6 月 4 日　第 164 册　第 629 页

02272　常人的政治活动　《中央日报》　1947 年 11 月 24 日　第 57 册　第 876 页

02273　常设机关　《申报》　1914 年 2 月 14 日　第 126 册　第 526 页

02274　常识与理性之胜利　《申报》　1940 年 5 月 13 日　第 370 册　第 154 页

02275　常视胜利若失败　《申报》　1929 年 4 月 20 日　第 257 册　第 544 页

02276　常熟曹君诚义敬告同志　《申报》　1905 年 8 月 3 日　第 80 册　第 793 页

02277　常醒醒　《申报》　1928 年 11 月 5 日　第 252 册　第 128 页

02278　常州刘可青女史以所绘花卉人物等桢捐助义赈书以美示　《申报》　1899
年 7 月 28 日　第 62 册　第 661 页

02279　常州同乡伍达上盛宫保书　《申报》　1907 年 11 月 17 日　第 91 册　第
215 页

02280　惝恍迷离之和平　《中央日报》　1932 年 3 月 20 日　第 17 册　第 433 页

02281　畅通商货运输　《中央日报》　1941 年 11 月 25 日　第 45 册　第 484 页

02282　倡办奢华品税箴言　《申报》　1909 年 3 月 1 日　第 99 册　第 2 页

02283　倡办驿运　《申报》　1943 年 10 月 27 日　第 384 册　第 655 页

02284　倡导社会服务　《中央日报》　1942 年 9 月 29 日　第 46 册　第 890 页

02285　倡导新吏风　《大公报》　1945 年 1 月 10 日　第 154 册　第 42 页

02286　倡调和说者的真相　《民国日报》　1920 年 9 月 3 日　第 29 册　第 30 页

02287　倡全婴会说　《申报》　1885 年 8 月 29 日　第 27 册　第 357 页

02288　钞法谕　《申报》　1890 年 2 月 28 日　第 36 册　第 301 页

02289　钞荒银根物价　《申报》　1949 年 4 月 6 日　第 400 册　第 640 页

02290　钞票银圆杜弊策　《申报》　1899 年 6 月 19 日　第 62 册　第 377 页

02291　钞票之预防　《申报》　1921 年 7 月 17 日　第 171 册　第 325 页

02292　超级堡垒轰炸日本！　《大公报》　1944 年 6 月 17 日　第 152 册　第
752 页

02293　超然内阁　《申报》　1920 年 7 月 3 日　第 165 册　第 43 页

02294　超然内阁与混合内阁之评论　《申报》　1912 年 6 月 25 日　第 117 册　第
839 页

02295　超然人事行政制度的始基　《中央日报》　1940 年 8 月 18 日　第 43 册
第 868 页

02296   超然总统与党派总统   《申报》   1912 年 9 月 4 日   第 118 册   第 651 页

02297   超时局   《大公报》   1930 年 1 月 4 日   第 94 册   第 20 页

02298   超越现状的展望   《中央日报》   1932 年 9 月 18 日   第 19 册   第 386 页

02299   晁错与马谡   《大公报》   1944 年 12 月 22 日   第 153 册   第 766 页

02300   朝朝暮暮之启事   《申报》   1920 年 12 月 31 日   第 167 册   第 1056 页

02301   朝气与暮气   《申报》   1943 年 9 月 15 日   第 384 册   第 481 页

02302   朝气与正义   《申报》   1941 年 9 月 27 日   第 377 册   第 740 页

02303   朝秦暮楚之军人   《申报》   1925 年 4 月 4 日   第 211 册   第 58 页

02304   朝三暮四   《申报》   1919 年 7 月 21 日   第 159 册   第 331 页

02305   朝三暮四之结果   《申报》   1921 年 12 月 4 日   第 176 册   第 68 页

02306   朝鲜案与宁案汉案比较观   《大公报》   1931 年 7 月 28 日   第 103 册   第 328 页

02307   朝鲜暴民排华之背景   《民国日报》   1931 年 7 月 12 日   第 93 册   第 136 页

02308   朝鲜的解放   《大公报》   1942 年 4 月 11 日   第 148 册   第 434 页

02309   朝鲜独立不容再缓！   《中央日报》   1947 年 8 月 31 日   第 56 册   第 1244 页

02310   朝鲜独立的保证书   《中央日报》   1944 年 3 月 1 日   第 49 册   第 276 页

02311   朝鲜独立的展望   《中央日报》   1947 年 6 月 25 日   第 56 册   第 556 页

02312   朝鲜独立运动纪念日感言   《大公报》   1938 年 3 月 1 日   第 140 册   第 248 页

02313   朝鲜今昔异势说   《申报》   1883 年 4 月 21 日   第 22 册   第 547 页

02314   朝鲜局势的新发展   《申报》   1947 年 5 月 13 日   第 393 册   第 426 页

02315   朝鲜局势显露阳光   《申报》   1947 年 4 月 15 日   第 393 册   第 142 页

02316   朝鲜排华暴动   《大公报》   1927 年 12 月 22 日   第 81 册   第 655 页

02317   朝鲜排华与东北韩侨问题   《大公报》   1931 年 7 月 9 日   第 103 册   第 100 页

02318   朝鲜深望华兵驻防说   《申报》   1885 年 5 月 11 日   第 26 册   第 693 页

02319   朝鲜时事论   《申报》   1885 年 3 月 22 日   第 26 册   第 407 页

02320   朝鲜统一的曙光   《大公报》   1948 年 4 月 28 日   第 162 册   第 712 页

02321   朝鲜为中国藩属宜用何策保守论   《申报》   1890 年 12 月 24 日   第 37 册   第 1123 页

02322   朝鲜为中国藩属宜用何策保守论   《申报》   1890 年 12 月 25 日   第 37 册   第 1129 页

02323   朝鲜问题   《大公报》   1942 年 2 月 27 日   第 148 册   第 244 页

02324   朝鲜问题一波三折   《中央日报》   1947 年 9 月 12 日   第 57 册   第

02352　彻底检讨　至诚反省　《大公报》　1941 年 4 月 2 日　第 146 册　第 384 页

02353　彻底解决　《申报》　1929 年 7 月 31 日　第 260 册　第 859 页

02354　彻底觉悟　《申报》　1922 年 8 月 4 日　第 183 册　第 65 页

02355　彻底实施限价政策　《中央日报》　1942 年 12 月 1 日　第 47 册　第 194 页

02356　彻底说　《申报》　1927 年 6 月 29 日　第 235 册　第 608 页

02357　彻底肃清匪军　《民国日报》　1928 年 9 月 21 日　第 76 册　第 329 页

02358　彻底完成禁政　《中央日报》　1940 年 1 月 10 日　第 42 册　第 984 页

02359　彻底消灭兽性的日阀　《中央日报》　1943 年 7 月 21 日　第 48 册　第 420 页

02360　彻底战争　彻底胜利　突破艰难迎接光明　《大公报》　1943 年 7 月 9 日　第 151 册　第 38 页

02361　彻悟后应该行为　《民国日报》　1921 年 12 月 12 日　第 36 册　第 554 页

02362　撤兵　《申报》　1925 年 10 月 15 日　第 217 册　第 329 页

02363　撤兵问题与各省　《申报》　1920 年 5 月 26 日　第 164 册　第 460 页

02364　撤兵与监视　《申报》　1920 年 5 月 26 日　第 164 册　第 453 页

02365　撤兵真乃"基本原则"　《大公报》　1931 年 10 月 27 日　第 104 册　第 664 页

02366　撤除经济上的人为障碍　《申报》　1946 年 10 月 5 日　第 390 册　第 426 页

02367　撤除南满日邮　《民国日报》　1930 年 9 月 18 日　第 88 册　第 224 页

02368　撤废领判权问题　《申报》　1929 年 8 月 13 日　第 261 册　第 349 页

02369　撤废领判权问题　《大公报》　1937 年 4 月 20 日　第 137 册　第 706 页

02370　撤废领判权与改组沪临时法院　《大公报》　1929 年 10 月 7 日　第 92 册　第 580 页

02371　撤废领事裁判权：所期望于英国者/胡汉民　《民国日报》　1930 年 12 月 6 日　第 89 册　第 430 页

02372　撤废领事裁判权　续：所期望于英国者/胡汉民　《民国日报》　1930 年 12 月 7 日　第 89 册　第 442 页

02373　撤废人种差别事件：解决此问题之前提　《民国日报》　1919 年 4 月 13 日　第 20 册　第 516 页

02374　撤废人种差别事件（二）：同色之民族自决问题　《民国日报》　1919 年 4 月 14 日　第 20 册　第 528 页

02375　撤废治外法权之顺序（译论）　《申报》　1943 年 2 月 18 日　第 383 册　第 322 页

02405　沉闷之局势　《申报》　1933 年 4 月 9 日　第 303 册　第 249 页

02406　沉闷中的追念（言论）　《民国日报》　1925 年 7 月 1 日　第 58 册　第 2 页

02407　沉默与宣传　《申报》　1927 年 12 月 30 日　第 241 册　第 661 页

02408　沉痛　《民国日报》　1928 年 5 月 30 日　第 74 册　第 468 页

02409　沉痛的回忆与光明的前瞻　《申报》　1947 年 9 月 18 日　第 394 册　第 792 页

02410　沉痛的"九一八"纪念　《申报》（香港版）　1938 年 9 月 18 日　第 357 册　第 69 页

02411　沉痛之语（言论）　《民国日报》　1926 年 9 月 22 日　第 65 册　第 212 页

02412　沉毅果决之国民　《申报》　1915 年 5 月 13 日　第 134 册　第 210 页

02413　沉着应战　《申报》　1944 年 5 月 27 日　第 385 册　第 511 页

02414　陈独秀案移送法院　《大公报》　1932 年 10 月 25 日　第 110 册　第 656 页

02415　陈独秀等一案判决矣　《大公报》　1933 年 4 月 27 日　第 113 册　第 802 页

02416　陈杜绝猪仔拐诱风议　《申报》　1872 年 11 月 6 日　第 1 册　第 645 页

02417　陈公英士殉国纪念　《民国日报》　1946 年 5 月 18 日　第 98 册　第 74 页

02418　陈光远氏之前途　《民国日报》　1917 年 12 月 27 日　第 12 册　第 674 页

02419　陈季良辞职　《民国日报》　1929 年 1 月 24 日　第 78 册　第 395 页

02420　陈济棠能否拒命　《大公报》　1936 年 7 月 15 日　第 133 册　第 200 页

02421　陈嘉庚之毁家兴学　《申报》　1920 年 11 月 3 日　第 167 册　第 45 页

02422　陈炯明的力量如何（言论）　《民国日报》　1926 年 8 月 25 日　第 64 册　第 552 页

02423　陈炯明将败于舆论了　《民国日报》　1922 年 12 月 31 日　第 42 册　第 814 页

02424　陈炯明为什么不做省长　《民国日报》　1922 年 9 月 17 日　第 41 册　第 220 页

02425　陈炯明自陷绝地　《民国日报》　1923 年 1 月 17 日　第 43 册　第 212 页

02426　陈炯明自作自受　《民国日报》　1922 年 7 月 2 日　第 40 册　第 16 页

02427　陈逆公博判处死刑　《大公报》　1946 年 4 月 13 日　第 156 册　第 408 页

02428　陈树藩谋财卖陕：以地方公债谋财卖陕　《民国日报》　1919 年 8 月 21 日　第 22 册　第 578 页

02429　陈树藩陷乾县观　《民国日报》　1919 年 4 月 19 日　第 20 册　第 588 页

02430　陈先生归葬哀辞　《民国日报》　1917 年 5 月 13 日　第 9 册　第 146 页

02431 陈英士先生哀辞 《民国日报》 1916 年 5 月 20 日 第 3 册 第 230 页

02432 陈英士先生殉国纪念 《中央日报》 1944 年 5 月 18 日 第 49 册 第 618 页

02433 陈友仁先生余话/吉田东祐（星期评论） 《申报》 1944 年 5 月 28 日 第 385 册 第 515 页

02434 陈友仁之自白 《民国日报》 1931 年 9 月 28 日 第 94 册 第 349 页

02435 陈总藩条陈司法独立书 《申报》 1910 年 12 月 15 日 第 109 册 第 705 页

02436 陈总藩条陈司法独立书续 《申报》 1910 年 12 月 16 日 第 109 册 第 723 页

02437 称病 《大公报》 1927 年 5 月 31 日 第 79 册 第 481 页

02438 称呼倒置论 《申报》 1873 年 12 月 1 日 第 3 册 第 525 页

02439 称谓杂说 《申报》 1890 年 3 月 21 日 第 36 册 第 437 页

02440 趁风打劫之心 《申报》 1928 年 5 月 23 日 第 246 册 第 616 页

02441 趁火打劫的一幕 《民国日报》 1924 年 9 月 29 日 第 53 册 第 317 页

02442 趁远东运动开两种盛会 《民国日报》 1921 年 6 月 1 日 第 33 册 第 440 页

02443 趁战时建设西北西南 《大公报》 1937 年 10 月 5 日 第 139 册 第 433 页

02444 成败 《申报》 1918 年 7 月 6 日 第 153 册 第 80 页

02445 成败 《申报》 1920 年 7 月 25 日 第 165 册 第 441 页

02446 成败功罪一念之差耳 《中央日报》 1929 年 8 月 6 日 第 7 册 第 65 页

02447 成败之关键 《申报》 1919 年 5 月 11 日 第 158 册 第 163 页

02448 成败之推测 《申报》 1925 年 7 月 21 日 第 214 册 第 393 页

02449 成都暴民之骚动 《中央日报》 1936 年 8 月 27 日 第 35 册 第 689 页

02450 成都既下之川军 《民国日报》 1918 年 2 月 27 日 第 13 册 第 578 页

02451 成功 《申报》 1916 年 12 月 24 日 第 143 册 第 964 页

02452 成功与困难 《申报》 1926 年 6 月 29 日 第 224 册 第 698 页

02453 成功之后 《申报》 1928 年 3 月 14 日 第 244 册 第 329 页

02454 成规 《申报》 1922 年 12 月 5 日 第 187 册 第 91 页

02455 成交叉点 《申报》 1928 年 12 月 28 日 第 253 册 第 801 页

02456 成立上海联合电力公司之商榷/赵曾珏（专论） 《申报》 1947 年 10 月 29 日 第 395 册 第 286 页

02457 成年人与儿童节 《中央日报》 1934 年 4 月 5 日 第 26 册 第 50 页

02458 成事不说 《申报》 1915 年 10 月 21 日 第 136 册 第 804 页

02459 成事之三要件 《申报》 1926 年 3 月 25 日 第 221 册 第 532 页

02460   成事之三要素   《申报》   1929 年 2 月 13 日   第 255 册   第 164 页

02461   成熟   《申报》   1927 年 4 月 19 日   第 233 册   第 352 页

02462   成算   《申报》   1915 年 12 月 14 日   第 137 册   第 708 页

02463   成渝铁路积极修建   《申报》   1949 年 1 月 13 日   第 400 册   第 68 页

02464   成渝与成乐的抉择   《大公报》   1944 年 7 月 28 日   第 153 册   第 124 页

02465   成则为总统、败许为巡阅使吗   《民国日报》   1923 年 7 月 4 日   第 46 册
　　第 44 页

02466   呈献金属   《申报》   1943 年 12 月 11 日   第 384 册   第 839 页

02467   承德失陷   《申报》   1933 年 3 月 5 日   第 302 册   第 131 页

02468   承德陷后之当局言论   《大公报》   1933 年 3 月 7 日   第 113 册   第 88 页

02469   承认   《申报》   1915 年 4 月 4 日   第 133 册   第 542 页

02470   承认"伪国"接收邮政?   《大公报》   1932 年 4 月 11 日   第 107 册   第
　　414 页

02471   承认政府与使馆南迁   《大公报》   1928 年 6 月 19 日   第 84 册   第
　　491 页

02472   诚实不欺   《申报》   1914 年 11 月 7 日   第 131 册   第 88 页

02473   诚实光明   《申报》   1919 年 2 月 6 日   第 156 册   第 435 页

02474   诚实与虚妄   《申报》   1915 年 4 月 17 日   第 133 册   第 762 页

02475   诚伪与守信   《申报》   1926 年 3 月 4 日   第 221 册   第 71 页

02476   诚伪之利害   《申报》   1925 年 9 月 7 日   第 216 册   第 140 页

02477   诚伪之利害谈   《申报》   1927 年 5 月 23 日   第 234 册   第 443 页

02478   诚信与恶感   《申报》   1916 年 6 月 10 日   第 140 册   第 626 页

02479   诚意何在   《中央日报》   1949 年 2 月 6 日   第 60 册   第 943 页

02480   诚意与诚言   《申报》   1925 年 7 月 17 日   第 214 册   第 316 页

02481   诚意援库   《申报》   1921 年 3 月 3 日   第 169 册   第 37 页

02482   诚意战胜一切   《中央日报》   1936 年 6 月 27 日   第 34 册   第 1049 页

02483   诚与伪与疑与信   《申报》   1916 年 3 月 17 日   第 139 册   第 258 页

02484   诚与信   《申报》   1937 年 3 月 19 日   第 350 册   第 455 页

02485   城壕建厕说   《申报》   1882 年 1 月 2 日   第 20 册   第 5 页

02486   城市是行宪最自然的起点/张佛泉（星期论文）   《大公报》   1947 年 3 月
　　9 日   第 159 册   第 480 页

02487   城下之盟   《申报》   1915 年 5 月 8 日   第 134 册   第 124 页

02488   城镇乡地方自治章程略论   《申报》   1909 年 1 月 30 日   第 98 册   第
　　284 页

02489   城镇乡地方自治章程增删修改草案   《申报》   1909 年 8 月 12 日   第 101
　　册   第 631 页

02490　城镇乡地方自治章程增删修改草案（续六月廿七日）　《申报》　1909 年 8 月 17 日　第 101 册　第 709 页

02491　城镇乡地方自治章程增删修改草案（二续）　《申报》　1909 年 8 月 18 日　第 101 册　第 724 页

02492　乘机　《申报》　1929 年 3 月 28 日　第 256 册　第 804 页

02493　乘机急战说　《申报》　1895 年 1 月 18 日　第 49 册　第 99 页

02494　乘机说　《申报》　1881 年 2 月 21 日　第 18 册　第 177 页

02495　乘机图利　《申报》　1927 年 9 月 18 日　第 238 册　第 372 页

02496　乘时说　《申报》　1894 年 10 月 10 日　第 48 册　第 247 页

02497　惩办反对　《申报》　1919 年 10 月 7 日　第 160 册　第 655 页

02498　惩办枭匪议　《申报》　1900 年 1 月 11 日　第 64 册　第 61 页

02499　惩办与廓清　《申报》　1916 年 7 月 17 日　第 141 册　第 258 页

02500　惩鸨说　《申报》　1900 年 4 月 1 日　第 64 册　第 539 页

02501　惩蠹说　《申报》　1893 年 8 月 17 日　第 44 册　第 765 页

02502　惩恶妇凌虐买女议　《申报》　1889 年 4 月 15 日　第 34 册　第 559 页

02503　惩恶僧议　《申报》　1897 年 4 月 4 日　第 55 册　第 531 页

02504　惩忿说　《申报》　1880 年 9 月 15 日　第 17 册　第 305 页

02505　惩忿说　《申报》　1899 年 11 月 21 日　第 63 册　第 571 页

02506　惩拐说　《申报》　1890 年 11 月 5 日　第 37 册　第 811 页

02507　惩龟董议　《申报》　1889 年 11 月 4 日　第 35 册　第 783 页

02508　惩龟奴议　《申报》　1892 年 11 月 14 日　第 42 册　第 469 页

02509　惩祸首废段军之觉悟　《民国日报》　1919 年 2 月 14 日　第 19 册　第 434 页

02510　惩妓论　《申报》　1890 年 7 月 14 日　第 37 册　第 85 页

02511　惩戒性质之赔偿　《申报》　1921 年 9 月 1 日　第 173 册　第 8 页

02512　惩儆米蠹与民食　《申报》　1941 年 1 月 7 日　第 374 册　第 60 页

02513　惩流氓议　《申报》　1899 年 5 月 24 日　第 62 册　第 173 页

02514　惩买国之经纪者　《民国日报》　1919 年 2 月 20 日　第 19 册　第 506 页

02515　惩骗子议　《申报》　1891 年 11 月 16 日　第 39 册　第 839 页

02516　惩前毖后　《民国日报》　1946 年 2 月 18 日　第 97 册　第 185 页

02517　惩前毖后（论载）　《民国日报》　1927 年 7 月 24 日　第 69 册　第 332 页

02518　惩伪民意机关　《民国日报》　1919 年 8 月 20 日　第 22 册　第 566 页

02519　惩小流氓论　《申报》　1891 年 3 月 23 日　第 38 册　第 421 页

02520　惩小流氓议　《申报》　1889 年 5 月 27 日　第 34 册　第 819 页

02521　惩械斗议　《申报》　1888 年 3 月 26 日　第 32 册　第 471 页

02522　惩虚骄说　《申报》　1900年10月3日　第66册　第187页

02523　惩妖近语：惩乱之道何在　《民国日报》　1917年5月16日　第9册　第182页

02524　惩妖近语（二）：联合内阁之秘密　《民国日报》　1917年5月17日　第9册　第194页

02525　惩妖近语（三）：津讯之解剖　《民国日报》　1916年5月18日　第9册　第206页

02526　惩一儆百说　《申报》　1897年1月20日　第55册　第113页

02527　惩淫凶说　《申报》　1900年4月11日　第64册　第619页

02528　惩治祸首案：绝不生影响于和议　《民国日报》　1919年1月19日　第19册　第206页

02529　惩治祸首不宜多所株连说　《申报》　1901年3月24日　第67册　第447页

02530　惩治祸首之发表　《申报》　1916年7月15日　第141册　第226页

02531　惩治贪污！　《申报》（香港版）　1938年7月3日　第356册　第898页

02532　惩治贪污！　《申报》（汉口版）　1938年7月6日　第356册　第349页

02533　惩治贪污·制裁诽谤　《中央日报》　1947年10月6日　第57册　第366页

02534　惩治贪污之必要　《申报》　1932年10月22日　第297册　第541页

02535　惩治土劣之进一步办法　《申报》　1933年8月27日　第307册　第758页

02536　程案嫌疑犯的引渡问题　《大公报》　1939年8月19日　第142册　第520页

02537　程步庭太守安阳德政纪　《申报》　1887年9月8日　第31册　第429页

02538　程孝子事略　《申报》　1887年11月21日　第31册　第927页

02539　程雪楼都督与某君论宗社党书　《申报》　1912年6月8日　第117册　第669页

02540　程雪楼再任江苏都督感言　《申报》　1912年4月16日　第117册　第147页

02541　澄清政治，提高效率　《大公报》　1946年8月16日　第157册　第216页

02542　澄清经济行政　《中央日报》　1940年5月24日　第43册　第510页

02543　澄清吏治策　《申报》　1910年7月12日　第107册　第189页

02544　澄清吏治的试金石/陈彬龢（代论）　《申报》　1945年1月6日　第387册　第13页

02545　澄清吏治问题　《中央日报》　1930年4月29日　第10册　第355页

02546 澄清吏治问题 《中央日报》 1930 年 10 月 31 日 第 12 册 第 361 页

02547 澄清吏治议 《申报》 1902 年 1 月 2 日 第 70 册 第 7 页

02548 澄清吏治与厉行监察制度（上）：胡汉民在立法院纪念周讲演（专载）
《民国日报》 1930 年 11 月 3 日 第 89 册 第 30 页

02549 澄清吏治与厉行监察制度（下）：胡汉民在立法院纪念周讲演（专载）
《民国日报》 1930 年 11 月 5 日 第 89 册 第 56 页

02550 澄清吏治与赏罚严明 《中央日报》 1930 年 11 月 28 日 第 12 册 第
707 页

02551 澄清言论（专论）/胡朴安 《民国日报》 1946 年 7 月 17 日 第 98 册
第 313 页

02552 澄清政治之亟务 《大公报》 1930 年 10 月 18 日 第 98 册 第 556 页

02553 吃闭门羹后的觉悟 《民国日报》 1921 年 7 月 15 日 第 34 册 第
198 页

02554 吃饭问题与军阀（言论） 《民国日报》 1927 年 1 月 5 日 第 67 册 第
28 页

02555 吃饭与支灶 《民国日报》 1922 年 2 月 9 日 第 37 册 第 438 页

02556 吃苦抗战 《大公报》 1938 年 12 月 9 日 第 141 册 第 480 页

02557 吃人肉的赈捐抵款 《民国日报》 1924 年 8 月 21 日 第 52 册 第
676 页

02558 吃肉流毒的孔子 《民国日报》 1922 年 10 月 17 日 第 41 册 第 634 页

02559 弛华人回国之禁说 《申报》 1894 年 9 月 16 日 第 48 册 第 99 页

02560 弛种烟之禁以轻烟害说 《申报》 1882 年 12 月 15 日 第 21 册 第
1003 页

02561 弛门禁以解谣惑说 《申报》 1900 年 8 月 3 日 第 65 册 第 669 页

02562 迟一步 《申报》 1918 年 11 月 18 日 第 155 册 第 274 页

02563 迟一步 《申报》 1926 年 3 月 16 日 第 221 册 第 338 页

02564 迟疑 《申报》 1916 年 6 月 17 日 第 140 册 第 728 页

02565 迟则生变 《申报》 1915 年 9 月 29 日 第 136 册 第 448 页

02566 持久抗战必能得到最后胜利/冯玉祥（星期评论） 《申报》（香港版）
1939 年 2 月 26 日 第 357 册 第 988 页

02567 持久抗战与加强游击 《大公报》 1939 年 2 月 11 日 第 142 册 第
166 页

02568 持久战中经济元素的重要/张忠绂（星期论文） 《大公报》 1940 年 3 月
3 日 第 144 册 第 250 页

02569 持久战中之种种危机 《大公报》 1930 年 9 月 12 日 第 98 册 第
136 页

02570 持久之力 《申报》 1926 年 8 月 8 日 第 226 册 第 178 页

02571 持久作战之两个原则 《申报》 1937 年 9 月 15 日 第 355 册 第 495 页

02572 持平说 《申报》 1880 年 1 月 19 日 第 16 册 第 73 页

02573 持平子致本馆论杨月楼事书 《申报》 1873 年 12 月 29 日 第 3 册 第 621 页

02574 踟蹰中之日本 《申报》 1939 年 11 月 1 日 第 367 册 第 4 页

02575 尺寸 《申报》 1924 年 11 月 24 日 第 207 册 第 392 页

02576 彳亍生来书 《申报》 1877 年 6 月 6 日 第 10 册 第 513 页

02577 斥倡议建都北京者 《民国日报》 1928 年 5 月 22 日 第 74 册 第 328 页

02578 斥创团练说 《申报》 1900 年 11 月 4 日 第 66 册 第 379 页

02579 斥敌阁"国策" 《中央日报》 1940 年 8 月 4 日 第 43 册 第 812 页

02580 斥敌寇之所谓攻势 《大公报》 1943 年 2 月 26 日 第 150 册 第 242 页

02581 斥敌人的谣言攻势 《大公报》 1940 年 11 月 4 日 第 145 册 第 480 页

02582 斥敌伪丑剧并勖我军民同胞 《大公报》 1940 年 12 月 1 日 第 145 册 第 584 页

02583 斥调和条件之一说 《民国日报》 1918 年 8 月 25 日 第 16 册 第 638 页

02584 斥调和条件之一说（一续） 《民国日报》 1918 年 8 月 26 日 第 16 册 第 650 页

02585 斥调和条件之一说（二续） 《民国日报》 1918 年 8 月 27 日 第 16 册 第 662 页

02586 斥丰博森 《中央日报》 1930 年 6 月 25 日 第 10 册 第 1047 页

02587 斥冯国璋东电 《民国日报》 1916 年 5 月 15 日 第 3 册 第 170 页

02588 斥冯国璋东电（续） 《民国日报》 1916 年 5 月 16 日 第 3 册 第 182 页

02589 斥改组派的外交政策 《民国日报》 1929 年 11 月 27 日 第 83 册 第 443 页

02590 斥改组派的外交政策 续 《民国日报》 1929 年 11 月 28 日 第 83 册 第 460 页

02591 斥改组派的外交政策 续 《民国日报》 1929 年 11 月 29 日 第 83 册 第 473 页

02592 斥和平代表之通告父老书 《民国日报》 1924 年 9 月 9 日 第 53 册 第 98 页

02593 斥和谣 《大公报》 1945 年 5 月 23 日 第 154 册 第 604 页

02594 斥江苏和平代表 《民国日报》 1924 年 9 月 2 日 第 53 册 第 14 页

02595 斥解散国会之谬说 《民国日报》 1916 年 12 月 12 日 第 6 册 第 494 页

02596 斥今之尊孔者 《民国日报》 1919 年 11 月 14 日 第 24 册 第 158 页

02597 斥日汪同盟条约 《大公报》 1943 年 11 月 1 日 第 151 册 第 548 页

02598 斥时事新报 《民国日报》 1923 年 10 月 18 日 第 47 册 第 682 页

02599 斥停战议和 《民国日报》 1917 年 12 月 22 日 第 12 册 第 614 页

02600 斥汪逆卖国密约 《中央日报》 1940 年 1 月 23 日 第 42 册 第 1036 页

02601 斥汪贼诸逆！并论日寇命傀儡参战的用意 《大公报》 1943 年 1 月 11 日 第 150 册 第 50 页

02602 斥违悖民意之补签说 《民国日报》 1919 年 7 月 30 日 第 22 册 第 326 页

02603 斥英国的四项要求 《申报》 1948 年 1 月 23 日 第 396 册 第 204 页

02604 斥招抚式之和 《民国日报》 1918 年 11 月 28 日 第 18 册 第 326 页

02605 斥助长乱萌的骑墙论调 《中央日报》 1946 年 8 月 9 日 第 53 册 第 592 页

02606 斥字林西报 《民国日报》 1927 年 8 月 11 日 第 69 册 第 599 页

02607 斥佐藤之狂吠 《中央日报》 1932 年 2 月 21 日 第 17 册 第 323 页

02608 赤白黑 《大公报》 1927 年 12 月 16 日 第 81 册 第 607 页

02609 赤俄最近之为患 《民国日报》 1929 年 12 月 18 日 第 83 册 第 781 页

02610 赤俄最近之为患 《民国日报》 1929 年 12 月 19 日 第 83 册 第 795 页

02611 赤匪窜川之严重性 《大公报》 1933 年 2 月 16 日 第 112 册 第 532 页

02612 赤匪老巢击破 《中央日报》 1931 年 8 月 2 日 第 15 册 第 351 页

02613 "赤化"能叫座吗?（言论） 《民国日报》 1925 年 12 月 9 日 第 60 册 第 458 页

02614 赤化与白化 《大公报》 1926 年 9 月 23 日 第 77 册 第 169 页

02615 赤化与反革命 《大公报》 1926 年 9 月 17 日 第 77 册 第 129 页

02616 赤祸与中国之存亡/杨杏佛 《民国日报》 1931 年 7 月 17 日 第 93 册 第 201 页

02617 赤裸裸的生活问题 《大公报》 1926 年 12 月 14 日 第 77 册 第 819 页

02618 赤色帝国主义的毒计 《民国日报》 1929 年 4 月 24 日 第 79 册 第 937 页

02619 赤尾敏事件之谜 《大公报》 1943 年 6 月 26 日 第 150 册 第 780 页

02620 赤子之心 《申报》 1920 年 9 月 26 日 第 166 册 第 427 页

02621 饬地方官保护寺产感言 《申报》 1905 年 4 月 14 日 第 79 册 第 735 页

02622 充分发挥生产力 《中央日报》 1944 年 9 月 29 日 第 50 册 第 130 页

02623　充分世界化与全盘西化/胡适（星期论文）　《大公报》　1935 年 6 月 23 日　第 126 册　第 852 页

02624　充满与发扬　《申报》　1927 年 4 月 30 日　第 233 册　第 563 页

02625　充实国军精神食粮　《大公报》　1942 年 4 月 30 日　第 148 册　第 514 页

02626　充实乐观　《大公报》　1940 年 12 月 16 日　第 145 册　第 642 页

02627　充实内力　《申报》　1921 年 1 月 5 日　第 168 册　第 59 页

02628　充实农业实验工作　《申报》　1944 年 11 月 29 日　第 386 册　第 489 页

02629　充实平等的内容　《大公报》　1943 年 1 月 14 日　第 150 册　第 62 页

02630　充实外交　《申报》　1931 年 11 月 27 日　第 288 册　第 659 页

02631　充实西北　《大公报》　1938 年 12 月 5 日　第 141 册　第 464 页

02632　充实县各级组织问题　《中央日报》　1943 年 1 月 7 日　第 47 册　第 424 页

02633　充实中学教育　《中央日报》　1941 年 10 月 15 日　第 45 册　第 320 页

02634　充溢市场的和平风说　《申报》　1940 年 1 月 13 日　第 368 册　第 174 页

02635　充有论　《民国日报》　1923 年 7 月 31 日　第 46 册　第 422 页

02636　充裕物资　《申报》　1944 年 11 月 24 日　第 386 册　第 473 页

02637　冲绳决战　《申报》　1945 年 4 月 27 日　第 387 册　第 307 页

02638　冲绳战局与日本精神　《申报》　1945 年 5 月 30 日　第 387 册　第 383 页

02639　冲突　《申报》　1914 年 4 月 24 日　第 127 册　第 886 页

02640　冲突　《申报》　1919 年 2 月 15 日　第 156 册　第 579 页

02640.1　冲突　《申报》　1922 年 10 月 28 日　第 185 册　第 591 页

02640.2　冲突需要全面停止，问题需要全部解决　《中央日报》　1946 年 10 月 17 日　第 54 册　第 184 页

02640.3　重查沪案的两大目的（言论）　《民国日报》　1926 年 9 月 13 日　第 59 册　第 148 页

02640.4　重查沪案开始（言论）　《民国日报》　1925 年 10 月 4 日　第 59 册　第 401 页

02640.5　重查沪案开始（二）（言论）　《民国日报》　1925 年 10 月 5 日　第 59 册　第 414 页

02640.6　重查沪案开始（三）（言论）　《民国日报》　1925 年 10 月 6 日　第 59 册　第 426 页

02640.7　重查沪案开始（四）（言论）　《民国日报》　1925 年 10 月 7 日　第 59 册　第 437 页

02640.8　重查欧战祸首问题　《中央日报》　1931 年 2 月 19 日　第 13 册　第 567 页

02640.9　重光葵的五原则　《中央日报》　1945 年 1 月 23 日　第 50 册　第 636 页

02641   重见北方父老   《大公报》   1945 年 12 月 1 日   第 155 册   第 660 页

02641.1 重建北平的高等教育   《大公报》   1946 年 8 月 1 日   第 157 册   第 126 页

02641.2 重建海军议   《申报》   1902 年 6 月 6 日   第 71 册   第 251 页

02641.3 重建海军议（续昨稿）   《申报》   1902 年 6 月 7 日   第 71 册   第 257 页

02641.4 重建江海北关议   《申报》   1891 年 2 月 21 日   第 38 册   第 249 页

02641.5 重建陆军纪念七七：首届陆军节感言   《申报》   1948 年 7 月 7 日   第 398 册   第 50 页

02641.6 重建社会上用钱心理   《民国日报》   1945 年 11 月 8 日   第 96 册   第 259 页

02641.7 重建世界和平   《中央日报》   1941 年 8 月 16 日   第 45 册   第 72 页

02641.8 重建苏城玉业汇市公所记   《申报》   1889 年 10 月 23 日   第 35 册   第 709 页

02641.9 重建远东之路   《大公报》   1947 年 7 月 5 日   第 160 册   第 414 页

02642   重建中国农业！   《申报》   1948 年 6 月 4 日   第 397 册   第 544 页

02642.1 重禁女堂烟馆议   《申报》   1887 年 6 月 6 日   第 30 册   第 933 页

02642.2 重九登高说   《申报》   1890 年 10 月 24 日   第 37 册   第 737 页

02642.3 重九试灯记   《申报》   1886 年 10 月 8 日   第 29 册   第 609 页

02642.4 重论军事会议：总理搁起国务院   议员放弃质问权   《民国日报》   1917 年 4 月 21 日   第 8 册   第 598 页

02642.5 重论政府公布的经济方案：清算过去的政策推测将来的效果/赵迺搏（星期论文）   《大公报》   1947 年 8 月 24 日   第 160 册   第 714 页

02642.6 重幕之中   《申报》   1919 年 9 月 19 日   第 160 册   第 327 页

02642.7 重派出洋学生议   《申报》   1896 年 2 月 17 日   第 52 册   第 255 页

02642.8 重庆的浩劫   《申报》   1939 年 5 月 7 日   第 363 册   第 646 页

02642.9 重庆的苦闷   《申报》   1944 年 11 月 10 日   第 386 册   第 429 页

02643   重庆的伟大！   《中央日报》   1941 年 10 月 1 日   第 45 册   第 258 页

02643.1 重庆对苏外交的分析   《申报》   1945 年 7 月 7 日   第 387 册   第 469 页

02643.2 重庆二三事   《大公报》   1944 年 10 月 20 日   第 153 册   第 502 页

02643.3 重庆二三事   《大公报》   1945 年 4 月 10 日   第 154 册   第 424 页

02643.4 重庆方面之谈话   《申报》   1939 年 2 月 10 日   第 362 册   第 172 页

02643.5 重庆六全大会评述/朱克家（星期评论）   《申报》   1945 年 5 月 6 日   第 387 册   第 329 页

02643.6 重庆设立实验法院   《大公报》   1944 年 7 月 1 日   第 153 册   第 2 页

02643.7 重庆市场二三事   《中央日报》   1945 年 1 月 13 日   第 50 册   第 596 页

02643.8 重庆市地方治理   《大公报》   1944 年 7 月 17 日   第 153 册   第 76 页

02643.9 重庆收回了些什么？英美交还了些什么？ 《申报》 1943 年 8 月 3 日
第 384 册 第 317 页

022644 重庆政权的动向（上）：甲乙二君的一问一答 《申报》 1943 年 9 月 28
日 第 384 册 第 535 页

02644.1 重庆政权的动向（下）：甲乙二君的一问一答 《申报》 1943 年 9 月 29
日 第 384 册 第 539 页

02644.2 重庆政权何处去？/陈彬龢（代论） 《申报》 1944 年 1 月 20 日 第 385
册 第 77 页

02644.3 重庆政权西北"中央化"的困难 《申报》 1942 年 12 月 16 日 第 382
册 第 514 页

02644.4 重庆政权之命运 《申报》 1943 年 8 月 19 日 第 384 册 第 377 页

02644.5 重庆之命运 《申报》 1944 年 11 月 17 日 第 386 册 第 451 页

02644.6 重庆之命运（上）：重庆国民党分裂之必然性/吉田东祐（代论） 《申报》
1943 年 11 月 24 日 第 384 册 第 767 页

02644.7 重庆之命运（中）：重庆国民党分裂之必然性/吉田东祐（代论） 《申报》
1943 年 11 月 25 日 第 384 册 第 771 页

02644.8 重庆之命运（下）：重庆国民党分裂之必然性/吉田东祐（代论） 《申报》
1943 年 11 月 26 日 第 384 册 第 775 页

02644.9 重燃之减息问题 《申报》 1937 年 5 月 28 日 第 352 册 第 657 页

02645 重申借钱局说 《申报》 1880 年 12 月 27 日 第 17 册 第 717 页

02645.1 重申蒙兵保蒙的我见 《民国日报》 1924 年 4 月 9 日 第 50 册 第
490 页

02645.2 重申主张 《民国日报》 1946 年 8 月 12 日 第 98 册 第 440 页

02645.3 重受新生活的洗礼！：新生活运动十四周年纪念 《申报》 1948 年 2 月 19
日 第 396 册 第 444 页

02645.4 重提起要求条件 《民国日报》 1917 年 4 月 9 日 第 8 册 第 454 页

02645.5 重献建都北平之议 《大公报》 1945 年 10 月 17 日 第 155 册 第
470 页

02645.6 重新估计中英关系 《大公报》 1947 年 2 月 12 日 第 159 册 第 310 页

02645.7 重兴海军与普及教育之比较 《申报》 1909 年 7 月 3 日 第 101 册 第
31 页

02645.8 重游避债台记 《申报》 1900 年 1 月 22 日 第 64 册 第 135 页

02645.9 重与读者相见 《申报》 1945 年 11 月 22 日 第 387 册 第 619 页

02646 重振海军论 《申报》 1897 年 3 月 11 日 第 55 册 第 381 页

02646.1 重振警察新精神 《申报》 1945 年 1 月 27 日 第 387 册 第 77 页

02646.2 重振廉洁运动 《申报》 1945 年 1 月 10 日 第 387 册 第 27 页

02646.3 重整道德与发扬我国文化/樊光（星期论坛） 《申报》 1948 年 6 月 20 日 第 397 册 第 672 页

02646.4 重整道德运动 《申报》 1939 年 10 月 16 日 第 366 册 第 642 页

02646.5 重整海军说 《申报》 1900 年 3 月 16 日 第 64 册 第 423 页

02646.6 崇拜英雄 《申报》 1927 年 11 月 1 日 第 240 册 第 6 页

02646.7 崇俭说 《申报》 1872 年 9 月 20 日 第 1 册 第 485 页

02646.8 崇俭说 《申报》 1900 年 4 月 25 日 第 64 册 第 729 页

02646.9 崇俭说 《申报》 1901 年 3 月 30 日 第 67 册 第 485 页

02647 崇俭说 《申报》 1903 年 7 月 11 日 第 74 册 第 491 页

02648 崇教化以补政治之不足论 《申报》 1888 年 7 月 3 日 第 33 册 第 15 页

02649 崇洁说 《申报》 1903 年 8 月 21 日 第 74 册 第 793 页

02650 崇尚节约 《申报》 1934 年 6 月 30 日 第 317 册 第 895 页

02651 崇尚西人之学辨 《申报》 1882 年 1 月 23 日 第 20 册 第 89 页

02652 崇信实学 《申报》 1874 年 8 月 6 日 第 5 册 第 125 页

02653 抽搐杂话（论载） 《民国日报》 1927 年 8 月 2 日 第 69 册 第 468 页

02654 抽米税以赎铁路借款议 《申报》 1906 年 1 月 8 日 第 82 册 第 57 页

02655 抽收丁口税宜定划一章程说 《申报》 1901 年 5 月 24 日 第 68 册 第 139 页

02656 仇恨愈深，奋斗愈勇！ 《中央日报》 1939 年 5 月 8 日 第 42 册 第 9 页

02657 绸缪说 《申报》 1878 年 4 月 24 日 第 12 册 第 365 页

02658 愁苦悲惨之全国现状 《大公报》 1930 年 1 月 23 日 第 94 册 第 324 页

02659 筹安与筹危欤 《申报》 1915 年 8 月 23 日 第 135 册 第 884 页

02660 筹办借钱局余意 《申报》 1883 年 12 月 16 日 第 23 册 第 1011 页

02661 筹办全国食粮展览会 《民国日报》 1931 年 8 月 22 日 第 93 册 第 658 页

02662 筹办咨议局之补助方法 《申报》 1908 年 9 月 25 日 第 96 册 第 340 页

02663 筹备国庆纪念 《民国日报》 1928 年 10 月 7 日 第 76 册 第 582 页

02664 筹备海军末议 《申报》 1888 年 5 月 20 日 第 32 册 第 807 页

02665 筹备黎前总统国葬 《申报》 1935 年 10 月 31 日 第 333 册 第 837 页

02666 筹备民食关系中国全局论 《申报》 1899 年 11 月 9 日 第 63 册 第 485 页

02667 筹备年关 《申报》 1923 年 1 月 29 日 第 188 册 第 564 页

02668   筹备中的全国手工展览会   《大公报》   1937 年 3 月 31 日   第 137 册   第 424 页

02669   筹边说   《申报》   1877 年 8 月 21 日   第 11 册   第 177 页

02670   筹藏策   《申报》   1903 年 12 月 13 日   第 75 册   第 715 页

02671   筹藏策（续二十五日稿）   《申报》   1903 年 12 月 15 日   第 75 册   第 727 页

02672   筹藏策（续上月二十五日稿）   《申报》   1903 年 12 月 20 日   第 75 册   第 759 页

02673   筹滇耳食录   《申报》   1894 年 4 月 24 日   第 46 册   第 703 页

02674   筹俄策书后   《申报》   1881 年 1 月 1 日   第 18 册   第 1 页

02675   筹俄十策总论   《申报》   1880 年 12 月 13 日   第 17 册   第 661 页

02676   筹俄余议一   《申报》   1881 年 1 月 4 日   第 18 册   第 13 页

02677   筹俄余议二   《申报》   1881 年 1 月 6 日   第 18 册   第 21 页

02678   筹俄余议三   《申报》   1881 年 1 月 9 日   第 18 册   第 33 页

02679   筹俄余议四   《申报》   1881 年 1 月 11 日   第 18 册   第 41 页

02680   筹俄余议五   《申报》   1881 年 1 月 13 日   第 18 册   第 49 页

02681   筹俄余议六   《申报》   1881 年 1 月 15 日   第 18 册   第 57 页

02682   筹俄余议七   《申报》   1881 年 1 月 17 日   第 18 册   第 65 页

02683   筹俄余议八   《申报》   1881 年 1 月 19 日   第 18 册   第 73 页

02684   筹俄余议九   《申报》   1881 年 1 月 21 日   第 18 册   第 81 页

02685   筹俄余议十   《申报》   1881 年 1 月 23 日   第 18 册   第 89 页

02686   筹法养丐说   《申报》   1881 年 9 月 12 日   第 19 册   第 293 页

02687   筹防扼要篇   《申报》   1884 年 1 月 22 日   第 24 册   第 127 页

02688   筹防客问   《申报》   1894 年 8 月 8 日   第 47 册   第 711 页

02689   筹防新议   《申报》   1898 年 9 月 14 日   第 60 册   第 95 页

02690   筹防新议   《申报》   1898 年 9 月 15 日   第 60 册   第 103 页

02691   筹防新议   《申报》   1898 年 9 月 29 日   第 60 册   第 203 页

02692   筹防宜求实际论   《申报》   1880 年 7 月 4 日   第 17 册   第 13 页

02693   筹改海运后议   《申报》   1884 年 10 月 27 日   第 25 册   第 681 页

02694   筹高策上   《申报》   1882 年 8 月 17 日   第 21 册   第 283 页

02695   筹高策中   《申报》   1882 年 8 月 19 日   第 21 册   第 295 页

02696   筹高策下   《申报》   1882 年 8 月 22 日   第 21 册   第 313 页

02697   筹河刍言   《申报》   1888 年 3 月 19 日   第 32 册   第 427 页

02698   筹沪策   《申报》   1894 年 4 月 15 日   第 46 册   第 645 页

02699   筹还国债之浅议   《申报》   1910 年 2 月 16 日   第 104 册   第 702 页

02700   筹还国债之浅议   《申报》   1910 年 2 月 19 日   第 104 册   第 756 页

02701 筹缉捕之法以辅捕房说 《申报》 1883年1月29日 第22册 第157页

02702 筹经费以设义塾议 《申报》 1894年2月10日 第46册 第223页

02703 筹救豫省妇女平议 《申报》 1878年7月29日 第13册 第97页

02704 筹捐刍议 《申报》 1902年7月15日 第71册 第513页

02705 筹捐刍议 《申报》 1903年11月1日 第75册 第435页

02706 筹捐防弊论 《申报》 1902年2月27日 第70册 第305页

02707 筹捐末议 《申报》 1895年11月21日 第51册 第535页

02708 筹码增加与套利交易 《申报》 1935年12月13日 第335册 第298页

02709 筹民食说 《申报》 1878年7月24日 第13册 第81页

02710 筹募救灾基金 《申报》 1935年9月6日 第332册 第156页

02711 筹拟南洋各岛添设领事保护华民疏 《申报》 1891年4月19日 第38册 第583页

02712 筹拟修复运河书 《申报》 1879年9月25日 第15册 第345页

02713 筹辟"新运模范区" 《中央日报》 1940年9月4日 第43册 第936页

02714 筹商答复 《申报》 1917年2月18日 第144册 第666页

02715 筹台篇 《申报》 1895年7月21日 第50册 第523页

02716 筹饷刍言 《申报》 1894年10月19日 第48册 第303页

02717 筹饷练兵说 《申报》 1904年4月5日 第76册 第547页

02718 筹饷末议 《申报》 1884年10月28日 第25册 第687页

02719 筹饷篇 《申报》 1901年1月22日 第67册 第127页

02720 筹饷箴言 《申报》 1912年2月4日 第116册 第348页

02721 筹兴水利为咨议局基本金之设备说 《申报》 1909年10月25日 第102册 第813页

02722 筹战议 《申报》 1894年7月27日 第47册 第631页

02723 筹战之初步 《申报》 1912年11月19日 第119册 第559页

02724 筹赈妄言 《申报》 1885年8月5日 第27册 第211页

02725 筹赈印度灾荒 《中央日报》 1943年11月8日 第48册 第886页

02726 筹赈刍言 《申报》 1890年9月22日 第37册 第537页

02727 筹赈刍言 《申报》 1901年2月12日 第67册 第253页

02728 筹赈刍议 《申报》 1898年6月26日 第59册 第363页

02729 筹赈答问 《申报》 1892年9月6日 第42册 第31页

02730 筹赈实谈 《申报》 1885年7月21日 第27册 第121页

02731 筹赈通论 《申报》 1892年9月20日 第42册 第123页

02759　出口铁少说　《申报》　1879 年 6 月 9 日　第 14 册　第 571 页

02760　出力　《申报》　1924 年 1 月 12 日　第 199 册　第 234 页

02761　出力与出钱　《申报》（香港版）　1938 年 4 月 24 日　第 356 册　第 617 页

02762　出路　《申报》　1929 年 6 月 22 日　第 259 册　第 597 页

02763　出卖中东路能避免日苏冲突乎　《申报》　1933 年 5 月 14 日　第 304 册　第 336 页

02764　出奇制胜策　《申报》　1894 年 8 月 11 日　第 47 册　第 733 页

02765　出钱报国　《中央日报》　1944 年 4 月 14 日　第 49 册　第 468 页

02766　出钱劳军竞赛　《大公报》　1941 年 2 月 14 日　第 146 册　第 188 页

02767　出师北伐二周年　《民国日报》　1928 年 7 月 15 日　第 75 册　第 261 页

02768　出使俄国大臣胡星使奏陈俄人建造东三省铁路工竣情形折　《申报》　1904 年 5 月 30 日　第 77 册　第 209 页

02769　出使各国宜慎其选论　《申报》　1883 年 6 月 6 日　第 22 册　第 817 页

02770　出席第九次咨询会志感/陈彬龢（代论）　《申报》　1944 年 11 月 11 日　第 386 册　第 431 页

02771　出席第十四次咨询委员全体会议观感/陈彬龢（代论）　《申报》　1945 年 4 月 17 日　第 387 册　第 285 页

02772　出席咨询会观感/陈彬龢（星期代论）　《申报》　1945 年 2 月 18 日　第 387 册　第 141 页

02773　出洋　《大公报》　1928 年 1 月 13 日　第 82 册　第 123 页

02774　出洋处分　《申报》　1924 年 4 月 28 日　第 201 册　第 584 页

02775　出洋华民善后议　《申报》　1894 年 3 月 6 日　第 46 册　第 373 页

02776　出洋经商议　《申报》　1900 年 2 月 26 日　第 64 册　第 303 页

02777　出洋留学与考察　《大公报》　1934 年 12 月 24 日　第 123 册　第 786 页

02778　出洋贸易之人宜存中国体制说　《申报》　1892 年 10 月 7 日　第 42 册　第 231 页

02779　出洋问题　《民国日报》　1929 年 6 月 26 日　第 80 册　第 909 页

02780　出战与督军　《申报》　1918 年 6 月 1 日　第 152 册　第 486 页

02781　出走的滇唐（言论）　《民国日报》　1925 年 5 月 19 日　第 57 册　第 244 页

02782　初等小学教育必须改良之缘起　《申报》　1910 年 10 月 28 日　第 108 册　第 913 页

02783　初九日上谕谨注　《申报》　1906 年 2 月 4 日　第 82 册　第 217 页

02784　初念　《申报》　1926 年 11 月 12 日　第 229 册　第 267 页

02785　初选日期疑问　《申报》　1908 年 10 月 30 日　第 96 册　第 862 页

02786 初意 《申报》 1928年3月15日 第244册 第352页

02787 初意 《申报》 1929年2月16日 第255册 第253页

02788 初意（二） 《申报》 1929年2月17日 第255册 第287页

02789 刍狗生命 《申报》 1926年8月5日 第226册 第104页

02790 刍言 《申报》 1874年8月22日 第5册 第181页

02791 除暴说 《申报》 1893年11月2日 第45册 第419页

02792 除弊 《申报》 1927年10月8日 第239册 第153页

02793 除岛民议 《申报》 1879年2月17日 第14册 第141页

02794 除督军等以外 《申报》 1917年8月24日 第147册 第928页

02795 除毒的两方面（言论） 《民国日报》 1925年5月12日 第57册 第146页

02796 除恶务尽说 《申报》 1900年9月5日 第66册 第25页

02797 除恶务尽说 《申报》 1905年1月10日 第79册 第55页

02798 除非日本屈服 《中央日报》 1941年11月27日 第45册 第492页

02799 除根 《申报》 1924年12月19日 第208册 第348页

02800 除官僚政治 《民国日报》 1916年7月3日 第4册 第26页

02801 除蝗刍议 《申报》 1892年6月20日 第41册 第325页

02802 除秽水以免致病论 《申报》 1874年1月26日 第4册 第85页

02803 除奸！ 《大公报》 1939年2月21日 第142册 第206页

02804 除旧布新说 《申报》 1891年1月4日 第38册 第19页

02805 除岁杂感 《大公报》 1942年12月31日 第149册 第794页

02806 除夕登避债台记 《申报》 1885年2月11日 第26册 第241页

02807 除夕话除旧 《民国日报》 1946年12月31日 第99册 第574页

02808 除夕话同情：论学生募捐救济难民运动 《申报》 1947年12月31日 第395册 第916页

02809 除夕书感 《大公报》 1943年12月31日 第151册 第810页

02810 除西南外 《申报》 1917年8月23日 第147册 第910页

02811 除枭论 《申报》 1903年2月25日 第73册 第289页

02812 除枭说 《申报》 1883年7月30日 第23册 第175页

02813 除邪教说 《申报》 1888年2月27日 第32册 第301页

02814 除宣战外 《申报》 1917年8月22日 第147册 第894页

02815 除妖论 《申报》 1904年9月12日 第78册 第83页

02816 除莠安良说 《申报》 1887年7月17日 第31册 第101页

02817 除莠说 《申报》 1887年4月11日 第30册 第585页

02818 储材论 《申报》 1896年2月24日 第52册 第293页

02819 储材宜多尤宜精说 《申报》 1885年12月25日 第27册 第1081页

02820　储财说　《申报》　1893 年 5 月 19 日　第 44 册　第 129 页

02821　储仓余议　《申报》　1878 年 11 月 7 日　第 13 册　第 445 页

02822　储贾枪炮说　《申报》　1880 年 11 月 17 日　第 17 册　第 557 页

02823　储粮问题　《申报》　1939 年 11 月 4 日　第 367 册　第 42 页

02824　储粮与蓄水　《申报》　1945 年 5 月 15 日　第 387 册　第 349 页

02825　储粮运动与粮食管理条例　《申报》　1948 年 12 月 3 日　第 399 册　第 408 页

02826　储使才议　《申报》　1899 年 5 月 2 日　第 62 册　第 9 页

02827　储蓄银行宜由政府保护说　《申报》　1906 年 1 月 3 日　第 82 册　第 17 页

02828　楚省江雨棠方伯整顿厘金详稿　《申报》　1887 年 5 月 5 日　第 30 册　第 729 页

02829　楚师强弱异时说　《申报》　1882 年 11 月 14 日　第 21 册　第 817 页

02830　处变　《申报》　1924 年 10 月 20 日　第 206 册　第 827 页

02831　处分官员议　《申报》　1887 年 3 月 2 日　第 30 册　第 319 页

02832　处分清室的我见　《民国日报》　1924 年 12 月 3 日　第 54 册　第 265 页

02833　处今之世/费孝通（星期论文）　《大公报》　1945 年 2 月 25 日　第 154 册　第 236 页

02834　处理汉奸案件条例　《中央日报》　1945 年 10 月 21 日　第 51 册　第 858 页

02835　处理物价问题的法与人　《大公报》　1940 年 4 月 6 日　第 144 册　第 388 页

02836　处置哈尔省事　《申报》　1917 年 12 月 29 日　第 149 册　第 938 页

02837　处置日本与安定远东　《中央日报》　1945 年 10 月 22 日　第 51 册　第 864 页

02838　处置泰国　《大公报》　1945 年 8 月 23 日　第 155 册　第 230 页

02839　处置义前殖民地问题　《大公报》　1947 年 10 月 18 日　第 161 册　第 290 页

02840　触机与乘兴　《申报》　1928 年 3 月 11 日　第 244 册　第 254 页

02841　川北匪患之前瞻与后顾　《申报》　1934 年 9 月 2 日　第 320 册　第 44 页

02842　川滇息争　《申报》　1920 年 10 月 9 日　第 166 册　第 641 页

02843　川督丁制府参蔡道折书后　《申报》　1879 年 8 月 31 日　第 15 册　第 245 页

02844　川督赵驻藏大臣赵会奏开办边务折　《申报》　1908 年 9 月 18 日　第 96 册　第 236 页

02845　川匪余蛮子宜亟行剿办说　《申报》　1899 年 1 月 13 日　第 61 册　第

73 页

02846　川桂任命的推察　《民国日报》　1921 年 1 月 3 日　第 31 册　第 24 页

02847　川江行驶轮船说　《申报》　1900 年 5 月 18 日　第 65 册　第 135 页

02848　川局　《申报》　1925 年 4 月 19 日　第 211 册　第 338 页

02849　川局何以善后？　《大公报》　1934 年 9 月 2 日　第 122 册　第 20 页

02850　川局混乱中之地方建设　《大公报》　1930 年 4 月 9 日　第 95 册　第 628 页

02851　川局能否从此整理　《大公报》　1931 年 3 月 3 日　第 101 册　第 28 页

02852　川局如何　《民国日报》　1931 年 4 月 23 日　第 91 册　第 640 页

02853　川局善后之应急处置　《大公报》　1934 年 9 月 29 日　第 122 册　第 420 页

02854　川军剿匪进行濡滞　《大公报》　1933 年 12 月 17 日　第 117 册　第 650 页

02855　川军纠纷　《中央日报》　1932 年 10 月 3 日　第 19 册　第 506 页

02856　川康建设案之探讨　《大公报》　1939 年 10 月 7 日　第 143 册　第 146 页

02857　川康建设方案的实施　《中央日报》　1939 年 10 月 30 日　第 42 册　第 692 页

02858　川康建设与华侨投资　《大公报》　1940 年 10 月 30 日　第 145 册　第 460 页

02859　川康经济建设之三前提　《中央日报》　1940 年 11 月 9 日　第 44 册　第 36 页

02860　川康军整前途之属望　《申报》　1937 年 6 月 8 日　第 353 册　第 191 页

02861　川康视察团的任务　《中央日报》　1939 年 3 月 20 日　第 41 册　第 938 页

02862　川康整军之前途　《大公报》　1937 年 7 月 2 日　第 139 册　第 20 页

02863　川康整军之喜报　《大公报》　1937 年 6 月 10 日　第 138 册　第 576 页

02864　川鲁事态之尖锐化　《申报》　1932 年 10 月 23 日　第 297 册　第 567 页

02865　川路风潮之变换　《申报》　1911 年 9 月 8 日　第 114 册　第 127 页

02866　川路之收拾难　《申报》　1911 年 9 月 17 日　第 114 册　第 288 页

02867　川乱解决说　《申报》　1911 年 9 月 30 日　第 114 册　第 514 页

02868　川乱真相感言　《申报》　1911 年 10 月 7 日　第 114 册　第 634 页

02869　川乱之根本解决　《申报》　1911 年 9 月 27 日　第 114 册　第 464 页

02870　川米问题的科学的考察：一个纯书斋人的见解/陈豹隐（星期论文）　《大公报》　1940 年 12 月 8 日　第 145 册　第 608 页

02871　川民之无穷浩劫　《大公报》　1930 年 3 月 8 日　第 95 册　第 116 页

02872　川闽变化之变化　《民国日报》　1924 年 3 月 17 日　第 50 册　第 214 页

02873　川黔剿匪之关键　《大公报》　1934 年 9 月 10 日　第 122 册　第 142 页

02874　川黔内战有何面目？　《大公报》　1933 年 5 月 18 日　第 114 册　第 242 页

02875　川黔之政治与军事　《大公报》　1935 年 4 月 5 日　第 125 册　第 564 页

02876　川人争路风潮　《申报》　1911 年 9 月 4 日　第 114 册　第 56 页

02877　川陕交界之不靖　《大公报》　1933 年 6 月 24 日　第 114 册　第 760 页

02878　川省的建设　《中央日报》　1946 年 5 月 12 日　第 52 册　第 980 页

02879　川省分区行政会议　《中央日报》　1942 年 8 月 4 日　第 46 册　第 538 页

02880　川省官民之交战　《申报》　1911 年 9 月 13 日　第 114 册　第 214 页

02881　川省剿匪之成败关头　《大公报》　1934 年 8 月 25 日　第 121 册　第 806 页

02882　川省之剿赤与筹款　《大公报》　1933 年 11 月 20 日　第 117 册　第 270 页

02883　川省之政治建设　《中央日报》　1943 年 4 月 30 日　第 47 册　第 1066 页

02884　川事感言　《大公报》　1932 年 10 月 6 日　第 110 册　第 424 页

02885　川湘黔人士之四条请愿　《大公报》　1934 年 10 月 23 日　第 122 册　第 786 页

02886　川湘粤之战争　《申报》　1923 年 9 月 6 日　第 195 册　第 118 页

02887　川湘战事　《申报》　1917 年 10 月 21 日　第 148 册　第 849 页

02888　川湘之变端　《申报》　1917 年 9 月 22 日　第 148 册　第 358 页

02889　川湘之异同　《申报》　1917 年 10 月 18 日　第 148 册　第 797 页

02890　川盐增产问题　《大公报》　1940 年 4 月 15 日　第 144 册　第 424 页

02891　川豫等省灾荒之救济　《中央日报》　1937 年 6 月 19 日　第 39 册　第 601 页

02892　川粤之督军　《申报》　1920 年 11 月 11 日　第 167 册　第 181 页

02893　川越大使的南来　《申报》　1937 年 8 月 10 日　第 355 册　第 191 页

02894　川越大使启程返任　《申报》　1937 年 6 月 25 日　第 353 册　第 635 页

02895　川越大使与经济提携　《申报》　1936 年 6 月 22 日　第 341 册　第 575 页

02896　川越大使之认识论　《中央日报》　1937 年 6 月 27 日　第 39 册　第 697 页

02897　川灾救济运动　《大公报》　1937 年 4 月 28 日　第 137 册　818 页

02898　川灾与川谣　《大公报》　1937 年 5 月 17 日　第 138 册　第 230 页

02899　川战　《大公报》　1928 年 12 月 24 日　第 87 册　第 637 页

02900　川战　《大公报》　1931 年 4 月 9 日　第 101 册　第 472 页

02901　川战如何处置　《中央日报》　1932 年 10 月 29 日　第 19 册　第 714 页

02902　川战势将再起　《大公报》　1933 年 4 月 29 日　第 113 册　第 830 页

02964　辞岁　《大公报》　1927 年 12 月 31 日　第 81 册　第 727 页

02965　辞职　《申报》　1918 年 3 月 10 日　第 151 册　第 132 页

02966　辞职　《申报》　1926 年 1 月 5 日　第 220 册　第 105 页

02967　辞职与维持　《民国日报》　1922 年 11 月 10 日　第 42 册　第 124 页

02968　辞职之决战　《申报》　1922 年 3 月 10 日　第 178 册　第 172 页

02969　此次川乱之真相　《申报》　1911 年 9 月 22 日　第 114 册　第 376 页

02970　此次太平洋国交讨论会之注意点　《大公报》　1929 年 9 月 27 日　第 92 册　第 420 页

02971　此次讨逆之重要意义　《中央日报》　1929 年 10 月 30 日　第 7 册　第 1119 页

02972　此非恶声也：双十节的炮声　《民国日报》　1924 年 10 月 10 日　第 53 册　第 408 页

02973　此三日间　《申报》　1939 年 2 月 22 日　第 362 册　第 338 页

02974　此时之国民　《申报》　1928 年 5 月 11 日　第 246 册　第 276 页

02975　此是革命民众奋起的机会（言论）　《民国日报》　1926 年 2 月 22 日　第 61 册　第 530 页

02976　此是何如政府耶　《民国日报》　1917 年 9 月 4 日　第 11 册　第 38 页

02977　此之谓和议：不如曰和之陷阱　《民国日报》　1917 年 12 月 14 日　第 12 册　第 518 页

02978　此之谓美国（言论）　《民国日报》　1925 年 7 月 20 日　第 58 册　第 193 页

02979　此之谓亲征：不是滑头　便是胆小　《民国日报》　1918 年 1 月 27 日　第 13 册　第 290 页

02980　"次殖民地"和"半殖民地"（论载）　《民国日报》　1927 年 7 月 31 日　第 69 册　第 440 页

02981　刺激　《申报》　1926 年 12 月 15 日　第 230 册　第 325 页

02982　刺激性　《申报》　1916 年 9 月 12 日　第 142 册　第 182 页

02983　刺客　《申报》　1916 年 1 月 14 日　第 138 册　第 186 页

02984　刺私篇　《申报》　1906 年 4 月 13 日　第 83 册　第 121 页

02985　刺私篇（续三月二十日稿）　《申报》　1906 年 4 月 24 日　第 83 册　第 231 页

02986　刺汪案公开审理　《申报》　1936 年 3 月 31 日　第 338 册　第 771 页

02987　从阿尔巴尼亚被并说到应付集体侵略　《大公报》　1939 年 4 月 12 日　第 142 册　第 406 页

02988　从澳洲看亚陆　《大公报》　1943 年 2 月 24 日　第 150 册　第 232 页

02989　从巴尔干大战说起　《中央日报》　1941 年 4 月 13 日　第 44 册　第

696 页

03013 从德法携手联想到广东取消罢工 《大公报》 1926 年 9 月 26 日 第 77
册 第 193 页

03014 从德国内部危机论欧局 《大公报》 1944 年 7 月 26 日 第 153 册 第
116 页

03015 从德国退出国联说到日本政局 《申报》 1933 年 10 月 18 日 第 309 册
第 554 页

03016 从低处入手：大学毕业生的择业问题 《申报》 1944 年 6 月 21 日 第
385 册 第 597 页

03017 从地方纪念想到科学进步的必要 《民国日报》 1930 年 3 月 21 日 第 85
册 第 286 页

03018 从地略论建都/洪绂（星期论文） 《大公报》 1944 年 1 月 23 日 第 152
册 第 98 页

03019 从地中海战事说起 《申报》 1940 年 12 月 15 日 第 373 册 第 602 页

03020 从东北停战十五天说起 《大公报》 1946 年 6 月 8 日 第 156 册 第
632 页

03021 从东说到西：最要紧是一个根本原则/吴稚晖 《民国日报》 1930 年 9 月
11 日 第 88 册 第 136 页

03022 从兑换金银说起 《大公报》 1948 年 12 月 13 日 第 164 册 第 566 页

03023 从鄂北之战论日本前途 《申报》 1940 年 5 月 19 日 第 370 册 第
236 页

03024 从"二十一条"到"东亚新秩序"：以抗战注销五九 《申报》 1939 年 5
月 9 日 第 363 册 第 684 页

03025 从法国革命观察到中国革命（言论） 《民国日报》 1926 年 7 月 14 日
第 64 册 第 131 页

03026 从法国外汇改制论我国外汇政策 《大公报》 1948 年 2 月 16 日 第 162
册 第 274 页

03027 从法郎贬值看法国经济 《大公报》 1948 年 10 月 23 日 第 164 册 第
314 页

03028 从法理解释苏杭甬合同之必废决无借款之理由 《申报》 1907 年 11 月 4
日 第 91 册 第 41 页

03029 从法义的承认说起 《大公报》 1944 年 10 月 28 日 第 153 册 第
536 页

03030 从法义政情看共党 《中央日报》 1946 年 6 月 11 日 第 53 册 第 86 页

03031 从犯罪上看上海与天津 《大公报》 1928 年 4 月 1 日 第 83 册 第
311 页

03032 从泛美联防看世界现势 《中央日报》 1947 年 9 月 4 日 第 57 册 第

40 页

03052   从过去战争论今后世界和平/余协中（星期论文）   《大公报》   1942 年 2 月 8 日   第 148 册   第 166 页

03053   从海空弊案说起   《大公报》   1946 年 1 月 29 日   第 156 册   第 116 页

03054   从何处去建立世界的和平？   《大公报》   1947 年 10 月 25 日   第 161 册   第 332 页

03055   从何说起（代论）   《民国日报》   1926 年 6 月 27 日   第 63 册   第 562 页

03056   从后方轰炸声中经过：第四个"八一三"的感想/黄炎培（星期论文）   《大公报》   1940 年 8 月 11 日   第 145 册   第 150 页

03057   从沪局说到国际问题   《大公报》   1937 年 12 月 4 日   第 139 册   第 673 页

03058   从花纱布管制说起   《大公报》   1948 年 4 月 6 日   第 162 册   第 578 页

03059   从华北灾赈说到办赈的先决条件/张一鹏（星期评论）   《申报》   1943 年 5 月 23 日   第 383 册   第 937 页

03060   从华莱士的演辞说起   《申报》   1947 年 4 月 25 日   第 393 册   第 242 页

03061   从欢送席上回来   《民国日报》   1921 年 10 月 16 日   第 35 册   第 616 页

03062   从缓   《申报》   1919 年 10 月 4 日   第 160 册   第 595 页

03063   从"机器感"说到英美的教育/何永佶（星期论文）   《大公报》   1945 年 1 月 14 日   第 154 册   第 58 页

03064   从机器业的困难说起   《申报》   1948 年 6 月 16 日   第 397 册   第 640 页

03065   从积极意义谈紧缩   《大公报》   1942 年 2 月 28 日   第 148 册   第 248 页

03066   从吉会问题念及东北国防   《大公报》   1929 年 4 月 10 日   第 89 册   第 644 页

03067   从纪念国耻想到拒毒   《民国日报》   1929 年 8 月 29 日   第 81 册   第 984 页

03068   从济案到现在   《大公报》   1932 年 5 月 4 日   第 108 册   第 34 页

03069   从建设方面   《申报》   1928 年 8 月 19 日   第 249 册   第 522 页

03070   从江安案观察禁烟前途：是乐观不应悲观鼓励政府人民禁烟的勇气   《民国日报》   1928 年 12 月 1 日   第 77 册   第 491 页

03071   从教育观点论汉字的存废/吴俊升（星期论文）   《大公报》   1936 年 7 月 26 日   第 133 册   第 362 页

03072   从教育中体验民主/高时民（星期论坛）   《申报》   1948 年 6 月 27 日   第 397 册   第 728 页

03073   从接收上海租界说到协力完遂大东亚战争   《申报》   1943 年 8 月 1 日   第 384 册   第 301 页

03074   从捷克普选说起   《大公报》   1948 年 6 月 4 日   第 163 册   第 206 页

03075　从捷克外长自杀说起　《申报》　1948 年 3 月 12 日　第 396 册　第 658 页

03076　从捷克政变说起　《申报》　1948 年 2 月 28 日　第 396 册　第 532 页

03077　从捷克政潮寻求一个解答　《大公报》　1948 年 2 月 28 日　第 162 册　第 346 页

03078　从捷克总统辞职而得的教训：一国外交需要自主独立　《申报》（香港版）　1938 年 10 月 7 日　第 357 册　第 145 页

03079　从今年双十节到明年双十节一年的计划　《申报》　1931 年 10 月 10 日　第 287 册　第 233 页

03080　从进口税说到中国产业　《申报》　1932 年 10 月 26 日　第 297 册　第 641 页

03081　从进口税说到中国产业（续）　《申报》　1932 年 10 月 27 日　第 297 册　第 667 页

03082　从经济的防御到军事的防御　《中央日报》　1948 年 3 月 8 日　第 58 册　第 594 页

03083　从经济复兴中谈安定：亚洲暨远东经济委员会开幕献辞　《申报》　1947 年 6 月 16 日　第 393 册　第 766 页

03084　从经济观点上谈宪政问题/伍启元（星期论文）　《大公报》　1944 年 3 月 26 日　第 152 册　第 380 页

03085　从经济上对于日本政潮的观察　《申报》　1937 年 1 月 26 日　第 348 册　第 573 页

03086　从经济上观察最近德国外交　《大公报》　1936 年 3 月 11 日　第 131 册　第 144 页

03087　从经济上论欧局　《大公报》　1941 年 6 月 17 日　第 146 册　第 684 页

03088　从荆河战斗说起　《大公报》　1943 年 2 月 17 日　第 150 册　第 200 页

03089　从九一八谈起　《大公报》　1947 年 9 月 18 日　第 161 册　第 106 页

03090　从军事控驭上论阎冯必一败涂地　《民国日报》　1930 年 8 月 20 日　第 87 册　第 649 页

03091　从军事上论敌我前途　《大公报》　1939 年 4 月 19 日　第 142 册　第 434 页

03092　从军学生的历史使命　《中央日报》　1944 年 1 月 12 日　第 49 册　第 68 页

03093　从军学生纷纷来渝　《大公报》　1944 年 1 月 8 日　第 152 册　第 34 页

03094　从开放世界落后区域说起　《申报》　1949 年 1 月 27 日　第 400 册　第 166 页

03095　从开罗到德黑兰：国际问题答客问　《申报》　1943 年 12 月 15 日　第 384 册　第 855 页

298 页

第 611 页

03140　从日本归来/陈彬龢　《申报》　1943 年 12 月 10 日　第 384 册　第 835 页

03141　从日内瓦到莫斯科　《大公报》　1933 年 3 月 3 日　第 113 册　第 32 页

03142　从三种利害说到救灾问题　《大公报》　1931 年 8 月 24 日　第 103 册　第 652 页

03143　从沙基惨案想到苏州河内的垃圾　《民国日报》　1929 年 6 月 23 日　第 80 册　第 855 页

03144　从闪电到相持　《申报》　1941 年 8 月 1 日　第 377 册　第 4 页

03145　从善后会议到国民代表会议（言论）　《民国日报》　1925 年 5 月 3 日　第 57 册　第 18 页

03146　从善后会议到国民代表会议（续）（言论）　《民国日报》　1925 年 5 月 4 日　第 57 册　第 32 页

03147　从上海恐怖说到远东和平/彬　《申报》　1932 年 2 月 5 日　第 290 册　第 649 页

03148　从上海问题说到远东大局　《大公报》　1938 年 8 月 17 日　第 141 册　第 204 页

03149　从奢侈说到教育/王云五（星期评论）　《申报》（香港版）　1938 年 12 月 18 日　第 357 册　第 491 页

03150　从沈钧儒案说到统一救国　《申报》　1937 年 4 月 8 日　第 351 册　第 185 页

03151　从生活严肃做起　《大公报》　1940 年 1 月 3 日　第 144 册　第 10 页

03152　从生命史中看个体演进/周太玄　《大公报》　1947 年 7 月 6 日　第 160 册　第 420 页

03153　从省际贸易说到沟通机制品与土产品　《大公报》　1936 年 10 月 2 日　第 134 册　第 446 页

03154　从圣地问题说起　《申报》　1949 年 1 月 15 日　第 400 册　第 84 页

03155　从十九到二十一　《申报》　1932 年 12 月 10 日　第 299 册　第 270 页

03156　从十月二十四日至今日　《申报》　1931 年 11 月 16 日　第 288 册　第 381 页

03157　从石油粮食问题谈到德苏关系　《申报》　1941 年 6 月 15 日　第 376 册　第 548 页

03158　从实际工作上努力救国　《中央日报》　1931 年 12 月 9 日　第 16 册　第 835 页

03159　从实际上尽力　《申报》　1927 年 5 月 7 日　第 234 册　第 129 页

03160　从史达林谈话看世界　《申报》　1948 年 10 月 30 日　第 399 册　第 200 页

03184 从速提高教育的质量 《中央日报》 1946 年 7 月 12 日 第 53 册 第 358 页

03185 从速严办汉奸 《申报》 1945 年 12 月 7 日 第 387 册 第 679 页

03186 从速展开国民外交 《申报》 1937 年 8 月 28 日 第 355 册 第 350 页

03187 从速整理新疆！ 《大公报》 1934 年 7 月 24 日 第 121 册 第 346 页

03188 从速组织上海市农贷银团 《申报》 1945 年 4 月 16 日 第 387 册 第 283 页

03189 从唐生智谋叛联想到党权旁落 《民国日报》 1927 年 10 月 23 日 第 70 册 第 776 页

03190 从体育瞻国运 《申报》 1948 年 9 月 5 日 第 398 册 第 520 页

03191 从天祜垸论长江的水利 《中央日报》 1947 年 4 月 28 日 第 55 册 第 1124 页

03192 从突尼西亚眺望欧陆 《大公报》 1943 年 4 月 16 日 第 150 册 第 470 页

03193 从土耳其普选说起 《大公报》 1946 年 7 月 27 日 第 157 册 第 106 页

03194 从瓦砾血肉中来建国 《中央日报》 1940 年 6 月 21 日 第 43 册 第 626 页

03195 从外交看到内政 《大公报》 1926 年 11 月 17 日 第 77 册 第 603 页

03196 从外人对我的评论说起/潘光旦（星期论文） 《大公报》 1944 年 9 月 24 日 第 153 册 第 390 页

03197 从五卅案发见的两点（言论） 《民国日报》 1925 年 10 月 9 日 第 59 册 第 462 页

03198 从"五卅"到"五卅" 《大公报》 1934 年 5 月 30 日 第 120 册 第 428 页

03199 从五四到今天：中国思想动向的一转变/林同济 《大公报》 1941 年 5 月 4 日 第 146 册 第 516 页

03200 从五重意义上展望今年 《中央日报》 1944 年 1 月 2 日 第 49 册 第 22 页

03201 从"五子登科"说到吃便宜米：读参政会内施政报告有感而作/何永佶 《大公报》 1946 年 3 月 31 日 第 156 册 第 356 页

03202 从武汉出击！ 《申报》（汉口版） 1938 年 1 月 22 日 第 356 册 第 15 页

03203 从物价谈到复耕运动 《申报》 1947 年 7 月 5 日 第 394 册 第 42 页

03204 从西非一角看欧战 《大公报》 1942 年 10 月 22 日 第 149 册 第 496 页

03205 从"西欧集团"说起 《申报》 1946 年 6 月 12 日 第 389 册 第 100 页

03206　从西欧经济低潮看东欧　《大公报》　1947 年 8 月 13 日　第 160 册　第 648 页

03207　从西沙群岛说到法国的殖民政策　《申报》　1947 年 1 月 21 日　第 392 册 第 234 页

03208　从西尾狂言论中日战事　《大公报》　1939 年 10 月 5 日　第 143 册　第 138 页

03209　从希阿问题看英苏关系　《申报》　1946 年 8 月 28 日　第 389 册　第 940 页

03210　从希腊公民投票说起　《申报》　1946 年 9 月 4 日　第 390 册　第 42 页

03211　从希腊看世界　《大公报》　1944 年 12 月 29 日　第 153 册　第 794 页

03212　从夏令摄生至于免疫　《申报》　1941 年 7 月 5 日　第 376 册　第 806 页

03213　从现代战争到未来战争/谷春帆　《大公报》　1942 年 3 月 22 日　第 148 册　第 342 页

03214　从宪法中求安定与进步　《中央日报》　1947 年 3 月 2 日　第 55 册　第 655 页

03215　从香港国民日报事件说起　《申报》　1946 年 6 月 19 日　第 389 册　第 164 页

03216　从湘浙近状测省自治的真伪　《民国日报》　1923 年 9 月 19 日　第 47 册 第 260 页

03217　从消费上论中国前途　《大公报》　1933 年 7 月 11 日　第 115 册　第 144 页

03218　从小处努力（上）（专论）/胡朴安　《民国日报》　1945 年 12 月 6 日　第 96 册　第 315 页

03219　从小处努力（下）（专论）/胡朴安　《民国日报》　1945 年 12 月 7 日　第 96 册　第 317 页

03220　从小处着手　《大公报》　1946 年 5 月 9 日　第 156 册　第 512 页

03221　从"小锦"说到边疆教育上的文字问题/白寿彝　《申报》　1937 年 5 月 23 日　第 352 册　第 536 页

03222　从新阁的施政方针说起　《申报》　1948 年 6 月 12 日　第 397 册　第 608 页

03223　从信用紧缩到物价回跌：近昆明物价的实例研究　《大公报》　1942 年 4 月 13 日　第 148 册　第 442 页

03224　从学费问题谈到抢救失学　《申报》　1947 年 8 月 22 日　第 394 册　第 522 页

03225　从学生的抗议示威说起　《大公报》　1947 年 1 月 9 日　第 159 册　第 64 页

03226　从学生运动见教育危机　《中央日报》　1947 年 5 月 21 日　第 56 册　第 208 页

03227　从亚洲全局看日本问题：评张群"日本观感"　《中央日报》　1948 年 9 月 29 日　第 60 册　第 218 页

03228　从言论自由说到思想自由/彬　《申报》　1932 年 4 月 8 日　第 291 册　第 313 页

03229　从盐泽通牒到植田通牒/彬　《申报》　1932 年 2 月 20 日　第 290 册　第 733 页

03230　从阎冯反动说到革命的道德：在军政部纪念周演讲（代论）/何应钦　《民国日报》　1930 年 3 月 26 日　第 85 册　第 360 页

03231　从演词中看世界的远景　《申报》　1946 年 10 月 25 日　第 390 册　第 678 页

03232　从一党到无党的政治/胡适（星期论文）　《大公报》　1935 年 9 月 29 日　第 128 册　第 428 页

03233　从义军屡败说起　《申报》　1941 年 2 月 9 日　第 374 册　第 458 页

03234　从义相演词说到未来攻势　《申报》　1941 年 2 月 25 日　第 374 册　第 658 页

03235　从银根谈到游资和物价　《申报》　1948 年 10 月 22 日　第 399 册　第 148 页

03236　从银圆谈到物价：从速成立银元公开市场　《申报》　1949 年 5 月 24 日　第 400 册　第 901 页

03237　从印度工业化说起　《大公报》　1944 年 12 月 14 日　第 153 册　第 734 页

03238　从印荷战事论中国外交　《大公报》　1947 年 8 月 7 日　第 160 册　第 612 页

03239　从英法立场看苏联　《大公报》　1939 年 9 月 28 日　第 143 册　第 110 页

03240　从英国立场看暴日　《大公报》　1939 年 9 月 12 日　第 143 册　第 46 页

03241　从英国外交政策说起　《大公报》　1948 年 2 月 3 日　第 162 册　第 208 页

03242　从拥护中心势力上找出路　《民国日报》　1929 年 12 月 27 日　第 83 册　第 923 页

03243　从邮政说起　《中央日报》　1948 年 10 月 4 日　第 60 册　第 258 页

03244　从友邦相助说到我们的责任　《申报》（香港版）　1938 年 10 月 14 日　第 357 册　第 177 页

03245　从于子三案件说起　《中央日报》　1947 年 11 月 10 日　第 57 册　第 732 页

03246　从渔约问题说到苏日前途　《大公报》　1939 年 3 月 28 日　第 142 册　第 346 页

03247　从预算案看暴日财政　《大公报》　1939 年 3 月 15 日　第 142 册　第 294 页

03248　从原则上论下半年的国家总预算　《大公报》　1948 年 7 月 13 日　第 163 册　第 440 页

03249　从远东全局看日本：劳张岳军先生　《中央日报》　1948 年 9 月 18 日　第 60 册　第 134 页

03250　从远东运动会中发现的"恕"字（言论）　《民国日报》　1925 年 5 月 23 日　第 57 册　第 300 页

03251　从粤警想到根本救国方案　《申报》（香港版）　1938 年 10 月 18 日　第 357 册　第 193 页

03252　从粤乱说到废止内战　《申报》　1932 年 6 月 23 日　第 293 册　第 491 页

03253　从云南起义说起　《民国日报》　1929 年 12 月 25 日　第 83 册　第 893 页

03254　从云南之法国联想到东北之日俄　《大公报》　1929 年 1 月 6 日　第 88 册　第 65 页

03255　从张案说到改善警政　《申报》　1943 年 5 月 13 日　第 383 册　第 877 页

03256　从张伯伦说到本党　《民国日报》　1928 年 2 月 19 日　第 72 册　第 598 页

03257　从张群访日说起　《大公报》　1948 年 8 月 25 日　第 163 册　第 698 页

03258　从争产式到析产式的新局面（言论）　《民国日报》　1925 年 11 月 20 日　第 60 册　第 230 页

03259　从政者之人格/彬　《申报》　1932 年 1 月 27 日　第 290 册　第 552 页

03260　从政治上论输入外资　《大公报》　1933 年 6 月 9 日　第 114 册　第 550 页

03261　从政治说谎谈到禁烟/陈孚木（星期评论）　《申报》　1943 年 6 月 6 日　第 384 册　第 31 页

03262　从殖民经济到统制经济　《申报》　1933 年 10 月 16 日　第 309 册　第 493 页

03263　从纸面想到心事：不可忽视的东三省问题　《民国日报》　1928 年 6 月 12 日　第 74 册　第 672 页

03264　从智利断交看盟国前途　《大公报》　1943 年 2 月 1 日　第 150 册　第 146 页

03265　从中东路事件说到军人的叛变　《民国日报》　1929 年 10 月 19 日　第 82 册　第 804 页

03266　从中国看美国大选　《大公报》　1944 年 10 月 26 日　第 153 册　第

528 页

03267　从中国看世界　《大公报》　1945 年 6 月 28 日　第 154 册　第 758 页

03268　从中国哲学会说到哲学的用处/冯友兰（星期论坛）　《申报》　1937 年 1 月 24 日　第 348 册　第 525 页

03269　从中美海军协定说起　《申报》　1947 年 12 月 10 日　第 395 册　第 706 页

03270　从中美换文说到美援的运用　《申报》　1948 年 5 月 6 日　第 397 册　第 284 页

03271　从中美通话说到远东国际关系　《申报》　1937 年 5 月 20 日　第 352 册　第 460 页

03272　从中央研究院评议会谈到我国科学的前途/汪敬熙（星期论文）　《大公报》　1946 年 10 月 20 日　第 158 册　第 122 页

03273　从重点教育说到纺织教育/王梦凡（星期论坛）　《申报》　1947 年 12 月 28 日　第 395 册　第 886 页

03274　从周恩来诽谤说起　《中央日报》　1946 年 7 月 23 日　第 53 册　第 450 页

03275　从轴心到三角　《申报》　1939 年 4 月 4 日　第 363 册　第 64 页

03276　从自卫中求生存　《中央日报》　1932 年 2 月 15 日　第 17 册　第 299 页

03277　从自信获得互信　《申报》　1941 年 11 月 25 日　第 378 册　第 689 页

03278　从最后的遗嘱想到总理的产生/于佑任　《民国日报》　1928 年 4 月 1 日　第 73 册　第 448 页

03279　从最艰巨的一年观察纳粹的命运　《大公报》　1943 年 1 月 26 日　第 150 册　第 118 页

03280　促成的是什么国民会议？　《民国日报》　1924 年 12 月 14 日　第 54 册　第 393 页

03281　促成沪市七县模范区　《申报》　1944 年 7 月 28 日　第 386 册　第 93 页

03282　促成两大运动：节建储蓄与征募寒衣　《中央日报》　1940 年 8 月 21 日　第 43 册　第 880 页

03283　促成与策进　《申报》　1920 年 8 月 18 日　第 165 册　第 861 页

03284　促各委员返都　《民国日报》　1928 年 8 月 24 日　第 75 册　第 939 页

03285　促国民国革命北伐（言论）　《民国日报》　1926 年 1 月 27 日　第 61 册　第 310 页

03286　促国民速讨卖国贼　《民国日报》　1919 年 3 月 31 日　第 20 册　第 360 页

03287　促国人注意并为"时事新报"正误　《民国日报》　1921 年 12 月 21 日　第 36 册　第 678 页

03288　促和　《申报》　1920 年 4 月 16 日　第 163 册　第 839 页

03289　促江苏独立（上）：告冯将军　《民国日报》　1916 年 4 月 18 日　第 2 册　第 578 页

03290　促江苏独立（下）：告江苏人　《民国日报》　1916 年 4 月 20 日　第 2 册　第 602 页

03291　促进国际文教合作　《申报》　1947 年 8 月 30 日　第 394 册　第 602 页

03292　促进粮食的流通　《中央日报》　1946 年 10 月 19 日　第 54 册　第 208 页

03293　促进民治　《大公报》　1941 年 11 月 26 日　第 147 册　第 584 页

03294　促进民族健康　《中央日报》　1942 年 9 月 4 日　第 46 册　第 732 页

03295　促进生产至上！　《申报》　1948 年 9 月 7 日　第 398 册　第 536 页

03296　促进外力之两原因　《申报》　1922 年 12 月 20 日　第 187 册　第 421 页

03297　促进宪政培养民主：这次参政会的一大任务　《大公报》　1943 年 9 月 20 日　第 151 册　第 360 页

03298　促进宪政之实施　《申报》　1940 年 4 月 14 日　第 369 册　第 600 页

03299　促进宪政之实施　《大公报》　1943 年 9 月 8 日　第 151 册　第 308 页

03300　促进新力的产生　《中央日报》　1942 年 7 月 18 日　第 46 册　第 430 页

03301　促日本国民急切反省　《大公报》　1932 年 2 月 24 日　第 106 册　第 528 页

03302　促讨贼　《民国日报》　1917 年 6 月 22 日　第 9 册　第 626 页

03303　促投机者反省　《申报》　1940 年 12 月 28 日　第 373 册　第 794 页

03304　促宪法　《申报》　1916 年 11 月 26 日　第 143 册　第 472 页

03305　促英国人的反省　《民国日报》　1921 年 5 月 16 日　第 33 册　第 212 页

03306　促政府之刚决　《民国日报》　1916 年 6 月 21 日　第 3 册　第 614 页

03307　促制宪要看动机　《民国日报》　1923 年 7 月 27 日　第 46 册　第 366 页

03308　猝祸难防论　《申报》　1882 年 9 月 1 日　第 21 册　第 373 页

03309　催　《申报》　1919 年 2 月 27 日　第 156 册　第 771 页

03310　催办义务教育　《申报》　1920 年 5 月 19 日　第 164 册　第 337 页

03311　催赈引言　《申报》　1885 年 7 月 27 日　第 27 册　第 157 页

03312　存兑金银的继续问题　《申报》　1948 年 12 月 25 日　第 399 册　第 546 页

03313　存款外商银行之谬见　《申报》　1939 年 7 月 16 日　第 365 册　第 276 页

03314　存粮霉烂与饿莩载道　《大公报》　1946 年 6 月 13 日　第 156 册　第 652 页

03315　存米登记毋存观望　《申报》　1944 年 8 月 8 日　第 386 册　第 129 页

03316　存亡之责任在国民　《民国日报》　1919 年 2 月 9 日　第 19 册　第 374 页

03317　寸寸血汗的中印公路　《大公报》　1944 年 12 月 20 日　第 153 册　第

758 页

03318　撮合中俄谈判　《申报》　1929 年 11 月 1 日　第 264 册　第 8 页

03319　措词和平　《申报》　1917 年 10 月 7 日　第 148 册　第 606 页

03320　错到底是不到底　《申报》　1929 年 5 月 8 日　第 258 册　第 183 页

03321　错乱　《申报》　1925 年 1 月 11 日　第 209 册　第 199 页

03322　错综矛盾之华北现局面　《申报》　1937 年 3 月 4 日　第 350 册　第 82 页

D

03323　达尔朗与戴高乐　《中央日报》　1942 年 12 月 6 日　第 47 册　第 224 页

03324　达尔文五十周年祭/翰　《申报》　1932 年 4 月 19 日　第 291 册　第 477 页

03325　达拉第往何处去?　《申报》　1938 年 11 月 1 日　第 359 册　第 374 页

03326　达拉第往何处去?　《申报》（香港版）　1938 年 11 月 6 日　第 357 册　第 269 页

03327　达赖即位与藏局前途　《申报》　1940 年 2 月 19 日　第 368 册　第 624 页

03328　达赖喇嘛出京感言　《申报》　1908 年 12 月 29 日　第 97 册　第 883 页

03329　达赖喇嘛与西藏　《申报》　1908 年 11 月 4 日　第 97 册　第 47 页

03330　达赖死后之西藏　《大公报》　1933 年 12 月 21 日　第 117 册　第 708 页

03331　达情篇　《申报》　1893 年 8 月 2 日　第 44 册　第 661 页

03332　达寿奏国会年限无妨预定折　《申报》　1908 年 8 月 28 日　第 95 册　第 804 页

03333　达寿奏国会年限无妨预定折（续）　《申报》　1908 年 8 月 30 日　第 95 册　第 832 页

03334　答悲观论者/吉田东祐（星期评论）　《申报》　1943 年 10 月 24 日　第 384 册　第 643 页

03335　答崇正居士论句音辨　《申报》　1873 年 4 月 22 日　第 2 册　第 357 页

03336　答复日寇南进、英应重开滇缅路　《中央日报》　1940 年 10 月 1 日　第 43 册　第 1044 页

03337　答复之不答复　《申报》　1920 年 5 月 21 日　第 164 册　第 365 页

03338　答海客谈富强论　《申报》　1873 年 8 月 15 日　第 3 册　第 157 页

03339　答何键同志养电　《中央日报》　1930 年 10 月 29 日　第 12 册　第 339 页

03340　答客论女学生　《申报》　1904 年 9 月 28 日　第 78 册　第 187 页

03341　答客谈西律之善　《申报》　1892 年 12 月 22 日　第 42 册　第 709 页

03342　答客问　《申报》　1891 年 7 月 24 日　第 39 册　第 139 页

03343　答客问　《申报》　1895 年 10 月 24 日　第 51 册　第 351

03344　答客问　《申报》　1896 年 8 月 18 日　第 53 册　第 707 页

03345　答客问　《申报》　1897 年 3 月 9 日　第 55 册　第 369 页

03346　答客问　《申报》　1897 年 6 月 18 日　第 56 册　第 293 页

03347　答客问　《申报》　1898 年 8 月 2 日　第 59 册　第 631 页

03348　答客问　《申报》　1899 年 3 月 11 日　第 61 册　第 385 页

03349　答客问　《申报》　1900 年 7 月 3 日　第 65 册　第 485 页

03350　答客问　《申报》　1902 年 12 月 30 日　第 72 册　第 841 页

03351　答客问　《民国日报》　1922 年 1 月 13 日　第 37 册　第 164 页

03352　答客问　《民国日报》　1922 年 5 月 5 日　第 39 册　第 48 页

03353　答客问：不屑教诲之非法政府　《民国日报》　1917 年 9 月 23 日　第 11 册　第 266 页

03354　答客问：从河南会战说到占领衡阳/陈彬龢（代论）　《申报》　1944 年 6 月 30 日　第 385 册　第 627 页

03355　答客问：关于欧陆侵攻问题/陈彬龢（星期评论）　《申报》　1944 年 6 月 18 日　第 385 册　第 587 页

03356　答客问：马利亚纳群岛海战/陈彬龢（代论）　《申报》　1944 年 6 月 29 日　第 385 册　第 623 页

03357　答客问：为汪精卫事　《申报》　1939 年 1 月 4 日　第 361 册　第 82 页

03358　答客问报纪畸行可风事　《申报》　1898 年 2 月 12 日　第 58 册　第 221 页

03359　答客问本报附刊小说　《申报》　1907 年 2 月 26 日　第 86 册　第 489 页

03360　答客问本报所纪议而弁事　《申报》　1891 年 12 月 7 日　第 39 册　第 965 页

03361　答客问拆梢公司说　《申报》　1887 年 12 月 26 日　第 31 册　第 1151 页

03362　答客问筹捐议　《申报》　1895 年 11 月 26 日　第 51 册　第 569 页

03363　答客问大臣遇害事　《申报》　1900 年 8 月 7 日　第 65 册　第 693 页

03364　答客问德人占胶州事　《申报》　1898 年 1 月 11 日　第 58 册　第 61 页

03365　答客问德人占胶州事　《申报》　1898 年 1 月 13 日　第 58 册　第 73 页

03366　答客问东三省事　《申报》　1901 年 12 月 1 日　第 69 册　第 563 页

03367　答客问俄人查船事　《申报》　1904 年 7 月 25 日　第 77 册　第 567 页

03368　答客问俄日战事　《申报》　1904 年 1 月 11 日　第 76 册　第 63 页

03369　答客问俄事　《申报》　1903 年 7 月 7 日　第 74 册　第 459 页

03370　答客问高丽叛臣金玉均戮尸示众后　《申报》　1894 年 5 月 6 日　第 47 册　第 37 页

03371　答客问高丽事　《申报》　1894 年 7 月 1 日　第 47 册　第 447 页

03372　答客问广州湾事　《申报》　1900 年 1 月 9 日　第 64 册　第 49 页

03373 答客问国民党态度（言论） 《民国日报》 1925 年 10 月 20 日 第 59 册 第 590 页

03374 答客问国债 《申报》 1894 年 11 月 16 日 第 48 册 第 481 页

03375 答客问回銮事 《申报》 1901 年 1 月 11 日 第 67 册 第 61 页

03376 答客问胶州议和事 《申报》 1898 年 2 月 1 日 第 58 册 第 155 页

03377 答客问戒鸦片 《申报》 1892 年 6 月 23 日 第 41 册 第 343 页

03378 答客问禁烟 《申报》 1890 年 11 月 11 日 第 37 册 第 849 页

03379 答客问刘大将军事 《申报》 1895 年 11 月 3 日 第 51 册 第 417 页

03380 答客问美舰来华诘问教案事 《申报》 1891 年 8 月 22 日 第 39 册 第 321 页

03381 答客问民教失和事 《申报》 1898 年 3 月 8 日 第 58 册 第 375 页

03382 答客问木轮快船事 《申报》 1888 年 10 月 15 日 第 33 册 第 701 页

03383 答客问虐婆定罪事 《申报》 1898 年 1 月 15 日 第 58 册 第 81 页

03384 答客问祈雨 《申报》 1891 年 7 月 2 日 第 39 册 第 7 页

03385 答客问前论所云今世正途中无安身立命之处一说 《申报》 1897 年 11 月 10 日 第 57 册 第 437 页

03386 答客问遣派学生出洋肄业事 《申报》 1901 年 9 月 24 日 第 69 册 第 139 页

03387 答客问日本议院事 《申报》 1891 年 2 月 23 日 第 38 册 第 259 页

03388 答客问申报所载浙海关事 《申报》 1875 年 4 月 23 日 第 6 册 第 365 页

03389 答客问声明一则 《申报》 1897 年 8 月 1 日 第 56 册 第 569 页

03390 答客问算学名家 《申报》 1895 年 12 月 7 日 第 51 册 第 641 页

03391 答客问索地事 《申报》 1899 年 3 月 21 日 第 61 册 第 453 页

03392 答客问台基案 《申报》 1890 年 9 月 15 日 第 37 册 第 491 页

03393 答客问台湾近事 《申报》 1895 年 8 月 18 日 第 50 册 第 709 页

03394 答客问泰西多弑逆事 《申报》 1901 年 9 月 30 日 第 69 册 第 175 页

03395 答客问逃官已获事 《申报》 1900 年 3 月 3 日 第 64 册 第 333 页

03396 答客问土希战务 《申报》 1897 年 5 月 10 日 第 56 册 第 57 页

03397 答客问外洋进献方物事 《申报》 1897 年 3 月 31 日 第 55 册 第 507 页

03398 答客问湘省建堂事 《申报》 1899 年 5 月 21 日 第 62 册 第 151 页

03399 答客问新金山 《申报》 1888 年 7 月 2 日 第 33 册 第 7 页

03400 答客问星使查案事 《申报》 1899 年 6 月 30 日 第 62 册 第 465 页

03401 答客问行取之制 《申报》 1902 年 1 月 15 日 第 70 册 第 85 页

03402 答客问妖卉祸人事 《申报》 1898 年 12 月 30 日 第 60 册 第 845 页

03403 答客问义和拳事 《申报》 1900 年 6 月 5 日 第 65 册 第 279 页

03404 答客问议和事 《申报》 1900 年 10 月 30 日 第 66 册 第 349 页

03405 答客问议和事 《申报》 1900 年 11 月 20 日 第 66 册 第 475 页

03406 答客问印造股票事 《申报》 1898 年 2 月 8 日 第 58 册 第 197 页

03407 答客问张真人事 《申报》 1904 年 6 月 17 日 第 77 册 第 329 页

03408 答客问治疾 《申报》 1904 年 1 月 15 日 第 76 册 第 91 页

03409 答客问中俄开衅事 《申报》 1903 年 11 月 8 日 第 75 册 第 479 页

03410 答客问中西医学之异同 《申报》 1895 年 10 月 13 日 第 51 册 第 277 页

03411 答客言观西国团操事 《申报》 1892 年 4 月 18 日 第 40 册 第 615 页

03412 答来书 《申报》 1875 年 12 月 2 日 第 7 册 第 529 页

03413 答毛颖生书 《申报》 1874 年 9 月 25 日 第 5 册 第 299 页

03414 答清查团 《大公报》 1946 年 9 月 20 日 第 157 册 第 426 页

03415 答人问龙现说 《申报》 1874 年 11 月 2 日 第 5 册 第 427 页

03416 答神户新闻纸语 《申报》 1878 年 7 月 8 日 第 13 册 第 25 页

03417 答时事新报记者书（要件）/石岑 《民国日报》 1919 年 1 月 26 日 第 19 册 第 290 页

03418 答劐犀子书 《申报》 1874 年 10 月 10 日 第 5 册 第 351 页

03419 答问幕 《申报》 1891 年 9 月 19 日 第 39 册 第 489 页

03420 答西友论自强 《申报》 1891 年 4 月 28 日 第 38 册 第 637 页

03421 答西友问津 《申报》 1890 年 12 月 21 日 第 37 册 第 1103 页

03422 答行严的非党论 《民国日报》 1923 年 10 月 21 日 第 47 册 第 720 页

03423 答续史楼主人书 《申报》 1874 年 9 月 14 日 第 5 册 第 259 页

03424 答一个老实人的批评 《民国日报》 1922 年 5 月 31 日 第 39 册 第 410 页

03425 答一个朋友的话 《民国日报》 1920 年 10 月 2 日 第 29 册 第 436 页

03426 答一个朋友的话 《民国日报》 1921 年 7 月 19 日 第 34 册 第 254 页

03427 答友劝应试书 《申报》 1887 年 12 月 5 日 第 31 册 第 1019 页

03428 鞑靼尼尔海峡设防问题 《申报》 1936 年 6 月 23 日 第 341 册 第 600 页

03429 鞑靼尼尔海峡问题 《申报》 1946 年 8 月 17 日 第 389 册 第 804 页

03430 打草惊蛇之国防论 《大公报》 1928 年 11 月 7 日 第 87 册 第 73 页

03431 打穿敌人的"大陆走廊" 《大公报》 1944 年 12 月 21 日 第 153 册 第 762 页

03432 打倒北平伪组织！ 《大公报》 1937 年 12 月 15 日 第 139 册 第 717 页

03433　打倒侵略　建立和平：读赫尔与艾登之演词　《大公报》　1942 年 7 月 25 日　第 149 册　第 110 页

03434　打倒贪官污吏土豪劣绅　《大公报》　1928 年 8 月 9 日　第 85 册　第 392 页

03435　打倒羞耻　《大公报》　1927 年 5 月 8 日　第 79 册　第 297 页

03436　打倒语言文字　《大公报》　1927 年 5 月 11 日　第 79 册　第 321 页

03437　打击敌经济掠夺的最后毒计　《中央日报》　1941 年 1 月 25 日　第 44 册　第 364 页

03438　打击敌寇的毒计　《中央日报》　1941 年 4 月 23 日　第 44 册　第 738 页

03439　打击失败主义！　《申报》　1948 年 1 月 12 日　第 396 册　第 94 页

03440　打开德国僵局的转机　《申报》　1949 年 5 月 9 日　第 400 册　第 841 页

03441　打开僵局以纪念国庆　《民国日报》　1946 年 10 月 10 日　第 99 册　第 190 页

03442　打开目前之僵局　《中央日报》　1932 年 8 月 10 日　第 19 册　第 74 页

03443　打开事实和政治的僵局　《申报》　1946 年 7 月 23 日　第 389 册　第 510 页

03444　打开外交难关　《中央日报》　1932 年 6 月 28 日　第 18 册　第 386 页

03445　打破经济难局　《申报》　1930 年 11 月 28 日　第 276 册　第 725 页

03446　打破经济难局（二）　《申报》　1930 年 11 月 29 日　第 276 册　第 752 页

03447　打破经济难局（三）　《申报》　1930 年 11 月 30 日　第 276 册　第 781 页

03448　打破内债基金　《申报》　1923 年 4 月 1 日　第 190 册　第 3 页

03449　打破难字　《申报》　1928 年 3 月 19 日　第 244 册　第 453 页

03450　打胜仗　彰国法！：献两点意见给宣传周　《大公报》　1939 年 4 月 14 日　第 142 册　第 414 页

03451　打手　《申报》　1918 年 12 月 10 日　第 155 册　第 626 页

03452　打通"五四"、"五一"的障壁　《民国日报》　1924 年 5 月 3 日　第 51 册　第 26 页

03453　打响篇　《申报》　1894 年 4 月 11 日　第 46 册　第 617 页

03454　"打仗不忘爱民"　《大公报》　1930 年 4 月 3 日　第 95 册　第 532 页

03455　打着冷战准备热战　《大公报》　1948 年 4 月 9 日　第 162 册　第 596 页

03456　大不忍　《申报》　1927 年 5 月 25 日　第 234 册　第 480 页

03457　大仓氏满洲视察谈书后　《申报》　1910 年 7 月 20 日　第 107 册　第 317 页

03458　大钞果然发行了　《申报》　1948 年 7 月 19 日　第 398 册　第 146 页

03459　大处着想　《申报》　1925 年 8 月 11 日　第 215 册　第 205 页

03460　大胆无比之田中　《申报》　1928 年 6 月 21 日　第 247 册　第 573 页

03461　大地回春　《民国日报》　1946 年 2 月 6 日　第 97 册　第 137 页

03462　大东亚大使会议的成果　《申报》　1945 年 4 月 25 日　第 387 册　第 303 页

03463　大东亚共同宣言一周年　《申报》　1944 年 11 月 6 日　第 386 册　第 415 页

03464　大东亚共同宣言与大西洋宪草的比较/李权时（代论）　《申报》　1944 年 11 月 7 日　第 386 册　第 419 页

03465　大东亚会议　《申报》　1943 年 11 月 6 日　第 384 册　第 695 页

03466　大东亚金融体制的强化（译论）　《申报》　1943 年 3 月 19 日　第 383 册　第 548 页

03467　大东亚民族大会　《申报》　1945 年 5 月 2 日　第 387 册　第 319 页

03468　"大东亚新秩序"与大洋洲　《大公报》　1941 年 2 月 27 日　第 146 册　第 240 页

03469　大东亚战争的本质　《申报》　1944 年 1 月 8 日　第 385 册　第 27 页

03470　大东亚战争三周年　《申报》　1944 年 12 月 8 日　第 386 册　第 517 页

03471　大东亚战争与日本海军：庆祝日本三十八届海军纪念节　《申报》　1943 年 5 月 27 日　第 383 册　第 961 页

03472　大东亚战争与中国兴亡/陈彬龢（代论）　《申报》　1943 年 12 月 6 日　第 384 册　第 815 页

03473　大东亚战争与重庆政权　《申报》　1943 年 12 月 7 日　第 384 册　第 819 页

03474　大东亚战争周年纪念　《申报》　1942 年 12 月 8 日　第 382 册　第 450 页

03475　大额纸币发行以后　《大公报》　1947 年 2 月 4 日　第 159 册　第 246 页

03476　大风　《申报》　1920 年 9 月 5 日　第 166 册　第 77 页

03477　大改组后之敌内阁　《申报》（汉口版）　1938 年 5 月 29 日　第 356 册　第 273 页

03478　大纲与细则　《申报》　1921 年 11 月 24 日　第 175 册　第 533 页

03479　大公报反美的居心　《中央日报》　1946 年 9 月 24 日　第 53 册　第 1052 页

03480　大沽日舰事件（言论）　《民国日报》　1926 年 3 月 16 日　第 62 册　第 152 页

03481　大沽事件　《申报》　1926 年 3 月 17 日　第 221 册　第 358 页

03482　大官与贸易　《申报》　1922 年 9 月 27 日　第 184 册　第 560 页

03483　大规模　《申报》　1915 年 7 月 21 日　第 135 册　第 342 页

03484　大国民风度　《申报》　1945 年 8 月 17 日　第 387 册　第 553 页

03485　大海战在今后　《中央日报》　1942 年 4 月 14 日　第 45 册　第 1066 页

03486　大好河山　《申报》　1920 年 5 月 24 日　第 164 册　第 425 页

03487　大会与国庆　《申报》　1915 年 10 月 5 日　第 136 册　第 544 页

03488　大婚典礼　《申报》　1888 年 8 月 9 日　第 33 册　第 271 页

03489　大婚典礼　接录前稿　《申报》　1888 年 8 月 10 日　第 33 册　第 277 页

03490　大婚典礼　接录前稿　《申报》　1888 年 8 月 11 日　第 33 册　第 283 页

03491　大婚典礼　接录前稿　《申报》　1888 年 8 月 12 日　第 33 册　第 289 页

03492　大婚典礼　接录前稿　《申报》　1888 年 8 月 13 日　第 33 册　第 295 页

03493　大婚典礼　接录前稿　《申报》　1888 年 8 月 14 日　第 33 册　第 303 页

03494　大婚典礼　接录前稿　《申报》　1888 年 8 月 15 日　第 33 册　第 309 页

03495　大家都改改作风吧！　《大公报》　1946 年 2 月 5 日　第 156 册　第 140 页

03496　大家赶快紧缩节约！　《申报》　1948 年 9 月 4 日　第 398 册　第 512 页

03497　大家关心的一个问题　《中央日报》　1946 年 2 月 15 日　第 52 册　第 464 页

03498　大家记着军事第一！　《大公报》　1941 年 5 月 14 日　第 146 册　第 552 页

03499　大家勿仅望治应该图治/胡汉民　《民国日报》　1929 年 11 月 1 日　第 83 册　第 6 页

03500　大江之风云　《民国日报》　1918 年 2 月 15 日　第 13 册　第 434 页

03501　大教训与真觉悟　《大公报》　1933 年 2 月 6 日　第 112 册　第 404 页

03502　大节小节　《申报》　1929 年 2 月 18 日　第 255 册　第 318 页

03503　大借款成立感言　《申报》　1912 年 5 月 20 日　第 117 册　第 481 页

03504　大借款合同草案第五条评论　《申报》　1913 年 4 月 2 日　第 121 册　第 399－400 页

03505　大借款合同草案第五条评论　《申报》　1913 年 4 月 3 日　第 121 册　第 411－412 页

03506　大借款合同草案第五条评论再续　《申报》　1913 年 4 月 4 日　第 121 册　第 423－424 页

03507　大借款合同草案第五条评三续　《申报》　1913 年 4 月 6 日　第 121 册　第 451－452 页

03508　大借款合同草案第五条评论四续　《申报》　1913 年 4 月 10 日　第 121 册　第 503－504 页

03509　大借款之后盾　《申报》　1912 年 9 月 22 日　第 118 册　第 831 页

03510　大借债的饰词　《民国日报》　1922 年 7 月 27 日　第 40 册　第 358 页

03511　大局　《申报》　1914年12月9日　第131册　第548页

03512　大局好转，努力革新　《中央日报》　1948年12月4日　第60册　第690页

03513　大局如何　《申报》　1917年5月31日　第146册　第532页

03514　大局为重　《申报》　1928年1月4日　第242册　第54页

03515　大局小局　《申报》　1916年4月26日　第139册　第894页

03516　大局小局　《申报》　1922年4月7日　第179册　第125页

03517　大局转变中之工商界　《申报》　1941年1月18日　第374册　第218页

03518　大决战·大胜利　《中央日报》　1948年11月17日　第60册　第588页

03519　大堪注意的太原和中事件　《申报》　1936年11月3日　第346册　第64页

03520　大可注目之浅间丸案　《申报》　1940年1月31日　第368册　第424页

03521　大可注意的昌黎新案　《民国日报》　1920年3月17日　第26册　第224页

03522　大可注意的内蒙问题　《申报》　1936年8月21日　第343册　第533页

03523　大可注意之察北交涉　《申报》　1936年1月8日　第336册　第127页

03524　大可注意之通州事件　《申报》　1935年11月26日　第334册　第623页

03525　大兰多之一击　《大公报》　1940年11月15日　第145册　第526页

03526　大理院奏复俾侍御停止刑讯之辩辞　《申报》　1908年8月16日　第95册　第642页

03527　大理院奏拟审判章程折　《申报》　1907年2月5日　第86册　第341页

03528　大力　《申报》　1925年5月14日　第212册　第262页

03529　大力无力　《申报》　1926年5月15日　第223册　第342页

03530　大连问题的症结　《申报》　1947年2月4日　第392册　第362页

03531　大林氏提倡国际复本位　《民国日报》　1931年3月3日　第91册　第26页

03532　大陆报所述的美对华政策　《民国日报》　1924年12月28日　第54册　第562页

03533　大陆决胜的战局观　《大公报》　1943年7月19日　第151册　第84页

03534　大陆政策强化之声浪　《大公报》　1936年5月21日　第132册　第284页

03535　大陆纵断线的打通　《申报》　1944年12月15日　第386册　第541页

03536　大陆作战与中国民众（译论）　《申报》　1945年3月29日　第387册　第239页

03537　大乱与小乱　《申报》　1917年1月7日　第144册　第84页

03538　大略与大纲　《申报》　1927 年 11 月 5 日　第 240 册　第 94 页

03539　大庙子收复的重要性　《申报》　1936 年 12 月 12 日　第 347 册　第 295 页

03540　大闹公堂案之结果将如何　《申报》　1907 年 4 月 25 日　第 87 册　第 631 页

03541　大闹意见中的教训　《民国日报》　1922 年 8 月 21 日　第 40 册　第 700 页

03542　大人先生论　《申报》　1890 年 7 月 26 日　第 37 册　第 163 页

03543　大三角与小三角　《申报》　1923 年 4 月 24 日　第 190 册　第 487 页

03544　大上海之前途　《申报》　1937 年 7 月 8 日　第 354 册　第 209 页

03545　大赦十万人　《中央日报》　1947 年 1 月 27 日　第 55 册　第 290 页

03546　大赦时机问题　《中央日报》　1929 年 5 月 20 日　第 6 册　第 201 页

03547　大胜之后　《申报》（汉口版）　1938 年 4 月 8 日　第 356 册　第 171 页

03548　大时代的戏剧　《中央日报》　1944 年 2 月 18 日　第 49 册　第 224 页

03549　大时代的新青年　《中央日报》　1942 年 6 月 30 日　第 46 册　第 314 页

03550　大时代的诊断表　《中央日报》　1945 年 4 月 26 日　第 50 册　第 1024 页

03551　大时代展开了！　《大公报》　1945 年 8 月 10 日　第 155 册　第 174 页

03552　大时代中的欢慰　《中央日报》　1940 年 6 月 19 日　第 43 册　第 618 页

03553　大使　《申报》　1915 年 6 月 7 日　第 134 册　第 626 页

03554　大使问题　《申报》　1924 年 6 月 18 日　第 203 册　第 378 页

03555　大使终止说　《申报》　1916 年 1 月 17 日　第 138 册　第 228 页

03556　大事不惜小费论　《申报》　1882 年 3 月 6 日　第 20 册　第 235 页

03557　大事化小　《申报》　1921 年 4 月 23 日　第 169 册　第 911 页

03558　大势　《申报》　1920 年 10 月 27 日　第 166 册　第 981 页

03559　大势所趋　《申报》　1918 年 10 月 18 日　第 154 册　第 781 页

03560　大势已去　《申报》　1920 年 7 月 15 日　第 165 册　第 271 页

03561　大势之推移与政党之消长论　《申报》　1907 年 11 月 15 日　第 91 册　第 189 页

03562　大水后之防疫问题！　《大公报》　1931 年 8 月 14 日　第 103 册　第 532 页

03563　大水为灾　《申报》　1926 年 7 月 10 日　第 225 册　第 226 页

03564　大体　《申报》　1916 年 2 月 28 日　第 138 册　第 774 页

03565　大体　《申报》　1929 年 1 月 24 日　第 254 册　第 630 页

03566　大同社会的初步建设　《中央日报》　1944 年 1 月 26 日　第 49 册　第 128 页

03567　大同小异　《申报》　1928 年 4 月 3 日　第 245 册　第 56 页

03568 大同主义与社会主义 《申报》 1912 年 3 月 31 日 第 116 册 第 755 页

03569 大投机事业 《申报》 1922 年 4 月 29 日 第 179 册 第 586 页

03570 大隈伯与路透访员之谈话 《申报》 1915 年 4 月 5 日 第 133 册 第 558 页

03571 大无畏 《民国日报》 1921 年 4 月 1 日 第 32 册 第 434 页

03572 大无畏的革命精神 《中央日报》 1943 年 3 月 29 日 第 47 册 第 878 页

03573 大无畏与忍 《申报》 1928 年 5 月 6 日 第 246 册 第 139 页

03574 大西洋公约与苏挪互不侵犯 《申报》 1949 年 2 月 10 日 第 400 册 第 238 页

03575 大西洋宪章之柱石 《中央日报》 1942 年 6 月 7 日 第 46 册 第 168 页

03576 大西洋宪章重要性 《中央日报》 1942 年 8 月 16 日 第 46 册 第 612 页

03577 大行皇帝圣德神功恭纪 《申报》 1875 年 1 月 27 日 第 6 册 第 89 页

03578 大行皇上哀辞 《申报》 1908 年 11 月 16 日 第 97 册 第 240 页

03579 大行皇太后盛德恭纪 《申报》 1881 年 4 月 17 日 第 18 册 第 401 页

03580 大徐小徐 《申报》 1918 年 6 月 21 日 第 152 册 第 802 页

03581 大选的几个问题 《中央日报》 1947 年 8 月 16 日 第 56 册 第 1090 页

03582 大学毕业服务问题 《中央日报》 1938 年 9 月 15 日 第 41 册 第 2 页

03583 大学毕业生职业运动 《大公报》 1934 年 7 月 2 日 第 121 册 第 22 页

03584 大学教授和平运动 《大公报》 1947 年 5 月 23 日 第 160 册 第 144 页

03585 大学教授兼课问题 《中央日报》 1931 年 9 月 9 日 第 15 册 第 811 页

03586 大学教育的当前问题 《申报》 1944 年 9 月 9 日 第 386 册 第 229 页

03587 大学教育的面面观/蔡尚思（星期论文） 《大公报》 1948 年 9 月 26 日 第 164 册 第 152 页

03588 大学教育的师资问题/吴世昌（星期论坛） 《申报》 1937 年 6 月 27 日 第 353 册 第 689 页

03589 大学教育政策之转变 《大公报》 1935 年 4 月 30 日 第 125 册 第 968 页

03590 大学教育之改革/林本（星期论文） 《大公报》 1946 年 10 月 6 日 第 158 册 第 32 页

03591 大学教育之"合理化" 《大公报》 1930 年 4 月 21 日 第 95 册 第 820 页

03592 大学教育之亟需改革 《中央日报》 1932 年 7 月 1 日 第 18 册 第 410 页

03593 大学教育之危机与改进 《中央日报》 1931 年 9 月 4 日 第 15 册 第

759 页

03594　大学区制停止之后　《大公报》　1929 年 6 月 27 日　第 90 册　第 916 页

03595　大学入学考试应有的改进/沈有干（星期论坛）　《申报》　1948 年 6 月 13
日　第 397 册　第 616 页

03596　大学生当前之任务/张其昀（星期论文）　《大公报》　1938 年 12 月 4 日
第 141 册　第 460 页

03597　大学生的当前问题　《申报》　1944 年 9 月 21 日　第 386 册　第 267 页

03598　大学生纷纷辍学　《大公报》　1947 年 2 月 13 日　第 159 册　第 318 页

03599　大学生风潮　《申报》　1918 年 5 月 22 日　第 152 册　第 328 页

03600　大学生今后之觉悟与努力　《中央日报》　1931 年 9 月 13 日　第 15 册
第 859 页

03601　大学生军事训练　《申报》　1944 年 2 月 12 日　第 385 册　第 153 页

03602　大学生南行　《大公报》　1948 年 7 月 1 日　第 163 册　第 368 页

03603　大学生争取公费问题　《大公报》　1948 年 3 月 17 日　第 162 册　第
454 页

03604　大学研究所与留学政策/任鸿隽（星期论文）　《大公报》　1934 年 12 月
23 日　第 123 册　第 770 页

03605　大学之基本概念　《中央日报》　1932 年 6 月 14 日　第 18 册　第 274 页

03606　大学中的暴动联防　《中央日报》　1948 年 7 月 16 日　第 59 册　第
652 页

03607　大学自治与讲学自由/吕复（星期论文）　《大公报》　1945 年 7 月 22 日
第 155 册　第 92 页

03608　大学组织法与自然科学教育　《民国日报》　1929 年 6 月 30 日　第 80 册
第 973 页

03609　大洋海大西洋海印度海北冰海南冰海考　《申报》　1892 年 12 月 13 日
第 42 册　第 653 页

03610　大一统　《大公报》　1928 年 12 月 29 日　第 87 册　第 697 页

03611　大一统论　《申报》　1883 年 6 月 14 日　第 22 册　第 865 页

03612　大雨灭蝗说　《申报》　1892 年 7 月 1 日　第 41 册　第 397 页

03613　大狱　《申报》　1915 年 7 月 11 日　第 135 册　第 182 页

03614　大狱小狱　《申报》　1922 年 3 月 15 日　第 178 册　第 272 页

03615　大元帅府　《申报》　1914 年 5 月 10 日　第 128 册　第 150 页

03616　大元帅亲征　《申报》　1918 年 1 月 26 日　第 150 册　第 351 页

03617　大元帅宣布建国大方针　《民国日报》　1924 年 10 月 2 日　第 53 册　第
341 页

03618　大阅考　《申报》　1897 年 4 月 21 日　第 55 册　第 637 页

03619 大阅考 《申报》 1897年4月25日 第55册 第661页

03620 大阅营伍论 《申报》 1892年5月11日 第41册 第63页

03621 大运动与储金 《申报》 1915年5月16日 第134册 第258页

03622 大灾中北平跳舞场问题 《大公报》 1931年9月3日 第104册 第28页

03623 大哉爱迪生！ 《中央日报》 1931年10月20日 第16册 第235页

03624 大哉法总理之言 《申报》 1918年11月15日 第155册 第226页

03625 大战甘地 《大公报》 1931年1月29日 第100册 第304页

03626 大哉"主义" 《民国日报》 1921年4月7日 第32册 第518页

03627 大战的第五期 《中央日报》 1942年5月13日 第46册 第56页

03628 大战概观与我们 《大公报》 1944年5月7日 第152册 第576页

03629 大战关键在太平洋 《中央日报》 1942年1月11日 第45册 第682页

03630 大战后之危言 《申报》 1911年10月20日 第114册 第863页

03631 大战前夕的外交战与宣传战 《申报》（香港版） 1939年4月26日 第358册 第450页

03632 大战危机与苏联 《申报》（香港版） 1939年3月27日 第358册 第210页

03633 大战小战 《申报》 1922年10月1日 第185册 第3页

03634 大战与沉思 《大公报》 1940年6月6日 第144册 第632页

03635 大战之势已成 《大公报》 1939年9月5日 第143册 第18页

03636 大战中的中立 《中央日报》 1941年9月28日 第45册 第247页

03637 大战中荷兰的使命 《中央日报》 1942年1月9日 第45册 第674页

03638 大政方针 《申报》 1913年11月13日 第125册 第174页

03639 大政治家罗斯福总统 《中央日报》 1939年4月17日 第41册 第1082页

03640 大总统奖励哲盟盟长命令书后 《申报》 1912年11月26日 第119册 第645页

03641 大总统印 《民国日报》 1917年7月20日 第10册 第230页

03642 代表辞职与破裂 《民国日报》 1919年5月14日 第21册 第158页

03643 代表陕西灾民乞命 《民国日报》 1920年10月22日 第29册 第724页

03644 代表团孙洪伊等上监国书 《申报》 1910年10月16日 第108册 第721页

03645 代表与军人 《申报》 1918年12月29日 第155册 第930页

03646 代副总统辩诬 《民国日报》 1917年1月4日 第7册 第26页

03647　代国会　《申报》　1918 年 4 月 11 日　第 151 册　第 638 页

03648　代国会不平　《民国日报》　1916 年 11 月 12 日　第 6 册　第 134 页

03649　代晋人因灾求赈启　《申报》　1877 年 8 月 1 日　第 11 册　第 109 页

03650　代拟条奏　《申报》　1887 年 5 月 28 日　第 30 册　第 875 页

03651　代拟浙江士民请开国会公呈　《申报》　1908 年 7 月 11 日　第 95 册　第
140 页

03652　代拟浙江士民请开国会公呈（续）　《申报》　1908 年 7 月 12 日　第 95
册　第 152 页

03653　代农民讲几句话　《民国日报》　1946 年 1 月 29 日　第 97 册　第 115 页

03654　代陕甘人民请求今后保障　《大公报》　1936 年 12 月 30 日　第 135 册
第 832 页

03655　代商会联合会不平　《民国日报》　1918 年 5 月 7 日　第 15 册　第 74 页

03656　代小民不平　《民国日报》　1916 年 11 月 27 日　第 6 册　第 314 页

03657　代一商说句公道话　《民国日报》　1921 年 10 月 28 日　第 35 册　第
780 页

03658　代议制的怀疑论　《民国日报》　1923 年 10 月 23 日　第 47 册　第 748 页

03659　代议制度与租税　《申报》　1920 年 9 月 17 日　第 166 册　第 284 页

03660　代灾民痛哭：徒哭不足以救灾　《民国日报》　1917 年 9 月 26 日　第 11
册　第 302 页

03661　带兵　《申报》　1925 年 9 月 6 日　第 216 册　第 116 页

03662　待　《申报》　1918 年 6 月 5 日　第 152 册　第 550 页

03663　待榜说　《申报》　1885 年 10 月 21 日　第 27 册　第 689 页

03664　待榜信说　《申报》　1893 年 10 月 25 日　第 45 册　第 361 页

03665　待变与真伪　《申报》　1929 年 5 月 22 日　第 258 册　第 587 页

03666　待从头收拾旧山河　《中央日报》　1939 年 1 月 1 日　第 41 册　第 468 页

03667　待机破敌　《申报》　1944 年 7 月 6 日　第 386 册　第 17 页

03668　待人不如待物说　《申报》　1882 年 3 月 18 日　第 20 册　第 299 页

03669　待人之道　《申报》　1929 年 4 月 12 日　第 257 册　第 314 页

03670　待时乘机折中说　《申报》　1881 年 2 月 23 日　第 18 册　第 185 页

03671　待时说　《申报》　1881 年 2 月 19 日　第 18 册　第 169 页

03672　待时与冒险　《申报》　1927 年 8 月 8 日　第 237 册　第 155 页

03673　待遇外国记者之正当办法　《大公报》　1929 年 7 月 7 日　第 91 册　第
100 页

03674　怠惰为万恶之原　《申报》　1928 年 6 月 2 日　第 247 册　第 41 页

03675　贷放政策及其观念　《中央日报》　1948 年 9 月 23 日　第 60 册　第
172 页

03676　贷国债说　《申报》　1878 年 8 月 21 日　第 13 册　第 177 页

03677　贷款商业化，利率市场化　《中央日报》　1948 年 2 月 7 日　第 58 册　第 348 页

03678　戴君少琴上苏藩黄方伯条陈　《申报》　1888 年 11 月 5 日　第 33 册　第 829 页

03679　戴维斯的远见与成功　《大公报》　1943 年 6 月 24 日　第 150 册　第 772 页

03680　戴战守两面具的请看：为地方守不如撤兵，为国家战急应北伐　《民国日报》　1922 年 4 月 21 日　第 38 册　第 700 页

03681　单独媾和　《民国日报》　1919 年 3 月 24 日　第 20 册　第 276 页

03682　单独媾和（续）　《民国日报》　1919 年 3 月 25 日　第 20 册　第.288 页

03683　单独议和　《申报》　1918 年 1 月 20 日　第 150 册　第 266 页

03684　单独之学潮　《申报》　1920 年 5 月 18 日　第 164 册　第 317 页

03685　单方之举动　《申报》　1917 年 11 月 7 日　第 149 册　第 106 页

03686　单废督也没用的　《民国日报》　1920 年 10 月 3 日　第 29 册　第 450 页

03687　单靠王瑚是不行的　《民国日报》　1920 年 12 月 23 日　第 30 册　第 732 页

03688　担保之担保　《申报》　1922 年 9 月 29 日　第 184 册　第 600 页

03689　担保自治　《申报》　1922 年 10 月 26 日　第 185 册　第 553 页

03690　担当　《申报》　1925 年 7 月 4 日　第 214 册　第 59 页

03691　担当　《申报》　1927 年 7 月 18 日　第 236 册　第 375 页

03692　箪食壶浆以劳国军　人民起来帮助军队　《大公报》　1944 年 12 月 9 日　第 153 册　第 714 页

03693　但愿大家深切反省　《申报》　1946 年 7 月 1 日　第 389 册　第 280 页

03694　但愿喜讯得能证实！　《申报》　1946 年 10 月 11 日　第 390 册　第 510 页

03695　但愿政局从此开朗　《申报》　1946 年 7 月 5 日　第 389 册　第 320 页

03696　但愿政局从此开朗　《申报》　1946 年 10 月 21 日　第 390 册　第 630 页

03697　但泽市紧张与大局　《申报》　1939 年 7 月 3 日　第 365 册　第 42 页

03698　但泽问题与欧局　《中央日报》　1939 年 7 月 10 日　第 42 册　第 236 页

03699　但泽与卢沟桥　《申报》（香港版）　1939 年 5 月 25 日　第 358 册　第 682 页

03700　但泽与欧局　《申报》　1939 年 7 月 12 日　第 365 册　第 204 页

03701　但泽自由市问题　《申报》　1936 年 7 月 7 日　第 342 册　第 173 页

03706　弹药与脂粉　《大公报》　1928 年 2 月 19 日　第 82 册　第 429 页

03708　淡然欲忘之毒药问题：副总统归宁以后　《民国日报》　1917 年 3 月 18 日

03735　当前的运输统制　《大公报》　1940 年 4 月 27 日　第 144 册　第 472 页

03736　当前国际形势　《中央日报》　1946 年 6 月 26 日　第 53 册　第 214 页

03737　当前国际形势的特征：并略论我们的问题　《大公报》　1948 年 4 月 3 日　第 162 册　第 558 页

03738　当前国民两大责任　《中央日报》　1942 年 7 月 8 日　第 46 册　第 368 页

03739　当前亟务中之亟务　《大公报》　1931 年 9 月 22 日　第 104 册　第 256 页

03740　当前教育文化的几个问题　《大公报》　1946 年 4 月 6 日　第 156 册　第 380 页

03741　当前教育上几个问题　《大公报》　1943 年 8 月 27 日　第 151 册　第 256 页

03742　当前教育问题　《大公报》　1946 年 12 月 30 日　第 158 册　第 588 页

03743　当前欧局的政治面　《大公报》　1944 年 3 月 14 日　第 152 册　第 326 页

03744　当前切要的经济问题：希望于第二次全国经济会议者　《申报》　1943 年 6 月 25 日　第 384 册　第 145 页

03745　当前上海教育界的病态/管乐（星期评论）　《申报》　1945 年 7 月 8 日　第 387 册　第 473 页

03746　当前时局的内外大势　《大公报》　1947 年 2 月 3 日　第 159 册　第 238 页

03747　当前应注意的三要点　《申报》（香港版）　1938 年 10 月 21 日　第 357 册　第 205 页

03748　当前政局之认识/杨幼炯（星期论坛）　《申报》　1946 年 1 月 28 日　第 388 册　第 159 页

03749　当前政治问题的症结　《中央日报》　1946 年 4 月 3 日　第 52 册　第 746 页

03750　当前政治之急务/翰　《申报》　1932 年 1 月 8 日　第 290 册　第 77 页

03751　当前之财政问题　《中央日报》　1932 年 6 月 13 日　第 18 册　第 266 页

03752　当前之抗日问题　《申报》　1933 年 1 月 16 日　第 300 册　第 315 页

03753　当前之两大问题　《申报》　1936 年 6 月 25 日　第 341 册　第 652 页

03754　当前之认识　《民国日报》　1931 年 7 月 26 日　第 93 册　第 315 页

03755　当前之严重问题　《申报》　1933 年 4 月 21 日　第 303 册　第 567 页

03756　当前之中日问题　《申报》　1935 年 12 月 7 日　第 335 册　第 154 页

03757　当前中国财政的分析/伍启元（星期论文）　《大公报》　1946 年 11 月 3 日　第 158 册　第 214 页

03758　当前中国经济问题　《申报》　1943 年 6 月 12 日　第 384 册　第 67 页

03759　当权与做人　《申报》　1929 年 9 月 23 日　第 262 册　第 680 页

03760　当世金言　《申报》　1924 年 1 月 3 日　第 199 册　第 48 页

03761 当心火警! 《申报》 1948 年 6 月 14 日 第 397 册 第 624 页

03762 当学美国节食运动（专论）/胡朴安 《民国日报》 1946 年 3 月 10 日 第 97 册 第 257 页

03763 挡王揖唐的驾：谁赞成你来 便来了也白忙 《民国日报》 1919 年 9 月 5 日 第 23 册 第 50 页

03764 党部推荐党员任教职 《民国日报》 1931 年 2 月 14 日 第 90 册 第 447 页

03765 党部政府民众三者之关系 《民国日报》 1928 年 8 月 10 日 第 75 册 第 695 页

03766 党潮中之苏俄前途 《大公报》 1927 年 11 月 22 日 第 81 册 第 415 页

03767 党的改造与政治改革 《中央日报》 1948 年 7 月 10 日 第 59 册 第 602 页

03768 党的工作方向 《中央日报》 1945 年 5 月 23 日 第 50 册 第 1186 页

03769 党的轨范 《中央日报》 1930 年 3 月 1 日 第 9 册 第 749 页

03770 党的经济基础问题 《民国日报》 1929 年 3 月 23 日 第 79 册 第 388 页

03771 党的力量与党的基础（专载）/曾养甫 《民国日报》 1931 年 3 月 13 日 第 91 册 第 156 页

03772 党的新生 《中央日报》 1947 年 9 月 9 日 第 57 册 第 90 页

03773 党的新生之机 《中央日报》 1946 年 2 月 12 日 第 52 册 第 446 页

03774 党的新作风 《中央日报》 1945 年 5 月 28 日 第 50 册 第 1216 页

03775 党国安危与领袖运命 《大公报》 1928 年 12 月 20 日 第 87 册 第 589 页

03776 党国前途与领袖们的团结 《民国日报》 1928 年 9 月 6 日 第 76 册 第 85 页

03777 党国先进晤谈之展望 《民国日报》 1931 年 10 月 23 日 第 94 册 第 653 页

03778 党国要人之言论 《大公报》 1929 年 7 月 6 日 第 91 册 第 84 页

03779 党国与灾赈 《大公报》 1929 年 2 月 20 日 第 88 册 第 776 页

03780 党国之新气象 《民国日报》 1928 年 9 月 19 日 第 76 册 第 297 页

03781 党和合作 《民国日报》 1924 年 1 月 8 日 第 49 册 第 96 页

03782 党化教育之意义（言论） 《民国日报》 1925 年 1 月 30 日 第 55 册 第 280 页

03783 党祸 《大公报》 1927 年 4 月 29 日 第 79 册 第 225 页

03784 党建与是非 《民国日报》 1921 年 10 月 1 日 第 35 册 第 414 页

03785 党派退出学校 《大公报》 1947 年 3 月 26 日 第 159 册 第 592 页

03813   党政军   《大公报》   1929 年 3 月 31 日   第 89 册   第 484 页

03814   党政事业成绩报告   《中央日报》   1943 年 5 月 7 日   第 48 册   第 38 页

03815   党政委员会应有之认识与努力：程天放在总司令行营纪念周演讲   《民国日报》   1931 年 7 月 14 日   第 93 册   第 161 页

03816   党之研究   《民国日报》   1916 年 7 月 21 日   第 4 册   第 242 页

03817   党之研究（续）   《民国日报》   1916 年 7 月 22 日   第 4 册   第 254 页

03818   党治即民治（言论）   《民国日报》   1926 年 12 月 4 日   第 66 册   第 143 页

03819   "党治"试行（言论）   《民国日报》   1925 年 5 月 21 日   第 57 册   第 272 页

03820   党治下的合作运动   《中央日报》   1930 年 7 月 5 日   第 11 册   第 51 页

03821   党治下之外交   《大公报》   1928 年 7 月 26 日   第 85 册   第 252 页

03822   党治下之武汉新政（时论）：赤裸裸的生活问题   《民国日报》   1926 年 12 月 20 日   第 66 册   第 271 页

03823   党治与党禁   《大公报》   1932 年 4 月 5 日   第 107 册   第 354 页

03824   党治与党训/邵元冲   《民国日报》   1930 年 2 月 13 日   第 84 册   第 545 页

03825   党治与党训/邵元冲   《民国日报》   1930 年 2 月 14 日   第 84 册   第 559 页

03826   党治与民意   《民国日报》   1929 年 12 月 31 日   第 83 册   第 990 页

03827   党治与人权   《大公报》   1927 年 7 月 3 日   第 80 册   第 17 页

03828   党治与人治   《大公报》   1927 年 7 月 27 日   第 80 册   第 209 页

03829   党治杂感   《大公报》   1930 年 3 月 1 日   第 95 册   第 4 页

03830   党众民众之最后裁决权   《大公报》   1930 年 2 月 26 日   第 94 册   第 836 页

03831   荡涤腥膻展布新猷   《中央日报》   1945 年 9 月 14 日   第 51 册   第 630 页

03832   导淮入海初步完成   《中央日报》   1937 年 5 月 23 日   第 39 册   第 273 页

03833   导淮损益说   《申报》   1880 年 9 月 21 日   第 17 册   第 329 页

03834   导淮损益续议   《申报》   1883 年 7 月 23 日   第 23 册   第 133 页

03835   导善莫先于舌劝说   《申报》   1893 年 8 月 15 日   第 44 册   第 753 页

03836   倒曹拒黎的解剖   《民国日报》   1923 年 9 月 14 日   第 47 册   第 188 页

03837   倒抽一口冷气   《民国日报》   1924 年 5 月 6 日   第 51 册   第 62 页

03838   倒段然后能讨张讨张然后能收回满洲（言论）   《民国日报》   1925 年 12 月 30 日   第 60 册   第 712 页

03839 倒阁维阁 《申报》 1916年11月19日 第143册 第338页

03840 倒阁与坍台 《民国日报》 1920年3月14日 第26册 第184页

03841 倒孙阁 《申报》 1924年3月28日 第200册 第586页

03842 倒退一下迈步向前 《大公报》 1946年5月7日 第156册 第504页

03843 倒行逆施 《申报》 1918年8月23日 第153册 第880页

03844 倒行逆施 《申报》 1922年4月11日 第179册 第211页

03845 倒行逆施的会查委员会（言论） 《民国日报》 1925年6月29日 第57册 第712页

03846 倒叙的日俄战争史 《民国日报》 1920年3月3日 第26册 第30页

03847 倒账非听讼所致辨 《申报》 1879年1月16日 第14册 第53页

03848 捣浆印花说 《申报》 1879年6月2日 第14册 第543页

03849 导乱 《申报》 1923年12月5日 第198册 第89页

03850 到边疆去！ 《中央日报》 1943年5月20日 第48册 第116页

03851 到达目的 《申报》 1927年2月8日 第231册 第720页

03852 到底不成 《申报》 1922年9月6日 第184册 第112页

03853 到底是为了东北！ 《中央日报》 1946年4月7日 第52册 第770页

03854 到底怎样 《民国日报》 1946年5月28日 第98册 第113页

03855 到东京之路！ 《大公报》 1943年2月18日 第150册 第204页

03856 到和平的一条大路 《民国日报》 1924年1月12日 第49册 第154页

03857 到和平统一的道路 《中央日报》 1946年10月27日 第54册 第306页

03858 到买的为止 《民国日报》 1923年6月19日 第45册 第680页

03859 到民间去的国民党 《民国日报》 1923年12月24日 第48册 第748页

03860 到内地去 《申报》 1932年2月26日 第290册 第778页

03861 到那里去工作？ 《民国日报》 1930年9月13日 第88册 第160页

03862 到西北去 《申报》 1932年7月23日 第294册 第559页

03863 到昨天为止的江安土案 《民国日报》 1928年11月27日 第77册 第427页

03864 悼爱斯葵 《大公报》 1928年2月17日 第82册 第409页

03865 悼白里安/翰 《申报》 1932年3月9日 第291册 第49页

03866 悼贝奈斯 《大公报》 1948年9月7日 第164册 第38页

03867 悼蔡松坡先生 《民国日报》 1916年11月10日 第6册 第110页

03868 悼大隈 《民国日报》 1922年1月11日 第37册 第138页

03869 悼德故总统兴登堡 《中央日报》 1934年8月3日 第27册 第398页

03870　悼德意志共和国兴登堡元帅　《大公报》　1934 年 8 月 3 日　第 121 册　第 490 页

03871　悼邓仲元先生　《民国日报》　1922 年 3 月 24 日　第 38 册　第 316 页

03872　悼丁佛言先生　《大公报》　1930 年 12 月 10 日　第 99 册　第 472 页

03873　悼冯玉祥　《大公报》　1948 年 9 月 8 日　第 164 册　第 44 页

03874　悼胡汉民先生　《大公报》　1936 年 5 月 13 日　第 132 册　第 172 页

03875　悼胡展堂先生　《申报》　1936 年 5 月 14 日　第 340 册　第 334 页

03876　悼黄仁同志　《民国日报》　1924 年 10 月 13 日　第 53 册　第 425 页

03877　悼惠廉博士　《申报》　1935 年 8 月 2 日　第 331 册　第 40 页

03878　悼《救国日报》　《民国日报》　1920 年 11 月 1 日　第 30 册　第 2 页

03879　悼凯末尔　《申报》（香港版）　1938 年 11 月 12 日　第 357 册　第 293 页

03880　悼克勒满沙　《民国日报》　1929 年 11 月 26 日　第 83 册　第 430 页

03881　悼奎松总统　《中央日报》　1944 年 8 月 3 日　第 49 册　第 958 页

03882　悼黎前总统元洪　《大公报》　1928 年 6 月 4 日　第 84 册　第 341 页

03883　悼李仪祉先生　《申报》（汉口版）　1938 年 3 月 10 日　第 356 册　第 109 页

03884　悼李仪祉先生　《申报》（香港版）　1938 年 3 月 12 日　第 356 册　第 445 页

03885　悼梁卓如先生　《大公报》　1929 年 1 月 21 日　第 88 册　第 296 页

03886　悼南海康氏　《大公报》　1927 年 4 月 2 日　第 79 册　第 9 页

03887　悼念陈布雷先生　《中央日报》　1948 年 11 月 14 日　第 60 册　第 570 页

03888　悼念轰炸罗油田的五百壮士　《大公报》　1943 年 9 月 23 日　第 151 册　第 372 页

03889　悼纽约时报馆主沃克斯　《申报》　1935 年 4 月 12 日　第 327 册　第 324 页

03890　悼史迪威将军　《中央日报》　1946 年 10 月 14 日　第 54 册　第 148 页

03891　悼绥远抗战阵亡军民　《申报》　1937 年 3 月 16 日　第 350 册　第 377 页

03892　悼谭组庵先生　《中央日报》　1930 年 9 月 23 日　第 11 册　第 1045 页

03893　悼谭组庵先生　《大公报》　1930 年 9 月 23 日　第 98 册　第 268 页

03894　悼同业考克斯君！　《大公报》　1940 年 7 月 31 日　第 145 册　第 108 页

03895　悼王国维　《大公报》　1927 年 6 月 5 日　第 79 册　第 521 页

03896　悼吴佩孚将军　《申报》　1939 年 12 月 6 日　第 367 册　第 472 页

03897　悼吴佩孚将军　《大公报》　1939 年 12 月 6 日　第 143 册　第 388 页

03898　悼萧特先生并慰萧母/彬　《申报》　1932 年 4 月 20 日　第 291 册　第 493 页

03899　悼许苏民先生（言论）　《民国日报》　1925 年 11 月 4 日　第 60 册　第

03927　道格拉斯B十九号　《大公报》　1941年3月14日　第146册　第302页

03928　道路宜有辨识说　《申报》　1893年11月18日　第45册　第529页

03929　道路与公德　《申报》　1920年6月25日　第164册　第1023页

03930　道路与国家生命（上）/蓝渭滨　《民国日报》　1931年5月10日　第92
册　第104页

03931　道路与国家生命（下）/蓝渭滨　《民国日报》　1931年5月11日　第92
册　第116页

03932　道胜银行关闭之感想　《大公报》　1926年9月29日　第77册　第
217页

03933　道宪亲旨英公馆会审案　《申报》　1874年6月6日　第4册　第515页

03934　道义的裁军　《中央日报》　1946年12月5日　第54册　第818页

03935　道异说　《申报》　1887年9月24日　第31册　第535页

03936　道有多端　《申报》　1929年3月10日　第256册　第277页

03937　道与理　《申报》　1928年10月17日　第251册　第438页

03938　道着一半　《大公报》　1928年3月1日　第83册　第1页

03939　稻种改良之亟应推行　《申报》　1936年3月17日　第338册　第423页

03940　得过且过之中国　《申报》　1914年7月16日　第129册　第242页

03941　得民心者　《申报》　1916年2月7日　第138册　第433页

03942　得民之道　《大公报》　1946年2月28日　第156册　第232页

03943　得人心与失人心　《申报》　1920年10月19日　第166册　第858页

03944　得失　《申报》　1927年2月13日　第231册　第844页

03945　得失参半　《申报》　1928年2月15日　第243册　第350页

03946　得失进退　《申报》　1922年6月23日　第181册　第456页

03947　得失之间　《申报》　1928年9月19日　第250册　第531页

03948　得失之见　《申报》　1927年11月29日　第240册　第632页

03949　得失之暂　《申报》　1925年2月3日　第209册　第493页

03950　得手与失足　《申报》　1916年8月12日　第141册　第694页

03951　得已与不得已　《申报》　1914年10月4日　第130册　第464页

03952　得意失意观　《申报》　1922年12月25日　第187册　第530页

03953　得之后　《申报》　1926年4月2日　第222册　第28页

03954　得志与责任　《申报》　1928年6月3日　第247册　第72页

03955　得罪权贵　《申报》　1915年8月4日　第135册　第570页

03956　得左侯相噩耗敬书　《申报》　1885年9月7日　第27册　第411页

03957　德安前线的空前大捷　《申报》　1938年10月12日　第359册　第68页

03958　德奥边境武装冲突说　《申报》　1934年2月28日　第313册　第710页

03959　德奥冲突与欧洲政局　《申报》　1934年2月5日　第313册　第130页

03960　德奥关税联盟成立　《大公报》　1931年3月26日　第101册　第304页

03961　德奥关税同盟　《民国日报》　1931年3月28日　第91册　第330页

03962　德奥关税协定与国际联盟　《申报》　1931年4月1日　第281册　第6页

03963　德奥关系与东欧问题　《大公报》　1937年2月27日　第136册　第752页

03964　德奥合并之国际难关　《申报》　1934年2月21日　第313册　第504页

03965　德奥和谈的序幕　《大公报》　1947年1月21日　第159册　第160页

03966　德奥和约与中国　《大公报》　1947年3月3日　第159册　第442页

03967　德奥经济盟约与各国态度　《申报》　1931年3月24日　第280册　第611页

03968　德奥经济同盟　《申报》　1931年3月23日　第280册　第587页

03969　德奥纠纷之剖视　《申报》　1934年7月28日　第318册　第799页

03970　德奥两国与印度印回两教　《申报》　1931年4月8日　第281册　第194页

03971　德奥税约问题　《申报》　1931年5月6日　第282册　第115页

03972　德奥税约之近势　《申报》　1931年4月19日　第281册　第481页

03973　德奥税约之影响　《申报》　1931年3月25日　第280册　第634页

03974　德奥问题的内幕　《申报》（香港版）　1938年3月13日　第356册　第449页

03975　德奥协定之意义　《大公报》　1936年7月16日　第133册　第216页

03976　德奥协议成立　《中央日报》　1936年7月17日　第35册　第197页

03977　德奥这笔烂账：论伦敦四外长会议的二大课题　《大公报》　1947年12月5日　第161册　第580页

03978　德奥最近之政局　《申报》　1930年9月27日　第274册　第667页

03979　德兵汕头之役中国宜慎将来说　《申报》　1883年5月15日　第22册　第685页

03980　德波边境戍兵冲突问题　《申报》　1930年5月30日　第270册　第768页

03981　德波交涉　《申报》　1930年8月17日　第273册　第384页

03982　德承认伪满之后果　《申报》（汉口版）　1938年2月22日　第356册　第77页

03983　德发债票案　《申报》　1924年6月7日　第203册　第133页

03984　德发债票竟成立了　《民国日报》　1924年6月7日　第51册　第462页

03985　德发债票中两个对头　《民国日报》　1924年6月11日　第51册　第528页

03986　德法与摩洛哥问题　《申报》　1937 年 1 月 13 日　第 348 册　第 253 页

03987　德法政潮与杨格计划　《申报》　1930 年 3 月 30 日　第 268 册　第 811 页

03988　德反对党失败　《中央日报》　1931 年 8 月 13 日　第 15 册　第 483 页

03989　德国巴本内阁辞职与欧洲政局　《申报》　1932 年 11 月 19 日　第 298 册　第 485 页

03990　德国败降日本何如　《大公报》　1945 年 5 月 7 日　第 154 册　第 538 页

03991　德国并奥与我抗敌　《申报》（汉口版）　1938 年 3 月 16 日　第 356 册　第 121 页

03992　德国并奥之教训　《申报》（香港版）　1938 年 3 月 20 日　第 356 册　第 477 页

03993　德国筹募救济失业基金　《申报》　1930 年 12 月 7 日　第 277 册　第 167 页

03994　德国的财政　《大公报》　1941 年 5 月 17 日　第 146 册　第 562 页

03995　德国的处置与世界和平　《大公报》　1944 年 11 月 29 日　第 153 册　第 674 页

03996　德国的隐忧　《申报》　1941 年 7 月 13 日　第 376 册　第 912 页

03997　德国东进政策与俄波　《大公报》　1934 年 1 月 9 日　第 118 册　第 104 页

03998　德国东西两线的形势　《中央日报》　1944 年 7 月 31 日　第 49 册　第 946 页

03999　德国动向　《中央日报》　1939 年 4 月 29 日　第 41 册　第 1130 页

04000　德国对法条件的性质　《申报》　1940 年 10 月 25 日　第 372 册　第 715 页

04001　德国对外经济政策　《中央日报》　1937 年 6 月 13 日　第 39 册　第 525 页

04002　德国对英法宣言覆文之影响　《申报》　1935 年 2 月 22 日　第 325 册　第 524 页

04003　德国对英国提示息争　《申报》　1940 年 7 月 21 日　第 371 册　第 276 页

04004　德国对英美的潜艇攻防战（译论）　《申报》　1943 年 3 月 8 日　第 383 册　第 466 页

04005　德国发动大西洋攻势　《申报》　1941 年 3 月 24 日　第 375 册　第 296 页

04006　德国废约后的外交战术　《申报》　1936 年 4 月 6 日　第 339 册　第 145 页

04007　德国废止内河通航条款　《中央日报》　1936 年 11 月 17 日　第 36 册　第 581 页

04008　德国废止自由通航条款的意义　《申报》　1936 年 11 月 17 日　第 346 册

04031　德国潜水艇战的展望（译论）　《申报》　1943 年 4 月 4 日　第 383 册　第 644 页

04032　德国取消联邦制之意义　《大公报》　1934 年 2 月 3 日　第 118 册　第 454 页

04033　德国社党大会开幕　《中央日报》　1936 年 9 月 13 日　第 35 册　第 895 页

04034　德国实力和世界大战的关系　《申报》（香港版）　1938 年 10 月 1 日　第 357 册　第 121 页

04035　德国实业团到平　《大公报》　1930 年 5 月 30 日　第 96 册　第 468 页

04036　德国水陆军政考　《申报》　1894 年 6 月 24 日　第 47 册　第 393 页

04037　德国四年计划与对外关系　《大公报》　1937 年 2 月 24 日　第 136 册　第 710 页

04038　德国四年计划之前途　《中央日报》　1937 年 7 月 8 日　第 40 册　第 87 页

04039　德国四年计划之意义　《中央日报》　1936 年 11 月 8 日　第 36 册　第 473 页

04040　德国停付外债　《申报》　1934 年 6 月 22 日　第 317 册　第 650 页

04041　德国退出国联　《中央日报》　1933 年 10 月 16 日　第 24 册　第 168 页

04042　德国退出军缩会议后之国际动向　《申报》　1933 年 10 月 17 日　第 309 册　第 523 页

04043　德国退盟与远东影响　《大公报》　1933 年 10 月 17 日　第 116 册　第 676 页

04044　德国外交地位之今后　《申报》　1935 年 4 月 28 日　第 327 册　第 777 页

04045　德国外交之转向　《申报》　1934 年 12 月 6 日　第 323 册　第 164 页

04046　德国往那里走？　《大公报》　1947 年 3 月 25 日　第 159 册　第 586 页

04047　德国问题的分析　《申报》　1947 年 1 月 29 日　第 392 册　第 290 页

04048　德国问题的另一面　《大公报》　1948 年 10 月 29 日　第 164 册　第 350 页

04049　德国问题解决的关键　《申报》　1948 年 9 月 2 日　第 398 册　第 504 页

04050　德国问题摊牌了　《大公报》　1948 年 9 月 29 日　第 164 册　第 170 页

04051　德国问题向后转：兼论赔偿争执的涵义　《大公报》　1947 年 12 月 27 日　第 161 册　第 712 页

04052　德国握本年国际政局安危之键　《大公报》　1937 年 1 月 4 日　第 136 册　第 38 页

04053　德国希脱拉执政后　《中央日报》　1933 年 2 月 9 日　第 21 册　第 364 页

04054　德国向波兰开火　《申报》　1939 年 9 月 2 日　第 366 册　第 22 页

04055　德国选举结果与巴本内阁　《申报》　1932 年 8 月 3 日　第 295 册　第 51 页

04056　德国延长义务兵役年限　《申报》　1936 年 8 月 28 日　第 343 册　第 714 页

04057　德国严禁决斗之新法律　《申报》　1929 年 9 月 28 日　第 262 册　第 823 页

04058　德国要求恢复殖民地问题　《申报》　1936 年 4 月 13 日　第 339 册　第 319 页

04059　德国要求军备平等　《中央日报》　1932 年 9 月 12 日　第 19 册　第 338 页

04060　德国要求殖民地的透视　《申报》　1938 年 11 月 12 日　第 359 册　第 538 页

04061　德国要求殖民地的透视　《申报》（香港版）　1938 年 11 月 17 日　第 357 册　第 315 页

04062　德国议会选举与政局趋势　《大公报》　1932 年 7 月 31 日　第 109 册　第 364 页

04063　德国－意大利－日本　《申报》（香港版）　1938 年 3 月 5 日　第 356 册　第 417 页

04064　德国诱和希腊之风传　《申报》　1940 年 12 月 8 日　第 373 册　第 504 页

04065　德国与石油　《大公报》　1940 年 10 月 29 日　第 145 册　第 456 页

04066　德国与远东　《申报》　1940 年 2 月 21 日　第 368 册　第 652 页

04067　德国远东政策的剧变　《申报》（香港版）　1938 年 5 月 25 日　第 356 册　第 742 页

04068　德国运动军队讼案之教训　《大公报》　1930 年 11 月 15 日　第 99 册　第 172 页

04069　德国真退婴欤　《大公报》　1935 年 1 月 30 日　第 124 册　第 456 页

04070　德国整顿海军述略　《申报》　1898 年 1 月 16 日　第 58 册　第 85 页

04071　德国政变内幕管窥　《申报》　1934 年 7 月 4 日　第 318 册　第 112 页

04072　德国政变所给与东方问题之影响　《申报》　1933 年 2 月 18 日　第 301 册　第 501 页

04073　德国政变之观察　《大公报》　1934 年 7 月 3 日　第 121 册　第 36 页

04074　德国政府宣布方针　《申报》　1930 年 10 月 18 日　第 275 册　第 448 页

04075　德国政教之争告一段落　《申报》　1934 年 11 月 4 日　第 322 册　第 112 页

04076　德国政局　《大公报》　1928 年 2 月 21 日　第 82 册　第 449 页

04077　德国政局未可乐观　《大公报》　1930 年 10 月 25 日　第 98 册　第 640 页

302 页

04157 德义同盟 《申报》 1939 年 5 月 23 日 第 363 册 第 940 页

04158 德义侮辱中国国民 《中央日报》 1941 年 7 月 2 日 第 44 册 第 1044 页

04159 德义与日本 《中央日报》 1938 年 10 月 20 日 第 41 册 第 154 页

04160 德义在地中海与远东 《申报》 1940 年 5 月 24 日 第 370 册 第 304 页

04161 "德义轴心"之检讨 《大公报》 1937 年 5 月 11 日 第 138 册 第 146 页

04162 德意撤退志愿兵 《申报》 1939 年 6 月 3 日 第 364 册 第 42 页

04163 德意军事同盟与英苏谈判 《申报》（香港版） 1939 年 5 月 9 日 第 358 册 第 554 页

04164 德意两首相会谈之前途 《申报》 1934 年 6 月 14 日 第 317 册 第 415 页

04165 德意日反共协定 《申报》 1937 年 11 月 6 日 第 355 册 第 932 页

04166 德意日军事同盟 《中央日报》 1940 年 9 月 29 日 第 43 册 第 1036 页

04167 德意退出监察计划与英国外交 《申报》 1937 年 6 月 26 日 第 353 册 第 661 页

04168 德意妥协后之欧局 《申报》 1934 年 6 月 19 日 第 317 册 第 564 页

04169 德意与日本 《申报》 1939 年 2 月 1 日 第 362 册 第 4 页

04170 德意志反动政权之前瞻 《申报》 1933 年 3 月 12 日 第 302 册 第 334 页

04171 德意志联邦成立纪念 《申报》 1931 年 1 月 20 日 第 278 册 第 316 页

04172 德意志政局之前途 《大公报》 1930 年 9 月 24 日 第 98 册 第 280 页

04173 德意志之战开始 《中央日报》 1944 年 9 月 8 日 第 50 册 第 32 页

04174 德意轴心与中欧政局 《申报》 1937 年 4 月 29 日 第 351 册 第 683 页

04175 德英法之重要问题 《申报》 1930 年 10 月 3 日 第 275 册 第 57 页

04176 德英新谈判与赔款问题 《民国日报》 1931 年 6 月 12 日 第 92 册 第 478 页

04177 德元首英首相与美总统之言论 《申报》 1939 年 2 月 3 日 第 362 册 第 44 页

04178 德约签字 《申报》 1919 年 6 月 30 日 第 158 册 第 1005 页

04179 德在巴尔干的危机 《中央日报》 1941 年 3 月 14 日 第 44 册 第 562 页

04180 德政潮 《申报》 1930 年 7 月 19 日 第 272 册 第 446 页

04181 德政潮突然严重 《申报》 1931 年 6 月 12 日 第 283 册 第 300 页

04182 德政府召顾问团回国 《大公报》 1938 年 5 月 26 日 第 140 册 第

04208 敌阀自掘坟墓的工作 《中央日报》 1940 年 12 月 3 日 第 44 册 第 134 页

04209 敌方政治思想之冲突 《申报》（汉口版） 1938 年 3 月 6 日 第 356 册 第 101 页

04210 敌方最近之窘状 《申报》（汉口版） 1938 年 3 月 23 日 第 356 册 第 135 页

04211 敌敢与美国冲突么？ 《中央日报》 1941 年 11 月 4 日 第 45 册 第 402 页

04212 敌阁的再补苴 《大公报》 1941 年 4 月 7 日 第 146 册 第 408 页

04213 敌阁改组 《大公报》 1938 年 5 月 28 日 第 140 册 第 654 页

04214 敌阁改组与内部摩擦/陈博生（星期论文） 《大公报》 1938 年 6 月 5 日 第 140 册 第 692 页

04215 敌阁更迭末路分明 《中央日报》 1941 年 10 月 18 日 第 45 册 第 332 页

04216 敌阁局部改组 《中央日报》 1943 年 4 月 22 日 第 47 册 第 1018 页

04217 敌阁之所谓国策 《大公报》 1940 年 8 月 3 日 第 145 册 第 120 页

04218 敌公债额超过二百亿 《大公报》 1939 年 10 月 20 日 第 143 册 第 200 页

04219 敌国财政的竭蹶 《大公报》 1940 年 9 月 6 日 第 145 册 第 246 页

04220 敌国的冬景 《大公报》 1939 年 12 月 26 日 第 143 册 第 468 页

04221 敌国的反战潮流 《大公报》 1939 年 11 月 15 日 第 143 册 第 304 页

04222 敌国的荒旱 《大公报》 1940 年 6 月 18 日 第 144 册 第 678 页

04223 敌国的金融恐慌 《大公报》 1940 年 4 月 12 日 第 144 册 第 412 页

04224 敌国的金与米 《大公报》 1940 年 7 月 29 日 第 145 册 第 100 页

04225 敌国的劳工缺乏 《大公报》 1939 年 12 月 16 日 第 143 册 第 428 页

04226 敌国的贫血症 《大公报》 1940 年 10 月 22 日 第 145 册 第 428 页

04227 敌国的穷状 《大公报》 1940 年 1 月 9 日 第 144 册 第 34 页

04228 敌国的社会危机 《大公报》 1940 年 2 月 27 日 第 144 册 第 230 页

04229 敌国的通货膨胀 《大公报》 1939 年 12 月 15 日 第 143 册 第 424 页

04230 敌国的物价 《大公报》 1939 年 11 月 29 日 第 143 册 第 360 页

04231 敌国的物价与预算 《大公报》 1940 年 4 月 26 日 第 144 册 第 468 页

04232 敌国公债的累增 《大公报》 1941 年 1 月 16 日 第 146 册 第 68 页

04233 敌国公债之停食 《大公报》 1941 年 6 月 5 日 第 146 册 第 638 页

04234 敌国金融恐慌深刻化 《大公报》 1940 年 11 月 12 日 第 145 册 第 512 页

04235 敌国经济无法解决 《大公报》 1940 年 1 月 20 日 第 144 册 第 78 页

04236　敌国米的问题　《大公报》　1940 年 10 月 8 日　第 145 册　第 374 页

04237　敌国米问题展望　《大公报》　1940 年 4 月 8 日　第 144 册　第 396 页

04238　敌国民心已去！　《中央日报》　1941 年 5 月 11 日　第 44 册　第 816 页

04239　敌国民众反战的前途　《中央日报》　1939 年 3 月 30 日　第 41 册　第 998 页

04240　敌国内思想之冲突　《申报》（汉口版）　1938 年 2 月 27 日　第 356 册 第 87 页

04241　敌国人民宜速自救　《中央日报》　1943 年 6 月 13 日　第 48 册　第 244 页

04242　敌国如何解决米荒？　《大公报》　1939 年 11 月 23 日　第 143 册　第 336 页

04243　敌国通货膨胀的危机　《大公报》　1940 年 3 月 29 日　第 144 册　第 354 页

04244　敌国外交的最后挣扎　《中央日报》　1939 年 6 月 27 日　第 42 册　第 184 页

04245　敌国物资动员的窘状　《大公报》　1939 年 12 月 5 日　第 143 册　第 384 页

04246　敌国议会中的答辩　《中央日报》　1939 年 2 月 7 日　第 41 册　第 692 页

04247　敌国易阁与我们　《大公报》　1941 年 10 月 21 日　第 147 册　第 438 页

04248　敌国增税问题　《中央日报》　1940 年 2 月 25 日　第 43 册　第 100 页

04249　敌国政党的堕落　《大公报》　1940 年 3 月 26 日　第 144 册　第 342 页

04250　敌国政局的烦闷　《大公报》　1938 年 4 月 21 日　第 140 册　第 478 页

04251　敌国之财政　《中央日报》　1939 年 12 月 11 日　第 42 册　第 860 页

04252　敌国总崩溃的前夕　《中央日报》　1940 年 1 月 15 日　第 42 册　第 1004 页

04253　敌轰炸文化机关　《中央日报》　1937 年 10 月 3 日　第 40 册　第 694 页

04254　敌恢复歼灭战乎？　《申报》（汉口版）　1938 年 4 月 26 日　第 356 册 第 207 页

04255　敌恢复歼灭战乎？　《申报》（香港版）　1938 年 4 月 29 日　第 356 册 第 637 页

04256　敌机惨杀无辜民众　《申报》　1937 年 9 月 3 日　第 355 册　第 396 页

04257　敌机轰炸如是观　《大公报》　1940 年 6 月 27 日　第 144 册　第 708 页

04258　敌机轰炸英美军舰　《大公报》　1937 年 12 月 14 日　第 139 册　第 713 页

04259　敌机空袭对其海军的损失　《大公报》　1940 年 6 月 21 日　第 144 册　第 688 页

04327　敌人找不着出路　《中央日报》　1939 年 10 月 14 日　第 42 册　第 628 页

04328　敌人政局之动向/陈博生（星期论文）　《大公报》　1938 年 3 月 13 日　第 140 册　第 301 页

04329　敌人政治暗流表面化　《中央日报》　1941 年 7 月 17 日　第 44 册　第 1114 页

04330　敌人政治的动摇　《中央日报》　1939 年 8 月 29 日　第 42 册　第 440 页

04331　敌人政治的贫血症/陈博生（星期论文）　《大公报》　1940 年 6 月 30 日　第 144 册　第 714 页

04332　敌人政治的新分野　《中央日报》　1940 年 5 月 9 日　第 43 册　第 446 页

04333　敌人之暴行：向全世界文明人类宣战　《中央日报》　1937 年 9 月 24 日　第 40 册　第 664 页

04334　敌人之财力　《申报》（汉口版）　1938 年 1 月 16 日　第 356 册　第 3 页

04335　敌人之窘状　《申报》（汉口版）　1938 年 3 月 3 日　第 356 册　第 95 页

04336　敌人自造的"桎梏"　《中央日报》　1940 年 6 月 4 日　第 43 册　第 554 页

04337　敌人最大的弱点　《中央日报》　1943 年 4 月 15 日　第 47 册　第 976 页

04338　敌食粮问题益严重　《大公报》　1939 年 10 月 31 日　第 143 册　第 244 页

04339　敌图独占上海棉业　《中央日报》　1939 年 12 月 8 日　第 42 册　第 848 页

04340　敌徒自速其崩溃　《申报》（汉口版）　1938 年 7 月 20 日　第 356 册　第 377 页

04341　敌吞并越南与南进　《中央日报》　1941 年 7 月 25 日　第 44 册　第 1148 页

04342　敌外务省风潮的内幕　《大公报》　1939 年 10 月 12 日　第 143 册　第 168 页

04343　敌汪阴谋的大暴露　《大公报》　1940 年 1 月 23 日　第 144 册　第 90 页

04344　敌威胁津英法租界　《中央日报》　1939 年 6 月 14 日　第 42 册　第 132 页

04345　敌伪的悲嘶　《大公报》　1943 年 12 月 9 日　第 151 册　第 716 页

04346　敌我的军事大势　《大公报》　1938 年 2 月 18 日　第 140 册　第 198 页

04347　敌我的鲜明对比　《中央日报》　1944 年 7 月 25 日　第 49 册　第 922 页

04348　敌我的一个对比　《中央日报》　1944 年 5 月 19 日　第 49 册　第 622 页

04349　敌我经济上之比较观　《大公报》　1938 年 7 月 12 日　第 141 册　第 54 页

04350　敌我战时生活的比较　《中央日报》　1941 年 6 月 10 日　第 44 册　第

948 页

04351　敌我之战略与政略　《中央日报》. 1938 年 11 月 29 日　第 41 册　第
328 页

04352　敌"五月攻势"惨败：是全局崩溃的开端　《中央日报》　1939 年 5 月 30
日　第 42 册　第 76 页

04353　敌物资劳力两缺　《申报》（汉口版）　1938 年 6 月 26 日　第 356 册　第
329 页

04354　敌袭荷兰港　《中央日报》　1942 年 6 月 5 日　第 46 册　第 156 页

04355　敌新内阁之金融政策　《中央日报》　1940 年 1 月 19 日　第 42 册　第
1020 页

04356　敌议会的质问战　《中央日报》　1940 年 2 月 20 日　第 43 册　第 78 页

04357　敌议会开幕　《中央日报》　1939 年 12 月 23 日　第 42 册　第 908 页

04358　敌议会所谓"必胜决议案"　《大公报》　1944 年 2 月 7 日　第 152 册
第 164 页

04359　敌议会与所谓"大政翼赞"　《大公报》　1941 年 2 月 13 日　第 146 册
第 184 页

04360　敌樱内财政政策　《中央日报》　1940 年 2 月 4 日　第 43 册　第 14 页

04361　敌酉的演说：在第八十次日本临时议会　《大公报》　1942 年 5 月 29 日
第 148 册　第 634 页

04362　敌与美苏的关系　《中央日报》　1939 年 11 月 4 日　第 42 册　第 712 页

04363　敌欲以绝交威胁耶　《申报》（汉口版）　1938 年 1 月 23 日　第 356 册
第 17 页

04364　敌愈求速战速决　《申报》（汉口版）　1938 年 4 月 25 日　第 356 册　第
205 页

04365　敌愈深入我愈有利　《申报》（汉口版）　1938 年 5 月 18 日　第 356 册
第 251 页

04366　敌愈深入我愈有利　《申报》（香港版）　1938 年 5 月 20 日　第 356 册
第 722 页

04367　敌院众预算总会通过预算案　《大公报》　1940 年 2 月 10 日　第 144 册
第 162 页

04368　敌在何处　《申报》　1927 年 1 月 3 日　第 231 册　第 61 页

04369　敌遭逢有史以来最严重阶段　《申报》（汉口版）　1938 年 5 月 10 日　第
356 册　第 235 页

04370　敌占越南与我们　《大公报》　1941 年 7 月 29 日　第 147 册　第 114 页

04371　敌政府与民争米　《大公报》　1940 年 5 月 2 日　第 144 册　第 492 页

04372　敌政治危机的警报　《中央日报》　1940 年 1 月 6 日　第 42 册　第 968 页

04373　敌之方向　《申报》　1913 年 9 月 1 日　第 124 册　第 2 页

04374　敌之荒谬语调　《申报》（香港版）　1938 年 6 月 3 日　第 356 册　第 778 页

04375　敌之空前难关　《申报》（香港版）　1938 年 5 月 13 日　第 356 册　第 693 页

04376　敌之总崩溃必不在远　《申报》（汉口版）　1938 年 1 月 21 日　第 356 册　第 13 页

04377　敌助　《申报》　1926 年 12 月 5 日　第 230 册　第 98 页

04378　敌总动员法修改以后　《中央日报》　1941 年 6 月 12 日　第 44 册　第 956 页

04379　邸报别于新报论　《申报》　1872 年 7 月 13 日　第 1 册　第 249 页

04380　底力　《申报》　1916 年 9 月 4 日　第 142 册　第 52 页

04381　抵抗暴敌时期之教育　《中央日报》　1932 年 2 月 29 日　第 17 册　第 353 页

04382　抵抗恶税　《民国日报》　1916 年 3 月 15 日　第 2 册　第 170 页

04383　抵抗与同情／彬　《申报》　1932 年 2 月 19 日　第 290 册　第 727 页

04384　抵抗与争斗　《申报》　1933 年 1 月 11 日　第 300 册　第 185 页

04385　抵抗之反动　《申报》　1930 年 7 月 23 日　第 272 册　第 544 页

04386　抵抗之根本问题　《申报》　1932 年 8 月 25 日　第 295 册　第 609 页

04387　抵制　《申报》　1924 年 5 月 26 日　第 202 册　第 561 页

04388　砥行说　《申报》　1896 年 10 月 22 日　第 54 册　第 323 页

04389　地·人·时　《申报》　1918 年 12 月 9 日　第 155 册　第 610 页

04390　地点尚未解决　《申报》　1918 年 12 月 26 日　第 155 册　第 882 页

04391　地点已定　《申报》　1919 年 2 月 7 日　第 156 册　第 451 页

04392　地点在沪　《申报》　1919 年 1 月 23 日　第 156 册　第 330 页

04393　地丁征收南漕改折意见书　《申报》　1909 年 8 月 9 日　第 101 册　第 584 页

04394　地方财政借箸谈　《申报》　1946 年 1 月 21 日　第 388 册　第 117 页

04395　地方财政问题之严重性　《大公报》　1947 年 6 月 14 日　第 160 册　第 280 页

04396　地方财政研究之必要　《申报》　1911 年 1 月 17 日　第 110 册　第 257 页

04397　地方财政研究之必要续　《申报》　1911 年 1 月 18 日　第 110 册　第 273 页

04398　地方财政研究之必要二续　《申报》　1911 年 1 月 19 日　第 110 册　第 289 页

04399　地方财政与地方建设　《申报》　1935 年 5 月 19 日　第 328 册　第 489 页

04400　地方法司设专官条辩　《申报》　1907 年 4 月 9 日　第 87 册　第 435 页

04401　地方法司设专官条辩（一续）　《申报》　1907 年 4 月 10 日　第 87 册　第 447 页

04402　地方法司设专官条辩（二续）　《申报》　1907 年 4 月 11 日　第 87 册　第 461 页

04403　地方分权与地方自治之不可混同　《申报》　1912 年 8 月 25 日　第 118 册　第 551 页

04404　地方高级行政人员会议开幕　《申报》　1936 年 5 月 10 日　第 340 册　第 229 页

04405　地方官的模范　《中央日报》　1948 年 4 月 1 日　第 58 册　第 818 页

04406　地方基层组织问题　《中央日报》　1942 年 11 月 24 日　第 47 册　第 150 页

04407　地方监越狱　《申报》　1920 年 3 月 23 日　第 163 册　第 427 页

04408　地方解决之失策　《申报》　1933 年 1 月 10 日　第 300 册　第 160 页

04409　地方新官制之发表　《申报》　1914 年 5 月 25 日　第 128 册　第 390 页

04410　地方行政机构改善问题　《大公报》　1939 年 3 月 21 日　第 142 册　第 318 页

04411　地方行政一席话：出席地方行政社座谈会/陈彬龢（代论）　《申报》　1944 年 7 月 21 日　第 386 册　第 69 页

04412　地方行政制度序　《申报》　1907 年 9 月 10 日　第 90 册　第 110 页

04413　地方形势说　《申报》　1879 年 11 月 7 日　第 15 册　第 517 页

04414　地方政治之路　《申报》　1946 年 7 月 25 日　第 389 册　第 532 页

04415　地方政治组织原则　《中央日报》　1932 年 12 月 19 日　第 20 册　第 432 页

04416　地方制度改革之感想/傅孟真（星期论文）　《大公报》　1935 年 2 月 3 日　第 124 册　第 520 页

04417　地方治安问题　《大公报》　1937 年 4 月 24 日　第 137 册　第 762 页

04418　地方治安与县长责任　《中央日报》　1929 年 11 月 27 日　第 8 册　第 323 页

04419　地方自守　《申报》　1920 年 11 月 20 日　第 167 册　第 335 页

04420　地方自治开始实行法（代论）/孙文　《民国日报》　1920 年 3 月 12 日　第 26 册　第 156 页

04421　地方自治问题　《民国日报》　1916 年 8 月 25 日　第 4 册　第 662 页

04422　地方自治问题（续）　《民国日报》　1916 年 8 月 26 日　第 4 册　第 674 页

04423　地方自治问题（续）　《民国日报》　1916 年 8 月 30 日　第 4 册　第

722 页

04424 地方自治问题（续） 《民国日报》 1916 年 8 月 31 日 第 4 册 第 734 页

04425 地方自治与三民主义（时论）/邓陈纲 《民国日报》 1929 年 5 月 23 日 第 80 册 第 355 页

04426 地方自治与三民主义 续（时论）/邓陈纲 《民国日报》 1929 年 5 月 24 日 第 80 册 第 373 页

04427 地方自治与训政 《中央日报》 1932 年 8 月 6 日 第 19 册 第 42 页

04428 地方自治与政治设施/陈之迈（星期论文） 《大公报》 1942 年 9 月 27 日 第 149 册 第 384 页

04429 地方自治之去思 《申报》 1914 年 7 月 21 日 第 129 册 第 322 页

04430 地方自治制纲要序 《申报》 1907 年 9 月 13 日 第 90 册 第 145 页

04431 地棍难治论 《申报》 1880 年 2 月 6 日 第 16 册 第 145 页

04432 地积大小与人口疏密为文化迟速比例差说 《申报》 1904 年 7 月 15 日 第 77 册 第 503 页

04433 地价税与田赋 《中央日报》 1937 年 3 月 16 日 第 38 册 第 193 页

04434 地理学识慨言 《民国日报》 1916 年 10 月 19 日 第 5 册 第 578 页

04435 地盘问题 《申报》 1925 年 4 月 23 日 第 211 册 第 414 页

04436 地盘问题 《申报》 1926 年 5 月 12 日 第 223 册 第 268 页

04437 地盘与人格 《申报》 1920 年 8 月 8 日 第 165 册 第 681 页

04438 地盘与主义 《申报》 1921 年 9 月 12 日 第 173 册 第 230 页

04439 地盘之争执 《申报》 1921 年 5 月 24 日 第 170 册 第 405 页

04440 地盘主义 《申报》 1920 年 7 月 8 日 第 165 册 第 149 页

04441 地球说 《申报》 1872 年 5 月 8 日 第 1 册 第 21 页

04442 地球之说不始于西人考 《申报》 1898 年 11 月 4 日 第 60 册 第 465 页

04443 地摊的兴起与工商业 《申报》 1949 年 5 月 16 日 第 400 册 第 869 页

04444 地位 《申报》 1919 年 2 月 24 日 第 156 册 第 723 页

04445 地位 《申报》 1919 年 4 月 28 日 第 157 册 第 943 页

04446 地位与责任 《申报》 1929 年 1 月 20 日 第 254 册 第 518 页

04447 地营说上 《申报》 1895 年 2 月 14 日 第 49 册 第 223 页

04448 地营说中 《申报》 1895 年 2 月 15 日 第 49 册 第 229 页

04449 地营说下 《申报》 1895 年 2 月 16 日 第 49 册 第 235 页

04450 地震别解 《申报》 1887 年 3 月 24 日 第 30 册 第 457 页

04451 地震解 《申报》 1887 年 3 月 7 日 第 30 册 第 349 页

04452 地震解 《申报》 1879 年 9 月 19 日 第 15 册 第 321 页

04453 地政署成立 《大公报》 1942 年 6 月 23 日 第 148 册 第 736 页

04454 地中海的现势 《申报》 1939 年 4 月 15 日 第 363 册 第 256 页

04455 地中海会议的推测 《中央日报》 1938 年 10 月 14 日 第 41 册 第 128 页

04456 地中海军略形势 《中央日报》 1939 年 4 月 19 日 第 41 册 第 1090 页

04457 地中海拉丁集团的展望 《大公报》 1941 年 2 月 18 日 第 146 册 第 204 页

04458 地中海上之风云 《中央日报》 1940 年 9 月 22 日 第 43 册 第 1008 页

04459 地中海危机与集体安全 《申报》 1939 年 4 月 11 日 第 363 册 第 192 页

04460 地中海形势的转移 《大公报》 1943 年 1 月 16 日 第 150 册 第 72 页

04461 地主阶层面临考验：乡土复员论之二/费孝通 《大公报》 1948 年 2 月 15 日 第 162 册 第 268 页

04462 帝都规制论 《申报》 1874 年 8 月 14 日 第 5 册 第 153 页

04463 帝都规制论 《申报》 1874 年 8 月 15 日 第 5 册 第 157 页

04464 帝国主义的奇货入京了 《民国日报》 1924 年 10 月 25 日 第 53 册 第 521 页

04465 帝国主义与军阀 《大公报》 1927 年 5 月 2 日 第 79 册 第 249 页

04466 帝国主义与新经济政策（代论） 《民国日报》 1927 年 8 月 28 日 第 69 册 第 852 页

04467 帝国主义之真义与误解（言论） 《民国日报》 1925 年 6 月 8 日 第 57 册 第 503 页

04468 帝位 《申报》 1915 年 6 月 16 日 第 134 册 第 780 页

04469 帝学论 《申报》 1876 年 2 月 4 日 第 8 册 第 97 页

04470 帝之一字 《申报》 1914 年 11 月 21 日 第 131 册 第 294 页

04471 帝制之罪孽 《申报》 1916 年 3 月 24 日 第 139 册 第 370 页

04472 第八届联盟会之成绩 《大公报》 1927 年 10 月 1 日 第 81 册 第 1 页

04473 第二步 《申报》 1924 年 12 月 13 日 第 208 册 第 217 页

04474 第二步？ 《大公报》 1933 年 1 月 23 日 第 112 册 第 256 页

04475 第二次安全理事会开幕 《中央日报》 1946 年 3 月 25 日 第 52 册 第 692 页

04476 第二次大借款开始 《申报》 1914 年 2 月 17 日 第 126 册 第 570 页

04477 第二次读书运动 《民国日报》 1922 年 9 月 12 日 第 41 册 第 152 页

04478 第二次革命 《申报》 1913 年 12 月 28 日 第 125 册 第 822 页

04479 第二次华盛顿会议 《大公报》 1933 年 4 月 15 日 第 113 册 第 634 页

04480 第二次内阁会议 《大公报》 1932 年 12 月 11 日 第 111 册 第 484 页

04481   第二次全国内政会议   《中央日报》   1932 年 12 月 10 日   第 20 册   第 344 页

04482   第二次劝告   《申报》   1918 年 12 月 28 日   第 155 册   第 914 页

04483   第二次世界大战与吾之对策   《申报》   1934 年 4 月 26 日   第 315 册   第 756 页

04484   第二次豫南鄂北之大捷   《中央日报》   1940 年 5 月 12 日   第 43 册   第 458 页

04485   第二次中全会之重要性   《大公报》   1929 年 6 月 10 日   第 90 册   第 644 页

04486   第二大借款   《申报》   1917 年 2 月 4 日   第 144 册   第 421 页

04487   第二电   《申报》   1918 年 9 月 12 日   第 154 册   第 192 页

04488   第二国际议会声援印度自治   《申报》   1930 年 8 月 26 日   第 273 册   第 626 页

04489   第二幕   《申报》   1916 年 5 月 26 日   第 140 册   第 396 页

04490   第二期抗战   《中央日报》   1938 年 12 月 27 日   第 41 册   第 448 页

04491   第二期抗战开始   切实执行军事第一   《大公报》   1941 年 5 月 20 日   第 146 册   第 574 页

04492   第二十次国耻纪念   《申报》   1935 年 5 月 9 日   第 328 册   第 207 页

04493   第二十二次双十节之庆祝   《申报》   1933 年 10 月 10 日   第 309 册   第 325 页

04494   第二事   《申报》   1919 年 12 月 5 日   第 161 册   第 594 页

04495   第二问题   《申报》   1924 年 11 月 4 日   第 207 册   第 53 页

04496   第二战场的呼声   《大公报》   1942 年 7 月 29 日   第 149 册   第 128 页

04497   第二战场的曙光   《大公报》   1944 年 4 月 20 日   第 152 册   第 498 页

04498   第二战场的战略与战术   《大公报》   1944 年 6 月 8 日   第 152 册   第 714 页

04499   第二战场前夕的政治攻势   《大公报》   1944 年 5 月 16 日   第 152 册   第 616 页

04500   第二战场与苏联   《大公报》   1944 年 6 月 10 日   第 152 册   第 722 页

04501   第二战场与我们   《大公报》   1944 年 6 月 9 日   第 152 册   第 718 页

04502   第二站线与英美动向：莫斯科会议结束后的国际时局   《申报》   1943 年 11 月 5 日   第 384 册   第 691 页

04503   "第二珍珠港"！：东亚战局之新发展   《申报》   1943 年 11 月 12 日   第 384 册   第 719 页

04504   第九届泛美会议   《大公报》   1948 年 3 月 31 日   第 162 册   第 540 页

04505   第六次咨询会观感：树立沪市七县模范区问题/陈彬龢（代论）   《申报》

　　　　1944 年 8 月 9 日　第 386 册　第 133 页

04506　第六届全国运动会开幕　《大公报》　1935 年 10 月 21 日　第 128 册　第 720 页

04507　第七次咨询会议观感/陈彬龢（星期评论）　《申报》　1944 年 9 月 3 日　第 386 册　第 211 页

04508　第七届体育节感言　《大公报》　1948 年 9 月 9 日　第 164 册　第 50 页

04509　第三步之动机　《申报》　1917 年 3 月 27 日　第 145 册　第 470 页

04510　第三次国联行政院闭会　《大公报》　1931 年 12 月 12 日　第 105 册　第 326 页

04511　第三次海军军缩会议之展望　《申报》　1934 年 5 月 29 日　第 316 册　第 824 页

04512　第三次铁展今日开幕　《大公报》　1934 年 5 月 20 日　第 120 册　第 280 页

04513　第三党宣告解散　《大公报》　1933 年 12 月 13 日　第 117 册　第 592 页

04514　第三国际对华阴谋之暴露　《中央日报》　1931 年 9 月 16 日　第 15 册　第 899 页

04515　第三国际与莫洛托夫之表示　《申报》　1939 年 11 月 8 日　第 367 册　第 96 页

04516　第三国际与中国　《大公报》　1927 年 5 月 3 日　第 79 册　第 257 页

04517　第三国际与中国　《大公报》　1927 年 12 月 15 日　第 81 册　第 599 页

04518　第三国际与中国　《大公报》　1928 年 3 月 21 日　第 83 册　第 201 页

04519　第三国际与中国　《大公报》　1932 年 11 月 4 日　第 111 册　第 40 页

04520　第三阶段中之上海民食　《申报》　1941 年 4 月 5 日　第 375 册　第 446 页

04521　第三届父亲节　《申报》　1947 年 8 月 8 日　第 394 册　第 382 页

04522　第三届世界青年周　《中央日报》　1945 年 3 月 21 日　第 50 册　第 876 页

04523　第三期抗战的最大任务　《申报》（香港版）　1938 年 8 月 5 日　第 356 册　第 1030 页

04524　第三期学术思潮的展望/林同济（星期论文）　《大公报》　1940 年 12 月 15 日　第 145 册　第 636 页

04525　第三时期　《申报》　1920 年 12 月 7 日　第 167 册　第 635 页

04526　"第三势力"在法国　《大公报》　1948 年 6 月 16 日　第 163 册　第 278 页

04527　第三者不能糊涂！　《申报》　1946 年 5 月 3 日　第 388 册　第 716 页

04528　第十六条与日本　《大公报》　1933 年 2 月 20 日　第 112 册　第 588 页

04529   第十四航空队开始建功   《中央日报》   1943 年 3 月 23 日   第 47 册   第 844 页

04530   第十五届华北运动会   《大公报》   1931 年 5 月 27 日   第 102 册   第 316 页

04531   第四步   《申报》   1917 年 3 月 28 日   第 145 册   第 488 页

04532   第四次攻势与反攻   《申报》   1941 年 10 月 8 日   第 378 册   第 96 页

04533   第四次抗议与俄使之答辩   《申报》   1912 年 12 月 13 日   第 119 册   第 851 页

04534   第四次抗议与俄使之答辩续   《申报》   1912 年 12 月 14 日   第 119 册   第 863 页

04535   第四次全国代表大会开幕   《中央日报》   1931 年 11 月 12 日   第 16 册   第 511 页

04536   第四次市政咨询会议观感：讨论中心为粮食问题/陈彬龢（星期评论）   《申报》   1944 年 7 月 12 日   第 386 册   第 39 页

04537   第四共和初度国庆   《大公报》   1945 年 7 月 14 日   第 155 册   第 58 页

04538   第四届青年节   《中央日报》   1947 年 3 月 29 日   第 55 册   第 878 页

04539   第四年   《中央日报》   1940 年 7 月 7 日   第 43 册   第 694 页

04540   第五届体育节   《大公报》   1946 年 9 月 9 日   第 157 册   第 360 页

04541   第五项要求   《申报》   1915 年 4 月 12 日   第 133 册   第 678 页

04542   "第五纵队"   《大公报》   1940 年 5 月 21 日   第 144 册   第 568 页

04543   第一步以后   《民国日报》   1928 年 2 月 11 日   第 72 册   第 486 页

04544   第一层觉悟   《申报》   1926 年 1 月 7 日   第 220 册   第 143 页

04545   第一次普选与日本政局   《大公报》   1928 年 1 月 8 日   第 82 册   第 73 页

04546   第一次全国主计会议   《中央日报》   1941 年 2 月 20 日   第 44 册   第 466 页

04547   第一次世界大战休战纪念   《申报》   1941 年 11 月 11 日   第 378 册   第 517 页

04548   第一次世界航空安全大会   《申报》   1930 年 12 月 11 日   第 277 册   第 273 页

04549   第一次外交之阁议   《申报》   1911 年 6 月 30 日   第 112 册   第 1033 页

04550   第一第二   《申报》   1917 年 10 月 8 日   第 148 册   第 625 页

04551   第一第二第三第四   《申报》   1917 年 10 月 30 日   第 148 册   第 1002 页

04552   第一届儿童节献辞/彬   《申报》   1932 年 4 月 4 日   第 291 册   第 261 页

04553   第一届高等考试揭晓   《大公报》   1931 年 8 月 8 日   第 103 册   第 460 页

706 页

04580　滇缅南段勘界结束　《大公报》　1937 年 4 月 30 日　第 137 册　第 846 页

04581　滇缅战局近势　《大公报》　1942 年 5 月 18 日　第 148 册　第 590 页

04582　滇南边界宜筹善后说　《申报》　1883 年 7 月 2 日　第 23 册　第 7 页

04583　滇南野人山考　《申报》　1893 年 8 月 27 日　第 44 册　第 835 页

04584　滇省边情问答　《申报》　1894 年 4 月 22 日　第 46 册　第 691 页

04585　滇省勿通商说　《申报》　1875 年 11 月 2 日　第 7 册　第 425 页

04586　滇事客话　《民国日报》　1917 年 9 月 7 日　第 11 册　第 74 页

04587　滇唐力主废督裁兵电　《申报》　1920 年 10 月 2 日　第 166 册　第 529 页

04588　滇唐与南北　《申报》　1920 年 7 月 31 日　第 165 册　第 553 页

04589　滇粤通商论　《申报》　1887 年 1 月 13 日　第 30 册　第 73 页

04590　颠倒错乱　《申报》　1916 年 5 月 29 日　第 140 册　第 444 页

04591　颠倒错乱的社会心理（译论）　《申报》　1945 年 6 月 5 日　第 387 册　第 397 页

04592　颠倒夹杂　《申报》　1926 年 3 月 19 日　第 221 册　第 400 页

04593　颠倒之失败　《申报》　1926 年 4 月 15 日　第 222 册　第 323 页

04594　典当问题的检讨　《申报》　1947 年 3 月 27 日　第 392 册　第 896 页

04595　典当业复兴问题　《申报》　1935 年 7 月 12 日　第 330 册　第 302 页

04596　典当业试行缩短当期　《申报》　1935 年 8 月 6 日　第 331 册　第 142 页

04597　点验委员责任之重大　《中央日报》　1929 年 8 月 27 日　第 7 册　第 323 页

04598　电报之节约与加速　《中央日报》　1938 年 12 月 3 日　第 41 册　第 344 页

04599　电报之势力　《申报》　1920 年 10 月 17 日　第 166 册　第 817 页

04600　电传顺天乡试题名录　《申报》　1902 年 10 月 17 日　第 72 册　第 315 页

04601　电灯可以广行说　《申报》　1882 年 8 月 12 日　第 21 册　第 253 页

04602　电灯详考　《申报》　1882 年 8 月 7 日　第 21 册　第 223 页

04603　电话加价　《申报》　1940 年 11 月 23 日　第 373 册　第 296 页

04604　电力合理分配　《申报》　1944 年 12 月 6 日　第 386 册　第 511 页

04605　电气事业与安全：敬告本市公用事业各当局　《中央日报》　1936 年 7 月 31 日　第 35 册　第 365 页

04606　电文上之退位　《民国日报》　1916 年 5 月 4 日　第 3 册　第 38 页

04607　电线当有以辅其不逮论　《申报》　1883 年 7 月 4 日　第 23 册　第 19 页

04608　电影及其教育效能　《大公报》　1934 年 5 月 26 日　第 120 册　第 372 页

04609　电与会议　《申报》　1920 年 12 月 3 日　第 167 册　第 571 页

04610　电战后之战电　《申报》　1922 年 5 月 1 日　第 180 册　第 3 页

04611 电召各部总长 《申报》 1921 年 4 月 28 日 第 169 册 第 1001 页

04612 电政大臣直督袁世凯侍郎吴重熹会奏外国拟在中国境内倡行无线电报请防禁私设折 《申报》 1905 年 8 月 26 日 第 80 册 第 985 页

04613 淀桥自来水厂考察记：代论留日学生钱学绅来稿 《申报》 1906 年 6 月 15 日 第 83 册 第 737 页

04614 奠安国本与巩固大局 《大公报》 1937 年 2 月 5 日 第 136 册 第 486 页

04615 奠都南京十周年纪念 《中央日报》 1937 年 4 月 18 日 第 38 册 第 585 页

04616 吊胡 《申报》 1925 年 4 月 12 日 第 211 册 第 210 页

04617 吊捷克：并论中东欧今后的局势 《大公报》 1939 年 3 月 17 日 第 142 册 第 302 页

04618 吊美总统哈定 《申报》 1923 年 8 月 4 日 第 194 册 第 66 页

04619 吊蔡孑民先生！ 《中央日报》 1940 年 3 月 6 日 第 43 册 第 142 页

04620 吊德总统兴登堡 《申报》 1934 年 8 月 3 日 第 319 册 第 73 页

04621 吊东条并吊日本！ 《大公报》 1944 年 7 月 21 日 第 153 册 第 94 页

04622 吊都督 《申报》 1914 年 7 月 3 日 第 129 册 第 34 页

04623 吊段公芝泉 《中央日报》 1936 年 11 月 5 日 第 36 册 第 437 页

04624 吊国民之地位身分 《民国日报》 1917 年 9 月 6 日 第 11 册 第 62 页

04625 吊黄花冈感言（言论） 《民国日报》 1925 年 4 月 7 日 第 56 册 第 502 页

04626 吊捷克国殇 《申报》 1948 年 9 月 8 日 第 398 册 第 544 页

04627 吊路透社记者考克斯 《中央日报》 1940 年 7 月 31 日 第 43 册 第 796 页

04628 吊民篇 《民国日报》 1917 年 8 月 5 日 第 10 册 第 422 页

04629 吊民篇（续） 《民国日报》 1917 年 8 月 6 日 第 10 册 第 434 页

04630 吊民篇（二续） 《民国日报》 1917 年 8 月 7 日 第 10 册 第 446 页

04631 吊日本地震惨灾 《民国日报》 1923 年 9 月 4 日 第 47 册 第 44 页

04632 吊日本东乡先生 《大公报》 1934 年 6 月 5 日 第 120 册 第 516 页

04633 吊日本国丧 《大公报》 1926 年 12 月 26 日 第 77 册 第 915 页

04634 吊为劳动运动而牺牲者 《民国日报》 1924 年 5 月 1 日 第 51 册 第 2 页

04635 吊西园寺公望 《大公报》 1940 年 11 月 25 日 第 145 册 第 566 页

04636 吊洋泾浜文 《申报》 1873 年 2 月 19 日 第 2 册 第 145 页

04637 吊岳州战殇：既伤逝者 行自念也 《民国日报》 1918 年 3 月 23 日 第 14 册 第 266 页

04638   吊灾官   《大公报》   1926年9月11日   第77册   第81页

04639   吊张伯伦奥斯丁   《中央日报》   1937年3月19日   第38册   第221页

04640   吊张辉瓒   《中央日报》   1931年2月16日   第13册   第531页

04641   吊浙江   《民国日报》   1917年12月2日   第12册   第374页

04642   调□刍议   《申报》   1902年7月7日   第71册   第459页

04643   调兵   《申报》   1925年10月16日   第217册   第349页

04644   调兵预策   《申报》   1875年11月8日   第7册   第445页

04645   调查   《申报》   1915年8月7日   第135册   第620页

04646   调查   《申报》   1925年6月8日   第213册   第130页

04647   调查俄币   《申报》   1920年8月28日   第165册   第1037页

04648   调查丰天吉林黑龙江省砂金情形布告   《申报》   1913年4月22日   第121册   第659页

04649   调查户口愚民暴动感言   《申报》   1909年8月13日   第101册   第647页

04650   调查华工人材   《申报》   1920年5月25日   第164册   第445页

04651   调查民食   《申报》   1920年9月7日   第166册   第113页

04652   调查农产量之必要   《民国日报》   1928年2月26日   第72册   第696页

04653   调查日军罪行   《中央日报》   1945年10月26日   第51册   第888页

04654   调查团到日后之声明   《大公报》   1932年7月5日   第109册   第52页

04655   调查团惟一应尽之职责   《大公报》   1932年7月19日   第109册   第220页

04656   调查团应发表东北真相   《大公报》   1932年6月3日   第108册   第334页

04657   调查团与国联立场   《大公报》   1932年6月21日   第108册   第514页

04658   调查团与未来大局   《大公报》   1932年8月25日   第109册   第664页

04659   调查团之建议   《中央日报》   1932年7月19日   第18册   第554页

04660   调查选举资格对于吸烟问题之解决   《申报》   1908年12月13日   第97册   第651页

04661   调第五师入湘：我于是得精确之反证   《民国日报》   1917年10月13日   第11册   第506页

04680   调练军助郑工议   《申报》   1888年1月27日   第32册   第165页

04716   跌霸   《大公报》   1926年12月4日   第77册   第739页

04717   谍   《申报》   1926年10月19日   第228册   第487页

04718   叠纪北地乱耗系之以论   《申报》   1891年12月4日   第39册   第947页

459 页

04748　东北边境之商民与军队　《大公报》　1929 年 9 月 3 日　第 92 册　第 36 页

04749　东北边之韩俄侨民问题　《大公报》　1930 年 6 月 13 日　第 96 册　第 644 页

04750　东北当局重视韩侨问题　《大公报》　1930 年 9 月 30 日　第 98 册　第 352 页

04751　东北的当前外交　《大公报》　1946 年 8 月 19 日　第 157 册　第 234 页

04752　东北的韩共军队　《中央日报》　1947 年 6 月 7 日　第 56 册　第 370 页

04753　东北的经济与金融　《大公报》　1946 年 3 月 7 日　第 156 册　第 260 页

04754　东北的军事与政治　《大公报》　1946 年 3 月 16 日　第 156 册　第 296 页

04755　东北的危机　《民国日报》　1931 年 7 月 9 日　第 93 册　第 100 页

04756　东北的阴云　《大公报》　1946 年 2 月 21 日　第 156 册　第 204 页

04757　东北的战云　《民国日报》　1921 年 12 月 22 日　第 36 册　第 690 页

04758　东北对外关系之前途　《大公报》　1931 年 7 月 1 日　第 103 册　第 4 页

04759　东北非法组织之检讨　《中央日报》　1932 年 3 月 13 日　第 17 册　第 405 页

04760　东北官民之重大责任　《大公报》　1931 年 7 月 20 日　第 103 册　第 232 页

04761　东北海关与门户封锁　《大公报》　1932 年 6 月 22 日　第 108 册　第 524 页

04762　东北舰队离青　《申报》　1933 年 6 月 30 日　第 305 册　第 845 页

04763　东北剿匪军形势　《中央日报》　1947 年 11 月 4 日　第 57 册　第 670 页

04764　东北教育的危机　《大公报》　1947 年 1 月 13 日　第 159 册　第 96 页

04765　东北局势需要镇静　《申报》　1946 年 3 月 19 日　第 388 册　第 422 页

04766　东北军与中国大局　《大公报》　1930 年 9 月 22 日　第 98 册　第 256 页

04767　东北垦荒与移民问题　《大公报》　1930 年 5 月 6 日　第 96 册　第 84 页

04768　东北旅游所感　《大公报》　1929 年 8 月 3 日　第 91 册　第 532 页

04769　东北煤铁与暴日　《大公报》　1941 年 2 月 6 日　第 146 册　第 156 页

04770　东北社会危机不宜忽视　《大公报》　1931 年 2 月 22 日　第 100 册　第 580 页

04771　东北四省府改组　《大公报》　1940 年 5 月 6 日　第 144 册　第 504 页

04772　东北四省之新分割　《大公报》　1934 年 10 月 19 日　第 122 册　第 726 页

04773　东北铁路交涉（时论）/徐明翼　《民国日报》　1931 年 2 月 20 日　第 90 册　第 516 页

04825　东扶西倒　《申报》　1927年11月20日　第240册　第436页

04826　东抚张朗齐宫保事略　《申报》　1891年9月2日　第39册　第387页

04827　东海县党委被杀案件　《中央日报》　1929年8月12日　第7册　第139页

04828　东海宣言　《申报》　1918年10月11日　第154册　第668页

04829　东交民巷里的中俄事件观　《民国日报》　1924年3月10日　第50册　第126页

04830　东京裁判的最后阶段　《申报》　1948年2月22日　第396册　第472页

04831　东京传来之对我宣战消息　《大公报》　1937年11月6日　第139册　第561页

04832　东京的大变局　《中央日报》　1944年7月21日　第49册　第904页

04833　东京的烦恼　《大公报》　1944年12月2日　第153册　第686页

04834　东京的惶惧　《中央日报》　1943年2月22日　第47册　第678页

04835　东京的气候　《大公报》　1944年2月24日　第152册　第240页

04836　东京的强暴宣言　《大公报》　1938年1月18日　第140册　第72页

04837　东京的一群蠢物！　《中央日报》　1940年12月20日　第44册　第202页

04838　东京第二次挨炸　《大公报》　1944年11月25日　第153册　第656页

04839　东京二二六事变之经济的解释　《大公报》　1936年3月4日　第131册　第46页

04840　东京将步柏林后尘　《大公报》　1945年4月24日　第154册　第482页

04841　东京空气的沉重　《大公报》　1943年12月24日　第151册　第780页

04842　东京审判的末路：是在给东条写英雄传　《大公报》　1948年9月10日　第164册　第56页

04843　东京特使　《申报》　1915年12月13日　第137册　第692页

04844　东京凶案之感言　《大公报》　1932年5月17日　第108册　第164页

04845　东京凶恶之国际观　《大公报》　1936年2月28日　第130册　第654页

04846　东京与"上格拉"　《大公报》　1943年4月21日　第150册　第492页

04847　东京之防空大演习　《申报》　1933年8月11日　第307册　第294页

04848　东篱采菊图记　《申报》　1888年11月22日　第33册　第937页

04849　东路案事态如此而已　《中央日报》　1929年7月18日　第6册　第901页

04850　东路问题　《申报》　1929年12月15日　第265册　第405页

04851　东路问题之最近形势　《大公报》　1929年7月29日　第91册　第452页

04852　东盟形势谈/张其昀（星期论文）　《大公报》　1939年9月10日　第143

册   第 38 页

04877　东三省韩侨与中日国籍法　《大公报》　1928 年 1 月 14 日　第 82 册　第 133 页

04878　东三省红十字普济善会章程并启　《申报》　1904 年 3 月 3 日　第 76 册　第 335 页

04879　东三省将逐为日俄之殖民地乎　《申报》　1911 年 4 月 8 日　第 111 册　第 609 页

04880　东三省民意如何　《大公报》　1928 年 7 月 9 日　第 85 册　第 81 页

04881　东三省说略　《申报》　1901 年 12 月 8 日　第 69 册　第 605 页

04882　东三省伪国之宣布　《大公报》　1932 年 3 月 9 日　第 107 册　第 84 页

04883　东三省易帜　《民国日报》　1928 年 10 月 2 日　第 76 册　第 503 页

04884　东三省与国际关系　《民国日报》　1929 年 12 月 21 日　第 83 册　第 825 页

04885　东三省之韩侨问题　《大公报》　1927 年 12 月 19 日　第 81 册　第 631 页

04886　东三省之善后　《大公报》　1928 年 6 月 18 日　第 84 册　第 481 页

04887　东三省中日问题如何善后　《大公报》　1932 年 4 月 2 日　第 107 册　第 324 页

04888　东省不借外债筑路　《大公报》　1928 年 11 月 27 日　第 87 册　第 313 页

04889　东省当局应注意之点　《大公报》　1927 年 3 月 9 日　第 78 册　第 485 页

04890　东省对所谓扩大会议的态度：在省府纪念周演讲/叶楚伧（北平扩大会议）　《民国日报》　1930 年 7 月 31 日　第 87 册　第 389 页

04891　东省工人问题与当局责任　《大公报》　1927 年 8 月 31 日　第 80 册　第 489 页

04892　东省日祸影响世界全局　《大公报》　1932 年 1 月 5 日　第 106 册　第 34 页

04893　东省事变责任确定之后　《大公报》　1932 年 10 月 4 日　第 110 册　第 400 页

04894　东省事件确有新转机　《民国日报》　1932 年 1 月 15 日　第 96 册　第 78 页

04895　东省特区行政长官更迭　《大公报》　1928 年 11 月 18 日　第 87 册　第 205 页

04896　东省外交与中央　《大公报》　1928 年 10 月 23 日　第 86 册　第 617 页

04897　东省易帜问题与田中内阁　《大公报》　1928 年 10 月 9 日　第 86 册　第 457 页

04898　东省与新疆事件　《申报》　1928 年 7 月 18 日　第 248 册　第 523 页

04899　东省争路运动之严重化　《大公报》　1928 年 11 月 14 日　第 87 册　第 157 页

04927 东条作何打算? 《大公报》 1943 年 9 月 29 日 第 151 册 第 400 页

04928 东铁风潮与日俄关系 《大公报》 1933 年 4 月 12 日 第 113 册 第 592 页

04929 东倭考 《申报》 1876 年 8 月 18 日 第 9 册 第 165 页

04930 东西两线向柏林赛跑 《大公报》 1944 年 8 月 9 日 第 153 册 第 180 页

04931 东线第三年与"西线"问题 《申报》 1943 年 6 月 29 日 第 384 册 第 169 页

04932 东线战争趋势（译论） 《申报》 1943 年 8 月 24 日 第 384 册 第 395 页

04933 东乡扯淡日本悲哀 《大公报》 1945 年 5 月 10 日 第 154 册 第 550 页

04934 东乡"大东亚省"及其他 《大公报》 1942 年 9 月 4 日 第 149 册 第 284 页

04935 东乡战术与近代海战/陈彬龢（代论） 《申报》 1945 年 5 月 26 日 第 387 册 第 373 页

04936 东亚大局之根本变迁 《大公报》 1931 年 12 月 20 日 第 105 册 第 394 页

04937 东亚大危机之过程 《大公报》 1932 年 1 月 29 日 第 106 册 第 274 页

04938 东亚的新气象 《申报》 1948 年 8 月 16 日 第 398 册 第 370 页

04939 东亚底前途 《中央日报》 1948 年 10 月 28 日 第 60 册 第 442 页

04940 东亚和平之关键 《中央日报》 1937 年 7 月 18 日 第 40 册 第 209 页

04941 东亚解放与团结/山鹿素行（星期评论） 《申报》 1943 年 11 月 28 日 第 384 册 第 783 页

04942 东亚历史上的丑剧 《大公报》 1938 年 5 月 6 日 第 140 册 第 548 页

04943 东亚领导权之企图与世界纠纷 《大公报》 1934 年 4 月 25 日 第 119 册 第 796 页

04944 东亚弱小民族解放之路 《申报》（香港版） 1938 年 9 月 21 日 第 357 册 第 82 页

04945 东亚三问题之急转之下：叛国武人 满站出兵 寺内内阁 《民国日报》 1918 年 8 月 17 日 第 16 册 第 542 页

04946 东亚战争的转捩点 《中央日报》 1945 年 1 月 9 日 第 50 册 第 580 页

04947 东亚最近两大会 《申报》 1914 年 12 月 12 日 第 131 册 第 590 页

04948 东洋伐生番闻谈 《申报》 1874 年 6 月 18 日 第 4 册 第 559 页

04949 东洋侵台湾中东先后来往各文牍 《申报》 1874 年 6 月 8 日 第 4 册 第 519 页

04950 东洋请讨台湾生番论 《申报》 1873 年 7 月 24 日 第 3 册 第 81 页

04951   东洋水师不敌中国   《申报》   1874年7月7日   第5册   第21页

04952   东瀛传闻略记   《申报》   1887年11月27日   第31册   第965页

04953   东瀛大势论   《申报》   1886年10月25日   第29册   第715页

04954   东游感想/何思敬   《民国日报》   1929年9月19日   第82册   第306页

04955   东战场的战事   《大公报》   1943年10月7日   第151册   第434页

04956   东赈客谈   《申报》   1889年4月27日   第34册   第631页

04957   东征就是北伐（言论）   《民国日报》   1925年10月26日   第59册   第662页

04958   东征军肃清潮汕以后（言论）   《民国日报》   1925年11月13日   第60册   第146页

04959   东征善后之紧急问题   《大公报》   1928年10月24日   第86册   第629页

04960   冬防问题   《申报》   1929年11月13日   第264册   第338页

04961   冬防议   《申报》   1899年11月4日   第63册   第451页

04962   冬防与民生   《大公报》   1926年11月5日   第77册   第507页

04963   冬防与生计   《申报》   1920年11月18日   第167册   第311页

04964   冬行春令辨   《申报》   1879年12月29日   第15册   第725页

04965   冬赈   《申报》   1942年12月15日   第382册   第506页

04966   冬赈   《申报》   1944年12月2日   第386册   第499页

04967   冬赈急迫   《申报》   1943年12月25日   第384册   第895页

04968   冬赈时机已迫   《申报》   1943年11月10日   第384册   第711页

04969   冬赈与粮食：目前上海两大严重问题   《申报》   1943年1月15日   第383册   第90页

04970   动   《申报》   1916年10月12日   第142册   第712页

04971   动荡不稳的日本政局   《申报》   1948年12月6日   第399册   第426页

04972   动荡的欧局与日本的南进   《申报》   1940年11月21日   第373册   第271页

04973   动荡的远东   《申报》   1941年10月22日   第378册   第267页

04974   动荡之十年   《大公报》   1941年9月18日   第147册   第296页

04975   动荡中的国际局势   《申报》   1941年4月16日   第375册   第580页

04976   动荡中的日本政局   《大公报》   1947年3月5日   第159册   第454页

04977   动荡中的日本政局   《申报》   1947年9月11日   第394册   第722页

04978   动荡中的市场   《申报》   1938年10月31日   第359册   第360页

04979   动荡中的西藏局势   《申报》   1948年8月11日   第398册   第330页

04980   动荡中的中印半岛/陈碧笙（星期论文）   《大公报》   1941年1月5日   第146册   第26页

04981　动荡中之华北局面　《申报》　1936 年 8 月 22 日　第 343 册　第 559 页

04982　动荡中之西班牙　《中央日报》　1936 年 7 月 24 日　第 35 册　第 281 页

04983　动荡中之远东政局：美苏复交后日本政策之前途　《申报》　1933 年 11 月 25 日　第 310 册　第 711 页

04984　动荡中之远东政局（续）：美苏复交后中国市场之前途　《申报》　1933 年 11 月 27 日　第 310 册　第 775 页

04985　动乎止乎统一乎割裂乎　《申报》　1948 年 1 月 17 日　第 396 册　第 144 页

04986　动静二字在教育上的原理（专论）/胡朴安　《民国日报》　1947 年 1 月 11 日　第 99 册　第 620 页

04987　动劳与静逸　《申报》　1929 年 8 月 26 日　第 261 册　第 734 页

04988　动乱中的缅甸局势　《申报》　1948 年 8 月 19 日　第 398 册　第 394 页

04989　动起潜伏的力量！　《大公报》　1938 年 8 月 20 日　第 141 册　第 216 页

04990　动态的日本政治　《申报》　1945 年 5 月 10 日　第 387 册　第 337 页

04991　动摇　《申报》　1916 年 3 月 20 日　第 139 册　第 306 页

04992　动易静难　《申报》　1929 年 3 月 25 日　第 256 册　第 717 页

04993　动与定　《申报》　1917 年 1 月 4 日　第 144 册　第 36 页

04994　动与静之互助　《申报》　1927 年 9 月 19 日　第 238 册　第 394 页

04995　动与力　《申报》　1927 年 8 月 17 日　第 237 册　第 347 页

04996　动员"服务精神"！　《中央日报》　1941 年 10 月 8 日　第 45 册　第 286 页

04997　动员官厅和改善机构　《大公报》　1942 年 5 月 30 日　第 148 册　第 638 页

04998　动员家庭妇女实行战时生活　《中央日报》　1942 年 3 月 8 日　第 45 册　第 910 页

04999　动员戡乱以后的地方政治　《中央日报》　1948 年 1 月 19 日　第 58 册　第 182 页

05000　动员戡乱与清查户口　《中央日报》　1948 年 2 月 14 日　第 58 册　第 386 页

05001　动员戡乱与重振保甲　《中央日报》　1948 年 2 月 13 日　第 58 册　第 382 页

05002　动员与行宪　《中央日报》　1947 年 7 月 15 日　第 56 册　第 762 页

05003　动员专门人才　《中央日报》　1938 年 12 月 13 日　第 41 册　第 388 页

05004　动之途径　《申报》　1928 年 10 月 4 日　第 251 册　第 85 页

05005　冻结资金之第一周　《申报》　1941 年 8 月 2 日　第 377 册　第 16 页

05006　恫喝无益说　《申报》　1884 年 10 月 19 日　第 25 册　第 637 页

05007 都察院请饬拨欵生息作为缉捕经费折书后   《申报》   1884 年 4 月 1 日
第 24 册   第 497 页

05008 都察院奏代递主事胡柏年条陈宪政利弊呈稿   《申报》   1909 年 11 月 18
日   第 103 册   第 274 页

05009 都察院奏代递主事胡柏年条陈宪政利弊呈稿（续）   《申报》   1909 年 11
月 19 日   第 103 册   第 290 页

05010 都察院奏代递主事胡柏年条陈宪政利弊呈稿（二续）   《申报》   1909 年
11 月 20 日   第 103 册   第 306 页

05011 都察院奏代递主事胡柏年条陈宪政利弊呈稿（三续）   《申报》   1909 年
11 月 21 日   第 103 册   第 322 页

05012 都察院奏代递主事胡柏年条陈宪政利弊呈稿（四续）   《申报》   1909 年
11 月 22 日   第 103 册   第 338 页

05013 都察院奏代递主事胡柏年条陈宪政利弊呈稿（五续）   《申报》   1909 年
11 月 23 日   第 103 册   第 353 页

05014 都督迭更   《申报》   1913 年 12 月 19 日   第 125 册   第 694 页

05015 都督之末路   《申报》   1913 年 12 月 2 日   第 125 册   第 440 页

05016 都市的妇女生活   《申报》   1932 年 6 月 12 日   第 293 册   第 235 页

05017 兜剿土匪与救济农村   《大公报》   1928 年 6 月 22 日   第 84 册   第
521 页

05018 斗气   《申报》   1925 年 9 月 5 日   第 216 册   第 89 页

05019 斗蟋蟀说   《申报》   1922 年 3 月 28 日   第 178 册   第 523 页

05020 斗喻   《申报》   1920 年 4 月 28 日   第 163 册   第 1055 页

05021 督办福建华税许秋槎观察照会英国倭领事稿   《申报》   1886 年 10 月 27
日   第 29 册   第 727 页

05022 督办顺天畿东团练二品衔直隶候补道周裁五观察金章示稿   《申报》   1885
年 10 月 11 日   第 27 册   第 627 页

05023 督兵与商学   《申报》   1920 年 12 月 22 日   第 167 册   第 895 页

05024 督抚留意人才宜勤于接见僚属论   《申报》   1901 年 6 月 20 日   第 68 册
第 301 页

05025 督军不及盗魁   《民国日报》   1922 年 10 月 18 日   第 41 册   第 648 页

05026 督军赴徐   《申报》   1917 年 5 月 23 日   第 146 册   第 390 页

05027 督军省长间之恶空气   《民国日报》   1916 年 12 月 26 日   第 6 册   第
662 页

05028 督军团与冯氏之私斗   《民国日报》   1918 年 1 月 20 日   第 13 册   第
206 页

05029 督军团之解剖   《申报》   1918 年 3 月 14 日   第 151 册   第 194 页

第 593 页

05053　读本报社评"中国经济解救之道"感言/王海安（星期评论）　《申报》
1945 年 3 月 11 日　第 387 册　第 197 页

05054　读本报续鸭绿江之战而系之以论　《申报》　1894 年 10 月 9 日　第 48 册
第 241 页

05055　读本报转录吼报所登去逆效顺事推广言之　《申报》　1900 年 12 月 31 日
第 66 册　第 719 页

05056　读本日报端恭录上谕谨注于后　《申报》　1902 年 12 月 3 日　第 72 册
第 651 页

05057　读本月初二日谕旨恭记　《申报》　1882 年 1 月 27 日　第 20 册　第
105 页

05058　读本月初九日上谕谨书于后　《申报》　1903 年 12 月 31 日　第 75 册　第
831 页

05059　读本月初六日上谕考订中外通行律法谨书其后　《申报》　1902 年 5 月 18
日　第 71 册　第 119 页

05060　读本月初三日上谕恭注　《申报》　1901 年 5 月 9 日　第 68 册　第 49 页·

05061　读本月二十一日上谕谨注　《申报》　1910 年 6 月 29 日　第 106 册　第
970 页

05062　读本月十九日上谕谨书于后　《申报》　1902 年 6 月 26 日　第 71 册　第
379 页

05063　读本月十九日上谕敬书于后　《申报》　1902 年 10 月 22 日　第 72 册　第
353 页

05064　读伯力会议纪录以后　《中央日报》　1930 年 1 月 30 日　第 9 册　第
373 页

05065　读布雷先生遗文有感　《申报》　1948 年 11 月 19 日　第 399 册　第
324 页

05066　读财经改革补充方案有感　《申报》　1948 年 11 月 1 日　第 399 册　第
212 页

05067　读蔡太守告示为之引伸其说　《申报》　1891 年 4 月 27 日　第 38 册　第
631 页

05068　读蔡廷锴寒电　《中央日报》　1930 年 10 月 18 日　第 12 册　第 211 页

05069　读参侍御请饬疆臣认真查办命盗各案折书后　《申报》　1881 年 10 月 8 日
第 19 册　第 397 页

05070　读长兴学记书后　《申报》　1892 年 6 月 15 日　第 41 册　第 293 页

05071　读陈部长军事报告的感想　《大公报》　1945 年 7 月 10 日　第 155 册　第
42 页

262 页

05116 读吉府奏请设立责任内阁折书后 《申报》 1910 年 4 月 10 日 第 105 册 第 642 页

05117 读吉林将军长敷奏练军各折片有感而书 《申报》 1893 年 6 月 17 日 第 44 册 第 341 页

05118 读加强经济管制办法 《大公报》 1948 年 8 月 26 日 第 163 册 第 704 页

05119 读江督苏抚会奏为已故知府恳请立传敬书其后 《申报》 1894 年 5 月 11 日 第 47 册 第 73 页

05120 读江苏省教育会文电 《民国日报》 1923 年 10 月 14 日 第 47 册 第 624 页

05121 读将主席再致延安电 《大公报》 1945 年 8 月 21 日 第 155 册 第 222 页

05122 读疆抚陶中丞奏请培养人才勉图补救疏书后 《申报》 1896 年 2 月 5 日 第 52 册 第 215 页

05123 读疆抚陶中丞奏请培养人才勉图补救疏书后 《申报》 1896 年 2 月 8 日 第 52 册 第 227 页

05124 读奖励绅士：谕旨恭志 《申报》 1881 年 8 月 13 日 第 19 册 第 173 页

05125 读蒋委员长告联合国民众书 《大公报》 1943 年 7 月 8 日 第 151 册 第 34 页

05126 读蒋委员长告全国青年书 《申报》（汉口版） 1938 年 6 月 18 日 第 356 册 第 313 页

05127 读蒋委员长全会开幕词 《大公报》 1939 年 11 月 13 日 第 143 册 第 296 页

05128 读蒋委员长全会训词 《大公报》 1939 年 1 月 27 日 第 142 册 第 106 页

05129 读蒋委员长谈话 《大公报》 1937 年 9 月 25 日 第 139 册 第 393 页

05130 读蒋先生告全国将士书 《中央日报》 1932 年 1 月 31 日 第 17 册 第 227 页

05131 读蒋主席八一四文告 《中央日报》 1946 年 8 月 14 日 第 53 册 第 636 页

05132 读蒋主席国庆播讲 《大公报》 1944 年 10 月 11 日 第 153 册 第 466 页

05133 读蒋主席国庆日告民众书 《中央日报》 1930 年 10 月 12 日 第 12 册 第 139 页

05216　读邱吉尔首相演词　《大公报》　1943 年 5 月 21 日　第 150 册　第 624 页

05217　读去年度海关概略报告　《大公报》　1927 年 1 月 5 日　第 78 册　第 29 页

05218　读全国财政会议宣言有感　《申报》　1934 年 5 月 30 日　第 316 册　第 851 页

05219　读全会训令全党文感言　《大公报》　1930 年 11 月 20 日　第 99 册　第 232 页

05220　读日本币原外相演说　《大公报》　1931 年 1 月 23 日　第 100 册　第 232 页

05221　读日本外务省声明之愤言　《申报》　1934 年 4 月 21 日　第 315 册　第 606 页

05222　读日本宪政会宣言　《民国日报》　1917 年 10 月 25 日　第 11 册　第 650 页

05223　读日俄工业参观记感言　《大公报》　1931 年 6 月 4 日　第 102 册　第 412 页

05224　读闰五月十三日上谕敬书于后　《申报》　1903 年 7 月 10 日　第 74 册　第 483 页

05225　读三月二十七日上谕谨书于后　《申报》　1902 年 5 月 7 日　第 71 册　第 45 页

05226　读三中全会宣言后　《申报》　1947 年 3 月 26 日　第 392 册　第 886 页

05227　读陕抚魏午庄中丞奏设游艺学塾折书后　《申报》　1898 年 2 月 21 日　第 58 册　第 275 页

05228　读上海宪袁大令示谕为之推广其说　《申报》　1891 年 6 月 15 日　第 38 册　第 927 页

05229　读申报所登去逆效顺事推广言之　《申报》　1901 年 1 月 14 日　第 67 册　第 79 页

05230　读慎予先生侨务论文书　《民国日报》　1928 年 2 月 4 日　第 72 册　第 381 页

05231　读省县自治通则草案初稿　《大公报》　1948 年 8 月 4 日　第 163 册　第 572 页

05232　读十八日上谕谨注　《申报》　1894 年 4 月 27 日　第 46 册　第 725 页

05233　读十九日上谕感言　《申报》　1910 年 5 月 29 日　第 106 册　第 454 页

05234　读十九日整顿盐务上谕　《申报》　1910 年 1 月 2 日　第 104 册　第 20 页

05235　读十七日朱谕感言　《申报》　1910 年 12 月 20 日　第 109 册　第 785 页

05236　读十日国府命令　《大公报》　1935 年 6 月 11 日　第 126 册　第 660 页

05237　读十三日立宪上谕谨注　《申报》　1906 年 9 月 3 日　第 84 册　第 629 页

册　第 427 页

05395　赌之害甚于嫖说　《申报》　1887 年 10 月 20 日　第 31 册　第 709 页

05396　杜华民入籍外洋以免民心涣散议　《申报》　1902 年 7 月 12 日　第 71 册　第 495 页

05397　杜绝拐匪论　《申报》　1888 年 3 月 29 日　第 32 册　第 491 页

05398　杜绝美货实行抵制条议　《申报》　1905 年 8 月 15 日　第 80 册　第 891 页

05399　杜绝米市暗盘　《申报》　1940 年 9 月 14 日　第 372 册　第 180 页

05400　杜绝洋米与利用洋米　《申报》　1934 年 12 月 16 日　第 323 册　第 460 页

05401　杜绝走私问题　《申报》　1937 年 5 月 13 日　第 352 册　第 286 页

05402　杜鲁门阐明美外交政策　《大公报》　1945 年 10 月 30 日　第 155 册　第 526 页

05403　杜鲁门连任以后　《大公报》　1948 年 11 月 11 日　第 164 册　第 428 页

05404　杜鲁门氏道德救世感言（专论）/胡朴安　《民国日报》　1946 年 3 月 13 日　第 97 册　第 269 页

05405　杜鲁门与民主党大会　《大公报》　1948 年 7 月 15 日　第 163 册　第 452 页

05406　杜鲁门主义与远东　《申报》　1947 年 6 月 9 日　第 393 册　第 696 页

05407　杜鲁门总统的第一次演说：赢得胜利赢得和平的保证　《大公报》　1945 年 4 月 18 日　第 154 册　第 456 页

05408　杜鲁门总统的呼吁　《申报》　1947 年 10 月 27 日　第 395 册　第 266 页

05409　杜鲁门总统的警告！　《申报》　1947 年 3 月 14 日　第 392 册　第 766 页

05410　杜鲁门总统的声明　《中央日报》　1945 年 4 月 15 日　第 50 册　第 976 页

05411　杜鲁门总统的最近演辞　《中央日报》　1948 年 3 月 20 日　第 58 册　第 704 页

05412　杜鲁门总统对国会致词　《中央日报》　1945 年 4 月 18 日　第 50 册　第 990 页

05413　杜鲁门总统对华政策声明　《大公报》　1946 年 12 月 21 日　第 158 册　第 528 页

05414　杜鲁门总统两次演说以后　《申报》　1948 年 3 月 19 日　第 396 册　第 728 页

05415　杜鲁门总统与美国农民/张其昀（星期论文）　《大公报》　1948 年 11 月 14 日　第 164 册　第 446 页

05416　杜鲁门总统重申对华政策　《申报》　1945 年 12 月 18 日　第 387 册　第 729 页

05417　杜威当选美总统候选人　《申报》　1948 年 6 月 26 日　第 397 册　第 720 页

05418　杜伪钞说　《申报》　1903 年 2 月 15 日　第 73 册　第 229 页

05419　杜伪钞说　《申报》　1903 年 3 月 11 日　第 73 册　第 377 页

05420　杜淫篇　《申报》　1891 年 4 月 8 日　第 38 册　第 517 页

05421　杜重远先生无恙乎　《民国日报》　1931 年 10 月 2 日　第 94 册　第 399 页

05422　度德与量力　《申报》　1920 年 6 月 22 日　第 164 册　第 955 页

05423　度花慈航说　《申报》　1874 年 4 月 25 日　第 4 册　第 371 页

05424　度支部会同农工商部邮传部奏复沪宁铁路借款折　《申报》　1906 年 11 月 29 日　第 85 册　第 519 页

05425　度支部郎中刘次源主张三年召集国会呈请都察院代奏书　《申报》　1908 年 7 月 21 日　第 95 册　第 274 页

05426　度支部郎中刘次源主张三年召集国会呈请都察院代奏书（续）　《申报》　1908 年 7 月 22 日　第 95 册　第 288 页

05427　度支部议复都察院奉举人张毓英等条陈铜元充斥请设法挽救折　《申报》　1909 年 12 月 20 日　第 103 册　第 803 页

05428　度支部主事邓孝可为时局危迫泣恳都察院代奏呈　《申报》　1910 年 9 月 14 日　第 108 册　第 210 页

05429　度支部主事邓孝可为时局危迫泣恳都察院代奏呈三续　《申报》　1910 年 9 月 17 日　第 108 册　第 257 页

05430　度支部主事邓孝可为时局危迫泣恳都察院代奏呈四续　《申报》　1910 年 9 月 18 日　第 108 册　第 273 页

05431　度支部主事邓孝可为时局危迫泣恳都察院代奏呈五续　《申报》　1910 年 9 月 19 日　第 108 册　第 289 页

05432　度支部主事邓孝可为时局危迫泣恳都察院代奏呈续　《申报》　1910 年 9 月 15 日　第 108 册　第 225 页

05433　度支部主事邓孝可为时局危迫泣恳都察院代奏呈再续　《申报》　1910 年 9 月 16 日　第 108 册　第 241 页

05434　端方张之洞会奏筹办常德湘潭自开商埠大概情形折　《申报》　1905 年 8 月 22 日　第 80 册　第 949 页

05435　端节劳军："一切为前线"　《中央日报》　1943 年 6 月 4 日　第 48 册　第 206 页

05436　端蒙养说　《申报》　1890 年 2 月 17 日　第 36 册　第 235 页

05437　端午过节说　《申报》　1880 年 6 月 12 日　第 16 册　第 629 页

05438　端午节论物价政策　《中央日报》　1946 年 6 月 4 日　第 53 册　第 26 页

388 页

05541　对俄手段更进一步　《中央日报》　1929 年 11 月 25 日　第 8 册　第 295 页

05542　对俄外交与改造政府　《民国日报》　1923 年 2 月 3 日　第 43 册　第 446 页

05543　对俄外交之总结算　《大公报》　1929 年 12 月 11 日　第 93 册　第 644 页

05544　对俄问题　《申报》　1920 年 4 月 5 日　第 163 册　第 651 页

05545　对俄问题　《申报》　1924 年 3 月 9 日　第 200 册　第 179 页

05546　对俄问题　《大公报》　1929 年 6 月 14 日　第 90 册　第 708 页

05547　对俄问题　《大公报》　1929 年 6 月 22 日　第 90 册　第 836 页

05548　对俄问题　《大公报》　1931 年 2 月 19 日　第 100 册　第 548 页

05549　对俄之市侩态度　《民国日报》　1924 年 2 月 21 日　第 49 册　第 596 页

05550　对二中全会的观感：我们需要和平、安定、民主、进步　《大公报》　1946 年 3 月 19 日　第 156 册　第 308 页

05551　对反轰炸大会晋言　《申报》（香港版）　1938 年 7 月 25 日　第 356 册　第 986 页

05552　对付暴日惟有强硬　《大公报》　1940 年 8 月 7 日　第 145 册　第 136 页

05553　对付敌人暴行的手段　《申报》　1937 年 9 月 9 日　第 355 册　第 447 页

05554　对付敌人的流寇战　《中央日报》　1941 年 3 月 18 日　第 44 册　第 582 页

05555　对付轿夫议员办法　《民国日报》　1923 年 6 月 28 日　第 45 册　第 806 页

05556　对付蒙藏之一得　《申报》　1912 年 10 月 30 日　第 119 册　第 319 页

05557　对付叛乱的常轨　《中央日报》　1933 年 11 月 23 日　第 24 册　第 556 页

05558　对付侵略者惟有集体行动　《中央日报》　1939 年 5 月 21 日　第 42 册　第 52 页

05559　对付日本惟有强硬　《大公报》　1940 年 1 月 31 日　第 144 册　第 122 页

05560　对付罪魁之办法　《申报》　1920 年 8 月 1 日　第 165 册　第 561 页

05561　对赴日经济考察团诸君进一言　《申报》　1935 年 9 月 7 日　第 332 册　第 186 页

05562　对公路展览会的感想　《中央日报》　1944 年 3 月 20 日　第 49 册　第 360 页

05563　对共党将何所取信　《民国日报》　1946 年 4 月 16 日　第 97 册　第 406 页

05564　对共党态度的再认识　《民国日报》　1946 年 4 月 9 日　第 97 册　第 378 页

456 页

05627　对日本人民说几句话　《大公报》　1939 年 2 月 9 日　第 142 册　第 158 页

05628　对日本现局的认识与感想　《大公报》　1946 年 2 月 13 日　第 156 册　第 172 页

05629　对日本之战　《中央日报》　1943 年 8 月 9 日　第 48 册　第 500 页

05630　对日长远政策的必要　《中央日报》　1945 年 10 月 31 日　第 51 册　第 918 页

05631　对日初步和会问题　《中央日报》　1947 年 8 月 9 日　第 56 册　第 1018 页

05632　对日方针究将如何？　《大公报》　1932 年 1 月 26 日　第 106 册　第 244 页

05633　对日管制的现状与希望/盐见圣策（星期论文）　《大公报》　1945 年 11 月 11 日　第 155 册　第 576 页

05634　对日和会的程序问题　《大公报》　1947 年 12 月 1 日　第 161 册　第 556 页

05635　对日和会的我国提议　《中央日报》　1947 年 11 月 20 日　第 57 册　第 836 页

05636　对日和会地点问题　《大公报》　1947 年 4 月 5 日　第 159 册　第 658 页

05637　对日和会搁浅的症结　《申报》　1948 年 7 月 6 日　第 398 册　第 42 页

05638　对日和会几个问题　《大公报》　1947 年 8 月 22 日　第 160 册　第 702 页

05639　对日和会一波三折：论英国政府的照会　《中央日报》　1947 年 12 月 15 日　第 57 册　第 1084 页

05640　对日和会意见的发展　《大公报》　1948 年 1 月 7 日　第 162 册　第 46 页

05641　对日和约的几个经济问题/丁志进（星期论坛）　《申报》　1947 年 8 月 3 日　第 394 册　第 332 页

05642　对日和约的几个原则　《大公报》　1947 年 9 月 15 日　第 161 册　第 88 页

05643　对日和约的意见/于树德（星期论文）　《大公报》　1947 年 10 月 19 日　第 161 册　第 296 页

05644　对日和约预备会议的建议　《大公报》　1947 年 11 月 21 日　第 161 册　第 496 页

05645　对日坚定方针：论敌临时会议　《中央日报》　1945 年 6 月 15 日　第 51 册　第 86 页

05646　对日交涉的利器：紧张我们的反日工作　《民国日报》　1928 年 10 月 25 日　第 76 册　第 960 页

05673 对日围攻战事的展开 《中央日报》 1943 年 11 月 23 日 第 48 册 第 952 页

05674 对日新方针之确立与进行 《大公报》 1932 年 5 月 31 日 第 108 册 第 304 页

05675 对日新外交的国民 《民国日报》 1923 年 3 月 16 日 第 44 册 第 206 页

05676 对日新政策的出发点/谢南光（星期论文） 《大公报》 1946 年 7 月 14 日 第 157 册 第 54 页

05677 对日须为整个的行动 《大公报》 1932 年 1 月 13 日 第 106 册 第 114 页

05678 对日杂论：评日使最近诘问 《民国日报》 1919 年 5 月 30 日 第 21 册 第 350 页

05679 对日杂论（二）：中日之国际道德线 《民国日报》 1919 年 5 月 31 日 第 21 册 第 362 页

05680 对日早订和约的呼声 《大公报》 1947 年 3 月 22 日 第 159 册 第 566 页

05681 对日战略之再检讨 《大公报》 1943 年 7 月 22 日 第 151 册 第 98 页

05682 对日总决战与总决算 《中央日报》 1945 年 7 月 24 日 第 51 册 第 320 页

05683 对日作战与有效援华：论魁北克会议之伟大意义 《中央日报》 1943 年 8 月 26 日 第 48 册 第 574 页

05684 对善后会议的"金玉之言"（言论） 《民国日报》 1925 年 1 月 11 日 第 55 册 第 120 页

05685 对商教育会代表的供献 《民国日报》 1921 年 10 月 6 日 第 35 册 第 482 页

05686 对商教育会代表的供献 《民国日报》 1921 年 10 月 7 日 第 35 册 第 496 页

05687 对商教育会代表的供献 《民国日报》 1921 年 10 月 8 日 第 35 册 第 510 页

05688 对商教育会代表的供献 《民国日报》 1921 年 10 月 9 日 第 35 册 第 524 页

05689 对上海市商民之希望 《民国日报》 1931 年 6 月 10 日 第 92 册 第 454 页

05690 对上海市医院之属望 《申报》 1936 年 7 月 31 日 第 342 册 第 790 页

05691 对时局之建议 《大公报》 1936 年 6 月 15 日 第 132 册 第 634 页

05692 对时事新报诬栽孙先生的声明 《民国日报》 1924 年 12 月 19 日 第 54

05737　对于币制调查之管见　《申报》　1910 年 3 月 16 日　第 105 册　第 242 页

05738　对于编订法律之意见　《申报》　1911 年 8 月 22 日　第 113 册　第 868 页

05739　对于编遣实施会议之最小希望　《大公报》　1929 年 7 月 31 日　第 91 册　第 484 页

05740　对于财经紧急措施修正办法之管见（专论）　《申报》　1948 年 11 月 26 日　第 399 册　第 366 页

05741　对于财政上之新贡献　《申报》　1912 年 2 月 7 日　第 116 册　第 372 页

05742　对于长期战应有之认识与准备　《申报》　1942 年 12 月 17 日　第 382 册　第 522 页

05743　对于筹办海军之希望　《申报》　1909 年 9 月 8 日　第 102 册　第 102 页

05744　对于出席蒙会代表的一点贡献　《民国日报》　1930 年 5 月 22 日　第 86 册　第 277 页

05745　对于川灾的感想　《申报》　1937 年 4 月 22 日　第 351 册　第 522 页

05746　对于德国实业团来华考察之感言　《中央日报》　1930 年 4 月 18 日　第 10 册　第 215 页

05747　对于读书运动之感想与希望　《申报》　1935 年 4 月 8 日　第 327 册　第 209 页

05748　对于儿童节之希望　《申报》　1935 年 4 月 4 日　第 327 册　第 91 页

05749　对于二次高等考试报考人数之研究　《申报》　1933 年 10 月 9 日　第 309 册　第 264 页

05750　对于二中全会之希望　《民国日报》　1929 年 6 月 12 日　第 80 册　第 672 页

05751　对于阁员之忠告　《申报》　1912 年 4 月 4 日　第 117 册　第 31 页

05752　对于“革命应先革心”的猛省（代论）/胡汉民　《民国日报》　1929 年 5 月 5 日　第 80 册　第 53 页

05753　对于各机关宣传部底一些小小的贡献（论载）　《民国日报》　1927 年 8 月 18 日　第 69 册　第 698 页

05754　对于各界之新希望　《申报》　1912 年 2 月 23 日　第 116 册　第 445 页

05755　对于各省设立咨议局之意见　《申报》　1907 年 10 月 11 日　第 90 册　第 482 页

05756　对于各省设立咨议局之意见（一续）　《申报》　1907 年 10 月 12 日　第 90 册　第 494 页

05757　对于各省设立咨议局之意见（二续）　《申报》　1907 年 10 月 13 日　第 90 册　第 505 页

05758　对于各省设立咨议局之意见（三续）　《申报》　1907 年 10 月 14 日　第 90 册　第 517 页

第 491 页

05778　对于沪战之认识　《大公报》　1932 年 2 月 14 日　第 106 册　第 428 页

05779　对于缓付债券还本之意见：设或实行影响金融殊非浅显　《民国日报》
　　　　1931 年 9 月 8 日　第 94 册　第 91 页

05780　对于济南匪案应由之认识　《中央日报》　1929 年 4 月 21 日　第 5 册　第
　　　　653 页

05781　对于冀察当局之进言　《大公报》　1936 年 4 月 8 日　第 131 册　第
　　　　538 页

05782　对于监察院之希望　《中央日报》　1931 年 2 月 7 日　第 13 册　第 415 页

05783　对于江苏新督新抚之希望　《申报》　1909 年 7 月 29 日　第 101 册　第
　　　　420 页

05784　对于江苏新督新抚之希望（续）　《申报》　1909 年 7 月 30 日　第 101 册
　　　　第 434 页

05785　对于江苏新督新抚之希望（再续）　《申报》　1909 年 7 月 31 日　第 101
　　　　册　第 448 页

05786　对于蒋介石同志呈辞军职之感想：一切反革命势力未全灭革命领袖仍膺应受
　　　　艰巨　《民国日报》　1928 年 6 月 10 日　第 74 册　第 637 页

05787　对于教授与学生之期望　《民国日报》　1947 年 1 月 7 日　第 99 册　第
　　　　604 页

05788　对于教育的最低限度的希望/陈衡哲（星期论文）　《大公报》　1944 年 6
　　　　月 4 日　第 152 册　第 696 页

05789　对于教育家的一个感慨（言论）　《民国日报》　1926 年 9 月 8 日　第 59
　　　　册　第 86 页

05790　对于教育之感念　《申报》　1939 年 3 月 3 日　第 362 册　第 496 页

05791　对于借款问题之商榷　《申报》　1912 年 6 月 15 日　第 117 册　第 739 页

05792　对于今后军事的正确认识　《大公报》　1937 年 12 月 24 日　第 139 册
　　　　第 754 页

05793　对于今岁教育界及实业界之希望　《申报》　1911 年 2 月 2 日　第 110 册
　　　　第 419 页

05794　对于今岁教育界及实业界之希望续　《申报》　1911 年 2 月 3 日　第 110
　　　　册　第 437 页

05795　对于今岁内政外交之希望　《申报》　1910 年 2 月 13 日　第 104 册　第
　　　　646 页

05796　对于今岁内政外交之希望（续）　《申报》　1910 年 2 月 14 日　第 104 册
　　　　第 666 页

05797　对于今岁内政外交之希望（再续）　《申报》　1910 年 2 月 15 日　第 104

册　第 684 页

113 页

05817 对于南洋劝业会之评论二续 《申报》 1910 年 11 月 10 日 第 109 册
第 145 页

05818 对于南洋劝业会之评论三续 《申报》 1910 年 11 月 12 日 第 109 册
第 177 页

05819 对于南洋劝业会之评论四续 《申报》 1910 年 11 月 13 日 第 109 册
第 194 页

05820 对于宁机在平掷弹之抗议 《大公报》 1930 年 8 月 28 日 第 97 册 第
700 页

05821 对于宁学生的希望 《民国日报》 1923 年 1 月 16 日 第 43 册 第
200 页

05822 对于欧战媾和大会之意见（要件代论）/于佑任 《民国日报》 1918 年 12
月 30 日 第 18 册 第 710 页

05823 对于叛逆应有的处置 《民国日报》 1929 年 5 月 22 日 第 80 册 第
339 页

05824 对于起草五院组织法之贡献 《民国日报》 1928 年 9 月 22 日 第 76 册
第 341 页

05825 对于起草五院组织法之贡献 《民国日报》 1928 年 9 月 23 日 第 76 册
第 360 页

05826 对于钱庄法之意见/马寅初 《民国日报》 1931 年 6 月 6 日 第 92 册
第 409 页

05827 对于青年的贡献（专论）/胡朴安 《民国日报》 1946 年 5 月 26 日 第
98 册 第 105 页

05828 对于青年之贡献：谈人生的价值（专论）/胡朴安 《民国日报》 1946 年
6 月 4 日 第 98 册 第 142 页

05829 对于青年之贡献：二谈读书的目的（专论）/胡朴安 《民国日报》 1946
年 6 月 11 日 第 98 册 第 169 页

05830 对于青年之贡献：三谈修养的方法（专论）/胡朴安 《民国日报》 1946
年 6 月 15 日 第 98 册 第 185 页

05831 对于青年之贡献：四谈行为的标准（专论）/胡朴安 《民国日报》 1946
年 6 月 17 日 第 98 册 第 193 页

05832 对于庆祝世界两大纪念的回顾 《民国日报》 1922 年 11 月 12 日 第 42
册 第 152 页

05833 对于娶妾罪恶之补余 《申报》 1920 年 6 月 12 日 第 164 册 第 779 页

05834 对于全国教育会议的期望 《申报》 1939 年 2 月 26 日 第 362 册 第
410 页

05835   对于热河问题之真认识   《大公报》   1932 年 7 月 26 日   第 109 册   第 304 页

05836   对于日本出兵的认识   《民国日报》   1928 年 4 月 25 日   第 73 册   第 814 页

05837   对于日本在华商会联合会议的感想   《民国日报》   1921 年 2 月 14 日   第 31 册   第 510 页

05838   对于日纸之申明   《民国日报》   1919 年 2 月 10 日   第 19 册   第 386 页

05839   对于三中全会的期望   《申报》   1937 年 2 月 15 日   第 349 册   第 247 页

05840   对于三中全会的期望   《申报》   1947 年 3 月 15 日   第 392 册   第 776 页

05841   对于陕北问题之认识   《大公报》   1937 年 3 月 18 日   第 137 册   第 242 页

05842   对于商学两联合会的请愿（一）   《民国日报》   1919 年 12 月 1 日   第 24 册   第 362 页

05843   对于商学两联合会的请愿（二）   《民国日报》   1919 年 12 月 2 日   第 24 册   第 374 页

05844   对于商业登记法草案的意见   《申报》   1947 年 10 月 1 日   第 395 册   第 2 页

05845   对于"沈鸿英投诚"的感想   《民国日报》   1924 年 3 月 11 日   第 50 册   第 142 页

05846   对于省官制之意见   《申报》   1912 年 11 月 28 日   第 119 册   第 669 页

05847   对于"十年"的希望   《民国日报》   1921 年 1 月 1 日   第 31 册   第 68 页

05848   对于时局之杞忧   《大公报》   1926 年 11 月 9 日   第 77 册   第 539 页

05849   对于市参议会之希望   《民国日报》   1947 年 1 月 8 日   第 99 册   第 608 页

05850   对于四国外交会议的期望   《申报》   1947 年 1 月 16 日   第 392 册   第 174 页

05851   对于四圣奉祀官之希望   《申报》   1935 年 7 月 10 日   第 330 册   第 249 页

05852   对于天空威胁应有的认识   《申报》   1937 年 10 月 15 日   第 355 册   第 739 页

05853   对于通俗教育研究会之意见   《申报》   1912 年 6 月 1 日   第 117 册   第 599 页

05854   对于通俗教育研究会之意见   《申报》   1912 年 6 月 2 日   第 117 册   第 609 页

05855   对于退还庚子赔款用途之我见（续）   《民国日报》   1924 年 7 月 30 日

第 52 册　第 474 页

05856　对于危局之瞻望　《申报》　1937 年 7 月 19 日　第 354 册　第 487 页

05857　对于我们的生活检讨/周太玄（星期论文）　《大公报》　1947 年 3 月 16 日　第 159 册　第 526 页

05858　对于吾国设殖务部之忠告　《申报》　1909 年 9 月 13 日　第 102 册　第 174 页

05859　对于五全代会之期待　《大公报》　1935 年 9 月 7 日　第 128 册　第 88 页

05860　对于五中全会的希望　《民国日报》　1928 年 8 月 1 日　第 75 册　第 537 页

05861　对于物价的紧急措施　《申报》　1948 年 6 月 28 日　第 397 册　第 736 页

05862　对于习惯两点感想（专论）/胡朴安　《民国日报》　1947 年 1 月 29 日　第 99 册　第 680 页

05863　对于现在中国政治问题的我见　《民国日报》　1922 年 8 月 26 日　第 40 册　第 768 页

05864　对于消灭盗匪应有的努力　《民国日报》　1930 年 3 月 14 日　第 85 册　第 190 页

05865　对于新政府之希望　《申报》　1912 年 1 月 10 日　第 116 册　第 121 页

05866　对于新政府之希望续　《申报》　1912 年 1 月 11 日　第 116 册　第 135 页

05867　对于新政局之忧虑与希望　《大公报》　1931 年 12 月 29 日　第 105 册　第 468 页

05868　对于新政团之乐观　《民国日报》　1916 年 11 月 15 日　第 6 册　第 170 页

05869　对于新中枢之希望　《大公报》　1935 年 12 月 10 日　第 129 册　第 540 页

05870　对于刑事陪审制度大纲之商榷　《民国日报》　1928 年 8 月 15 日　第 75 册　第 783 页

05871　对于学部奖励大学学生之疑问　《申报》　1909 年 8 月 25 日　第 101 册　第 833 页

05872　对于学生问题的具体建议　《大公报》　1937 年 12 月 23 日　第 139 册　第 750 页

05873　对于言论界的贡献（专论）/胡朴安　《民国日报》　1947 年 1 月 19 日　第 99 册　第 651 页

05874　对于言论自由之初步认识　《大公报》　1930 年 4 月 26 日　第 95 册　第 900 页

05875　对于洋银行增发钞票之自卫　《申报》　1935 年 2 月 28 日　第 325 册　第 702 页

05876   对于一切爱国者的警告   《大公报》   1937 年 12 月 13 日   第 139 册   第 709 页

05877   对于议员北上后之贡言：我同业之责任   两院诸君之责任   《民国日报》 1916 年 7 月 16 日   第 4 册   第 182 页

05878   对于英外相演词之质疑   《大公报》   1932 年 12 月 10 日   第 111 册   第 476 页

05879   对于英政府制定印度民族分选制之感想   《申报》   1932 年 8 月 19 日   第 295 册   第 455 页

05880   对于友邦现地当局一个请求   《申报》   1943 年 5 月 25 日   第 383 册   第 949 页

05881   对于粤乱的观察?   《民国日报》   1923 年 4 月 24 日   第 44 册   第 742 页

05882   对于战地政务委员会之希望   《民国日报》   1928 年 4 月 3 日   第 73 册 第 476 页

05883   对于战后中等教育改革的几点意见/张文昌（星期评论）   《申报》（香港版）   1939 年 3 月 12 日   第 358 册   第 90 页

05884   对于战局现阶段的认识   《大公报》   1937 年 12 月 2 日   第 139 册   第 665 页

05885   对于战争之断片的观察   《大公报》   1930 年 7 月 21 日   第 97 册   第 244 页

05886   对于张文襄公薨逝之观感   《申报》   1909 年 10 月 7 日   第 102 册   第 537 页

05887   对于张文襄公薨逝之观感（续）   《申报》   1909 年 10 月 8 日   第 102 册 第 551 页

05888   对于争自由的认识（时论）/潘公展   《民国日报》   1930 年 7 月 12 日 第 87 册   第 144 页

05889   对于争自由的认识（时论）/潘公展   《民国日报》   1930 年 7 月 13 日 第 87 册   第 156 页

05890   对于争自由的认识（时论）/潘公展   《民国日报》   1930 年 7 月 14 日 第 87 册   第 169 页

05891   对于争自由的认识（时论）/潘公展   《民国日报》   1930 年 7 月 15 日 第 87 册   第 183 页

05892   对于证券交易所的几点考虑   《大公报》   1942 年 5 月 19 日   第 148 册 第 594 页

05893   对于政党之敬告   《申报》   1908 年 2 月 27 日   第 92 册   第 601 页

05894   对于政治上之消极主张   《大公报》   1934 年 9 月 15 日   第 122 册   第

212 页

05895　对于中俄交涉之感觉　《中央日报》　1930 年 1 月 11 日　第 9 册　第 129 页

05896　对于中国航空事业最近发展之感想　《申报》　1933 年 6 月 14 日　第 305 册　第 374 页

05897　对于中国胜利展望的一些感想/拉斯基（星期论文）　《大公报》　1944 年 10 月 8 日　第 153 册　第 448 页

05898　对于中国政局之认识问题　《大公报》　1931 年 1 月 20 日　第 100 册　第 196 页

05899　对于中学教育之关心　《申报》　1935 年 4 月 2 日　第 327 册　第 36 页

05900　对于中央教育会之意见　《申报》　1911 年 7 月 20 日　第 113 册　第 313 页

05901　对于重要会议之期待　《大公报》　1929 年 2 月 16 日　第 88 册　第 712 页

05902　对于咨议局联合会之希望　《申报》　1910 年 9 月 21 日　第 108 册　第 321 页

05903　对于咨议局章议决预算之研究　《申报》　1908 年 8 月 4 日　第 95 册　第 468 页

05904　对于资政院弹劾军机处感言　《申报》　1910 年 11 月 29 日　第 109 册　第 449 页

05905　对于组织新内阁之疑问　《申报》　1911 年 4 月 11 日　第 111 册　第 657 页

05906　对粤事之切望　《民国日报》　1931 年 12 月 8 日　第 95 册　第 469 页

05907　对粤与对日之关系：敬告各界赴京请愿者　《民国日报》　1931 年 12 月 2 日　第 95 册　第 397 页

05908　对粤与剿共　《大公报》　1931 年 6 月 20 日　第 102 册　第 604 页

05909　对战事前途应有的认识　《大公报》　1937 年 10 月 6 日　第 139 册　第 437 页

05910　对张院长的期望　《大公报》　1947 年 9 月 25 日　第 161 册　第 148 页

05911　对召开国大之期望　《民国日报》　1946 年 7 月 6 日　第 98 册　第 269 页

05912　对这三天的期望　《申报》　1946 年 11 月 13 日　第 391 册　第 150 页

05913　对整军再致期望　《大公报》　1944 年 12 月 1 日　第 153 册　第 682 页

05914　对整理专科以上学校两个提议/杨振声（星期论文）　《大公报》　1934 年 4 月 8 日　第 119 册　第 540 页

05915　对政治协商会议之希望　《民国日报》　1945 年 12 月 18 日　第 96 册　第 339 页

05916　对知识青年献言　《大公报》　1946年2月1日　第156册　第128页

05917　对峙之局　《申报》　1925年2月22日　第209册　第858页

05918　对中俄会议再开之希望　《大公报》　1930年11月13日　第99册　第148页

05919　对中俄会议之意见　《中央日报》　1930年10月4日　第12册　第39页

05920　对中国蚕丝公司的期望　《申报》　1945年12月15日　第387册　第712页

05921　对中学会考制之意见　《大公报》　1933年6月8日　第114册　第536页

05922　对中央全会前途之观察：敦促胡吴李戴诸先生晋京　《民国日报》　1928年1月12日　第72册　第156页

05923　对中央银行行务会议之期望　《民国日报》　1946年10月15日　第99册　第210页

05924　对重庆市献粮献金办法的意见　《大公报》　1945年4月26日　第154册　第490页

05925　对诸大有力者的一个建议　《大公报》　1929年12月9日　第93册　第612页

05926　对字林西报之处置　《中央日报》　1929年4月20日　第5册　第641页

05927　对昨天庆祝声的感想　《民国日报》　1922年5月6日　第39册　第66页

05928　敦促各党派代表晋京商谈　《民国日报》　1946年10月12日　第99册　第198页

05929　敦促蒋胡汪三先生晋京　《民国日报》　1931年12月27日　第95册　第695页

05930　敦促汪蒋先行入京　《民国日报》　1932年1月19日　第96册　第118页

05931　敦促献校兴学之进行　《民国日报》　1946年11月2日　第99册　第284页

05932　敦促与会各代表注意　《民国日报》　1946年6月2日　第98册　第133页

05933　敦品行以崇乡望论　《申报》　1882年7月22日　第21册　第127页

05934　敦学客问　《申报》　1892年8月16日　第41册　第701页

05935　囤积居奇　《申报》　1920年6月27日　第164册　第1053页

05936　囤积与居奇　《大公报》　1941年2月4日　第146册　第148页

05937　顿巴敦会谈结束　《中央日报》　1944年10月9日　第50册　第172页

05938　顿挫　《申报》　1919年4月30日　第157册　第975页

05939　多备　《申报》　1927年5月5日　第234册　第87页

05940　多表现些民主作风　《大公报》　1947年4月29日　第159册　第818页

05941　多兵　《申报》　1925年12月17日　第219册　第333页

05942　多兵多匪的河南广东　《民国日报》　1922年11月3日　第42册　第28页

05943　多兵亡国论　《大公报》　1928年3月10日　第83册　第91页

05944　多此一举　《申报》　1918年11月7日　第155册　第98页

05945　多盗之源　《申报》　1924年2月24日　第199册　第1009页

05946　多对付事少对付人始能突破国难　《中央日报》　1932年4月14日　第17册　第533页

05947　多方　《申报》　1926年10月26日　第228册　第654页

05948　多匪多盗　《申报》　1917年9月1日　第148册　第2页

05949　多福多寿多男子/吴景超（星期论文）　《大公报》　1934年11月4日　第123册　第50页

05950　多寡与强弱　《申报》　1921年9月27日　第173册　第515页

05951　多寡与胜败　《申报》　1925年11月13日　第218册　第239页

05952　多患说　《申报》　1928年1月5日　第242册　第78页

05953　多金多害论　《申报》　1873年9月6日　第3册　第233页

05954　多类是　《申报》　1915年3月21日　第133册　第318页

05955　多伦告急　《大公报》　1933年4月30日　第113册　第844页

05956　多伦寇氛渐紧　《大公报》　1933年3月30日　第113册　第410页

05957　多伦收复后之问题　《申报》　1933年7月15日　第306册　第440页

05958　多伦张家口地位之重要　《申报》　1933年3月29日　第302册　第839页

05959　多面战争中敌军事危机　《中央日报》　1940年11月28日　第44册　第114页

05960　多难各省之解决意见（一）山东问题　《民国日报》　1916年12月4日　第6册　第398页

05961　多难各省之解决意见（二）川陕问题　《民国日报》　1916年12月6日　第6册　第422页

05962　多难兴邦　《大公报》　1928年5月8日　第84册　第71页

05963　多难兴邦　《申报》　1933年5月12日　第304册　第283页

05964　多难兴邦全在同志共同努力　《民国日报》　1931年9月9日　第94册　第109页

05965　多难兴邦全在同志共同努力：蒋主席在国府纪念周报告（专载）　《民国日报》　1931年9月10日　第94册　第121页

05966　多难之两解　《申报》　1927 年 5 月 20 日　第 234 册　第 382 页

05967　多瑙河的争执　《大公报》　1948 年 8 月 6 日　第 163 册　第 584 页

05968　多派兵轮巡洋议　《申报》　1891 年 12 月 25 日　第 39 册　第 1075 页

05969　多请外国名教授　《中央日报》　1931 年 6 月 11 日　第 14 册　第 871 页

05970　多设医工农专科学校　《申报》　1944 年 2 月 5 日　第 385 册　第 125 页

05971　多神教式的对俄外交　《民国日报》　1924 年 2 月 19 日　第 49 册　第
　　　572 页

05972　多生问题　《申报》　1924 年 1 月 29 日　第 199 册　第 589 页

05973　多事与事多　《申报》　1926 年 10 月 6 日　第 228 册　第 122 页

05974　多事之秋虑北方　《大公报》　1942 年 8 月 10 日　第 149 册　第 178 页

05975　多事之世界　《申报》　1930 年 7 月 18 日　第 272 册　第 421 页

05976　多数人对国事冷漠的由来　《民国日报》　1923 年 8 月 17 日　第 46 册
　　　第 660 页

05977　多数与少数　《申报》　1922 年 9 月 17 日　第 184 册　第 350 页

05978　多数与整个/黄炎培（星期论文）　《大公报》　1937 年 5 月 24 日　第 138
　　　册　第 332 页

05979　多水多匪　《申报》　1924 年 7 月 14 日　第 204 册　第 308 页

05980　多头战事　《申报》　1926 年 3 月 3 日　第 221 册　第 49 页

05981　多行不义之日人　《中央日报》　1931 年 8 月 15 日　第 15 册　第 507 页

05982　多延时日　《申报》　1916 年 5 月 24 日　第 140 册　第 364 页

05983　多雨水说　《申报》　1883 年 8 月 17 日　第 23 册　第 285 页

05984　多助寡助　《申报》　1916 年 4 月 15 日　第 139 册　第 722 页

05985　咄咄怪事　《大公报》　1928 年 5 月 4 日　第 84 册　第 31 页

05986　咄咄张勋起复　《民国日报》　1920 年 6 月 26 日　第 27 册　第 776 页

05987　夺成都　《申报》　1920 年 10 月 2 日　第 166 册　第 533 页

05988　夺回缅甸！　《大公报》　1942 年 12 月 22 日　第 149 册　第 756 页

05989　夺客论　《申报》　1879 年 8 月 7 日　第 15 册　第 149 页

05990　夺卖国者之政府名义：速开正式国会　《民国日报》　1918 年 4 月 18 日
　　　第 14 册　第 574 页

05991　舵工的指示　《中央日报》　1937 年 8 月 5 日　第 40 册　第 427 页

E

05992　讹言解　《申报》　1891 年 10 月 3 日　第 39 册　第 573 页

05993　讹言论　《申报》　1872 年 5 月 28 日　第 1 册　第 89 页

05994　俄败于日中国急宜乘势规复东三省说　《申报》　1904 年 2 月 12 日　第 76

册　第 239 页

06024   俄国加伦将军之演说   《大公报》   1934 年 2 月 12 日   第 118 册   第 582 页

06025   俄国内反动案与国际情势   《大公报》   1937 年 2 月 6 日   第 136 册   第 500 页

06026   俄国内讧之因果   《大公报》   1926 年 10 月 14 日   第 77 册   第 331 页

06027   俄国未必能逞志亚东论   《申报》   1903 年 10 月 2 日   第 75 册   第 223 页

06028   俄国西伯利亚造铁路道里经费时日论   《申报》   1892 年 4 月 17 日   第 40 册   第 609 页

06029   俄国已将权利交还来了   《民国日报》   1924 年 6 月 9 日   第 51 册   第 496 页

06030   俄国已将权利交还来了（二）   《民国日报》   1924 年 6 月 10 日   第 51 册   第 512 页

06031   俄国政变与欧战   《民国日报》   1917 年 3 月 19 日   第 8 册   第 202 页

06032   俄国之政变   《申报》   1917 年 11 月 13 日   第 149 册   第 204 页

06033   俄国中亚铁路与中国边防   《大公报》   1930 年 6 月 15 日   第 96 册   第 668 页

06034   俄和之英法   《民国日报》   1917 年 5 月 11 日   第 9 册   第 122 页

06035   俄军攻我满绥   《申报》   1929 年 9 月 12 日   第 262 册   第 341 页

06036   俄军来袭库伦   《申报》   1920 年 10 月 28 日   第 166 册   第 1001 页

06037   俄军南下论   《申报》   1895 年 6 月 2 日   第 50 册   第 209 页

06038   俄领波兰之动摇   《申报》   1912 年 11 月 6 日   第 119 册   第 403 页

06039   俄陆相之东行   《申报》   1914 年 5 月 15 日   第 128 册   第 230 页

06040   俄罗斯财赋兵制考略   《申报》   1895 年 4 月 21 日   第 49 册   第 641 页

06041   俄罗斯屯兵阿富汗论   《申报》   1900 年 6 月 9 日   第 65 册   第 309 页

06042   俄罗斯舆地考略   《申报》   1901 年 2 月 11 日   第 67 册   第 247 页

06043   俄美关系   《大公报》   1932 年 4 月 27 日   第 107 册   第 574 页

06044   俄美协议中东路前途?   《大公报》   1930 年 8 月 22 日   第 97 册   第 628 页

06045   俄蒙交涉   《申报》   1914 年 7 月 15 日   第 129 册   第 226 页

06046   俄蒙交涉档案（一）   《申报》   1912 年 12 月 15 日   第 119 册   第 875 页

06047   俄蒙交涉档案（二）   《申报》   1912 年 12 月 16 日   第 119 册   第 887 页

06048   俄蒙交涉档案（三）   《申报》   1912 年 12 月 17 日   第 119 册   第 899 页

06049　俄蒙交涉档案（四）　　《申报》　1912 年 12 月 18 日　第 119 册　第 911 页

06050　俄蒙交涉档案（五）　　《申报》　1912 年 12 月 19 日　第 119 册　第 923 页

06051　俄蒙交涉档案（六）　　《申报》　1912 年 12 月 20 日　第 119 册　第 935 页

06052　俄蒙交涉档案（七）　　《申报》　1912 年 12 月 21 日　第 119 册　第 947 页

06053　俄蒙交涉档案（八）　　《申报》　1912 年 12 月 22 日　第 119 册　第 959 页

06054　俄蒙交涉档案（九）　　《申报》　1912 年 12 月 23 日　第 119 册　第 971 页

06055　俄蒙交涉档案（十）　　《申报》　1912 年 12 月 24 日　第 119 册　第 983 页

06056　俄蒙交涉档案（十一）　　《申报》　1912 年 12 月 25 日　第 119 册　第 119 册

06057　俄蒙交涉档案（十二）　　《申报》　1912 年 12 月 26 日　第 119 册　第 1007 页

06058　俄蒙交涉档案（十三）　　《申报》　1912 年 12 月 27 日　第 119 册　第 1019 页

06059　俄蒙交涉档案（十四）　　《申报》　1912 年 12 月 28 日　第 119 册　第 1031 页

06060　俄蒙交涉档案（十五）　　《申报》　1912 年 12 月 29 日　第 119 册　第 1043 页

06061　俄蒙交涉档案（十六）　　《申报》　1912 年 12 月 30 日　第 119 册　第 1055 页

06062　俄蒙交涉档案（十七）　　《申报》　1912 年 12 月 31 日　第 119 册　第 1067 页

06063　俄蒙交涉档案（十七）　　《申报》　1913 年 1 月 4 日　第 120 册　第 13 页

06064　俄蒙交涉档案（十八）　　《申报》　1913 年 1 月 5 日　第 120 册　第 25 页

06065　俄蒙交涉档案（十九）　　《申报》　1913 年 1 月 6 日　第 120 册　第 39 页

06066　俄蒙交涉档案（二十）　　《申报》　1913 年 1 月 7 日　第 120 册　第 51 页

06067　俄蒙交涉档案（二十一）　　《申报》　1913 年 1 月 8 日　第 120 册　第 63 页

06068　俄蒙交涉档案（二十二）　　《申报》　1913 年 1 月 9 日　第 120 册　第 75 页

06069   俄蒙交涉档案（二十三）   《申报》   1913 年 1 月 10 日   第 120 册   第 87 页

06070   俄蒙交涉档案（二十四）   《申报》   1913 年 1 月 11 日   第 120 册   第 99 页

06071   俄蒙交涉档案（二十五）   《申报》   1913 年 1 月 12 日   第 120 册   第 111 页

06072   俄蒙新约缔成之警讯   《申报》   1912 年 11 月 12 日   第 119 册   第 475 页

06073   俄蒙新约之影响   《申报》   1912 年 11 月 15 日   第 119 册   第 511 页

06074   俄人败后中国宜益严局外中立之例说   《申报》   1904 年 5 月 9 日   第 77 册   第 57 页

06075   俄人反对开放西北商埠   《申报》   1914 年 1 月 13 日   第 126 册   第 156 页

06076   俄人将建都西卑利亚论   《申报》   1903 年 9 月 18 日   第 75 册   第 125 页

06077   俄人开衅   《申报》   1929 年 8 月 16 日   第 261 册   第 432 页

06078   俄人炮击日船论   《申报》   1904 年 7 月 12 日   第 77 册   第 485 页

06079   俄人奇怪之责言   《申报》   1913 年 11 月 16 日   第 125 册   第 216 页

06080   俄人思占高丽口岸说   《申报》   1885 年 6 月 6 日   第 26 册   第 849 页

06081   俄人要求东三省事各国不肯与闻论   《申报》   1903 年 10 月 4 日   第 75 册   第 235 页

06082   俄人以木棉添入战时禁货论   《申报》   1904 年 5 月 16 日   第 77 册   第 107 页

06083   俄人在马尼拉储煤待用辩   《申报》   1904 年 12 月 4 日   第 78 册   第 647 页

06084   俄人之企图   《申报》   1929 年 8 月 24 日   第 261 册   第 672 页

06085   俄日备战与美俄复交   《中央日报》   1932 年 9 月 10 日   第 19 册   第 322 页

06086   俄日韩三国近事论   《申报》   1903 年 2 月 23 日   第 73 册   第 277 页

06087   俄日互惎论   《申报》   1903 年 4 月 6 日   第 73 册   第 559 页

06088   俄日交讧中国严守局外中立之旨论   《申报》   1904 年 1 月 25 日   第 76 册   第 155 页

06089   俄日近事论   《申报》   1903 年 10 月 19 日   第 75 册   第 341 页

06090   俄日近事论   《申报》   1904 年 9 月 8 日   第 78 册   第 55 页

06091   俄日近事论   《申报》   1905 年 1 月 9 日   第 79 册   第 49 页

06092   俄日开战说与中国   《民国日报》   1921 年 1 月 30 日   第 31 册   第

06120　扼要篇　《申报》　1894 年 8 月 26 日　第 47 册　第 835 页

06121　扼要与勿舍　《申报》　1928 年 12 月 30 日　第 253 册　第 860 页

06122　恶鸨宜惩说　《申报》　1885 年 4 月 20 日　第 26 册　第 571 页

06123　恶鸨之恶　《申报》　1920 年 11 月 10 日　第 167 册　第 167 页

06124　恶伥　《申报》　1921 年 7 月 10 日　第 171 册　第 185 页

06125　恶德公开　《申报》　1923 年 4 月 3 日　第 190 册　第 47 页

06126　恶劣的造谣伎俩　《民国日报》　1921 年 11 月 16 日　第 36 册　第 208 页

06127　恶仆冒充监生　《申报》　1872 年 9 月 2 日　第 1 册　第 421 页

06128　恶势力　《申报》　1920 年 7 月 21 日　第 165 册　第 379 页

06129　恶俗宜亟禁说　《申报》　1885 年 12 月 4 日　第 27 册　第 953 页

06130　恶习　《申报》　1929 年 5 月 29 日　第 258 册　第 788 页

06131　恶言考　《申报》　1920 年 8 月 5 日　第 165 册　第 642 页

06132　恶言考（续）　《申报》　1920 年 8 月 6 日　第 165 册　第 658 页

06133　恶政府现复辟相　《民国日报》　1917 年 9 月 27 日　第 11 册　第 314 页

06134　恶政治下一切慢提　《民国日报》　1923 年 3 月 14 日　第 44 册　第 180 页

06135　鄂川两督对调问题　《申报》　1908 年 3 月 8 日　第 93 册　第 85 页

06136　鄂督张香涛宫保奏请约束留东肄业生折　《申报》　1903 年 11 月 2 日　第 75 册　第 441 页

06137　鄂督张之洞奏定学堂冠服程式折　《申报》　1907 年 6 月 17 日　第 88 册　第 599 页

06138　鄂督张制军江督魏制军会奏江南制造局移建新厂折　《申报》　1904 年 6 月 18 日　第 77 册　第 335 页

06139　鄂军队围省长住宅说　《申报》　1920 年 11 月 27 日　第 167 册　第 461 页

06140　鄂军入湘　《申报》　1923 年 9 月 23 日　第 195 册　第 485 页

06141　鄂人痛语　《申报》　1921 年 6 月 11 日　第 170 册　第 726 页

06142　鄂省长问题　《申报》　1920 年 11 月 23 日　第 167 册　第 395 页

06143　鄂省长问题　《申报》　1920 年 9 月 23 日　第 166 册　第 375 页

06144　鄂省南皮尚书建置存古学堂札文　《申报》　1905 年 1 月 30 日　第 79 册　第 175 页

06145　鄂省枪毙军官有感　《申报》　1921 年 6 月 27 日　第 170 册　第 1011 页

06146　鄂事　《申报》　1921 年 7 月 16 日　第 171 册　第 305 页

06147　鄂事　《申报》　1922 年 7 月 31 日　第 182 册　第 669 页

06148　鄂皖流寇的诊断书　《中央日报》　1947 年 9 月 20 日　第 57 册　第 204 页

06177　儿童节献词　《申报》　1933年4月4日　第303册　第101页

06178　儿童节应推进救助苦儿运动　《申报》　1944年4月4日　第385册　第331页

06179　儿童节杂感　《大公报》　1947年4月4日　第159册　第652页

06180　儿童年结束后：应共同致力于儿童教育问题之解决　《中央日报》　1936年7月25日　第35册　第293页

06181　儿童年与儿童读物　《申报》　1935年8月11日　第331册　第267页

06182　儿童年之儿童节　《申报》　1936年4月4日　第339册　第90页

06183　儿童权利社会责任：儿童节献辞　《申报》　1949年4月4日　第400册　第624页

06184　儿童生理心理的健康　《中央日报》　1944年4月4日　第49册　第424页

06185　儿童世纪：为儿童节作/陈仁炳（星期论文）　《大公报》　1948年4月4日　第162册　第564页

06186　儿童无罪　《申报》　1941年4月4日　第375册　第432页

06187　儿童与家庭　《中央日报》　1942年4月4日　第45册　第1026页

06188　儿戏　《申报》　1915年8月28日　第135册　第964页

06189　饵　《申报》　1918年8月5日　第153册　第572页

06190　珥灾绪言　《申报》　1883年4月25日　第22册　第571页

06191　英美的还击　《申报》　1941年7月27日　第376册　第1088页

06192　二次内政会议之展望　《申报》　1932年12月12日　第299册　第333页

06193　二次日牒覆文　《申报》　1920年6月18日　第164册　第879页

06194　二毒说　《申报》　1896年10月10日　第54册　第245页

06195　二届安全运动　《申报》　1940年11月16日　第373册　第202页

06196　二届参政会的责任　《中央日报》　1941年3月3日　第44册　第514页

06197　二届日光节约运动之举行　《申报》　1941年3月15日　第375册　第178页

06198　二年来的美国对华政策/周酉村（星期论坛）　《申报》　1947年10月26日　第395册　第256页

06199　二十称觞记　《申报》　1888年4月3日　第32册　第521页

06200　二十二年元旦　《中央日报》　1933年1月1日　第21册　第2页

06201　二十九军与华北　《大公报》　1936年6月10日　第132册　第564页

06202　二十六国神圣宣言　《中央日报》　1942年1月4日　第45册　第654页

06203　二十六年元旦感言　《申报》　1937年1月1日　第348册　第13页

06204　二十年内无立宪实行之希望　《申报》　1908年7月28日　第95册　第

372 页

06226　二续种棉辑要　《申报》　1889 年 11 月 23 日　第 35 册　第 899 页

06227　二张之行踪　《申报》　1918 年 8 月 15 日　第 153 册　第 745 页

06228　二者　《申报》　1916 年 3 月 31 日　第 139 册　第 482 页

06229　二者必取其一　《申报》　1919 年 5 月 26 日　第 158 册　第 420 页

06230　二者不可得兼　《申报》　1925 年 6 月 27 日　第 213 册　第 458 页

06231　二者均不可废　《申报》　1919 年 5 月 22 日　第 158 册　第 344 页

06232　二中全会闭幕　《申报》　1936 年 7 月 15 日　第 342 册　第 389 页

06233　二中全会今日开幕　《大公报》　1946 年 3 月 1 日　第 156 册　第 236 页

06234　二中全会开幕献辞　《中央日报》　1946 年 3 月 1 日　第 52 册　第 548 页

06235　二中全会之意义　《民国日报》　1946 年 3 月 2 日　第 97 册　第 233 页

06236　二中全会之重要性　《中央日报》　1936 年 6 月 13 日　第 34 册　第 881 页

06237　二重外交（言论）　《民国日报》　1925 年 7 月 18 日　第 58 册　第 174 页

F

06238　发表　《申报》　1915 年 12 月 12 日　第 137 册　第 676 页

06239　发表态度　《申报》　1917 年 2 月 25 日　第 144 册　第 786 页

06240　发耻心　《申报》　1905 年 6 月 17 日　第 80 册　第 415 页

06241　发达内地生产之唯一途径　《大公报》　1930 年 5 月 10 日　第 96 册　第 148 页

06242　发达水利事业　《中央日报》　1945 年 12 月 4 日　第 52 册　第 20 页

06243　发动对日春季攻势　《大公报》　1944 年 1 月 12 日　第 152 册　第 52 页

06244　发动国民抗战公约　《中央日报》　1939 年 2 月 16 日　第 41 册　第 746 页

06245　发动南洋的政治战　《大公报》　1943 年 7 月 20 日　第 151 册　第 88 页

06246　发动全面的反攻！　《中央日报》　1942 年 7 月 26 日　第 46 册　第 480 页

06247　发挥负责精神　《中央日报》　1941 年 11 月 20 日　第 45 册　第 468 页

06248　发挥黄花岗精神　《中央日报》　1941 年 3 月 29 日　第 44 册　第 628 页

06249　发挥经济政策的功能　《中央日报》　1947 年 11 月 18 日　第 57 册　第 814 页

06250　发挥九国公约的效力　《中央日报》　1939 年 7 月 1 日　第 42 册　第 196 页

06251　发挥理智·放大眼界　《中央日报》　1947 年 6 月 2 日　第 56 册　第

320 页

06476 法人不肯罢兵说 《申报》 1884 年 4 月 2 日 第 24 册 第 503 页

06477 法人不能遏志于中国说 《申报》 1899 年 1 月 25 日 第 61 册 第 145 页

06478 法人不如俄人知几说 《申报》 1885 年 5 月 18 日 第 26 册 第 735 页

06479 法人对封禁台湾海口有违和约公法说 《申报》 1884 年 11 月 16 日 第 25 册 第 787 页

06480 法人对于广西之包围政策 《申报》 1911 年 8 月 14 日 第 113 册 第 729 页

06481 法人对于广西之包围政策续 《申报》 1911 年 8 月 15 日 第 113 册 第 747 页

06482 法人果认云南革命党为叛乱团体乎 《申报》 1908 年 5 月 17 日 第 94 册 第 207 页

06483 法人好兵仇中国且怨他国说 《申报》 1883 年 6 月 8 日 第 22 册 第 829 页

06484 法人见恶于华人说 《申报》 1884 年 9 月 27 日 第 25 册 第 515 页

06485 法人心腹刘军说 《申报》 1884 年 5 月 3 日 第 24 册 第 687 页

06486 法日关系之观察 《中央日报》 1932 年 5 月 19 日 第 18 册 第 74 页

06487 法日关系转变 《申报》 1932 年 10 月 5 日 第 297 册 第 111 页

06488 法日协定尚存在乎? 《大公报》 1933 年 1 月 16 日 第 112 册 第 172 页

06489 法日之新预算 《申报》 1930 年 8 月 16 日 第 273 册 第 359 页

06490 法商电水工人忍痛复工 《民国日报》 1928 年 12 月 13 日 第 77 册 第 689 页

06491 法商水电工潮惨案 《民国日报》 1930 年 7 月 23 日 第 87 册 第 287 页

06492 法事答问 《申报》 1885 年 1 月 7 日 第 26 册 第 37 页

06493 法事问答 《申报》 1885 年 6 月 23 日 第 26 册 第 951 页

06494 法事闲评 《申报》 1884 年 4 月 23 日 第 24 册 第 627 页

06495 法事臆说 《申报》 1883 年 10 月 6 日 第 23 册 第 585 页

06496 法事厄言 《申报》 1885 年 6 月 16 日 第 26 册 第 909 页

06497 法苏互不侵犯条约成立之后 《申报》 1932 年 12 月 2 日 第 299 册 第 39 页

06498 法苏结纳与远东政局 《申报》 1934 年 8 月 19 日 第 319 册 第 526 页

06499 法苏联欢与欧洲现势 《申报》 1933 年 9 月 1 日 第 308 册 第 17 页

06500 法苏协定与远东关系 《申报》 1935 年 5 月 10 日 第 328 册 第 237 页

06501 法髓 《民国日报》 1916 年 12 月 15 日 第 6 册 第 530 页

06554　翻一翻去年的历史　《民国日报》　1930年3月2日　第85册　第20页

06555　翻云覆雨　《申报》　1921年4月25日　第169册　第947页

06556　翻云覆雨　《申报》　1922年3月16日　第178册　第292页

06557　凡尔赛和约与萨尔问题　《申报》　1934年11月13日　第322册　第387页

06558　凡卖国贼皆当声讨　《民国日报》　1919年4月4日　第20册　第408页

06559　凡事请从我始　《申报》　1920年12月3日　第167册　第576页

06560　烦闷与安定　《中央日报》　1947年12月2日　第57册　第958页

06561　繁剧　《申报》　1927年9月4日　第238册　第75页

06562　繁荣闸北问题（上）　《民国日报》　1931年4月16日　第91册　第556页

06563　繁荣闸北问题（中）　《民国日报》　1931年4月17日　第91册　第568页

06564　繁荣闸北问题（下）　《民国日报》　1931年4月18日　第91册　第580页

06565　繁与简　《申报》　1928年1月30日　第242册　第522页

06566　缫裕盛义与两行所报西字二礼拜之洋货行情　《申报》　1872年9月16日　第1册　第469页

06567　反　《申报》　1926年3月9日　第221册　第182页

06568　反比例　《申报》　1921年2月16日　第168册　第644页

06569　反常　《申报》　1925年5月26日　第212册　第526页

06570　反常·正常·非常：论经济管制之演进　《中央日报》　1948年10月12日　第60册　第318页

06571　反赤耶制赤耶（言论）　《民国日报》　1926年8月17日　第64册　第472页

06572　反唇相讥　《申报》　1919年3月25日　第157册　第394页

06573　反代　《申报》　1924年7月10日　第204册　第218页

06574　反帝国主义并不排外　《民国日报》　1924年8月11日　第52册　第592页

06575　反动　《申报》　1925年8月17日　第215册　第329页

06576　反动的前因后果　《民国日报》　1929年11月5日　第83册　第76页

06577　反动分子之共同的恶根性　《民国日报》　1929年10月18日　第82册　第788页

06578　反动局面下之五九纪念（来论）　《民国日报》　1926年5月9日　第63册　第72页

06579　反动派暴露真面目矣　《中央日报》　1930年3月21日　第9册　第

989 页

06580   反动政治之末日已近   《中央日报》   1929 年 7 月 9 日   第 6 册   第 805 页

06581   反对北廷任何借款：因他没有信用   与依法制定的预算   《民国日报》 1919 年 12 月 27 日   第 24 册   第 662 页

06582   反对变相的地丁借款   《民国日报》   1922 年 11 月 14 日   第 42 册   第 180 页

06583   反对不反对   《大公报》   1927 年 3 月 8 日   第 78 册   第 477 页

06584   反对党派与非法团体   《中央日报》   1947 年 11 月 8 日   第 57 册   第 712 页

06585   反对党治者之责任   《大公报》   1927 年 8 月 22 日   第 80 册   第 417 页

06586   反对德雷柏计画   《大公报》   1948 年 5 月 28 日   第 163 册   第 164 页

06587   反对非法政府之借款（一）告资本家   《民国日报》   1917 年 8 月 12 日 第 10 册   第 510 页

06588   反对非法政府之借款（二）告疆吏   《民国日报》   1917 年 8 月 13 日   第 10 册   第 518 页

06589   反对非法政府之借款（三）告协议国当局   《民国日报》   1917 年 8 月 14 日   第 10 册   第 530 页

06590   反对干涉！抗议侮辱！   《申报》   1947 年 3 月 12 日   第 392 册   第 746 页

06591   反对干涉拥护民主   《大公报》   1946 年 6 月 25 日   第 156 册   第 700 页

06592   反对割裂国家！   《大公报》   1933 年 12 月 15 日   第 117 册   第 622 页

06593   反对关会重开（言论）   《民国日报》   1926 年 7 月 30 日   第 64 册   第 292 页

06594   反对国际会议（言论）   《民国日报》   1925 年 7 月 30 日   第 58 册   第 294 页

06595   反对混账（言论）   《民国日报》   1925 年 5 月 15 日   第 57 册   第 188 页

06596   反对借款   《申报》   1920 年 4 月 4 日   第 163 册   第 631 页

06597   反对借款   《申报》   1920 年 9 月 9 日   第 166 册   第 145 页

06598   反对军械借款式（来论）   《民国日报》   1917 年 11 月 7 日   第 12 册 第 74 页

06599   反对买土平议   《民国日报》   1918 年 8 月 6 日   第 16 册   第 410 页

06600   反对美国计划复兴日本经济   《大公报》   1948 年 1 月 31 日   第 162 册 第 190 页

06601   反对美国减少日本赔偿的计划   《大公报》   1948 年 3 月 16 日   第 162 册

第 448 页

06602　反对乃爱惜　《申报》　1923 年 9 月 21 日　第 195 册　第 441 页

06603　反对屈拉普的不赔偿论　《申报》　1948 年 5 月 22 日　第 397 册　第 440 页

06604　反对取缔摊贩　《民国日报》　1946 年 8 月 29 日　第 98 册　第 540 页

06605　反对全代大会展期　《大公报》　1933 年 5 月 31 日　第 114 册　第 424 页

06606　反对日本出兵山东宣传大纲（代论）　《民国日报》　1927 年 6 月 12 日　第 68 册　第 625 页

06607　反对日本出兵山东宣传大纲（续）（代论）　《民国日报》　1927 年 6 月 13 日　第 68 册　第 641 页

06608　反对日本再度出兵山东　《民国日报》　1928 年 4 月 20 日　第 73 册　第 734 页

06609　反对日人出兵济南说（社论）　《民国日报》　1927 年 5 月 27 日　第 68 册　第 391 页

06610　反对声中之进口税则　《大公报》　1934 年 7 月 7 日　第 121 册　第 92 页

06611　反对十年公债是人民的本分　《民国日报》　1921 年 9 月 16 日　第 35 册　第 208 页

06612　反对史特莱克的不赔偿计划　《申报》　1948 年 3 月 6 日　第 396 册　第 598 页

06613　反对所得税　《申报》　1920 年 11 月 20 日　第 167 册　第 343 页

06614　反对统一　《申报》　1920 年 11 月 2 日　第 167 册　第 29 页

06615　反对无耻议员延期的进一步说　《民国日报》　1923 年 8 月 9 日　第 46 册　第 548 页

06616　反对新唱的委员制　《民国日报》　1923 年 6 月 21 日　第 45 册　第 708 页

06617　反对巡阅使的结果　《民国日报》　1923 年 11 月 15 日　第 48 册　第 206 页

06618　反对鸦片公卖　《申报》　1932 年 5 月 19 日　第 292 册　第 327 页

06619　反对与羞辱　《申报》　1916 年 12 月 7 日　第 143 册　第 668 页

06620　反对赈捐之观察　《申报》　1920 年 12 月 4 日　第 167 册　第 587 页

06621　反对之二人　《申报》　1917 年 12 月 26 日　第 149 册　第 892 页

06622　反对重查沪案（言论）　《民国日报》　1925 年 8 月 9 日　第 58 册　第 414 页

06623　反对总统辞职　《民国日报》　1917 年 6 月 7 日　第 9 册　第 446 页

06624　反俄与清共　《大公报》　1927 年 12 月 21 日　第 81 册　第 647 页

06625　反复　《申报》　1914 年 3 月 6 日　第 127 册　第 82 页

06626　反复　《申报》　1918 年 3 月 25 日　第 151 册　第 366 页

06627　反复与矛盾　《中央日报》　1930 年 2 月 27 日　第 9 册　第 725 页

06628　反复　《申报》　1922 年 12 月 23 日　第 187 册　第 483 页

06629　反复　《申报》　1926 年 2 月 8 日　第 220 册　第 803 页

06630　反感之名词　《申报》　1915 年 5 月 14 日　第 134 册　第 226 页

06631　反革命　《大公报》　1927 年 5 月 5 日　第 79 册　第 273 页

06632　反革命心理的奇观　《民国日报》　1924 年 6 月 19 日　第 51 册　第 660 页

06633　反革命原因的分析和革命者应有的警觉：在立法院纪念周演讲（专载）/胡汉民　《民国日报》　1930 年 3 月 22 日　第 85 册　第 304 页

06634　反革命之真凭实据　《民国日报》　1931 年 8 月 2 日　第 93 册　第 404 页

06635　反攻暴日的步骤　《中央日报》　1942 年 4 月 22 日　第 45 册　第 1100 页

06636　反攻暴日的重要性　《中央日报》　1942 年 10 月 7 日　第 46 册　第 940 页

06637　反攻到荷印了　《大公报》　1944 年 4 月 26 日　第 152 册　第 526 页

06638　反攻南昌与抗战　《申报》　1940 年 4 月 19 日　第 369 册　第 670 页

06639　反攻年的新气象　《中央日报》　1945 年 3 月 10 日　第 50 册　第 830 页

06640　反攻前夕的各路捷报　《中央日报》　1945 年 5 月 30 日　第 50 册　第 1228 页

06641　反共须知　《大公报》　1927 年 11 月 27 日　第 81 册　第 455 页

06642　反共宜注意改良政治　《大公报》　1927 年 11 月 9 日　第 81 册　第 311 页

06643　反乎时势　《申报》　1921 年 10 月 26 日　第 174 册　第 557 页

06644　反激　《申报》　1926 年 8 月 9 日　第 226 册　第 205 页

06645　反激力　《申报》　1916 年 10 月 23 日　第 142 册　第 900 页

06646　反间　《申报》　1928 年 2 月 17 日　第 243 册　第 397 页

06647　反教运动　《申报》　1930 年 2 月 26 日　第 267 册　第 696 页

06648　反抗日军侵占国境（言论）　《民国日报》　1925 年 12 月 21 日　第 60 册　第 604 页

06649　反抗之实力（一）　《民国日报》　1916 年 1 月 29 日　第 1 册　第 86 页

06650　反抗之实力（二）　《民国日报》　1916 年 1 月 30 日　第 1 册　第 98 页

06651　反来严重抗议：暴日对东南十数省进攻之先兆　《民国日报》　1931 年 10 月 6 日　第 94 册　第 449 页

06652　反美扶日与反美运动的辨明：读司徒大使声明以后　《申报》　1948 年 6 月 5 日　第 397 册　第 552 页

06653　反美情绪的分析　《大公报》　1948 年 6 月 7 日　第 163 册　第 224 页

06654　反美外交攻势的内幕　《申报》　1946 年 9 月 25 日　第 390 册　第 306 页

06655　反美运动不可蔓延　《中央日报》　1945 年 12 月 14 日　第 52 册　第 80 页

06656　反民主的义和团　《中央日报》　1947 年 4 月 11 日　第 55 册　第 984 页

06657　反叛？反抗？反对/钱实甫（星期论文）　《大公报》　1947 年 12 月 21 日　第 161 册　第 676 页

06658　反迫害·反暴动·反卖国　《中央日报》　1948 年 5 月 26 日　第 59 册　第 216 页

06659　反前约与着落　《申报》　1922 年 8 月 27 日　第 183 册　第 562 页

06660　反潜艇战　《大公报》　1943 年 3 月 19 日　第 150 册　第 338 页

06661　反侵略大团结！　《大公报》　1939 年 4 月 6 日　第 142 册　第 382 页

06662　反侵略的人力库　《中央日报》　1942 年 1 月 15 日　第 45 册　第 698 页

06663　反侵略各国应迅速行动　《中央日报》　1941 年 8 月 3 日　第 45 册　第 18 页

06664　反侵略国际会议　《大公报》　1939 年 4 月 25 日　第 142 册　第 458 页

06665　反侵略国家团结起来！　《中央日报》　1941 年 6 月 27 日　第 44 册　第 1020 页

06666　反侵略集团必由中国参加　《中央日报》　1939 年 5 月 11 日　第 42 册　第 15 页

06667　反侵略集团与中国　《申报》　1939 年 4 月 10 日　第 363 册　第 174 页

06668　反侵略同盟与中国　《大公报》　1942 年 1 月 5 日　第 148 册　第 26 页

06669　反侵略运动　《大公报》　1938 年 2 月 7 日　第 140 册　第 154 页

06670　反侵略运动与美国议会　《大公报》　1941 年 1 月 11 日　第 146 册　第 46 页

06671　反侵略阵线能不包括远东吗？　《申报》（香港版）　1939 年 4 月 24 日　第 358 册　第 434 页

06672　反侵略组织与远东　《中央日报》　1939 年 4 月 9 日　第 41 册　第 1044 页

06673　反日与存华　《大公报》　1935 年 2 月 8 日　第 124 册　第 552 页

06674　反日运动的注意点：向民间去　《民国日报》　1928 年 6 月 20 日　第 74 册　第 805 页

06675　反日运动与青岛日兵　《大公报》　1927 年 7 月 4 日　第 80 册　第 25 页

06676　反日运动之再起　《民国日报》　1931 年 7 月 18 日　第 93 册　第 212 页

06677　反身自省（专论）/胡朴安　《民国日报》　1946 年 6 月 20 日　第 98 册　第 205 页

06678　反省　《申报》　1915 年 4 月 23 日　第 133 册　第 860 页

06856　非法副座缓选之诡秘　《民国日报》　1918 年 9 月 7 日　第 17 册　第 58 页

06857　非法干涉报纸之动机　《民国日报》　1917 年 4 月 7 日　第 8 册　第 430 页

06858　非法国会结账观　《民国日报》　1920 年 7 月 7 日　第 28 册　第 86 页

06859　非法国会之破裂相　《民国日报》　1918 年 6 月 21 日　第 15 册　第 614 页

06860　非法权利　《申报》　1928 年 7 月 27 日　第 248 册　第 773 页

06861　非法选举：旧事重提之一　《民国日报》　1918 年 3 月 30 日　第 14 册　第 346 页

06862　非法选举（二）：忠告有选举资格者　《民国日报》　1918 年 3 月 31 日　第 14 册　第 358 页

06863　非法政府答辩中日秘约之含混：所谓军事计划即包含卖国条件　《民国日报》　1918 年 4 月 28 日　第 14 册　第 694 页

06864　非法政府之暴力将竭矣　《民国日报》　1918 年 5 月 6 日　第 15 册　第 62 页

06865　非法总统之急产：从此益无和理矣　《民国日报》　1918 年 9 月 3 日　第 17 册　第 26 页

06866　非割据　《申报》　1913 年 8 月 2 日　第 123 册　第 418 页

06867　非国老院　《申报》　1916 年 11 月 20 日　第 143 册　第 358 页

06868　非华仆注册说　《申报》　1922 年 2 月 12 日　第 177 册　第 642 页

06869　非计　《申报》　1919 年 10 月 31 日　第 160 册　第 1099 页

06870　非家军　《民国日报》　1916 年 8 月 23 日　第 4 册　第 638 页

06871　非剿匪区的基层组织　《中央日报》　1947 年 12 月 9 日　第 57 册　第 1026 页

06872　非侥幸说　《申报》　1927 年 6 月 20 日　第 235 册　第 415 页

06873　非结约说　《申报》　1914 年 10 月 6 日　第 130 册　第 492 页

06874　非迁怒英国说　《申报》　1938 年 11 月 14 日　第 359 册　第 568 页

06875　非人道行为　《申报》（香港版）　1938 年 6 月 4 日　第 356 册　第 781 页

06876　非"条约神圣"：昨日在废约宣传大会讲演辞/邵力子　《民国日报》　1928 年 9 月 13 日　第 76 册　第 202 页

06877　非停战说　《申报》　1924 年 9 月 12 日　第 206 册　第 211 页

06878　"非同志"（言论）　《民国日报》　1925 年 12 月 22 日　第 60 册　第 616 页

06879　非我本意　《申报》　1917 年 11 月 27 日　第 149 册　第 428 页

06880　"非我来作我就要反对"　《大公报》　1929 年 9 月 24 日　第 92 册　第

372 页

06881　非武力抵抗说　《申报》　1930 年 2 月 22 日　第 267 册　第 581 页

06882　非协约说　《申报》　1914 年 8 月 27 日　第 129 册　第 860 页

06883　非刑说　《申报》　1876 年 5 月 9 日　第 8 册　第 421 页

06884　非一日　《申报》　1927 年 3 月 14 日　第 232 册　第 293 页

06885　非议和（一）　《民国日报》　1916 年 4 月 2 日　第 2 册　第 386 页

06886　非议和（二）　《民国日报》　1916 年 4 月 7 日　第 2 册　第 446 页

06887　非议和说　《申报》　1911 年 11 月 22 日　第 115 册　第 313 页

06888　非有真统一不能救国难　《大公报》　1931 年 12 月 17 日　第 105 册　第 368 页

06889　非约　《申报》　1914 年 12 月 24 日　第 131 册　第 764 页

06890　非战公约十周纪念感言　《大公报》　1938 年 8 月 29 日　第 141 册　第 252 页

06891　非战公约之补充协定　《大公报》　1933 年 5 月 8 日　第 114 册　第 102 页

06892　非战公约之劝告又如何　《申报》　1931 年 10 月 19 日　第 287 册　第 438 页

06893　非战公约之真实拥护者　《中央日报》　1929 年 7 月 21 日　第 6 册　第 937 页

06894　非战与裁兵　《申报》　1928 年 7 月 19 日　第 248 册　第 551 页

06895　非洲新战场与史达林报告　《大公报》　1942 年 11 月 10 日　第 149 册　第 578 页

06896　菲报对国民党之评论（代论）　《民国日报》　1926 年 6 月 25 日　第 63 册　第 541 页

06897　菲岛登陆之战开始　《中央日报》　1944 年 10 月 20 日　第 50 册　第 230 页

06898　菲岛独立案与远东问题　《中央日报》　1933 年 1 月 19 日　第 21 册　第 156 页

06899　菲岛独立与远东　《大公报》　1934 年 5 月 4 日　第 120 册　第 46 页

06900　菲岛独立之前途　《申报》　1935 年 12 月 14 日　第 335 册　第 321 页

06901　菲岛战争的新形势　《申报》　1945 年 1 月 11 日　第 387 册　第 29 页

06902　菲副督罗斯福辞职　《申报》　1930 年 9 月 26 日　第 274 册　第 641 页

06903　菲利滨独立被否定　《申报》　1933 年 1 月 15 日　第 300 册　第 288 页

06904　菲列宾半独立以后　《申报》　1935 年 11 月 15 日　第 334 册　第 354 页

06905　菲列滨独立与日本　《申报》　1932 年 10 月 28 日　第 297 册　第 693 页

06906　菲律宾的虎穴战　《大公报》　1944 年 12 月 18 日　第 153 册　第 750 页

06907　菲律宾的命运与远东　《大公报》　1943 年 10 月 14 日　第 151 册　第 468 页

06908　菲律宾的序战　《大公报》　1944 年 9 月 27 日　第 153 册　第 400 页

06909　菲律宾的展望　《大公报》　1946 年 6 月 17 日　第 156 册　第 668 页

06910　菲律宾独立案之通过　《大公报》　1933 年 1 月 20 日　第 112 册　第 220 页

06911　菲律宾复国的光荣　《中央日报》　1945 年 2 月 6 日　第 50 册　第 696 页

06912　菲律宾决战形势/智深（星期评论）　《申报》　1944 年 12 月 17 日　第 386 册　第 547 页

06913　菲律宾要求提早独立问题　《申报》　1937 年 3 月 23 日　第 350 册　第 551 页

06914　菲律宾增防的积极性　《中央日报》　1941 年 5 月 9 日　第 44 册　第 806 页

06915　菲律宾之独立与中立　《申报》　1930 年 2 月 14 日　第 267 册　第 349 页

06916　菲律宾之独立运动　《申报》　1929 年 10 月 16 日　第 263 册　第 450 页

06917　菲律宾之将来　《中央日报》　1937 年 3 月 21 日　第 38 册　第 245 页

06918　菲人的英勇与自觉　《中央日报》　1942 年 3 月 31 日　第 45 册　第 1006 页

06919　菲总统安抵华盛顿　《中央日报》　1942 年 5 月 17 日　第 46 册　第 73 页

06920　匪　《申报》　1914 年 6 月 11 日　第 128 册　第 654 页

06921　匪　《申报》　1918 年 12 月 16 日　第 155 册　第 723 页

06922　匪　《申报》　1928 年 7 月 4 日　第 248 册　第 98 页

06923　匪祸痛言　《申报》　1923 年 5 月 15 日　第 191 册　第 307 页

06924　匪乱　《申报》　1914 年 12 月 30 日　第 131 册　第 850 页

06925　匪乱一结束　《申报》　1914 年 3 月 7 日　第 127 册　第 98 页

06926　匪区善后工作举要　《申报》　1934 年 4 月 4 日　第 315 册　第 96 页

06927　匪区善后与地方整理　《大公报》　1932 年 9 月 30 日　第 110 册　第 352 页

06928　匪区之追击与清理　《大公报》　1934 年 11 月 23 日　第 123 册　第 324 页

06929　匪巡阅匪检阅　《申报》　1922 年 11 月 16 日　第 186 册　第 319 页

06930　匪与军队　《申报》　1926 年 2 月 3 日　第 220 册　第 695 页

06931　匪债　《申报》　1914 年 2 月 8 日　第 126 册　第 432 页

06932　匪之势力　《申报》　1922 年 9 月 9 日　第 184 册　第 176 页

06933　斐列宾首任总统之产生　《申报》　1935 年 9 月 20 日　第 332 册　第 549 页

06960 废督与废督权 《申报》 1920年5月4日 第164册 第65页

06961 废督与军治 《申报》 1920年10月16日 第166册 第793页

06962 废督与无政府党 《申报》 1920年10月26日 第166册 第965页

06963 废督与西南 《申报》 1920年10月26日 第166册 第969页

06964 废督自决之第一声（来论）/佐治 《民国日报》 1920年4月26日 第26册 第752页

06965 废国防军改名之覆 《民国日报》 1919年2月15日 第19册 第446页

06966 废捐纳以重名器 《申报》 1895年7月29日 第50册 第575页

06967 废军阀应先废驻防 《民国日报》 1922年5月10日 第39册 第122页

06968 废两改元的我见 《申报》 1932年7月12日 第294册 第289页

06969 废两改元问题（上） 《中央日报》 1932年7月15日 第18册 第522页

06970 废两改元问题（下） 《中央日报》 1932年7月16日 第18册 第530页

06971 废炮船以节靡费说 《申报》 1885年12月21日 第27册 第1057页

06972 废时文说 《申报》 1898年7月1日 第59册 第401页

06973 废事 《申报》 1919年12月22日 第161册 第895页

06974 废寺观产业以开学堂说 《申报》 1902年5月14日 第71册 第93页

06975 废铁石油与日本 《大公报》 1940年7月30日 第145册 第104页

06976 废学不能救国！ 《大公报》 1931年10月9日 第104册 第460页

06977 废巡阅 《申报》 1924年12月7日 第208册 第108页

06978 废约的第一声（社论） 《民国日报》 1927年11月26日 第71册 第366页

06979 废约问题 《申报》 1928年7月23日 第248册 第667页

06980 废约欤修约？ 《民国日报》 1928年3月15日 第73册 第208页

06981 "废约"与"共管" 《民国日报》 1924年12月18日 第54册 第441页

06982 废约整军与设防运动 《申报》 1936年4月25日 第339册 第614页

06983 "废约"主张的回声 《民国日报》 1924年12月12日 第54册 第376页

06984 废止美日商约声中的英日关系 《申报》 1940年1月26日 第368册 第354页

06985 废止内战！！！ 《大公报》 1932年5月26日 第108册 第254页

06986 废止内战大同盟成立 《大公报》 1932年8月27日 第109册 第

688 页

06987 废止内战运动之诠释 《大公报》 1932 年 5 月 30 日 第 108 册 第 294 页

06988 废止内战运动中之粤局 《大公报》 1932 年 6 月 9 日 第 108 册 第 394 页

06989 废止特别刑法运动 《大公报》 1935 年 3 月 18 日 第 125 册 第 276 页

06990 废止图章改用签字办公刍议——打破中国政治上的"石敢当"/何永佶（星期论文） 《大公报》 1944 年 7 月 30 日 第 153 册 第 132 页

06991 废止五九纪念的意义 《申报》 1940 年 5 月 8 日 第 370 册 第 88 页

06992 废止印日条约与英日关系 《申报》 1933 年 5 月 1 日 第 304 册 第 10 页

06993 肺瘫肺痿治法各异论 《申报》 1898 年 3 月 21 日 第 58 册 第 469 页

06994 费城华侨电的痛语：中国中的山东问题 奈何反为美议 《民国日报》 1919 年 8 月 18 日 第 22 册 第 542 页

06995 费城宪章的意义 《中央日报》 1944 年 5 月 1 日 第 49 册 第 544 页

06996 费少效多之救灾两建议 《大公报》 1930 年 4 月 10 日 第 95 册 第 644 页

06997 费正清论文的错觉 《申报》 1946 年 9 月 30 日 第 390 册 第 366 页

06998 分崩离析 《申报》 1917 年 11 月 28 日 第 149 册 第 444 页

06999 分别办理 《申报》 1917 年 12 月 20 日 第 149 册 第 796 页

07000 分层负责与责任观念 《中央日报》 1941 年 6 月 7 日 第 44 册 第 936 页

07001 分层负责之实施 《中央日报》 1941 年 9 月 24 日 第 45 册 第 230 页

07002 分层负责制的颁行 《中央日报》 1941 年 3 月 15 日 第 44 册 第 566 页

07003 分层负责制的基本精神 《中央日报》 1941 年 6 月 19 日 第 44 册 第 986 页

07004 分寸 《申报》 1929 年 6 月 3 日 第 259 册 第 38 页

07005 分防烟台议 《申报》 1880 年 9 月 16 日 第 17 册 第 309 页

07006 分工合度的救国 《民国日报》 1920 年 1 月 18 日 第 25 册 第 222 页

07007 分工之法 《申报》 1920 年 9 月 22 日 第 166 册 第 363 页

07008 分合 《申报》 1921 年 12 月 26 日 第 176 册 第 508 页

07009 分合之道 《申报》 1927 年 4 月 20 日 第 233 册 第 369 页

07010 分化与团结/陶希圣（星期论文） 《大公报》 1936 年 2 月 23 日 第 130 册 第 594 页

07011 分裂 《申报》 1917 年 12 月 4 日 第 149 册 第 540 页

07040　焚书论　《申报》　1873 年 8 月 28 日　第 3 册　第 201 页

07041　粉饰　《申报》　1921 年 1 月 22 日　第 168 册　第 339 页

07042　粉碎敌"长期作战"之企图　《申报》（汉口版）　1938 年 3 月 19 日　第 356 册　第 127 页

07043　粉碎敌方谋略宣传　《申报》　1945 年 4 月 23 日　第 387 册　第 299 页

07044　粉碎敌奸的毒化政策　《中央日报》　1943 年 6 月 3 日　第 48 册　第 200 页

07045　粉碎敌美的谋略战　《申报》　1945 年 3 月 13 日　第 387 册　第 203 页

07046　粉碎敌人"以战养战"的阴谋　《中央日报》　1939 年 7 月 21 日　第 42 册　第 280 页

07047　粉碎敌人最后的挣扎　《中央日报》　1944 年 5 月 10 日　第 49 册　第 584 页

07048　粉碎对中共的幻觉　《申报》　1948 年 7 月 31 日　第 398 册　第 242 页

07049　粉碎攻势已达极点　盟国应行冬季反攻　《大公报》　1942 年 10 月 15 日　第 149 册　第 466 页

07050　粉碎美国的欺骗：十二月十五日"朝日新闻"社论（译论）　《申报》　1942 年 12 月 21 日　第 382 册　第 554 页

07051　粉碎日军的华南攻略　《申报》（香港版）　1939 年 2 月 2 日　第 357 册　第 852 页

07052　粉碎日军的侥幸！　《大公报》　1938 年 3 月 22 日　第 140 册　第 344 页

07053　粉碎日寇的神国思想！　《中央日报》　1943 年 7 月 26 日　第 48 册　第 440 页

07054　粉碎日寇的阴谋幻想　《中央日报》　1945 年 6 月 5 日　第 51 册　第 26 页

07055　粉碎倭寇的和平攻势　《中央日报》　1945 年 2 月 1 日　第 50 册　第 674 页

07056　粉碎英美外交战的阴谋　《申报》　1943 年 6 月 21 日　第 384 册　第 121 页

07057　粉碎轴心的春季攻势　《中央日报》　1942 年 5 月 14 日　第 46 册　第 60 页

07058　奋不顾身的学生　《民国日报》　1923 年 3 月 6 日　第 44 册　第 72 页

07059　奋斗　《申报》　1919 年 4 月 29 日　第 157 册　第 959 页

07060　奋斗　《申报》　1920 年 12 月 11 日　第 167 册　第 701 页

07061　奋斗　《申报》　1922 年 9 月 20 日　第 184 册　第 412 页

07062　奋斗胜利又一年　《中央日报》　1941 年 12 月 31 日　第 45 册　第 630 页

07063　奋斗以后的同情　《民国日报》　1922 年 2 月 21 日　第 37 册　第 602 页

07064　奋斗与安宁（专论）/胡朴安　《民国日报》　1946 年 2 月 21 日　第 97 册　第 197 页

07065　奋斗之解释　《申报》　1922 年 10 月 9 日　第 185 册　第 163 页

07066　奋斗之时　《申报》　1927 年 8 月 28 日　第 237 册　第 580 页

07067　奋发与修养　《申报》　1914 年 6 月 5 日　第 128 册　第 562 页

07068　奋进　《申报》　1914 年 3 月 29 日　第 127 册　第 456 页

07069　奋兴与清静　《申报》　1927 年 3 月 22 日　第 232 册　第 460 页

07070　忿不可逞说　《申报》　1890 年 6 月 11 日　第 36 册　第 947 页

07071　忿怒与忍耐　《申报》　1928 年 2 月 24 日　第 243 册　第 565 页

07072　愤兵　《申报》　1925 年 12 月 8 日　第 219 册　第 150 页

07073　愤恨与恐惧　《申报》　1928 年 9 月 8 日　第 250 册　第 216 页

07074　愤慨与怜悯　《中央日报》　1946 年 2 月 25 日　第 52 册　第 524 页

07075　愤言　《申报》　1894 年 10 月 1 日　第 48 册　第 193 页

07076　愤言　《申报》　1900 年 6 月 17 日　第 65 册　第 369 页

07077　愤言二　《申报》　1900 年 7 月 1 日　第 65 册　第 473 页

07078　愤言三　《申报》　1900 年 8 月 19 日　第 65 册　第 763 页

07079　愤言四　《申报》　1900 年 8 月 26 日　第 65 册　第 797 页

07080　丰吉风潮　《申报》　1918 年 7 月 16 日　第 153 册　第 240 页

07081　丰年颂　《申报》　1887 年 2 月 5 日　第 30 册　第 169 页

07082　丰年应注意的几件事　《中央日报》　1936 年 11 月 10 日　第 36 册　第 497 页

07083　丰年之兆　《中央日报》　1945 年 2 月 8 日　第 50 册　第 706 页

07084　丰收后的粮政问题　《中央日报》　1941 年 9 月 6 日　第 45 册　第 158 页

07085　风　《申报》　1915 年 6 月 28 日　第 134 册　第 972 页

07086　风传口口好乱说　《申报》　1880 年 3 月 28 日　第 16 册　第 325 页

07087　风鹤无惊说　《申报》　1900 年 6 月 25 日　第 65 册　第 431 页

07088　风乎，雨乎　《申报》　1915 年 4 月 14 日　第 133 册　第 712 页

07089　风纪　《申报》　1916 年 8 月 6 日　第 141 册　第 586 页

07090　风纪　《申报》　1917 年 4 月 19 日　第 145 册　第 874 页

07091　风气日开说　《申报》　1882 年 2 月 23 日　第 20 册　第 189 页

07092　风气与人才　《大公报》　1944 年 3 月 17 日　第 152 册　第 338 页

07093　风气云动之国际剧场　《中央日报》　1929 年 10 月 9 日　第 7 册　第 851 页

07094　风沙不雨　《申报》　1924 年 5 月 20 日　第 202 册　第 428 页

07095　风说　《民国日报》　1929 年 2 月 22 日　第 78 册　第 821 页

07096　风俗篇　《申报》　1907 年 4 月 3 日　第 87 册　第 363 页

07126　冯段叛国这前卫战界：梁启超为火线　《民国日报》　1917 年 10 月 14 日
第 11 册　第 518 页

07127　冯段融洽　《申报》　1918 年 6 月 4 日　第 152 册　第 534 页

07128　冯段武力竞争之证：苏赣两督军认命　《民国日报》　1917 年 8 月 8 日
第 10 册　第 458 页

07129　冯段与南北　《申报》　1918 年 7 月 9 日　第 153 册　第 128 页

07130　冯段之胜负　《申报》　1918 年 6 月 3 日　第 152 册　第 518 页

07131　冯副委员长就职　《大公报》　1936 年 1 月 7 日　第 130 册　第 66 页

07132　冯归后之南京　《民国日报》　1918 年 2 月 1 日　第 13 册　第 350 页

07133　冯国璋辞职：不禁张作霖一吓　辞职新法　《民国日报》　1918 年 3 月 5
日　第 14 册　第 50 页

07134　冯国璋能否代理总统之研究　《民国日报》　1917 年 7 月 5 日　第 10 册
第 50 页

07135　冯国璋乞怜乡里　《民国日报》　1918 年 1 月 17 日　第 13 册　第 170 页

07136　冯国璋前途之预测　《民国日报》　1916 年 6 月 4 日　第 3 册　第 410 页

07137　冯国璋之三面光　《民国日报》　1918 年 1 月 19 日　第 13 册　第 194 页

07138　冯国障主战：负国　卖友　《民国日报》　1917 年 12 月 9 日　第 12 册
第 458 页

07139　冯华甫入京官话抉微　《民国日报》　1917 年 7 月 29 日　第 10 册　第
338 页

07140　冯氏讲话　《民国日报》　1917 年 1 月 14 日　第 7 册　第 146 页

07141　冯氏未来之忧　《民国日报》　1918 年 6 月 6 日　第 15 册　第 434 页

07142　冯玉祥不堪回首　《民国日报》　1922 年 11 月 2 日　第 42 册　第 14 页

07143　冯玉祥来沪　《民国日报》　1931 年 12 月 31 日　第 95 册　第 741 页

07144　冯玉祥氏决离张垣　《大公报》　1933 年 8 月 14 日　第 115 册　第 620 页

07145　冯玉祥向那条年路走　《民国日报》　1930 年 9 月 7 日　第 88 册　第
85 页

07146　冯玉祥之告奋勇　《申报》　1920 年 11 月 3 日　第 167 册　第 41 页

07147　冯玉祥之命运　《中央日报》　1929 年 5 月 25 日　第 6 册　第 261 页

07148　冯玉祥之生平　《民国日报》　1923 年 6 月 18 日　第 45 册　第 666 页

07149　冯占海部之西退　《申报》　1932 年 12 月 24 日　第 299 册　第 661 页

07150　逢武人之恶　《申报》　1920 年 8 月 22 日　第 165 册　第 921 页

07151　奉海联运与洮昂借车案　《大公报》　1928 年 4 月 9 日　第 83 册　第
391 页

07152　奉晋关系　《大公报》　1927 年 8 月 25 日　第 80 册　第 441 页

07153　奉晋战事之一种考察　《大公报》　1927 年 10 月 6 日　第 81 册　第 41 页

07154　奉军逼京　《申报》　1918 年 3 月 7 日　第 151 册　第 90 页

07155　奉军入关　《申报》　1920 年 10 月 1 日　第 166 册　第 513 页

07156　奉军入关目的　《民国日报》　1920 年 9 月 1 日　第 29 册　第 2 页

07157　奉军与副议长　《申报》　1918 年 8 月 17 日　第 153 册　第 778 页

07158　奉军愿和说　《申报》　1927 年 6 月 7 日　第 235 册　第 131 页

07159　奉鲁自顾不暇（言论）　《民国日报》　1926 年 12 月 17 日　第 66 册　第 247 页

07160　奉票　《申报》　1928 年 2 月 4 日　第 243 册　第 79 页

07161　奉劝华人往东洋赴博览会说　《申报》　1875 年 2 月 18 日　第 6 册　第 145 页

07162　奉劝议员先生们（言论）　《民国日报》　1926 年 1 月 22 日　第 61 册　第 250 页

07163　奉天提学张筱浦学使致江苏总学会书　《申报》　1906 年 8 月 16 日　第 84 册　第 453 页

07164　奉系内部之暗斗（言论）　《民国日报》　1926 年 12 月 30 日　第 66 册　第 352 页

07165　奉宪法为准绳　《中央日报》　1948 年 5 月 1 日　第 59 册　第 2 页

07166　奉献于五全大会　《申报》　1935 年 11 月 13 日　第 334 册　第 309 页

07167　奉行过力　《申报》　1913 年 11 月 11 日　第 125 册　第 146 页

07168　奉行俭约　《中央日报》　1932 年 5 月 13 日　第 18 册　第 50 页

07169　奉迎遗诏恭记　《申报》　1881 年 5 月 30 日　第 18 册　第 573 页

07170　奉张倒了以后（言论）　《民国日报》　1925 年 12 月 10 日　第 60 册　第 470 页

07171　奉张入关何为（言论）　《民国日报》　1925 年 5 月 24 日　第 57 册　第 316 页

07172　奉张死灰复燃中国民应有的觉悟（言论）　《民国日报》　1926 年 1 月 9 日　第 61 册　第 94 页

07173　奉诏准咨礼节异同说　《申报》　1881 年 5 月 2 日　第 18 册　第 461 页

07174　奉直备战　《申报》　1923 年 4 月 11 日　第 190 册　第 215 页

07175　奉直大战开始　《申报》　1922 年 4 月 30 日　第 179 册　第 608 页

07176　奉直风潮中的曹锟　《民国日报》　1922 年 2 月 27 日　第 37 册　第 684 页

07177　奉直开战与北伐　《民国日报》　1922 年 4 月 30 日　第 38 册　第 822 页

07178　奉直私斗与北伐　《民国日报》　1922 年 2 月 25 日　第 37 册　第 656 页

07179　奉直问题　《申报》　1921 年 3 月 29 日　第 169 册　第 485 页

07180　奉直与鄂　《申报》　1921 年 8 月 2 日　第 172 册　第 25 页

07181　奉直与总统　《申报》　1922 年 2 月 1 日　第 177 册　第 434 页

07182　奉直战争感言　《民国日报》　1922 年 5 月 8 日　第 39 册　第 94 页

07183　奉祝谱第田嵩岳观察四十寿序　《申报》　1893 年 2 月 4 日　第 43 册　第 209 页

07184　佛店宜禁说　《申报》　1885 年 7 月 31 日　第 27 册　第 181 页

07185　佛郎贬值与国际和平　《中央日报》　1936 年 9 月 29 日　第 35 册　第 1089 页

07186　"佛郎克孚"之言　《大公报》　1940 年 8 月 15 日　第 145 册　第 160 页

07187　佛朗哥的考验　《申报》　1947 年 7 月 10 日　第 394 册　第 92 页

07188　佛朗哥鸿运亨通　《大公报》　1948 年 10 月 13 日　第 164 册　第 252 页

07189　佛朗哥在暗笑　《大公报》　1948 年 4 月 5 日　第 162 册　第 572 页

07190　佛朗哥政权的透视　《大公报》　1948 年 11 月 3 日　第 164 册　第 380 页

07191　"佛痞"　《大公报》　1928 年 2 月 28 日　第 82 册　第 519 页

07192　否决权　《中央日报》　1946 年 9 月 21 日　第 53 册　第 1018 页

07193　否决权问题商榷　《中央日报》　1947 年 9 月 17 日　第 57 册　第 172 页

07194　否决权与我国的外交政策　《申报》　1947 年 10 月 6 日　第 395 册　第 52 页

07195　否认一切摧毁中国之计划　《大公报》　1932 年 2 月 10 日　第 106 册　第 388 页

07196　否认议员要有分寸　《民国日报》　1923 年 7 月 3 日　第 46 册　第 30 页

07197　否认袁氏立法院之理由　《民国日报》　1916 年 3 月 2 日　第 2 册　第 14 页

07199　夫妇平权驳议　《申报》　1902 年 12 月 13 日　第 72 册　第 727 页

07200　敷衍　《申报》　1925 年 7 月 30 日　第 214 册　第 563 页

07201　敷衍/吉田东祐（星期评论）　《申报》　1944 年 5 月 14 日　第 385 册　第 467 页

07202　敷衍之时期将尽　《申报》　1920 年 5 月 14 日　第 164 册　第 241 页

07203　敷衍之种类　《申报》　1925 年 2 月 18 日　第 209 册　第 784 页

07204　弗朗哥政权的摧毁　《申报》　1946 年 3 月 5 日　第 388 册　第 343 页

07205　伏读光绪二年闰五月初一日恩旨恭纪　《申报》　1876 年 7 月 28 日　第 9 册　第 93 页

07206　伏利斯氏之主张　《申报》　1940 年 1 月 12 日　第 368 册　第 162 页

07207　孚佑帝君放生文　《申报》　1872 年 9 月 24 日　第 1 册　第 497 页

07208　扶持生产之路　《大公报》　1943 年 4 月 29 日　第 150 册　第 528 页

07209　扶持正气　《中央日报》　1929 年 12 月 13 日　第 8 册　第 529 页

07210　扶箕　《申报》　1920 年 11 月 2 日　第 167 册　第 34 页

07266　妇女消弭战争论　《申报》　1929 年 9 月 11 日　第 262 册　第 309 页

07267　妇女与抗战　《大公报》　1938 年 3 月 9 日　第 140 册　第 283 页

07268　妇女运动问题　《申报》　1927 年 7 月 28 日　第 236 册　第 584 页

07269　负气　《申报》　1922 年 8 月 21 日　第 183 册　第 432 页

07270　负责　《申报》　1924 年 10 月 16 日　第 206 册　第 763 页

07271　"负责"　《民国日报》　1928 年 9 月 4 日　第 76 册　第 56 页

07272　负责不负责　《申报》　1919 年 6 月 22 日　第 158 册　第 871 页

07273　负责公民　《申报》　1920 年 5 月 5 日　第 164 册　第 85 页

07274　负责意义　《申报》　1928 年 8 月 10 日　第 249 册　第 256 页

07275　负责之人　《申报》　1919 年 5 月 19 日　第 158 册　第 295 页

07276　附逆者的花样　《民国日报》　1929 年 4 月 3 日　第 79 册　第 586 页

07277　复兵工厂说　《申报》　1925 年 8 月 8 日　第 215 册　第 146 页

07278　复仇的日子到了！　《大公报》　1944 年 10 月 24 日　第 153 册　第 520 页

07279　复旦覆舟惨剧　《大公报》　1945 年 7 月 24 日　第 155 册　第 102 页

07280　复古　《申报》　1915 年 3 月 13 日　第 133 册　第 190 页

07281　复古与维新　《大公报》　1927 年 3 月 17 日　第 78 册　第 549 页

07282　复河运不如开铁路说　《申报》　1884 年 9 月 23 日　第 25 册　第 493 页

07283　复河运议　《申报》　1888 年 5 月 14 日　第 32 册　第 767 页

07284　复课方是"抢救教育"！　《申报》　1947 年 5 月 21 日　第 393 册　第 506 页

07285　复口说　《申报》　1883 年 2 月 20 日　第 22 册　第 231 页

07286　复论禁种鸦片　《申报》　1876 年 11 月 6 日　第 9 册　第 437 页

07287　复论峄平后情形　《申报》　1874 年 5 月 6 日　第 4 册　第 407 页

07288　复辟　《民国日报》　1918 年 2 月 28 日　第 13 册　第 590 页

07289　复辟时间之全国形势　《民国日报》　1917 年 7 月 3 日　第 10 册　第 26 页

07290　复辟时间之全国形势（续）　《民国日报》　1917 年 7 月 4 日　第 10 册　第 38 页

07291　复辟时间之全国形势（续）（一）地方　《民国日报》　1917 年 7 月 8 日　第 10 册　第 86 页

07292　复辟说之申令　《申报》　1914 年 11 月 25 日　第 131 册　第 352 页

07293　复辟谣传与疑问　《民国日报》　1920 年 7 月 4 日　第 28 册　第 44 页

07294　复辟运动与真正民意　《民国日报》　1921 年 3 月 22 日　第 32 册　第 294 页

07295　复审查治福案件译状师连厘陈称略节　《申报》　1873 年 10 月 29 日　第 3

册　第 413 页

07296　复田议　《申报》　1877 年 11 月 19 日　第 11 册　第 485 页

07297　复湘　《申报》　1920 年 6 月 16 日　第 164 册　第 847 页

07298　复兴建设之计划问题　《申报》　1941 年 11 月 25 日　第 378 册　第 689 页

07299　复兴节感言　《申报》　1945 年 8 月 1 日　第 387 册　第 521 页

07300　复兴农村会议以后　《申报》　1933 年 5 月 8 日　第 304 册　第 180 页

07301　复兴农村委员会开会　《大公报》　1933 年 5 月 5 日　第 114 册　第 60 页

07302　复兴农村与民生疾苦　《大公报》　1933 年 9 月 22 日　第 116 册　第 310 页

07303　复兴农村与农村放款　《申报》　1934 年 6 月 21 日　第 317 册　第 620 页

07304　复兴声中之我国航业　《中央日报》　1937 年 4 月 11 日　第 38 册　第 499 页

07305　复兴淞沪与复兴农村　《申报》　1933 年 6 月 19 日　第 305 册　第 522 页

07306　复兴中的急务　《中央日报》　1939 年 5 月 19 日　第 42 册　第 44 页

07307　复兴中国国民经济之唯一途径/穆藕初（星期论文）　《大公报》　1936 年 9 月 13 日　第 134 册　第 172 页

07308　复演历史戏的时局（言论）　《民国日报》　1925 年 11 月 19 日　第 60 册　第 218 页

07309　复业　《申报》　1932 年 2 月 29 日　第 290 册　第 796 页

07310　复员大学的两个问题　《大公报》　1946 年 8 月 22 日　第 157 册　第 252 页

07311　复员的基本原则　《中央日报》　1945 年 8 月 23 日　第 51 册　第 498 页

07312　复员的急要工作　《大公报》　1945 年 8 月 22 日　第 155 册　第 226 页

07313　复员工作如何？　《大公报》　1945 年 11 月 15 日　第 155 册　第 594 页

07314　复员期间币制调整/谷春帆（星期论文）　《大公报》　1945 年 9 月 2 日　第 155 册　第 274 页

07315　复员与交通　《大公报》　1945 年 10 月 5 日　第 155 册　第 416 页

07316　复员整军会议与裁兵　《大公报》　1945 年 11 月 16 日　第 155 册　第 598 页

07317　复员中的苦恼　《大公报》　1946 年 1 月 14 日　第 156 册　第 56 页

07318　复员中的琐事　《大公报》　1945 年 10 月 22 日　第 155 册　第 492 页

07319　复杂之世界潮流　《申报》　1931 年 1 月 14 日　第 278 册　第 148 页

07320　赴日兵急赴满站事件　《民国日报》　1918 年 8 月 16 日　第 16 册　第 530 页

07321　赴试迟延论　《申报》　1874 年 4 月 30 日　第 4 册　第 387 页

07345 傅作义之抗战报告 《申报》 1937年2月4日 第349册 第93页

07346 富贵浮云说 《申报》 1893年12月24日 第45册 第767页

07347 富贵功名 《申报》 1916年3月22日 第139册 第338页

07348 富国亟宜开矿说 《申报》 1897年9月20日 第57册 第115页

07349 富户派购公债 《大公报》 1943年3月26日 第150册 第370页

07350 富强策上 《申报》 1889年8月4日 第35册 第219页

07351 富强策中 《申报》 1889年8月5日 第35册 第225页

07352 富强策下 《申报》 1889年8月6日 第35册 第231页

07353 富强刍言 《申报》 1887年1月17日 第30册 第97页

07354 富强论 《申报》 1886年11月13日 第29册 第833页

07355 富强末议 《申报》 1897年9月13日 第57册 第73页

07356 富强为王政之本论 《申报》 1901年4月2日 第67册 第503页

07357 缚鸡说 《申报》 1890年8月22日 第37册 第341页

07358 覆巢下之各党各派 《大公报》 1932年2月21日 第106册 第498页

07359 覆牒要点的怪语 《民国日报》 1920年5月9日 第27册 第100页

07360 覆验扣米 《申报》 1920年7月4日 第165册 第65页

G

07361 该认清了（言论） 《民国日报》 1926年11月26日 第66册 第80页

07362 该死的汪精卫！ 《中央日报》 1940年2月29日 第43册 第116页

07363 该问滥借外债的讲理：只有一个处理方法 《民国日报》 1922年6月26日 第39册 第766页

07364 改币后的公教人员待遇 《大公报》 1948年9月21日 第164册 第122页

07365 改变态度 《申报》 1920年8月1日 第165册 第565页

07366 改订进口税则刍议/徐继庄（星期论坛） 《申报》 1946年5月26日 第388册 第906页

07367 改革 《申报》 1915年6月21日 第134册 第860页

07368 改革 《申报》 1917年1月17日 第144册 第230页

07369 改革 《申报》 1925年12月1日 第219册 第4页

07370 改革币制的三个基本条件 《大公报》 1948年1月20日 第162册 第124页

07371 改革币制问题 《申报》 1911年8月10日 第113册 第663页

07372 改革币制与投资生产 《民国日报》 1930年6月26日 第86册 第

750 页

07373　改革币制与投资生产　《民国日报》　1930 年 6 月 29 日　第 86 册　第 786 页

07374　改革币制与稳定币值　《申报》　1947 年 7 月 30 日　第 394 册　第 292 页

07375　改革币制与稳定物价/俞增康（星期论坛）　《申报》　1948 年 1 月 25 日　第 396 册　第 224 页

07376　改革币制之基本原则/何师琦（星期论坛）　《申报》　1948 年 8 月 8 日　第 398 册　第 306 页

07377　改革币制之时间问题　《申报》　1947 年 10 月 20 日　第 395 册　第 196 页

07378　改革财政配合美援　《中央日报》　1948 年 6 月 30 日　第 59 册　第 516 页

07379　改革法币与发行独立/祝百英（星期论文）　《大公报》　1948 年 1 月 25 日　第 162 册　第 154 页

07380　改革高等教育问题　《大公报》　1934 年 11 月 6 日　第 123 册　第 80 页

07381　改革高等教育之管见　《申报》　1932 年 7 月 17 日　第 294 册　第 419 页

07382　改革教育案之感想　《大公报》　1932 年 6 月 1 日　第 108 册　第 314 页

07383　改革烟酒税与裁厘加税问题　《民国日报》　1916 年 8 月 28 日　第 4 册　第 698 页

07384　改革盐政岂可再缓?　《申报》　1935 年 1 月 14 日　第 324 册　第 316 页

07385　改革与规复　《申报》　1920 年 9 月 1 日　第 166 册　第 3 页

07386　改革与扰乱　《申报》　1927 年 12 月 7 日　第 241 册　第 143 页

07387　改革与扰乱（二）　《申报》　1927 年 12 月 8 日　第 241 册　第 165 页

07388　改革粤省币制　《中央日报》　1937 年 6 月 23 日　第 39 册　第 649 页

07389　改革政治的错误（专论）/胡朴安　《民国日报》　1946 年 9 月 29 日　第 99 册　第 145 页

07390　改革政治机构问题　《申报》（香港版）　1938 年 7 月 29 日　第 356 册　第 1001 页

07391　改革政治应有之注意（专论）/胡朴安　《民国日报》　1946 年 10 月 5 日　第 99 册　第 169 页

07392　改革之反对　《申报》　1928 年 3 月 10 日　第 244 册　第 223 页

07393　改革中等教育议/钱穆（星期论文）　《大公报》　1941 年 4 月 20 日　第 146 册　第 460 页

07394　改革中学教育问题　《大公报》　1941 年 10 月 27 日　第 147 册　第 464 页

07395　改进出口贸易问题　《大公报》　1941 年 9 月 29 日　第 147 册　第 342 页

07396　改进地发方基层政治　《申报》　1943 年 3 月 14 日　第 383 册　第 514 页

07397　改进地方财政　《中央日报》　1948 年 4 月 14 日　第 58 册　第 932 页

07398　改进地方政治之道　《大公报》　1947 年 9 月 29 日　第 161 册　第 172 页

07399　改进国货工业之新途径　《大公报》　1936 年 9 月 17 日　第 134 册　第 230 页

07400　改进国内贸易的急要　《申报》　1939 年 2 月 9 日　第 362 册　第 154 页

07401　改进基层政治　《大公报》　1944 年 4 月 3 日　第 152 册　第 418 页

07402　改进教育的几个必要步骤　《大公报》　1945 年 6 月 20 日　第 154 册　第 724 页

07403　改进农业问题（专论）/李荣廷　《民国日报》　1946 年 12 月 1 日　第 99 册　第 400 页

07404　改进平沈交通　《大公报》　1946 年 9 月 10 日　第 157 册　第 366 页

07405　改进世界之路　《中央日报》　1941 年 11 月 9 日　第 45 册　第 422 页

07406　改进司法　《申报》　1943 年 11 月 3 日　第 384 册　第 683 页

07407　改进我国国货工业与技术研究　《大公报》　1936 年 11 月 6 日　第 135 册　第 74 页

07408　改进县政令还须补充　《申报》　1947 年 8 月 28 日　第 394 册　第 582 页

07409　改进政治　《申报》　1928 年 12 月 5 日　第 253 册　第 122 页

07410　改进中枢政治之亟务　《大公报》　1934 年 6 月 18 日　第 120 册　第 712 页

07411　改进中学教学问题　《中央日报》　1937 年 4 月 10 日　第 38 册　第 487 页

07412　改进中学教育　《大公报》　1942 年 3 月 24 日　第 148 册　第 350 页

07413　改良裁判与民刑诉讼法关系　《申报》　1909 年 9 月 21 日　第 102 册　第 295 页

07414　改良蚕丝之必要　《申报》　1934 年 10 月 8 日　第 321 册　第 234 页

07415　改良电政的前提（言论）　《民国日报》　1926 年 9 月 29 日　第 59 册　第 340 页

07416　改良教育浅说　《申报》　1909 年 12 月 13 日　第 103 册　第 678 页

07417　改良教育浅说　《申报》　1909 年 12 月 14 日　第 103 册　第 696 页

07418　改良教育浅说（再续）　《申报》　1909 年 12 月 18 日　第 103 册　第 768 页

07419　改良教育浅说　《申报》　1910 年 1 月 5 日　第 104 册　第 73 页

07420　改良教育说　《申报》　1909 年 3 月 25 日　第 99 册　第 343 页

07421　改良教育说（续）　《申报》　1909 年 3 月 29 日　第 99 册　第 399 页

07422　改良司法刍议/陈霆锐（星期论文）　《大公报》　1942 年 11 月 8 日　第

149 册　第 568 页

07423　改良司法与增加经费　《大公报》　1930 年 2 月 8 日　第 94 册　第 548 页

07424　改良司法之新希望　《大公报》　1931 年 1 月 9 日　第 100 册　第 64 页

07425　改两为元（时论）　《民国日报》　1927 年 8 月 30 日　第 69 册　第 879 页

07426　改名易帜问题　《大公报》　1927 年 6 月 15 日　第 79 册　第 601 页

07427　改善部队官兵生活　《中央日报》　1944 年 9 月 18 日　第 50 册　第 88 页

07428　改善地方金融机构问题　《申报》（汉口版）　1938 年 6 月 17 日　第 356 册　第 311 页

07429　改善地方金融机构问题　《申报》（香港版）　1938 年 6 月 20 日　第 356 册　第 846 页

07430　改善防空洞的管见　《中央日报》　1941 年 6 月 11 日　第 44 册　第 952 页

07431　改善公教人员待遇　《申报》　1943 年 10 月 1 日　第 384 册　第 547 页

07432　改善公教人员待遇　《申报》　1947 年 8 月 6 日　第 394 册　第 362 页

07433　改善公务员生活　《大公报》　1941 年 4 月 22 日　第 146 册　第 468 页

07434　改善公务员生活　《申报》　1943 年 3 月 3 日　第 383 册　第 426 页

07435　改善国军生活　《大公报》　1942 年 1 月 28 日　第 148 册　第 118 页

07436　改善华侨教育问题　《申报》（香港版）　1939 年 5 月 10 日　第 358 册　第 562 页

07437　改善及提高国民文化　《申报》　1943 年 3 月 24 日　第 383 册　第 578 页

07438　改善监狱卫生　《申报》　1944 年 7 月 18 日　第 386 册　第 59 页

07439　改善教职员生活的具体办法　《申报》　1943 年 8 月 21 日　第 384 册　第 385 页

07440　改善金融的紧急命令　《大公报》　1935 年 11 月 5 日　第 129 册　第 62 页

07441　改善取缔新闻之建议　《大公报》　1936 年 4 月 2 日　第 131 册　第 454 页

07442　改善士兵待遇问题　《中央日报》　1944 年 10 月 28 日　第 50 册　第 264 页

07443　改善士兵待遇之一端　《大公报》　1944 年 12 月 23 日　第 153 册　第 770 页

07444　改善新闻检查之意见　《申报》　1935 年 12 月 9 日　第 335 册　第 203 页

07445　改善学风须从教师做起　《中央日报》　1941 年 7 月 26 日　第 44 册　第 1152 页

07446　改善议价的必要　《申报》　1947 年 4 月 23 日　第 393 册　第 222 页

07447　改善狱政　《申报》　1945 年 5 月 19 日　第 387 册　第 357 页

07448　改善战士生活的根本办法　《大公报》　1945 年 7 月 18 日　第 155 册　第 76 页

07449　改善中学教务之亟务　《大公报》　1930 年 3 月 7 日　第 95 册　第 100 页

07450　改设县警所　《申报》　1920 年 11 月 13 日　第 167 册　第 221 页

07451　改头换面之新要求　《申报》　1915 年 4 月 28 日　第 133 册　第 944 页

07452　改新的三个阶段/徐旭生（星期论坛）　《申报》　1937 年 1 月 17 日　第 348 册　第 353 页

07453　改与变　《申报》　1929 年 7 月 9 日　第 260 册　第 243 页

07454　改约之必要（时论）　《民国日报》　1926 年 10 月 23 日　第 65 册　第 524 页

07455　改造　《申报》　1920 年 12 月 1 日　第 167 册　第 537 页

07456　改造的南针　《民国日报》　1923 年 1 月 11 日　第 43 册　第 130 页

07457　改造的主义与人物　《民国日报》　1922 年 7 月 4 日　第 40 册　第 44 页

07458　改造国民心理　《申报》（汉口版）　1938 年 7 月 22 日　第 356 册　第 381 页

07459　改造教育私议　《申报》　1932 年 7 月 6 日　第 294 册　第 133 页

07460　改造历史的历史文件　《中央日报》　1945 年 8 月 27 日　第 51 册　第 522 页

07461　改造上海　《申报》　1945 年 1 月 31 日　第 387 册　第 91 页

07462　改造小学教育：改编小学教科书　《中央日报》　1932 年 6 月 12 日　第 18 册　第 258 页

07463　改造舆论　《民国日报》　1921 年 1 月 14 日　第 31 册　第 178 页

07464　改造自已挽救国家　《中央日报》　1939 年 4 月 15 日　第 41 册　第 1074 页

07465　改正商约与日本　《大公报》　1926 年 10 月 8 日　第 77 册　第 289 页

07466　改组　《申报》　1919 年 10 月 30 日　第 160 册　第 1079 页

07467　改组后的币原内阁：日本政治的混乱与堕落　《大公报》　1946 年 1 月 31 日　第 156 册　第 124 页

07468　改组后之敌内阁　《申报》（香港版）　1938 年 5 月 31 日　第 356 册　第 766 页

07469　改组派是国民党党员吗？　《民国日报》　1929 年 11 月 20 日　第 83 册　第 325 页

07470　改组派是国民党党员吗？续　《民国日报》　1929 年 11 月 21 日　第 83 册　第 344 页

07471　改组上海法院之会议　《大公报》　1929 年 11 月 19 日　第 93 册　第

292 页

07472　改组政府与和平商谈　《中央日报》　1947 年 1 月 15 日　第 55 册　第 186 页

07473　改组政府与恢复和谈　《大公报》　1947 年 1 月 12 日　第 159 册　第 88 页

07474　丐说　《申报》　1878 年 11 月 18 日　第 13 册　第 481 页

07475　概论工潮　《申报》　1939 年 12 月 14 日　第 367 册　第 586 页

07476　概论今日之现状　《申报》　1910 年 6 月 9 日　第 106 册　第 633 页

07477　概行承认　《申报》　1915 年 4 月 3 日　第 133 册　第 526 页

07478　干涉　《申报》　1916 年 10 月 11 日　第 142 册　第 694 页

07479　干政　《申报》　1922 年 8 月 13 日　第 183 册　第 262 页

07480　甘变概观：马福祥在国府纪念周报告（专载）　《民国日报》　1931 年 9 月 3 日　第 94 册　第 31 页

07481　甘地被逮后之印度　《申报》　1930 年 5 月 7 日　第 270 册　第 149 页

07482　甘地被逮与印度前途　《中央日报》　1930 年 5 月 7 日　第 10 册　第 431 页

07483　甘地不朽！　《中央日报》　1948 年 3 月 5 日　第 58 册　第 566 页

07484　甘地到伦敦　《申报》　1931 年 9 月 15 日　第 286 册　第 412 页

07485　甘地第三次入狱/彬　《申报》　1932 年 1 月 9 日　第 290 册　第 102 页

07486　甘地非武力进行之困难　《申报》　1930 年 4 月 10 日　第 269 册　第 260 页

07487　甘地将赴圆桌会议　《中央日报》　1931 年 8 月 14 日　第 15 册　第 495 页

07488　甘地精神永生！　《申报》　1948 年 2 月 1 日　第 396 册　第 294 页

07489　甘地绝食　《申报》　1932 年 9 月 27 日　第 296 册　第 723 页

07490　甘地绝食与英提民族分选制　《中央日报》　1932 年 9 月 21 日　第 19 册　第 410 页

07491　甘地抗英运动之壮烈　《大公报》　1930 年 5 月 8 日　第 96 册　第 116 页

07492　甘地氏之织布运动　《申报》　1930 年 6 月 8 日　第 271 册　第 197 页

07493　甘地先生绝食期满感言　《大公报》　1943 年 3 月 3 日　第 150 册　第 264 页

07494　甘纳第先生的伟大主张　《中央日报》　1943 年 5 月 18 日　第 48 册　第 104 页

07495　甘省洋务说　《申报》　1893 年 3 月 22 日　第 43 册　第 457 页

07496　甘事　《申报》　1925 年 10 月 6 日　第 217 册　第 104 页

07497　甘肃匪乱亟宜彻底肃清　《大公报》　1930 年 12 月 27 日　第 99 册　第

676 页

07498 甘肃问题 《申报》 1920 年 12 月 31 日 第 167 册 第 1047 页

07499 甘同乡电感言 《申报》 1921 年 1 月 4 日 第 168 册 第 51 页

07500 甘言多会之救灾 《申报》 1920 年 10 月 30 日 第 166 册 第 1037 页

07501 甘言与切己之利害 《申报》 1926 年 7 月 16 日 第 225 册 第 380 页

07502 赶快动员经济戡乱 《中央日报》 1947 年 10 月 23 日 第 57 册 第 548 页

07503 赶快进行军事善后 《大公报》 1946 年 2 月 7 日 第 156 册 第 148 页

07504 赶快开辟亚洲第二战场 《大公报》 1944 年 10 月 6 日 第 153 册 第 440 页

07505 赶快起来组织裁兵协会 《中央日报》 1929 年 9 月 11 日 第 7 册 第 507 页

07506 赶快收拾人心 《中央日报》 1948 年 11 月 4 日 第 60 册 第 496 页

07507 赶快肃清北非残敌 《大公报》 1943 年 4 月 2 日 第 150 册 第 404 页

07508 赶快谈判德奥和约 《大公报》 1946 年 12 月 12 日 第 158 册 第 470 页

07509 赶快严惩纳粹领袖 《大公报》 1945 年 5 月 17 日 第 154 册 第 578 页

07510 赶快抑平物价！ 《申报》 1949 年 2 月 5 日 第 400 册 第 206 页

07511 赶快召开对日和会！ 《申报》 1948 年 1 月 27 日 第 396 册 第 244 页

07512 赶快自动展开节约！ 《申报》 1946 年 5 月 25 日 第 388 册 第 898 页

07513 敢 《申报》 1919 年 6 月 23 日 第 158 册 第 891 页

07514 敢为江苏同胞进一言（来论）/唐一峰 《民国日报》 1920 年 10 月 19 日 第 29 册 第 684 页

07515 敢问：北方果以拖延手段攫去我陕西 恐吴笈孙李秀山不能空言担保 《民国日报》 1919 年 3 月 14 日 第 20 册 第 168 页

07516 敢问两院议员 《申报》 1913 年 9 月 13 日 第 124 册 第 158 页

07517 感触与坚忍 《申报》 1920 年 5 月 7 日 第 164 册 第 113 页

07518 感化与献媚/王平陵（专论） 《申报》 1948 年 4 月 6 日 第 397 册 第 42 页

07519 感激衡阳守军！ 《大公报》 1944 年 8 月 4 日 第 153 册 第 156 页

07520 感觉 《申报》 1917 年 10 月 24 日 第 148 册 第 899 页

07521 感觉（二） 《申报》 1917 年 10 月 25 日 第 148 册 第 917 页

07522 感觉（三） 《申报》 1917 年 10 月 26 日 第 148 册 第 933 页

07523 感情 《申报》 1920 年 4 月 21 日 第 163 册 第 931 页

07524 感情使命 《申报》 1923 年 3 月 29 日 第 189 册 第 596 页

07525 感人 《申报》 1926 年 11 月 18 日 第 229 册 第 413 页

07526 感时篇 《申报》 1912年5月17日 第117册 第451页

07527 感香篇 《申报》 1889年11月16日 第35册 第855页

07528 感谢德国专家 《申报》（汉口版） 1938年5月26日 第356册 第267页

07529 感谢德国专家 《申报》（香港版） 1938年5月28日 第356册 第754页

07530 感谢近卫松冈帮忙！ 《大公报》 1940年12月9日 第145册 第612页

07531 感谢苦齐主人 《申报》 1943年7月31日 第384册 第297页

07532 感谢林德伯 《大公报》 1931年9月30日 第104册 第352页

07533 感谢伦敦反侵略大会 《大公报》 1938年2月15日 第140册 第186页

07534 感谢美国人士 《中央日报》 1942年4月19日 第45册 第1088页

07535 感谢美国友人 《申报》（汉口版） 1938年6月23日 第356册 第323页

07536 感谢美国友人 《申报》（香港版） 1938年6月24日 第356册 第862页

07537 感谢农民 《大公报》 1945年2月3日 第154册 第142页

07538 感谢萨凡奇博士/许其京（专论） 《申报》 1946年4月24日 第388册 第643页

07539 感谢卫国军人 《大公报》 1937年9月19日 第139册 第369页

07540 感谢义军 《民国日报》 1916年3月12日 第2册 第134页

07541 感谢英伦人士的盛意 《中央日报》 1942年2月16日 第45册 第828页

07542 感谢与奋勉 《大公报》 1941年5月16日 第146册 第558页

07543 感谢战友的隆情 《中央日报》 1943年11月6日 第48册 第878页

07544 赣北大捷 《申报》 1939年4月29日 第363册 第510页

07545 赣北鄂南战局 《大公报》 1939年5月1日 第142册 第482页

07546 赣北之捷 《大公报》 1941年4月3日 第146册 第388页

07547 赣川剿匪之比较 《大公报》 1934年5月17日 第120册 第236页

07548 赣抚革职问题 《申报》 1906年4月12日 第83册 第111页

07549 赣抚柯逊菴中丞奏豫筹广西办匪善后事宜折 《申报》 1903年9月4日 第75册 第25页

07550 赣路风潮感言 《申报》 1909年12月15日 第103册 第714页

07551 赣闽报捷与川黔匪祸 《大公报》 1934年6月7日 第120册 第544页

07552　赣省军事应有根本计划　《大公报》　1931 年 1 月 24 日　第 100 册　第 244 页

07553　赣省善后问题　《中央日报》　1931 年 8 月 12 日　第 15 册　第 471 页

07554　赣同乡与赣议会　《申报》　1920 年 12 月 22 日　第 167 册　第 899 页

07555　赣议会捣乱感言　《申报》　1920 年 12 月 29 日　第 167 册　第 1015 页

07556　赣议员与学生　《申报》　1920 年 5 月 9 日　第 164 册　第 153 页

07557　赣有余米　《申报》　1920 年 6 月 28 日　第 164 册　第 1077 页

07558　冈村宁次昨天公审　《大公报》　1948 年 8 月 24 日　第 163 册　第 692 页

07559　刚愎他用　《申报》　1920 年 7 月 6 日　第 165 册　第 99 页

07560　刚健　《申报》　1929 年 2 月 25 日　第 255 册　第 538 页

07561　刚力与柔力　《申报》　1926 年 8 月 29 日　第 226 册　第 707 页

07562　刚柔与宽猛　《申报》　1927 年 6 月 22 日　第 235 册　第 457 页

07563　纲纪废弛　《申报》　1923 年 12 月 17 日　第 198 册　第 345 页

07564　纲领? 政府? 国大? 宪草　《大公报》　1946 年 1 月 28 日　第 156 册　第 112 页

07565　纲要与枝叶　《申报》　1928 年 8 月 26 日　第 249 册　第 727 页

07566　钢铁石油与日本　《大公报》　1941 年 2 月 22 日　第 146 册　第 220 页

07567　港币贬值的征兆　《申报》　1948 年 8 月 12 日　第 398 册　第 338 页

07568　港府颁布非常时期法令说　《申报》（香港版）　1938 年 10 月 2 日　第 357 册　第 125 页

07569　港海员罢工中之变卦　《民国日报》　1922 年 1 月 21 日　第 37 册　第 274 页

07570　港粤系金融业之厄运　《申报》　1935 年 9 月 10 日　第 332 册　第 277 页

07571　高等教育的新立法　《申报》　1947 年 12 月 29 日　第 395 册　第 896 页

07572　高等教育改革问题/庄泽宣（星期评论）　《申报》（香港版）　1939 年 4 月 2 日　第 358 册　第 258 页

07573　高等教育应普遍发展　《申报》　1947 年 8 月 4 日　第 394 册　第 342 页

07574　"高调" 与 "低调" 都要不得　《申报》　1943 年 4 月 29 日　第 383 册　第 793 页

07575　高俄立约保护说　《申报》　1885 年 8 月 6 日　第 27 册　第 217 页

07576　高加索与所罗门　《中央日报》　1942 年 8 月 20 日　第 46 册　第 638 页

07577　高加索之战　《大公报》　1942 年 8 月 6 日　第 149 册　第 160 页

07578　高丽大开捐例论　《申报》　1883 年 1 月 10 日　第 22 册　第 53 页

07579　高丽情节吃紧　《申报》　1875 年 10 月 18 日　第 7 册　第 373 页

07580　高丽水道考　《申报》　1882 年 9 月 7 日　第 21 册　第 409 页

07581　高丽兴办通商事宜要策　《申报》　1882 年 6 月 18 日　第 20 册　第

837 页

07582　高丽与各国通商即所以保全境土论上　《申报》　1882 年 12 月 23 日　第 21 册　第 1051 页

07583　高丽与各国通商即所以保全境土论下　《申报》　1882 年 12 月 29 日　第 21 册　第 1081 页

07584　高丽之灾中国所宜亟救说　《申报》　1886 年 9 月 23 日　第 29 册　第 517 页

07585　高利贷与金融业　《民国日报》　1946 年 11 月 6 日　第 99 册　第 300 页

07586　高桥三吉论海战：日本国内情绪悲观之一证　《大公报》　1944 年 1 月 18 日　第 152 册　第 78 页

07587　高尚感情与革命　《民国日报》　1924 年 5 月 10 日　第 51 册　第 110 页

07588　高使屡辞勘界大臣之无谓　《申报》　1909 年 5 月 23 日　第 100 册　第 310 页

07589　高英案　《大公报》　1929 年 11 月 13 日　第 93 册　第 196 页

07590　高英夫妇带土嫌疑案两面观　《中央日报》　1929 年 9 月 9 日　第 7 册　第 483 页

07591　高瞻远瞩　《申报》　1927 年 1 月 10 日　第 231 册　第 217 页

07592　高中毕业生服务问题　《大公报》　1943 年 4 月 19 日　第 150 册　第 484 页

07593　膏捐广议　《申报》　1902 年 2 月 4 日　第 70 册　第 205 页

07594　搞不通的思想　《中央日报》　1948 年 7 月 24 日　第 59 册　第 714 页

07595　告安福派　《申报》　1919 年 6 月 16 日　第 158 册　第 776 页

07596　告安福外各派系　《申报》　1919 年 6 月 19 日　第 158 册　第 823 页

07597　告巴拿马赛会监督/周椒青　《申报》　1913 年 5 月 26 日　第 122 册　第 331 页

07598　告办赈者　《申报》　1920 年 10 月 4 日　第 166 册　第 565 页

07599　告北美人士　《申报》　1937 年 9 月 24 日　第 355 册　第 567 页

07600　告本市民众　《中央日报》　1932 年 2 月 2 日　第 17 册　第 243 页

07601　告本市选民　《中央日报》　1931 年 4 月 19 日　第 14 册　第 227 页

07602　告不买来回票的议员　《民国日报》　1923 年 8 月 5 日　第 46 册　第 492 页

07603　告倡议改组联合政府：国会召集有期　名器尤宜尊惜　《民国日报》　1918 年 4 月 27 日　第 14 册　第 682 页

07604　告唱改组内阁说　《民国日报》　1917 年 3 月 1 日　第 8 册　第 2 页

07605　告朝鲜民族　《中央日报》　1931 年 7 月 14 日　第 15 册　第 155 页

07606　告潮循有志之士　《民国日报》　1917 年 10 月 26 日　第 11 册　第 662 页

07607   告成失败   《申报》   1923年10月6日   第196册   第99页

07608   告川中将领   《民国日报》   1928年12月16日   第77册   第737页

07609   告纯粹之国民   《申报》   1922年9月3日   第184册   第47页

07610   告大学应届毕业生   《申报》   1944年5月11日   第385册   第455页

07611   告东北当局   《申报》   1929年8月17日   第261册   第462页

07612   告囤积居奇者   《申报》   1941年3月29日   第375册   第356页

07613   告法权委员（言论）   《民国日报》   1926年5月26日   第63册   第242页

07614   告反对白话文的人   《民国日报》   1919年12月11日   第24册   第482页

07615   告反对陈独秀的沪旅粤人   《民国日报》   1921年7月28日   第34册   第380页

07616   告反对德债票案的国民   《民国日报》   1924年6月17日   第51册   第628页

07617   告冯将军：为十七日电拟大纲而发   《民国日报》   1916年4月21日   第2册   第614页

07618   告富人   《申报》   1920年9月21日   第166册   第343页

07619   告高中及大学毕业生   《申报》   1943年7月3日   第384册   第189页

07620   告各省市商会请愿代表   《中央日报》   1936年7月28日   第35册   第329页

07621   告各团体   《申报》   1920年8月22日   第165册   第929页

07622   告各县党务指导委员（代论）/何应钦   《民国日报》   1928年6月21日   第74册   第822页

07623   告顾维钧   《申报》   1931年12月5日   第289册   第104页

07624   告关心广州商团战乱者   《民国日报》   1924年10月23日   第53册   第505页

07625   告关心粤局者（言论）   《民国日报》   1925年4月27日   第56册   第786页

07626   告桂军离粤后的粤人   《民国日报》   1920年10月30日   第29册   第834页

07627   告国会议员   《申报》   1917年5月25日   第146册   第426页

07628   告国民党全体同志（言论）   《民国日报》   1925年11月27日   第60册   第314页

07629   告国民党同志祝市民大会（言论）   《民国日报》   1925年12月27日   第60册   第676页

07630   告国民军（言论）   《民国日报》   1925年11月15日   第60册   第

170 页

07631 告国难中之国人 《中央日报》 1932 年 2 月 18 日 第 17 册 第 311 页

07632 告好言调和者 《民国日报》 1918 年 3 月 17 日 第 14 册 第 194 页

07633 告好言国会问题者 《民国日报》 1918 年 11 月 25 日 第 18 册 第 290 页

07634 告湖南人 《民国日报》 1922 年 3 月 6 日 第 38 册 第 70 页

07635 告怀疑滇黔废督者 《民国日报》 1920 年 6 月 27 日 第 27 册 第 790 页

07636 告急 《申报》 1918 年 2 月 25 日 第 150 册 第 689 页

07637 告急与调和 《申报》 1917 年 8 月 25 日 第 147 册 第 944 页

07638 告假 《申报》 1919 年 4 月 2 日 第 157 册 第 527 页

07639 告"江苏"商人 《民国日报》 1921 年 6 月 30 日 第 33 册 第 848 页

07640 告江浙人（言论） 《民国日报》 1925 年 10 月 14 日 第 59 册 第 518 页

07641 告江浙人民（时论） 《民国日报》 1926 年 12 月 1 日 第 66 册 第 119 页

07642 告交涉当局 《申报》 1925 年 6 月 6 日 第 213 册 第 94 页

07643 告诫学生 《申报》 1925 年 5 月 11 日 第 212 册 第 204 页

07644 告今后的中国国民党党员 《民国日报》 1923 年 12 月 27 日 第 48 册 第 792 页

07645 告今后的中国国民党党员（二） 《民国日报》 1923 年 12 月 28 日 第 48 册 第 806 页

07646 告今后之调人 《申报》 1917 年 6 月 18 日 第 146 册 第 846 页

07647 告今后之讨安福者 《申报》 1920 年 7 月 24 日 第 165 册 第 423 页

07648 告今后之有权者 《申报》 1920 年 8 月 4 日 第 165 册 第 613 页

07649 告今人之调人 《申报》 1922 年 4 月 24 日 第 179 册 第 488 页

07650 告今日从事政治运动者（一）/彬 《申报》 1932 年 3 月 25 日 第 291 册 第 163 页

07651 告今日从事政治运动者（二）/彬 《申报》 1932 年 3 月 26 日 第 291 册 第 171 页

07652 告今日开会的善后会议（言论） 《民国日报》 1925 年 2 月 1 日 第 55 册 第 302 页

07653 告今天的群众 《民国日报》 1921 年 11 月 11 日 第 36 册 第 138 页

07654 告今之谋国者 《申报》 1920 年 12 月 27 日 第 167 册 第 979 页

07655 告今之统一与护法者 《申报》 1920 年 11 月 5 日 第 167 册 第 71 页

07656 告京市民众 《中央日报》 1937 年 11 月 22 日 第 40 册 第 889 页

07657　告觉悟的学生们　《民国日报》　1924年6月25日　第51册　第760页

07658　告开市运动者（言论）　《民国日报》　1925年6月20日　第57册　第622页

07659　告两性的民治主张者　《民国日报》　1922年5月12日　第39册　第148页

07660　告鲁籍军人　《申报》　1920年10月20日　第166册　第865页

07661　告乱定后之政府　《申报》　1913年8月16日　第123册　第586页

07662　告迷信苏俄者　《民国日报》　1929年8月17日　第81册　第781页

07663　告南军领袖　《申报》　1920年7月6日　第165册　第103页

07664　告南商会　《申报》　1920年4月8日　第163册　第707页

07665　告溥仪等国奸一群/彬　《申报》　1932年3月12日　第291册　第67页

07666　告青年书/蒋中正　《民国日报》　1929年7月14日　第81册　第219页

07667　告请免裁应增剥价夹片后　《申报》　1880年6月24日　第16册　第677页

07668　告热心赴美留学者　《民国日报》　1924年8月16日　第52册　第628页

07669　告日本国民　《申报》　1932年11月17日　第298册　第433页

07670　告日本新内阁　《申报》　1924年6月16日　第203册　第336页

07671　告日使佐分利　《申报》　1929年9月29日　第262册　第857页

07672　告商人　《申报》　1920年11月17日　第167册　第293页

07673　告上海教育界　《申报》　1938年12月21日　第360册　第324页

07674　告首都人士　《中央日报》　1931年10月9日　第16册　第103页

07675　告朔之饩羊　《申报》　1915年8月24日　第135册　第900页

07676　告苏议会卖票议员　《民国日报》　1917年3月24日　第8册　第262页

07677　告诉威尔基先生：中国在艰苦中建国　《大公报》　1942年10月4日　第149册　第414页

07678　告孙宝琦　《申报》　1924年7月1日　第204册　第6页

07679　告所谓第三团体者　《民国日报》　1919年1月16日　第19册　第170页

07680　告所谓第三者　《民国日报》　1919年3月6日　第20册　第60页

07681　告泰国并勖ABC集团　《大公报》　1941年8月8日　第147册　第148页

07682　告逃资国外者/侯树彤（星期论文）　《大公报》　1938年7月10日　第141册　第44页

07683　告外交当局　《申报》　1917年8月27日　第147册　第978页

07684　告汪精卫和共产派（言论）　《民国日报》　1925年12月17日　第60册

第 556 页

07685 告慰避难上海者 《申报》 1938 年 12 月 14 日 第 360 册 第 214 页

07686 告慰盟邦朋友 《大公报》 1942 年 2 月 12 日 第 148 册 第 182 页

07687 告诬陷爱国运动者 《民国日报》 1920 年 2 月 7 日 第 25 册 第 476 页

07688 告西北同志及民众书（特载）/中央宣传部 《民国日报》 1929 年 6 月 8 日 第 80 册 第 603 页

07689 告西北同志及民众书（专载）/中央宣传部 《民国日报》 1929 年 6 月 10 日 第 80 册 第 636 页

07690 告西北同志及民众书（专载）/中央宣传部 《民国日报》 1929 年 6 月 11 日 第 80 册 第 655 页

07691 告西南义师与调人：不可开武力倒阁之恶例 当注意于约法国会 《民国日报》 1917 年 11 月 18 日 第 12 册 第 206 页

07692 告湘省父老书 《民国日报》 1921 年 11 月 6 日 第 36 册 第 70 页

07693 告徐元诰 《民国日报》 1916 年 8 月 29 日 第 4 册 第 710 页

07694 告颜惠庆辈 《申报》 1923 年 6 月 17 日 第 192 册 第 353 页

07695 告一般注意孙总统来沪主张者 《民国日报》 1922 年 8 月 17 日 第 40 册 第 644 页

07696 告一切国民会议运动者（言论） 《民国日报》 1925 年 1 月 31 日 第 55 册 第 294 页

07697 告以党见诬人者 《民国日报》 1919 年 10 月 28 日 第 23 册 第 686 页

07698 告英实业考察团 《中央日报》 1934 年 9 月 26 日 第 27 册 第 1046 页

07699 告英实业团与美记者团 《大公报》 1934 年 10 月 2 日 第 122 册 第 466 页

07700 告拥兵者 《申报》 1918 年 11 月 28 日 第 155 册 第 434 页

07701 告友军 《民国日报》 1924 年 11 月 4 日 第 54 册 第 25 页

07702 告有价值之主和者 《民国日报》 1919 年 7 月 13 日 第 22 册 第 146 页

07703 告粤桂军人 《申报》 1920 年 11 月 23 日 第 167 册 第 399 页

07704 告越南弟兄 《大公报》 1940 年 12 月 30 日 第 145 册 第 702 页

07705 告灾 《申报》 1924 年 7 月 7 日 第 204 册 第 154 页

07706 告在沪议员 《民国日报》 1922 年 7 月 3 日 第 40 册 第 30 页

07707 告赞成调和者 《民国日报》 1918 年 3 月 18 日 第 14 册 第 206 页

07708 告战事各当局 《申报》 1925 年 11 月 24 日 第 218 册 第 469 页

07709 告浙江金衢严三府同乡：留日学生来稿 《申报》 1906 年 7 月 3 日 第 84 册 第 17 页

07710 告浙江金衢严三府同乡：留日学生来稿（续昨稿） 《申报》 1906 年 7

07737　阁斗　《申报》　1922 年 8 月 30 日　第 183 册　第 628 页

07738　阁令　《申报》　1916 年 5 月 13 日　第 140 册　第 188 页

07739　阁员　《申报》　1923 年 3 月 18 日　第 189 册　第 363 页

07740　阁员辞职说　《申报》　1920 年 12 月 9 日　第 167 册　第 669 页

07741　阁员发表之感言　《申报》　1912 年 4 月 1 日　第 117 册　第 1 页

07742　阁员与同意　《申报》　1923 年 1 月 3 日　第 188 册　第 41 页

07743　阁员之责任　《申报》　1921 年 1 月 30 日　第 168 册　第 471 页

07744　阁制对于君主负责任之质疑　《申报》　1911 年 6 月 3 日　第 112 册　第 578 页

07745　阁制对于君主负责任之质疑续　《申报》　1911 年 6 月 4 日　第 112 册　第 593 页

07746　革除婚嫁陋俗议　《申报》　1893 年 3 月 6 日　第 43 册　第 357 页

07747　革除旧染开拓新生：国民精神总动员的基本途径　《大公报》　1939 年 3 月 18 日　第 142 册　第 306 页

07748　革命不是为自己找出路（专载）/胡汉民　《民国日报》　1930 年 4 月 8 日　第 85 册　第 541 页

07749　革命成功的兴致　《民国日报》　1924 年 7 月 15 日　第 52 册　第 232 页

07750　革命大势说　《申报》　1911 年 10 月 28 日　第 114 册　第 1005 页

07751　革命党不怕送命　《民国日报》　1924 年 6 月 14 日　第 51 册　第 578 页

07752　革命党所应取的态度（言论）　《民国日报》　1925 年 11 月 9 日　第 60 册　第 98 页

07753　革命党又事泄　《申报》　1911 年 10 月 12 日　第 114 册　第 717 页

07754　革命党员的胸襟问题　《民国日报》　1924 年 1 月 10 日　第 49 册　第 126 页

07755　革命的，向前进！　《中央日报》　1930 年 8 月 10 日　第 11 册　第 491 页

07756　革命的和平运动　《民国日报》　1929 年 4 月 2 日　第 79 册　第 571 页

07757　革命的继续性和统一性　《民国日报》　1923 年 4 月 17 日　第 44 册　第 646 页

07758　革命的两个条件　《民国日报》　1924 年 2 月 22 日　第 49 册　第 610 页

07759　革命的人生轨范　《中央日报》　1942 年 10 月 10 日　第 46 册　第 958 页

07760　革命的三狱　《民国日报》　1924 年 6 月 12 日　第 51 册　第 544 页

07761　革命的同志们起来救党与救国：天津民国日报最后的呼声（专载）　《民国日报》　1930 年 3 月 27 日　第 85 册　第 374 页

07762　革命的责任　《中央日报》　1944 年 9 月 22 日　第 50 册　第 104 页

07763　革命的真精神　《民国日报》　1919 年 8 月 19 日　第 22 册　第 554 页

07787　革命与法治　《中央日报》　1939 年 8 月 16 日　第 42 册　第 388 页

07788　革命与反革命　《民国日报》　1924 年 10 月 21 日　第 53 册　第 489 页

07789　革命与反革命（时论）　《民国日报》　1927 年 12 月 16 日　第 71 册　第
　　　 654 页

07790　革命与反革命（续）（时论）　《民国日报》　1927 年 12 月 17 日　第 71
　　　 册　第 678 页

07791　革命与反革命（二续）（时论）　《民国日报》　1927 年 12 月 18 日　第 71
　　　 册　第 696 页

07792　革命与反革命（时论）　《民国日报》　1927 年 12 月 20 日　第 71 册　第
　　　 720 页

07793　革命与反革命（续）（时论）　《民国日报》　1927 年 12 月 22 日　第 71
　　　 册　第 746 页

07794　革命与反革命（续）（时论）　《民国日报》　1927 年 12 月 23 日　第 71
　　　 册　第 760 页

07795　革命与反革命（续）（时论）　《民国日报》　1927 年 12 月 24 日　第 71
　　　 册　第 774 页

07796　革命与反革命（续）（时论）　《民国日报》　1927 年 12 月 25 日　第 71
　　　 册　第 788 页

07797　革命与和平（时论）　《民国日报》　1926 年 11 月 24 日　第 66 册　第
　　　 64 页

07798　革命与教育　《民国日报》　1924 年 7 月 27 日　第 52 册　第 428 页

07799　革命与内乱　《民国日报》　1922 年 12 月 15 日　第 42 册　第 594 页

07800　革命与人格：本月十四日在立法院纪念周讲（代论）/胡汉民　《民国日报》
　　　 1930 年 7 月 20 日　第 87 册　第 246 页

07801　革命与人格：（续）（代论）/胡汉民　《民国日报》　1930 年 7 月 21 日
　　　 第 87 册　第 259 页

07802　革命与宣传　《民国日报》　1923 年 2 月 10 日　第 43 册　第 542 页

07803　革命与宣传（一）　《民国日报》　1922 年 12 月 23 日　第 42 册　第
　　　 704 页

07804　革命与宣传（二）　《民国日报》　1922 年 12 月 24 日　第 42 册　第
　　　 718 页

07805　革命与宣传（二）　《民国日报》　1923 年 2 月 11 日　第 43 册　第
　　　 556 页

07806　革命与宣传（三）　《民国日报》　1922 年 12 月 25 日　第 42 册　第
　　　 732 页

07807　革命与宣传（四）　《民国日报》　1922 年 12 月 26 日　第 42 册　第

209 页

07831　革新论　《民国日报》　1916 年 7 月 13 日　第 4 册　第 146 页

07832　革新上海第一课　《申报》　1944 年 3 月 13 日　第 385 册　第 257 页

07833　革新上海经济　《申报》　1944 年 3 月 15 日　第 385 册　第 263 页

07834　革新运动之新转机　《大公报》　1931 年 4 月 20 日　第 101 册　第 604 页

07835　革新政治必须兑现！　《申报》　1949 年 2 月 17 日　第 400 册　第 280 页

07836　革新政治的前提　《申报》　1943 年 10 月 23 日　第 384 册　第 639 页

07837　革新政治风气　《申报》　1943 年 1 月 8 日　第 383 册　第 34 页

07838　革新政治挽救危亡　《申报》　1949 年 4 月 29 日　第 400 册　第 802 页

07839　格里埃事件与美日谈话　《申报》　1941 年 9 月 8 日　第 377 册　第 494 页

07840　格林氏广州通讯中三个警觉　《民国日报》　1923 年 12 月 16 日　第 48 册　第 634 页

07841　格陵兰与克里特　《中央日报》　1941 年 5 月 28 日　第 44 册　第 890 页

07842　格鲁氏的卓见　《中央日报》　1942 年 11 月 17 日　第 47 册　第 106 页

07843　格物穷理说　《申报》　1890 年 9 月 28 日　第 37 册　第 575 页

07844　格言联璧序　《申报》　1890 年 5 月 18 日　第 36 册　第 797 页

07845　格致取士说　《申报》　1896 年 2 月 10 日　第 52 册　第 239 页

07846　格致书院会讲西学论　《申报》　1895 年 11 月 9 日　第 51 册　第 453 页

07847　格致书院壬辰课艺书后　《申报》　1892 年 12 月 25 日　第 42 册　第 727 页

07848　格致源流说　《申报》　1889 年 7 月 18 日　第 35 册　第 109 页

07849　隔岸观火　《大公报》　1927 年 3 月 15 日　第 78 册　第 533 页

07850　隔海控制论　《申报》　1877 年 10 月 19 日　第 11 册　第 381 页

07851　隔绝　《申报》　1924 年 3 月 5 日　第 200 册　第 96 页

07852　隔离说　《申报》　1923 年 2 月 3 日　第 188 册　第 655 页

07853　个人地位与国家　《申报》　1928 年 4 月 29 日　第 245 册　第 717 页

07854　个人进退的标准　《中央日报》　1929 年 6 月 28 日　第 6 册　第 673 页

07855　个人利害与国家利害　《民国日报》　1923 年 1 月 28 日　第 43 册　第 364 页

07856　个人权利说　《申报》　1928 年 1 月 8 日　第 242 册　第 150 页

07857　个人之善恶　《申报》　1920 年 8 月 12 日　第 165 册　第 749 页

07858　各安生业　《申报》　1916 年 1 月 4 日　第 138 册　第 34 页

07859　各备其备　《申报》　1927 年 2 月 18 日　第 231 册　第 962 页

07860　各表其意思　《申报》　1927 年 3 月 23 日　第 232 册　第 478 页

07861　各不相关之北京内阁　《申报》　1924 年 6 月 3 日　第 203 册　第 49 页

07889　各国个别援华之必要　《申报》（汉口版）　1938 年 2 月 1 日　第 356 册　第 35 页

07890　各国关税保护本国产业　《申报》　1930 年 3 月 19 日　第 268 册　第 510 页

07891　各国会议商标章程　《申报》　1905 年 6 月 3 日　第 80 册　第 297 页

07892　各国会议商标章程（续初一日稿）　《申报》　1905 年 6 月 4 日　第 80 册　第 307 页

07893　各国会议商标章程（续初二日稿）　《申报》　1905 年 6 月 5 日　第 80 册　第 317 页

07894　各国渐趋重农　《申报》　1930 年 8 月 11 日　第 273 册　第 240 页

07895　各国禁运军火进口说　《申报》　1901 年 1 月 4 日　第 67 册　第 19 页

07896　各国口头好意的实验　《民国日报》　1922 年 2 月 2 日　第 37 册　第 342 页

07897　各国劳工界的排日运动　《申报》　1937 年 10 月 20 日　第 355 册　第 778 页

07898　各国人民之要点　《申报》　1914 年 9 月 13 日　第 130 册　第 170 页

07899　各国商业大学之状况　《申报》　1907 年 5 月 19 日　第 88 册　第 238 页

07900　各国商业大学之状况（续）　《申报》　1907 年 5 月 20 日　第 88 册　第 251 页

07901　各国铁路考略　《申报》　1893 年 2 月 6 日　第 43 册　第 221 页

07902　各国通商损益说　《申报》　1885 年 11 月 26 日　第 27 册　第 905 页

07903　各国退还庚子赔款用途之我见　《民国日报》　1924 年 7 月 29 日　第 52 册　第 456 页

07904　各国要求无已说　《申报》　1898 年 6 月 19 日　第 59 册　第 313 页

07905　各国宜调停俄日战事说　《申报》　1905 年 1 月 11 日　第 79 册　第 61 页

07906　各国议会休会后　《申报》　1930 年 12 月 26 日　第 277 册　第 677 页

07907　各国议会重开而后　《申报》　1931 年 1 月 23 日　第 278 册　第 393 页

07908　各国应放弃在华利益/美国威额司 B. G. Wells 著　《民国日报》　1922 年 1 月 7 日　第 37 册　第 82 页

07909　各国应自动放弃领事裁判权　《中央日报》　1931 年 1 月 14 日　第 13 册　第 123 页

07910　各国元旦说　《申报》　1885 年 1 月 22 日　第 26 册　第 125 页

07911　各国在中国商务情形说　《申报》　1899 年 7 月 30 日　第 62 册　第 675 页

07912　各国证券暴跌　《申报》　1930 年 6 月 22 日　第 271 册　第 574 页

07913　各国政党间之变迁　《申报》　1931 年 3 月 11 日　第 280 册　第 270 页

07986　各有　《申报》　1918 年 9 月 14 日　第 154 册　第 225 页

07987　各有年关　《申报》　1920 年 12 月 23 日　第 167 册　第 913 页

07988　各有其说　《申报》　1925 年 1 月 15 日　第 209 册　第 265 页

07989　各有心事　《申报》　1920 年 10 月 19 日　第 166 册　第 845 页

07990　各有一是　《申报》　1916 年 12 月 21 日　第 143 册　第 914 页

07991　各战国之本义　《申报》　1914 年 9 月 15 日　第 130 册　第 198 页

07992　各争先着　《申报》　1924 年 11 月 29 日　第 207 册　第 475 页

07993　各直省武举武生宜拨充军士论　《申报》　1895 年 3 月 12 日　第 49 册　第 379 页

07994　各种力量　《申报》　1926 年 7 月 27 日　第 225 册　第 660 页

07995　各种生产力综合活用（译论）　《申报》　1943 年 8 月 31 日　第 384 册　第 421 页

07996　各自力量　《申报》　1928 年 9 月 22 日　第 250 册　第 617 页

07997　各自为谋　《申报》　1919 年 4 月 18 日　第 157 册　第 783 页

07998　各自为战　《申报》　1924 年 12 月 26 日　第 208 册　第 501 页

07999　各自为之趋势　《申报》　1924 年 1 月 15 日　第 199 册　第 299 页

08000　个电中的关税问题（言论）　《民国日报》　1925 年 4 月 25 日　第 56 册　第 758 页

08001　给敌人一个答复!　《大公报》　1938 年 7 月 13 日　第 141 册　第 58 页

08002　给美国报界的一封信：为杨格氏在东京被捕案　《大公报》　1940 年 2 月 5 日　第 144 册　第 142 页

08003　给美国人一封公开的信/陶孟和（星期论文）　《大公报》　1946 年 9 月 29 日　第 157 册　第 480 页

08004　给平津教师的公开信　《大公报》　1949 年 1 月 5 日　第 164 册　第 623 页

08005　给西安军界的公开信　《大公报》　1936 年 12 月 18 日　第 135 册　第 664 页

08006　给学生大会的参考材料（二）　《民国日报》　1924 年 8 月 3 日　第 52 册　第 512 页

08007　根本　《申报》　1916 年 4 月 10 日　第 139 册　第 642 页

08008　根本策——大策——小策　《申报》　1928 年 3 月 29 日　第 244 册　第 698 页

08009　根本错误　《申报》　1914 年 5 月 30 日　第 128 册　第 470 页

08010　根本否认所谓"满洲国"　《申报》　1932 年 9 月 11 日　第 296 册　第 291 页

08011　根本改革意见书：敬告拥护共和之督军司令　敬告创造民国之血性男子

08088　工人就业问题　《中央日报》　1945 年 11 月 19 日　第 51 册　第 1032 页

08089　工人运动中的愚见（言论）　《民国日报》　1926 年 9 月 1 日　第 59 册　第 2 页

08090　工人之希望　《申报》　1920 年 5 月 1 日　第 164 册　第 15 页

08091　工人组织的观察（言论）　《民国日报》　1926 年 9 月 22 日　第 59 册　第 255 页

08092　工商百业之人事纠纷　《申报》　1940 年 1 月 6 日　第 368 册　第 78 页

08093　工商部官制之建议　《申报》　1912 年 10 月 15 日　第 119 册　第 139 页

08094　工商会议开幕　《民国日报》　1930 年 11 月 1 日　第 89 册　第 6 页

08095　工商会议之评价　《大公报》　1930 年 11 月 11 日　第 99 册　第 124 页

08096　工商会议之使命/郑洪年　《民国日报》　1930 年 11 月 6 日　第 89 册　第 68 页

08097　工商济赈说　《申报》　1888 年 5 月 2 日　第 32 册　第 695 页

08098　工商界的自肃　《申报》　1945 年 2 月 5 日　第 387 册　第 107 页

08099　工商界喊救命了！　《申报》　1946 年 8 月 11 日　第 389 册　第 728 页

08100　工商界如何处变　《申报》　1940 年 11 月 30 日　第 373 册　第 390 页

08101　工商界应破除倚赖心　《中央日报》　1947 年 12 月 13 日　第 57 册　第 1066 页

08102　工商界应善护其南洋贸易　《申报》　1941 年 6 月 28 日　第 376 册　第 714 页

08103　工商业的捐税问题　《大公报》　1947 年 8 月 14 日　第 160 册　第 654 页

08104　工商业的危难　《大公报》　1946 年 12 月 18 日　第 158 册　第 508 页

08105　工商业登记所引起的问题　《申报》　1945 年 12 月 10 日　第 387 册　第 692 页

08106　工商业放款之期待　《申报》　1935 年 11 月 27 日　第 334 册　第 645 页

08107　工商业复兴之曙光　《申报》　1935 年 6 月 25 日　第 329 册　第 649 页

08108　工商业界新危机　《民国日报》　1946 年 4 月 1 日　第 97 册　第 346 页

08109　工商业金融问题报告书之商榷　《申报》　1935 年 3 月 23 日　第 326 册　第 662 页

08110　工商业吸收资金之途将奚出　《申报》　1935 年 8 月 3 日　第 331 册　第 64 页

08111　工商业与实施所得税问题　《大公报》　1936 年 10 月 21 日　第 134 册　第 712 页

08112　工务局路工行凶案　《中央日报》　1947 年 5 月 16 日　第 56 册　第 156 页

08113　工业标准化之重要性　《大公报》　1941 年 10 月 31 日　第 147 册　第

480 页

08114   工业的立体发展/章乃器（星期论文）   《大公报》   1942 年 3 月 15 日
第 148 册   第 312 页

08115   工业复兴问题   《申报》   1935 年 9 月 2 日   第 332 册   第 44 页

08116   工业复员面临的障碍   《中央日报》   1945 年 11 月 10 日   第 51 册   第
978 页

08117   工业复员应有的注意   《中央日报》   1945 年 9 月 15 日   第 51 册   第
636 页

08118   工业复员与劳资合作/尹致中（星期论坛）   《申报》   1946 年 4 月 14 日
第 388 册   第 576 页

08119   工业化的道德   《大公报》   1943 年 11 月 26 日   第 151 册   第 660 页

08120   工业化的基本条件   《中央日报》   1944 年 2 月 11 日   第 49 册   第
196 页

08121   工业化的精神/谷春帆（星期论文）   《大公报》   1943 年 6 月 6 日   第
150 册   第 694 页

08122   工业化的两个重要问题   《大公报》   1940 年 12 月 26 日   第 145 册   第
686 页

08123   工业化的心理建设/顾毓琇（星期论文）   《大公报》   1943 年 12 月 12 日
第 151 册   第 728 页

08124   工业化与民生/王遵明（星期论坛）   《申报》   1948 年 5 月 23 日   第 397
册   第 448 页

08125   工业化中的农牧经济   《中央日报》   1943 年 11 月 27 日   第 48 册   第
968 页

08126   工业会议与动力会议   《大公报》   1929 年 11 月 1 日   第 93 册   第 4 页

08127   工业建国的根本方针   《中央日报》   1943 年 6 月 6 日   第 48 册   第
214 页

08128   工业建设计画之配合/谷春帆（星期论文）   《大公报》   1943 年 8 月 15
日   第 151 册   第 204 页

08129   工业建设与工程师：祝中国工程师学会年会   《中央日报》   1943 年 10 月
21 日   第 48 册   第 814 页

08130   工业建设中之劳力   《中央日报》   1943 年 5 月 1 日   第 48 册   第 2 页

08131   工业奖励与工业保息   《大公报》   1937 年 4 月 19 日   第 137 册   第
692 页

08132   工业界的呼声   《申报》   1949 年 3 月 25 日   第 400 册   第 546 页

08133   工业界之所需于金融业者   《大公报》   1937 年 6 月 15 日   第 138 册   第
652 页

08134　工业救济/谷春帆（星期论文）　《大公报》　1943 年 12 月 26 日　第 151 册　第 790 页

08135　工业南迁　《大公报》　1948 年 4 月 23 日　第 162 册　第 682 页

08136　工业危机之成因与挽救/李烛尘（星期论文）　《大公报》　1946 年 7 月 21 日　第 157 册　第 82 页

08137　工业用银成色问题　《申报》　1935 年 11 月 20 日　第 334 册　第 479 页

08138　工业政策与外资　《大公报》　1944 年 5 月 9 日　第 152 册　第 586 页

08139　工业资本与土地资本　《大公报》　1941 年 11 月 4 日　第 147 册　第 496 页

08140　工业自救/徐可均（星期论坛）　《申报》　1948 年 12 月 5 日　第 399 册　第 420 页

08141　工艺能养无业游民说　《申报》　1906 年 8 月 8 日　第 84 册　第 377 页

08142　工运前途之危机　《大公报》　1929 年 5 月 16 日　第 90 册　第 244 页

08143　工赈　《申报》　1929 年 10 月 19 日　第 263 册　第 535 页

08144　工赈商办议　《申报》　1889 年 12 月 4 日　第 35 册　第 969 页

08145　工作代消闲　《申报》　1944 年 5 月 23 日　第 385 册　第 497 页

08146　工作竞赛的消极面　《大公报》　1942 年 3 月 20 日　第 148 册　第 334 页

08147　工作竞赛的意义与步骤　《中央日报》　1942 年 3 月 15 日　第 45 册　第 940 页

08148　工作竞赛运动　《中央日报》　1939 年 3 月 7 日　第 41 册　第 860 页

08149　工作之要义　《申报》　1927 年 7 月 27 日　第 236 册　第 562 页

08150　公布名单捉拿战犯　《大公报》　1945 年 11 月 13 日　第 155 册　第 586 页

08151　公道老人劝息争论　《申报》　1874 年 1 月 9 日　第 4 册　第 29 页

08152　公道战争并论美国对我态度　《中央日报》　1943 年 1 月 8 日　第 47 册　第 430 页

08153　公道之出兵论：（一）简单之条目　《民国日报》　1918 年 7 月 27 日　第 16 册　第 290 页

08154　公道之出兵论（续）：防边　《民国日报》　1918 年 7 月 28 日　第 16 册　第 302 页

08155　公道之出兵论（二续）：与协约国共同出兵　《民国日报》　1918 年 7 月 29 日　第 16 册　第 314 页

08156　公道之可恃　《申报》　1920 年 7 月 15 日　第 165 册　第 275 页

08157　公道自在人心　《申报》　1920 年 10 月 8 日　第 166 册　第 638 页

08158　公法关系论　《申报》　1903 年 10 月 9 日　第 75 册　第 269 页

08159　公法禁邻国干预内政说　《申报》　1898 年 11 月 1 日　第 60 册　第

445 页

08160　公共信仰与统一/丁文江（星期论文）　《大公报》　1934 年 1 月 14 日　第 118 册　第 174 页

08161　公共租界电车又复加价　《申报》　1941 年 6 月 14 日　第 376 册　第 534 页

08162　公共租界董事名额问题　《申报》　1941 年 4 月 3 日　第 375 册　第 420 页

08163　公共租界工厂检查问题　《申报》　1934 年 8 月 22 日　第 319 册　第 616 页

08164　公共租界工厂检查问题　《申报》　1936 年 7 月 13 日　第 342 册　第 337 页

08165　公估局短交银实近事　《申报》　1875 年 5 月 31 日　第 6 册　第 493 页

08166　公家花园纳凉记　《申报》　1889 年 8 月 11 日　第 35 册　第 261 页

08167　公教人员待遇应速按生活费指数计算　《大公报》　1947 年 10 月 17 日　第 161 册　第 284 页

08168　公教人员待遇急需调整　《中央日报》　1946 年 5 月 30 日　第 52 册　第 1088 页

08169　公教人员薪津调整问题　《中央日报》　1946 年 5 月 15 日　第 52 册　第 998 页

08170　公教人员之最低生活　《申报》　1943 年 11 月 19 日　第 384 册　第 747 页

08171　公开荐举议/胡适（星期论文）　《大公报》　1934 年 3 月 4 日　第 119 册　第 46 页

08172　公开外交积案与废约　《民国日报》　1924 年 7 月 24 日　第 52 册　第 381 页

08173　公开与彻底　《大公报》　1944 年 1 月 22 日　第 152 册　第 94 页

08174　"公开"之明效大验　《大公报》　1944 年 9 月 8 日　第 153 册　第 320 页

08175　公理到底不减　《中央日报》　1932 年 3 月 22 日　第 17 册　第 441 页

08176　公理尚待测验　《大公报》　1932 年 12 月 9 日　第 111 册　第 460 页

08177　公理与强权最后之决斗　《民国日报》　1931 年 11 月 21 日　第 95 册　第 258 页

08178　公理与实力　《申报》　1918 年 11 月 24 日　第 155 册　第 370 页

08179　公理战胜博爱战胜　《民国日报》　1923 年 1 月 12 日　第 43 册　第 144 页

08180　公理战胜后的庆祝声　《民国日报》　1923 年 1 月 20 日　第 43 册　第

254 页

08181 公理正义的成功 《中央日报》 1945 年 1 月 30 日 第 50 册 第 664 页

08182 公利说 《申报》 1897 年 1 月 9 日 第 55 册 第 49 页

08183 公路之利用 《大公报》 1936 年 6 月 30 日 第 132 册 第 844 页

08184 公民大会说 《申报》 1920 年 7 月 30 日 第 165 册 第 533 页

08185 公民大会之两说 《申报》 1915 年 9 月 30 日 第 136 册 第 464 页

08186 公民的责任（论载） 《民国日报》 1927 年 8 月 12 日 第 69 册 第 626 页

08187 公民放弃责任之可惜 《申报》 1920 年 6 月 21 日 第 164 册 第 951 页

08188 公民投票与国际纠纷 《申报》 1936 年 7 月 11 日 第 342 册 第 280 页

08189 公民团与政府 《申报》 1917 年 5 月 12 日 第 146 册 第 194 页

08190 公民宣誓登记 《中央日报》 1936 年 7 月 18 日 第 35 册 第 209 页

08191 公平 《申报》 1920 年 10 月 11 日 第 166 册 第 726 页

08192 公平任人与廉洁律己 《中央日报》 1930 年 11 月 27 日 第 12 册 第 695 页

08193 公平正直 《申报》 1927 年 6 月 25 日 第 235 册 第 518 页

08194 公器公用 《申报》 1929 年 1 月 21 日 第 254 册 第 547 页

08195 公然之战与不宣之战：举国之战与一隅之战 《申报》 1933 年 2 月 20 日 第 301 册 第 560 页

08196 公事解 《申报》 1878 年 3 月 21 日 第 12 册 第 249 页

08197 公事私事 《申报》 1924 年 4 月 25 日 第 201 册 第 515 页

08198 公司多则市面旺论 《申报》 1882 年 8 月 24 日 第 21 册 第 325 页

08199 公司股票不能流通之原因何在 《申报》 1935 年 8 月 15 日 第 331 册 第 364 页

08200 公司律调查案理由书叙例 《申报》 1909 年 5 月 28 日 第 100 册 第 379 页

08201 公司律之一要点 《申报》 1921 年 6 月 7 日 第 170 册 第 657 页

08202 公司选举资格问题 《申报》 1908 年 11 月 29 日 第 97 册 第 436 页

08203 公司与政府 《申报》 1922 年 4 月 9 日 第 179 册 第 167 页

08204 公司组织法中外之比较 《申报》 1908 年 7 月 9 日 第 95 册 第 114 页

08205 公私界说 《申报》 1925 年 7 月 29 日 第 214 册 第 543 页

08206 公私立中学的收费问题/袁哲（专论） 《申报》 1948 年 2 月 17 日 第 396 册 第 424 页

08207 公私三说 《申报》 1927 年 1 月 5 日 第 231 册 第 104 页

08208 公私振务机关所作何事 《大公报》 1929 年 1 月 24 日 第 88 册 第 344 页

08209　公团之主张　《申报》　1920 年 7 月 16 日　第 165 册　第 287 页

08210　公务技术人员应有保障/彬　《申报》　1932 年 4 月 10 日　第 291 册　第 341 页

08211　公务人员训练问题　《大公报》　1947 年 2 月 1 日　第 159 册　第 222 页

08212　公务人员与罢工：上海邮务人员罢工问题　《中央日报》　1932 年 5 月 24 日　第 18 册　第 106 页

08213　公务员待遇问题　《大公报》　1946 年 6 月 4 日　第 156 册　第 616 页

08214　公务员的进修　《申报》　1944 年 4 月 24 日　第 385 册　第 399 页

08215　公务员的苛捐杂税/傅孟真（星期论文）　《大公报》　1936 年 2 月 9 日　第 130 册　第 426 页

08216　公务员服务规程　《大公报》　1939 年 4 月 11 日　第 142 册　第 402 页

08217　公务员合作　《中央日报》　1940 年 1 月 28 日　第 42 册　第 1060 页

08218　公务员进修问题　《中央日报》　1944 年 1 月 17 日　第 49 册　第 90 页

08219　公务员考绩之意义　《申报》　1935 年 11 月 8 日　第 334 册　第 183 页

08220　公务员内外互调　《大公报》　1944 年 2 月 16 日　第 152 册　第 204 页

08221　公务员退休抚恤制的确立　《申报》　1947 年 6 月 20 日　第 393 册　第 806 页

08222　公务员与商人　《大公报》　1940 年 11 月 9 日　第 145 册　第 500 页

08223　公廨案之一批评（时论）　《民国日报》　1926 年 7 月 24 日　第 64 册　第 232 页

08224　公言　《申报》　1916 年 6 月 12 日　第 140 册　第 658 页

08225　公医制度/俞松筠（星期论坛）　《申报》　1945 年 12 月 23 日　第 387 册　第 759 页

08226　公益重于私利　《申报》　1945 年 2 月 7 日　第 387 册　第 113 页

08227　"公益重于私利"/陈彬龢（代论）　《申报》　1945 年 3 月 6 日　第 387 册　第 185 页

08228　公意与常识的胜利：祝罗斯福膺选第三任总统　《申报》　1940 年 11 月 7 日　第 373 册　第 84 页

08229　公用事业　《申报》　1944 年 10 月 12 日　第 386 册　第 333 页

08230　公用事业不许涨价　《民国日报》　1946 年 4 月 12 日　第 97 册　第 389 页

08231　公用事业的补贴政策　《申报》　1947 年 3 月 24 日　第 392 册　第 866 页

08232　公用事业调整价格问题　《申报》　1947 年 10 月 18 日　第 395 册　第 176 页

08233　公用事业计价单位问题　《申报》　1949 年 3 月 8 日　第 400 册　第 414 页

第 43 页

08283 恭读二十四日上谕书后 《申报》 1910 年 10 月 1 日 第 108 册 第
482 页

08284 恭读二月初二日上谕谨书 《申报》 1881 年 4 月 25 日 第 18 册 第
433 页

08285 恭读二月初二日上谕谨注 《申报》 1899 年 1 月 17 日 第 61 册 第
97 页

08286 恭读二月初九日上谕敬注 《申报》 1896 年 3 月 31 日 第 52 册 第
519 页

08287 恭读二月初四日上谕谨注 《申报》 1899 年 4 月 2 日 第 61 册 第
541 页

08288 恭读光绪二十二年十二月二十六日川督鹿奏奉上谕二十九日御史李奏奉上谕
各一道谨注 《申报》 1897 年 2 月 17 日 第 55 册 第 249 页

08289 恭读光绪二十二年十二月二十六日上谕敬注 《申报》 1897 年 2 月 9 日
第 55 册 第 199 页

08290 恭读光绪二十七年十二月二十三日上谕敬注 《申报》 1902 年 2 月 15 日
第 70 册 第 233 页

08291 恭读国府宣言 《大公报》 1937 年 11 月 21 日 第 139 册 第 621 页

08292 恭读回銮上谕即书本报陕省宜办营田以实仓储说后 《申报》 1900 年 10
月 28 日 第 66 册 第 337 页

08293 恭读奖励台防弁员上谕谨注 《申报》 1885 年 7 月 20 日 第 27 册 第
115 页

08294 恭读蒋主席和平解决国是声明 《民国日报》 1946 年 10 月 18 日 第 99
册 第 221 页

08295 恭读九月初七日电传上谕谨注 《申报》 1887 年 10 月 29 日 第 31 册
第 773 页

08296 恭读九月初五日电传上谕谨注 《申报》 1892 年 10 月 28 日 第 42 册
第 365 页

08297 恭读九月初一日上谕谨注 《申报》 1903 年 10 月 24 日 第 75 册 第
379 页

08298 恭读九月二十三日二十六日懿旨两道谨注其后 《申报》 1898 年 11 月 20
日 第 60 册 第 581 页

08299 恭读九月十一日懿旨书后 《申报》 1898 年 10 月 29 日 第 60 册 第
421 页

08300 恭读六月初二日电传上谕谨注 《申报》 1894 年 7 月 8 日 第 47 册 第
501 页

08301 恭读六月初四日上谕谨注 《申报》 1899 年 7 月 18 日 第 62 册 第

593 页

08302　恭读六月初一日上谕敬陈管见　《申报》　1898 年 7 月 31 日　第 59 册　第 615 页

08303　恭读六月十四日电传上谕谨注　《申报》　1897 年 7 月 17 日　第 56 册　第 475 页

08304　恭读七月初九日上谕谨注　《申报》　1903 年 9 月 8 日　第 75 册　第 53 页

08305　恭读七月初十日上谕谨注　《申报》　1898 年 8 月 30 日　第 59 册　第 835 页

08306　恭读七月初五日上谕谨注　《申报》　1898 年 8 月 25 日　第 59 册　第 799 页

08307　恭读七月初一日上谕谨注　《申报》　1901 年 8 月 20 日　第 68 册　第 669 页

08308　恭读七月二十三日上谕谨注　《申报》　1898 年 9 月 23 日　第 60 册　第 161 页

08309　恭读七月十四日上谕谨注　《申报》　1898 年 9 月 4 日　第 60 册　第 23 页

08310　恭读去年十二月二十五日上谕谨注　《申报》　1898 年 1 月 27 日　第 58 册　第 125 页

08311　恭读闰八月初二日上谕谨注于后　《申报》　1900 年 9 月 30 日　第 66 册　第 169 页

08312　恭读闰八月初六日及二十日上谕谨注　《申报》　1900 年 10 月 27 日　第 66 册　第 331 页

08313　恭读闰八月初三日上谕谨注　《申报》　1900 年 10 月 7 日　第 66 册　第 211 页

08314　恭读闰三月二十六日上谕谨注　《申报》　1898 年 5 月 26 日　第 59 册　第 153 页

08315　恭读三月二十二日补授刘永福为广东南澳镇总兵上谕谨书　《申报》　1886 年 4 月 30 日　第 28 册　第 671 页

08316　恭读三月二十二日上谕谨注　《申报》　1906 年 4 月 17 日　第 83 册　第 161 页

08317　恭读三月二十五日上谕敬注　《申报》　1903 年 4 月 25 日　第 73 册　第 695 页

08318　恭读三月二十一日上谕敬注　《申报》　1900 年 4 月 24 日　第 64 册　第 721 页

08319　恭读三月十八日上谕谨注于后　《申报》　1900 年 4 月 20 日　第 64 册

08357　恭读正月初八日上谕谨再注　《申报》　1898 年 2 月 5 日　第 58 册　第 179 页

08358　恭读正月初八日上谕谨注　《申报》　1898 年 2 月 2 日　第 58 册　第 161 页

08359　恭读正月初六日上谕谨注　《申报》　1900 年 2 月 16 日　第 64 册　第 247 页

08360　恭读正月初六日上谕再谨注　《申报》　1898 年 2 月 3 日　第 58 册　第 167 页

08361　恭读正月二十一日上谕谨注　《申报》　1900 年 2 月 23 日　第 64 册　第 285 页

08362　恭读正月三十日上谕谨注　《申报》　1898 年 2 月 24 日　第 58 册　第 293 页

08363　恭读郑工合龙保奖案谕旨谨注　《申报》　1889 年 2 月 7 日　第 34 册　第 159 页

08364　恭读主席声明全文　《民国日报》　1946 年 11 月 9 日　第 99 册　第 311 页

08365　恭逢皇帝举行大婚典礼志庆　《申报》　1872 年 5 月 15 日　第 1 册　第 45 页

08366　恭贺新禧（言论）　《民国日报》　1927 年 1 月 1 日　第 67 册　第 2 页

08367　恭贺浙江废督　《申报》　1922 年 6 月 18 日　第 181 册　第 352 页

08368　恭记本朝俭德　《申报》　1875 年 10 月 28 日　第 7 册　第 409 页

08369　恭纪大行皇帝政绩　《申报》　1908 年 11 月 20 日　第 97 册　第 304 页

08370　恭纪万寿庆礼　《申报》　1881 年 12 月 3 日　第 19 册　第 621 页

08371　恭纪万寿盛仪　《申报》　1884 年 11 月 30 日　第 25 册　第 869 页

08372　恭录三月十二日恩诏　《申报》　1900 年 4 月 23 日　第 64 册　第 713 页

08373　恭录上谕　《申报》　1875 年 2 月 3 日　第 6 册　第 113 页

08374　恭录上谕　《申报》　1879 年 8 月 6 日　第 15 册　第 145 页

08375　恭录上谕不准营员监收钱粮书后　《申报》　1879 年 11 月 21 日　第 15 册　第 573 页

08376　恭录升祔太庙腾黄　《申报》　1879 年 9 月 24 日　第 15 册　第 341 页

08377　恭录训斥臣工谕旨书后　《申报》　1879 年 1 月 7 日　第 14 册　第 21 页

08378　恭录谕旨　《申报》　1879 年 11 月 17 日　第 15 册　第 557 页

08379　恭录谕旨　《申报》　1880 年 3 月 13 日　第 16 册　第 265 页

08380　恭拟大婚礼成贺表　《申报》　1889 年 2 月 26 日　第 34 册　第 265 页

08381　恭拟今上亲政颂　《申报》　1883 年 1 月 29 日　第 30 册　第 127 页

08382　恭释便宜行事谕旨　《申报》　1876 年 9 月 4 日　第 9 册　第 221 页

08383　恭书整顿厘金积弊上谕后　《申报》　1886 年 9 月 19 日　第 29 册　第 493 页

08384　恭送北行议员　《民国日报》　1922 年 7 月 8 日　第 40 册　第 98 页

08385　恭送中山先生灵榇南归　《大公报》　1929 年 5 月 26 日　第 90 册　第 404 页

08386　恭译本月二十日上谕知宋侍御有乡会试第三场及各项考试策题宜专问时务奏折因作此论　《申报》　1896 年 12 月 27 日　第 54 册　第 737 页

08387　恭译赦崇钦使谕旨书后　《申报》　1880 年 7 月 15 日　第 17 册　第 57 页

08388　恭译十二月初二日上谕知潘侍御新有各奏折篇感而书此　《申报》　1897 年 1 月 8 日　第 55 册　第 43 页

08389　恭注二月二十三日赏给唐中丞巡抚衔上谕后　《申报》　1887 年 3 月 25 日　第 30 册　第 463 页

08390　恭注七月初二日上谕　《申报》　1907 年 8 月 12 日　第 89 册　第 509 页

08391　恭祝慈禧端佑康颐豫庄诚寿恭钦献崇熙皇太后六旬万寿圣德颂并序　《申报》　1894 年 11 月 7 日　第 48 册　第 423 页

08392　恭祝华诞　《民国日报》　1946 年 10 月 31 日　第 99 册　第 274 页

08393　恭祝亲政大典纪盛　《申报》　1887 年 3 月 9 日　第 30 册　第 361 页

08394　恭祝朱森庭明府六十寿序　《申报》　1892 年 9 月 28 日　第 42 册　第 175 页

08395　躬自厚　《大公报》　1927 年 4 月 1 日　第 79 册　第 1 页

08396　龚氏之言　《申报》　1919 年 7 月 2 日　第 159 册　第 19 页

08397　龚王之两总观　《民国日报》　1919 年 7 月 19 日　第 22 册　第 218 页

08398　巩固北洋正统的怪论：吴佩孚说的　《民国日报》　1922 年 5 月 29 日　第 39 册　第 382 页

08399　巩固后方与维护金融　《中央日报》　1932 年 2 月 4 日　第 17 册　第 255 页

08400　巩固团结抗战到底　《中央日报》　1939 年 7 月 16 日　第 42 册　第 260 页

08401　巩固武汉中心　《大公报》　1937 年 12 月 10 日　第 139 册　第 698 页

08402　巩固西北　《大公报》　1938 年 6 月 15 日　第 140 册　第 736 页

08403　巩固邮基纲要建议案之成立　《申报》　1933 年 6 月 17 日　第 305 册　第 460 页

08404　巩固中央政权之必要　《申报》　1912 年 6 月 17 日　第 117 册　第 759 页

08405　共产党的第五策略　《中央日报》　1946 年 4 月 27 日　第 52 册　第 890 页

08406　共产党的经纪人　《中央日报》　1947 年 10 月 19 日　第 57 册　第 506 页

08407 共产党的炮灰战术 《中央日报》 1946 年 4 月 29 日 第 52 册 第 902 页

08408 共产党反美运动展开了 《中央日报》 1946 年 6 月 10 日 第 53 册 第 78 页

08409 共产党反民主是徒然的 《中央日报》 1946 年 5 月 2 日 第 52 册 第 920 页

08410 共产党拒绝和谈 《中央日报》 1947 年 1 月 21 日 第 55 册 第 256 页

08411 共产党军事的颓势 《中央日报》 1947 年 4 月 3 日 第 55 册 第 920 页

08412 共产党实践诺言的机会 《中央日报》 1946 年 5 月 27 日 第 52 册 第 1070 页

08413 共产党新策划之揭幕 《中央日报》 1946 年 4 月 6 日 第 52 册 第 764 页

08414 共产党新行动的信号 《中央日报》 1946 年 4 月 9 日 第 52 册 第 782 页

08415 共产党意欲何为? 《中央日报》 1946 年 3 月 20 日 第 52 册 第 663 页

08416 共产党在华失败之批判 《大公报》 1927 年 7 月 1 日 第 80 册 第 1 页

08417 共产党在江西之末路（论载） 《民国日报》 1927 年 7 月 23 日 第 69 册 第 316 页

08418 共产党在中国之解剖 《民国日报》 1931 年 3 月 8 日 第 91 册 第 92 页

08419 共产国际的出现 《申报》 1947 年 10 月 8 日 第 395 册 第 72 页

08420 共产国际的东方政策与中国 《中央日报》 1948 年 10 月 29 日 第 60 册 第 450 页

08421 共党的三罢一惨政策 《中央日报》 1947 年 3 月 14 日 第 55 册 第 754 页

08422 共党分子自新问题 《中央日报》 1947 年 9 月 11 日 第 57 册 第 112 页

08423 共党会放下屠刀吗? 《中央日报》 1947 年 8 月 28 日 第 56 册 第 1214 页

08424 共党竟自称爱国! 《中央日报》 1947 年 9 月 5 日 第 57 册 第 50 页

08425 共党另组政府说 《民国日报》 1946 年 8 月 31 日 第 98 册 第 552 页

08426 共党内讧与苏俄之外交政策（社论） 《民国日报》 1927 年 11 月 3 日 第 71 册 第 30 页

08427 共党如退出长春 《民国日报》 1946 年 5 月 23 日 第 98 册 第 93 页

08428 共党"土地革命"底用意 《中央日报》 1947 年 11 月 19 日 第 57 册

第 824 页

08429　共党应退出拉法德州　《民国日报》　1946 年 6 月 14 日　第 98 册　第 181 页

08430　共渡目前之难关　《民国日报》　1931 年 12 月 12 日　第 95 册　第 517 页

08431　共匪的内容及其蔓延的原因（专载）/何应钦　《民国日报》　1931 年 3 月 21 日　第 91 册　第 247 页

08432　共匪的驼鸟政策　《中央日报》　1948 年 5 月 17 日　第 59 册　第 140 页

08433　共匪之士革与学运　《中央日报》　1948 年 4 月 8 日　第 58 册　第 882 页

08434　共扶危局　《申报》　1918 年 3 月 23 日　第 151 册　第 334 页

08435　共赴国难此其时矣　《民国日报》　1931 年 11 月 15 日　第 95 册　第 175 页

08436　共管德国日本之鉴　《大公报》　1945 年 6 月 8 日　第 154 册　第 672 页

08437　共管论　《申报》　1922 年 8 月 31 日　第 183 册　第 650 页

08438　共管日本　《大公报》　1946 年 1 月 5 日　第 156 册　第 20 页

08439　共管铁路和警备长江　《民国日报》　1923 年 9 月 29 日　第 47 册　第 402 页

08440　共管中国案　《民国日报》　1921 年 11 月 14 日　第 36 册　第 180 页

08441　共和国以道德为立国之本　《申报》　1920 年 8 月 14 日　第 165 册　第 794 页

08442　共和纪念　《申报》　1916 年 2 月 12 日　第 138 册　第 512 页

08443　共和民国大总统履任祝词　《申报》　1912 年 1 月 1 日　第 116 册　第 2 页

08444　共和派与非共和派之争点　《民国日报》　1918 年 4 月 2 日　第 14 册　第 382 页

08445　共和篇一　《申报》　1911 年 12 月 22 日　第 115 册　第 725 页

08446　共和篇二　《申报》　1911 年 12 月 24 日　第 115 册　第 755 页

08447　共和危言　《申报》　1912 年 3 月 28 日　第 116 册　第 731 页

08448　共和与道德　《申报》　1912 年 8 月 12 日　第 118 册　第 421 页

08449　共和与试验　《申报》　1915 年 10 月 14 日　第 136 册　第 688 页

08450　共和与亡国　《申报》　1915 年 8 月 25 日　第 135 册　第 916 页

08451　共祸果足畏耶　《大公报》　1930 年 8 月 13 日　第 97 册　第 520 页

08452　共军竟如此停战！　《申报》　1946 年 6 月 13 日　第 389 册　第 108 页

08453　共军应退回原防　《中央日报》　1946 年 6 月 18 日　第 53 册　第 146 页

08454　共弃之安福　《申报》　1920 年 6 月 30 日　第 164 册　第 1107 页

08455　"共荣圈"的末运　《大公报》　1944 年 3 月 18 日　第 152 册　第 342 页

08456　共同奋斗的共同目标　《中央日报》　1946 年 11 月 21 日　第 54 册　第

642 页

08457 共同克服上海危机/陈彬龢（代论） 《申报》 1944 年 2 月 2 日 第 385 册 第 113 页

08458 共同利益与个别利益 《中央日报》 1942 年 12 月 9 日 第 47 册 第 244 页

08459 共同努力 《申报》 1928 年 11 月 11 日 第 252 册 第 290 页

08460 共同态度 《申报》 1937 年 11 月 17 日 第 355 册 第 1026 页

08461 共同维系向心力 《大公报》 1936 年 12 月 25 日 第 135 册 第 762 页

08462 共同行动时间 《申报》 1925 年 7 月 25 日 第 214 册 第 467 页

08463 共同最高额与远东均势问题 《申报》 1935 年 12 月 17 日 第 335 册 第 399 页

08464 共同作战与健全机构 《大公报》 1942 年 6 月 4 日 第 148 册 第 658 页

08465 共图转圜中之海会 《申报》 1930 年 3 月 16 日 第 268 册 第 430 页

08466 贡波斯逝世后匈牙利政局的动向 《申报》 1936 年 10 月 8 日 第 345 册 第 190 页

08467 贡献给武汉抗敌运动大会 《大公报》 1938 年 3 月 16 日 第 140 册 第 316 页

08468 贡献给物价评议会 《申报》 1943 年 12 月 27 日 第 384 册 第 903 页

08469 贡献几项意见 《中央日报》 1946 年 11 月 22 日 第 54 册 第 654 页

08470 贡献吾人财力 《申报》（香港版） 1938 年 5 月 7 日 第 356 册 第 669 页

08471 贡献吾人财力！ 《申报》（汉口版） 1938 年 4 月 27 日 第 356 册 第 209 页

08472 贡献于本市二次代表大会 《中央日报》 1931 年 2 月 2 日 第 13 册 第 359 页

08473 贡献于工商会议 《中央日报》 1930 年 11 月 1 日 第 12 册 第 375 页

08474 贡献于米统会当局 《申报》 1943 年 10 月 22 日 第 384 册 第 635 页

08475 贡献于全国反日会的 《民国日报》 1928 年 7 月 24 日 第 75 册 第 410 页

08476 贡献于全国教育会议 《大公报》 1939 年 3 月 1 日 第 142 册 第 238 页

08477 贡献于全国警政会议 《申报》 1943 年 9 月 24 日 第 384 册 第 519 页

08478 贡献于日语教师 《申报》 1944 年 3 月 11 日 第 385 册 第 249 页

08479 贡献于商统会 《申报》 1944 年 7 月 8 日 第 386 册 第 25 页

08480 贡献于审查委员会 《大公报》 1941 年 6 月 13 日 第 146 册 第 668 页

08481　贡献于市民大会者　《民国日报》　1931 年 9 月 26 日　第 94 册　第 323 页

08482　勾结　《申报》　1922 年 5 月 31 日　第 180 册　第 619 页

08483　勾结　《申报》　1928 年 8 月 23 日　第 249 册　第 641 页

08484　勾结与冲突　《申报》　1923 年 1 月 22 日　第 188 册　第 425 页

08485　勾漏山蒙崇实学辨　《申报》　1873 年 7 月 15 日　第 3 册　第 49 页

08486　沟通伦理教育与政治教育之必要　《大公报》　1934 年 11 月 21 日　第 123 册　第 296 页

08487　沟通中藏文化之基件　《中央日报》　1937 年 3 月 30 日　第 38 册　第 353 页

08488　苟安　《申报》　1922 年 1 月 17 日　第 177 册　第 289 页

08489　苟安之局　《申报》　1925 年 4 月 16 日　第 211 册　第 281 页

08490　苟存的心理/陶希圣（星期论坛）　《申报》　1937 年 8 月 1 日　第 355 册　第 6 页

08491　购办军火宜筹善法说　《申报》　1885 年 8 月 11 日　第 27 册　第 247 页

08492　购办军火宜改繁归简说　《申报》　1885 年 9 月 25 日　第 27 册　第 527 页

08493　购储战区粮食　《中央日报》　1939 年 11 月 20 日　第 42 册　第 776 页

08494　购买股份亦宜自慎说　《申报》　1882 年 9 月 2 日　第 21 册　第 379 页

08495　购买救国公债!　《大公报》　1937 年 10 月 21 日　第 139 册　第 497 页

08496　购造船械末议　《申报》　1881 年 3 月 13 日　第 18 册　第 257 页

08497　估计德军的力量以其对苏"七月攻势"作根据　《大公报》　1943 年 7 月 29 日　第 151 册　第 130 页

08498　姑妄言之　《申报》　1874 年 10 月 29 日　第 5 册　第 415 页

08499　姑作乐观　《申报》　1914 年 4 月 29 日　第 127 册　第 968 页

08500　孤立　《申报》　1922 年 5 月 16 日　第 180 册　第 314 页

08501　孤立主义之最后一滴　《中央日报》　1941 年 11 月 1 日　第 45 册　第 388 页

08502　辜鸿铭荒谬绝伦　《申报》　1920 年 8 月 4 日　第 165 册　第 617 页

08503　辜仁发案与江苏行政　《大公报》　1934 年 4 月 7 日　第 119 册　第 526 页

08504　古巴三次政变　《中央日报》　1933 年 9 月 23 日　第 23 册　第 836 页

08505　古巴政变的观察　《大公报》　1933 年 9 月 11 日　第 116 册　第 150 页

08506　古典经济学的盛衰/赵迺搏（星期论文）　《大公报》　1948 年 4 月 18 日　第 162 册　第 652 页

08507　古今边疆广狭攻守难易论　《申报》　1885 年 10 月 28 日　第 27 册　第

731 页

08508　古今兵事论　《申报》　1872 年 6 月 22 日　第 1 册　第 177 页

08509　古今天下时局论　《申报》　1891 年 11 月 22 日　第 39 册　第 875 页

08510　古今战争中之希腊/沙学浚（星期论文）　《大公报》　1941 年 2 月 2 日
　　　第 146 册　第 140 页

08511　古拉湾海战及其他　《大公报》　1943 年 7 月 16 日　第 151 册　第 70 页

08512　古老世界的遗留：由南非大选说起　《大公报》　1948 年 6 月 1 日　第 163
　　　册　第 188 页

08513　古乐今乐论　《申报》　1893 年 10 月 4 日　第 45 册　第 225 页

08514　古伶今伶辨　《申报》　1882 年 2 月 2 日　第 20 册　第 129 页

08515　古物陈列所古物不可分散　《大公报》　1930 年 11 月 7 日　第 99 册　第
　　　76 页

08516　古物南迁　《中央日报》　1933 年 2 月 12 日　第 21 册　第 394 页

08517　古养生说　《申报》　1920 年 11 月 13 日　第 167 册　第 227 页

08518　古之医学失传论　《申报》　1892 年 10 月 9 日　第 42 册　第 247 页

08519　谷贱伤农由于工价太贵说　《申报》　1881 年 9 月 20 日　第 19 册　第
　　　325 页

08520　谷正之与青木一男　《大公报》　1942 年 9 月 19 日　第 149 册　第 350 页

08521　股分长跌无常说　《申报》　1883 年 6 月 3 日　第 22 册　第 799 页

08522　股分转机说　《申报》　1884 年 12 月 12 日　第 25 册　第 937 页

08523　股票问答　《申报》　1883 年 11 月 5 日　第 23 册　第 765 页

08524　牯岭会议　《大公报》　1933 年 7 月 22 日　第 115 册　第 298 页

08525　牯岭会议　《大公报》　1932 年 8 月 20 日　第 109 册　第 604 页

08526　骨鲠在喉　《申报》　1916 年 12 月 12 日　第 143 册　第 756 页

08527　鼓浪屿事件与上海问题　《申报》　1939 年 5 月 21 日　第 363 册　第
　　　906 页

08528　鼓励民气勿使消沉　《申报》　1937 年 8 月 7 日　第 355 册　第 135 页

08529　鼓铸铜元宜改紫铜为黄铜说　《申报》　1904 年 10 月 30 日　第 78 册　第
　　　401 页

08530　鼓铸铜元宜改紫铜为黄铜说（接九月二十二日稿）　《申报》　1904 年 11
　　　月 8 日　第 78 册　第 465 页

08531　固本切要论　《申报》　1888 年 7 月 5 日　第 33 册　第 31 页

08532　固大局·策远图　《中央日报》　1944 年 9 月 28 日　第 50 册　第 126 页

08533　固大局作根本之图　《中央日报》　1949 年 1 月 18 日　第 60 册　第
　　　888 页

08534　固定脚跟（专论）/胡朴安　《民国日报》　1946 年 8 月 3 日　第 98 册

第 386 页

08535 固藩三策闰篇 《申报》 1883 年 2 月 28 日 第 22 册 第 265 页

08536 固藩三策上篇 《申报》 1883 年 2 月 17 日 第 22 册 第 215 页

08537 固藩三策下篇 《申报》 1883 年 2 月 25 日 第 22 册 第 253 页

08538 固藩三策中篇 《申报》 1883 年 2 月 22 日 第 22 册 第 241 页

08539 固结同志 《申报》 1928 年 6 月 18 日 第 247 册 第 493 页

08540 固内力 《申报》 1928 年 8 月 7 日 第 249 册 第 175 页

08541 固执 《申报》 1927 年 8 月 18 日 第 237 册 第 368 页

08542 固执嫌怨 《申报》 1926 年 5 月 14 日 第 223 册 第 318 页

08543 故都兴废在此一举 《大公报》 1930 年 11 月 29 日 第 99 册 第 340 页

08544 故宫案法院停止进行? 《大公报》 1933 年 7 月 23 日 第 115 册 第 312 页

08545 故宫盗宝案亟应严办 《申报》 1934 年 12 月 25 日 第 323 册 第 726 页

08546 故宫古物以就地保全为善 《大公报》 1932 年 9 月 2 日 第 110 册 第 16 页

08547 故宫古物之保存问题 《申报》 1932 年 9 月 19 日 第 296 册 第 515 页

08548 故宫舞弊案之新波澜 《大公报》 1933 年 10 月 19 日 第 116 册 第 704 页

08549 故与误 《申报》 1929 年 6 月 9 日 第 259 册 第 224 页

08550 顾宝衡周乃文免职以后 《申报》 1944 年 3 月 14 日 第 385 册 第 259 页

08551 顾到民心(专论)/胡朴安 《民国日报》 1946 年 5 月 11 日 第 98 册 第 46 页

08552 顾抚李大中丞奏参总兵大员折 《申报》 1902 年 10 月 6 日 第 72 册 第 237 页

08553 顾忌(一) 《申报》 1918 年 7 月 24 日 第 153 册 第 375 页

08554 顾忌(二) 《申报》 1918 年 7 月 25 日 第 153 册 第 390 页

08555 顾忌(三) 《申报》 1918 年 7 月 26 日 第 153 册 第 409 页

08556 顾忌(四) 《申报》 1918 年 7 月 27 日 第 153 册 第 425 页

08557 顾加协定的破题儿 《民国日报》 1924 年 7 月 14 日 第 52 册 第 216 页

08558 顾全大局 《申报》 1928 年 8 月 4 日 第 249 册 第 92 页

08559 顾全大局不争小节 《申报》 1946 年 9 月 28 日 第 390 册 第 342 页

08560 顾维钧上台以后 《民国日报》 1923 年 7 月 28 日 第 46 册 第 380 页

08561 顾维钧氏的一句话 《民国日报》 1920 年 10 月 6 日 第 29 册 第

492 页

08590　关税会议的利害（言论）　《民国日报》　1926 年 9 月 27 日　第 59 册
　　第 316 页

08591　关税会议的两谬点（言论）　《民国日报》　1925 年 11 月 6 日　第 60 册
　　第 62 页

08592　关税会议开幕　《申报》　1925 年 10 月 28 日　第 217 册　第 589 页

08593　关税会议请帖发出以后（言论）　《民国日报》　1925 年 8 月 21 日　第 58
　　册　第 558 页

08594　关税会议与中国存亡（言论）　《民国日报》　1925 年 8 月 10 日　第 58
　　册　第 426 页

08595　关税会议之谜（言论）　《民国日报》　1925 年 7 月 17 日　第 58 册　第
　　164 页

08596　关税借款与裁兵　《申报》　1922 年 10 月 27 日　第 185 册　第 572 页

08597　关税特别会议问题　《民国日报》　1924 年 5 月 5 日　第 51 册　第 50 页

08598　关税同盟说复活　《申报》　1930 年 7 月 4 日　第 272 册　第 82 页

08599　关税偷漏之严重性　《申报》　1935 年 10 月 6 日　第 333 册　第 147 页

08600　关税问题　《申报》　1917 年 3 月 16 日　第 145 册　第 276 页

08601　关税问题　《民国日报》　1921 年 3 月 30 日　第 32 册　第 406 页

08602　关税问题的感想　《民国日报》　1921 年 3 月 25 日　第 32 册　第 336 页

08603　关税问题与内政　《大公报》　1928 年 2 月 1 日　第 82 册　第 249 页

08604　关税问题与南北问题　《大公报》　1928 年 1 月 29 日　第 82 册　第
　　221 页

08605　关税问题与外交关系　《大公报》　1928 年 3 月 9 日　第 83 册　第 81 页

08606　关税休战会议决裂　《申报》　1931 年 3 月 19 日　第 280 册　第 481 页

08607　关税休战会议之结果　《申报》　1930 年 3 月 27 日　第 268 册　第 727 页

08608　关税与担保　《申报》　1922 年 9 月 18 日　第 184 册　第 374 页

08609　关税制度与世界的趋势（代论）　《民国日报》　1927 年 8 月 21 日　第 69
　　册　第 739 页

08610　关税制度与世界的趋势（续）（代论）　《民国日报》　1927 年 8 月 22 日
　　第 69 册　第 755 页

08611　关税自主　《申报》　1929 年 1 月 31 日　第 254 册　第 826 页

08612　关税自主宣传大纲　续：关税制度与中国关税（代论）　《民国日报》
　　1927 年 9 月 2 日　第 70 册　第 19 页

08613　关税自主宣传大纲（代论）　《民国日报》　1927 年 8 月 20 日　第 69 册
　　第 723 页

08614　关税自主宣传大纲：关税自主之必要与采用税率制度之研究（代论）　《民
　　国日报》　1927 年 9 月 1 日　第 70 册　第 3 页

08615 关税自主与帝国主义（社评） 《民国日报》 1927年8月3日 第69册 第473页

08616 关税自主之权 《申报》 1925年9月20日 第216册 第429页

08617 关税自主之谓何 《大公报》 1926年12月19日 第77册 第859页

08618 关税自主之先声 《大公报》 1926年10月12日 第77册 第315页

08619 关外水灾如何救济 《大公报》 1930年8月23日 第97册 第640页

08620 关系国防之：引水权亟应保持！ 《申报》 1934年6月8日 第317册 第232页

08621 关系全局之四川问题 《大公报》 1935年1月12日 第124册 第168页

08622 关系台北事件的善后 《申报》 1947年3月6日 第392册 第686页

08623 关心朝鲜的局势 《申报》 1947年2月27日 第392册 第616页

08624 关心官事 《申报》 1920年7月9日 第165册 第161页

08625 关心越南的局势 《申报》 1946年12月24日 第391册 第646页

08626 关于本年度的农贷 《申报》 1948年3月16日 第396册 第698页

08627 关于兵役的话 《大公报》 1942年10月14日 第149册 第462页

08628 关于裁兵的意见 《民国日报》 1928年8月13日 第75册 第747页

08629 关于出版法修正草案 《中央日报》 1947年10月31日 第57册 第630页

08630 关于大户献粮 《中央日报》 1944年10月3日 第50册 第148页

08631 关于大学毕业生职业问题一个建议/陈岱孙（星期论文） 《大公报》 1936年7月20日 第133册 第272页

08632 关于德奥义三国同盟说 《大公报》 1936年2月26日 第130册 第630页

08633 关于地政 《大公报》 1942年12月12日 第149册 第712页

08634 关于滇缅北段未定界务问题 《申报》 1947年12月8日 第395册 第686页

08635 关于冻结资金的运用 《大公报》 1941年9月11日 第147册 第268页

08636 关于儿童的两个问题/陈衡哲（星期论文） 《大公报》 1943年4月4日 第150册 第412页

08637 关于儿童教养之两原则 《申报》 1935年8月4日 第331册 第92页

08638 关于发扬固有文化 《大公报》 1940年8月22日 第145册 第186页

08639 关于妇女的希望与忧虑/陈衡哲（星期论文） 《大公报》 1944年3月8日 第152册 第298页

08640 关于高利率 《民国日报》 1946年8月9日 第98册 第422页

08641 关于工业建设纲领 《大公报》 1945 年 5 月 29 日 第 154 册 第 630 页

08642 关于公务员的两法规 《中央日报》 1943 年 11 月 9 日 第 48 册 第 890 页

08643 关于共产党问题 《大公报》 1941 年 3 月 10 日 第 146 册 第 286 页

08644 关于顾案之一般感想 《大公报》 1934 年 7 月 13 日 第 121 册 第 180 页

08645 关于国防的根本问题/丁文江（星期论文） 《大公报》 1934 年 8 月 26 日 第 121 册 第 820 页

08646 关于国防之三点/秉志（星期论文） 《大公报》 1936 年 5 月 17 日 第 132 册 第 228 页

08647 关于国际干涉的论战 《中央日报》 1947 年 3 月 3 日 第 55 册 第 664 页

08648 关于国际通商会议 《中央日报》 1944 年 11 月 10 日 第 50 册 第 320 页

08649 关于国军编遣委员会之希望/蒋中正 《民国日报》 1929 年 1 月 1 日 第 78 册 第 3 页

08650 关于国联的两点质问 《大公报》 1938 年 9 月 7 日 第 141 册 第 284 页

08651 关于国民大会问题 《大公报》 1945 年 7 月 20 日 第 155 册 第 84 页

08652 关于国术之两个根本问题 《民国日报》 1929 年 4 月 27 日 第 79 册 第 985 页

08653 关于华侨教育的几点建议/吴俊升（星期论坛） 《申报》 1937 年 6 月 20 日 第 353 册 第 509 页

08654 关于冀察方面之问题 《大公报》 1937 年 5 月 3 日 第 138 册 第 32 页

08655 关于建设西北 《大公报》 1942 年 11 月 5 日 第 149 册 第 556 页

08656 关于剿匪 《大公报》 1935 年 5 月 4 日 第 126 册 第 52 页

08657 关于教育问题的一些感想 《大公报》 1944 年 8 月 22 日 第 153 册 第 240 页

08658 关于今后政治之献议 《申报》 1938 年 10 月 30 日 第 359 册 第 346 页

08659 关于金价暴涨问题 《民国日报》 1930 年 6 月 15 日 第 86 册 第 596 页

08660 关于金银问题之世界消息 《申报》 1931 年 1 月 31 日 第 278 册 第 599 页

08661 关于金圆含金量 《大公报》 1948 年 11 月 19 日 第 164 册 第 470 页

08662 关于警管区 《民国日报》 1946 年 5 月 12 日 第 98 册 第 49 页

08663 关于救国大计之商榷：七分经济三分文化 《大公报》 1935 年 7 月 31 日 第 127 册 第 438 页

08664 关于救国基金用途之建议 《大公报》 1929 年 8 月 23 日 第 91 册 第 852 页

08665 关于救护负伤将士之紧急呼吁 《大公报》 1938 年 4 月 1 日 第 140 册 第 388 页

08666 关于空袭救济救护工作/陈彬龢（代论） 《申报》 1945 年 8 月 3 日 第 387 册 第 525 页

08667 关于留学生问题 《大公报》 1944 年 5 月 2 日 第 152 册 第 556 页

08668 关于民众团体问题 《大公报》 1938 年 8 月 23 日 第 141 册 第 228 页

08669 关于民主的两件大事 《申报》 1946 年 4 月 28 日 第 388 册 第 676 页

08670 关于募赈 《大公报》 1935 年 9 月 10 日 第 128 册 第 130 页

08671 关于女公务员平价米问题 《大公报》 1942 年 9 月 29 日 第 149 册 第 394 页

08672 关于欧局之重要问题 《申报》 1931 年 6 月 6 日 第 283 册 第 142 页

08673 关于配粮/陈岱孙（专论） 《申报》 1948 年 3 月 17 日 第 396 册 第 708 页

08674 关于配粮的几个问题 《申报》 1948 年 2 月 21 日 第 396 册 第 462 页

08675 关于平价米的报告/陈彬龢（代论） 《申报》 1945 年 3 月 26 日 第 387 册 第 233 页

08676 关于汽车运输管理的一点实际经验/谷春帆（星期论文） 《大公报》 1940 年 5 月 12 日 第 144 册 第 532 页

08677 关于青年的彷徨与烦闷 《大公报》 1940 年 7 月 27 日 第 145 册 第 92 页

08678 关于清查接收的工作 《大公报》 1946 年 9 月 27 日 第 157 册 第 468 页

08679 关于日本留学生问题 《申报》 1942 年 12 月 27 日 第 382 册 第 602 页

08680 关于日本赔偿问题（专论）/李荣廷 《民国日报》 1946 年 11 月 17 日 第 99 册 第 343 页

08681 关于日本增兵华北问题 《大公报》 1936 年 5 月 22 日 第 132 册 第 298 页

08682 关于日寇的卑性兽行 《中央日报》 1945 年 7 月 5 日 第 51 册 第 206 页

08683 关于三强会议 《申报》 1941 年 9 月 5 日 第 377 册 第 454 页

08684 关于上海资金疏散问题/吴泽金（星期评论） 《申报》（香港版） 1939

年 7 月 2 日　第 358 册　第 986 页

08685　关于沈钧儒等危害民国案　《中央日报》　1937 年 4 月 12 日　第 38 册　第 511 页

08686　关于生产贷款　《申报》　1949 年 3 月 31 日　第 400 册　第 592 页

08687　关于省临时参议会　《大公报》　1941 年 6 月 3 日　第 146 册　第 630 页

08688　关于食米消费协社的肤浅话　《民国日报》　1921 年 7 月 8 日　第 34 册　第 100 页

08689　关于疏散及其他　《大公报》　1941 年 5 月 24 日　第 146 册　第 590 页

08690　关于四国军略会议说　《大公报》　1943 年 1 月 19 日　第 150 册　第 86 页

08691　关于苏联的态度　《申报》　1941 年 5 月 21 日　第 376 册　第 242 页

08692　关于诉愿及行政诉讼/刘伯昌（星期论文）　《大公报》　1944 年 9 月 10 日　第 153 册　第 328 页

08693　关于外汇政策　《大公报》　1941 年 10 月 8 日　第 147 册　第 380 页

08694　关于西班牙问题　《申报》（香港版）　1939 年 3 月 11 日　第 358 册　第 82 页

08695　关于西南少数民族的立法问题/丁裕长（星期评论）　《申报》（香港版）　1939 年 6 月 25 日　第 358 册　第 930 页

08696　关于限价的三点认识　《中央日报》　1943 年 1 月 18 日　第 47 册　第 486 页

08697　关于宪草第一条　《大公报》　1946 年 12 月 20 日　第 158 册　第 522 页

08698　关于宪政实施问题　《大公报》　1939 年 12 月 14 日　第 143 册　第 420 页

08699　关于新疆　《大公报》　1935 年 9 月 30 日　第 128 册　第 422 页

08700　关于新四军事件　《大公报》　1941 年 1 月 21 日　第 146 册　第 90 页

08701　关于修改宪法的两个提案　《申报》　1948 年 4 月 17 日　第 397 册　第 130 页

08702　关于宣传工作的建议　《大公报》　1937 年 10 月 14 日　第 139 册　第 469 页

08703　关于选举国会的警告　《民国日报》　1920 年 11 月 15 日　第 30 册　第 198 页

08704　关于言论自由　《大公报》　1935 年 1 月 25 日　第 124 册　第 376 页

08705　关于义法协定说之考察　《大公报》　1934 年 9 月 12 日　第 122 册　第 170 页

08706　关于英美借款及其使用　《大公报》　1942 年 3 月 27 日　第 148 册　第 364 页

08707　关于英日东京谈判问题　《申报》（香港版）　1939 年 6 月 30 日　第 358
册　第 970 页

08708　关于游击战区之纪述　《申报》　1939 年 3 月 15 日　第 362 册　第 694 页

08709　关于粤局的两个教训　《民国日报》　1921 年 2 月 17 日　第 31 册　第
546 页

08710　关于运动会的几个基本问题/周尚（专论）　《申报》　1947 年 5 月 14 日
第 393 册　第 436 页

08711　关于战略问题的一个解答　《申报》（汉口版）　1938 年 2 月 26 日　第 356
册　第 85 页

08712　关于张学良奇谣感言　《大公报》　1930 年 8 月 19 日　第 97 册　第
592 页

08713　关于争取物资　《大公报》　1942 年 5 月 16 日　第 148 册　第 582 页

08714　关于指导归国侨胞问题　《申报》（香港版）　1939 年 6 月 23 日　第 358
册　第 914 页

08715　关于中法考查团事件　《大公报》　1931 年 8 月 6 日　第 103 册　第
436 页

08716　关于中日同盟条约/有田八郎（星期代论）　《申报》　1943 年 11 月 7 日
第 384 册　第 699 页

08717　关于中日问题　《大公报》　1935 年 10 月 19 日　第 128 册　第 692 页

08718　关于中小学校疏散问题/陈彬龢（代论）　《申报》　1945 年 8 月 7 日　第
387 册　第 533 页

08719　关于中学会考　《大公报》　1935 年 5 月 28 日　第 126 册　第 436 页

08720　关于宗教的新论潮　《民国日报》　1922 年 3 月 28 日　第 38 册　第
372 页

08721　关于作家生活问题　《大公报》　1943 年 10 月 26 日　第 151 册　第
522 页

08722　关余与军府名义　《申报》　1920 年 4 月 18 日　第 163 册　第 883 页

08723　关余与西南大学　《申报》　1920 年 4 月 21 日　第 163 册　第 935 页

08724　观俺特生戏法记　《申报》　1886 年 8 月 20 日　第 29 册　第 307 页

08725　观报纪串骗索诈二事慨而论之　《申报》　1899 年 3 月 20 日　第 61 册
第 445 页

08726　观报纪俄令森严事慨而论之　《申报》　1904 年 3 月 18 日　第 76 册　第
433 页

08727　观报纪火药被窃凶器宜慎二则因论武试改章之不易　《申报》　1898 年 6
月 15 日　第 59 册　第 285 页

08728　观报所登外务部致南洋大臣书引申其义　《申报》　1902 年 4 月 21 日　第

08749　观俄韩交涉事有感而书　《申报》　1902 年 10 月 25 日　第 72 册　第 373 页

08750　观法捕房纪事为客述眼云阁艺话　《申报》　1897 年 9 月 7 日　第 57 册　第 37 页

08751　观各报纪日人简设辽东总督事慨而论之　《申报》　1904 年 8 月 9 日　第 77 册　第 677 页

08752　观沪城育材中西书塾体操记　《申报》　1897 年 12 月 7 日　第 57 册　第 603 页

08753　观沪南建筑马路系之以论　《申报》　1896 年 12 月 8 日　第 54 册　第 623 页

08754　观会通机器图说书后　《申报》　1891 年 5 月 27 日　第 38 册　第 811 页

08755　观火车铁路纪略　《申报》　1876 年 4 月 8 日　第 8 册　第 317 页

08756　观火记　《申报》　1884 年 3 月 26 日　第 24 册　第 461 页

08757　观火客谈　《申报》　1894 年 11 月 18 日　第 48 册　第 493 页

08758　观火说　《申报》　1900 年 12 月 23 日　第 66 册　第 671 页

08759　观机器刷印古今图书集成记　《申报》　1887 年 5 月 20 日　第 30 册　第 825 页

08760　观江苏全省学堂成绩展览会感言　《申报》　1909 年 7 月 26 日　第 101 册　第 375 页

08761　观金陵机器制造局记　《申报》　1888 年 9 月 19 日　第 33 册　第 537 页

08762　观剧客谈　《申报》　1896 年 9 月 27 日　第 54 册　第 165 页

08763　观剧卮言　《申报》　1885 年 10 月 3 日　第 27 册　第 577 页

08764　观连日本报所登英日联盟事及俄人所改约章感而书此　《申报》　1902 年 2 月 24 日　第 70 册　第 287 页

08765　观马戏记　《申报》　1886 年 6 月 15 日　第 28 册　第 959 页

08766　观模范运动会　《申报》　1905 年 11 月 10 日　第 81 册　第 595 页

08767　观南洋公学运动会　《申报》　1905 年 5 月 7 日　第 80 册　第 53 页

08768　观念动力与物质动力　《中央日报》　1948 年 3 月 9 日　第 58 册　第 602 页

08769　观前报所登国犯难宽事推广言之　《申报》　1901 年 10 月 14 日　第 69 册　第 263 页

08770　观前报所纪严州匪乱巅末慨乎言之　《申报》　1903 年 2 月 13 日　第 73 册　第 217 页

08771　观人之法　《申报》　1927 年 5 月 10 日　第 234 册　第 190 页

08772　观赛马答问　《申报》　1888 年 11 月 9 日　第 33 册　第 857 页

08773　观赛马感言　《申报》　1908 年 11 月 9 日　第 97 册　第 127 页

08774　观三忠举襄事慨乎言之　《申报》　1901 年 5 月 1 日　第 68 册　第 1 页

08775　观缫丝局记　《申报》　1882 年 8 月 3 日　第 21 册　第 199 页

08776　观申报纪电饬严防匪党事有感而言　《申报》　1904 年 11 月 24 日　第 78 册　第 579 页

08777　观申报所登日皇解散议员事率笔书此　《申报》　1903 年 1 月 12 日　第 73 册　第 67 页

08778　观申报所登使臣借箸事感而书此　《申报》　1901 年 12 月 30 日　第 69 册　第 737 页

08779　观申报所记伪钞破获事试申言之　《申报》　1903 年 3 月 12 日　第 73 册　第 385 页

08780　观申报所纪汴中匪警及? 教宜惩两事合而论之　《申报》　1902 年 9 月 3 日　第 72 册　第 15 页

08781　观申报所纪杭州中学堂学生肇事感而书此　《申报》　1902 年 5 月 19 日　第 71 册　第 125 页

08782　观事　《申报》　1919 年 5 月 4 日　第 158 册　第 50 页

08783　观万福华行刺案谳词率笔书此　《申报》　1904 年 12 月 25 日　第 78 册　第 777 页

08784　观望　《申报》　1926 年 10 月 31 日　第 228 册　第 776 页

08785　观望　《申报》　1928 年 8 月 22 日　第 249 册　第 610 页

08786　观西报译俄事书后　《申报》　1880 年 3 月 22 日　第 16 册　第 301 页

08787　观西牢记　《申报》　1906 年 6 月 18 日　第 83 册　第 767 页

08788　观西人赛马有感而书　《申报》　1888 年 5 月 3 日　第 32 册　第 701 页

08789　观醒世良言有感而书　《申报》　1886 年 10 月 14 日　第 29 册　第 647 页

08790　观晏打臣戏法总序　《申报》　1882 年 4 月 2 日　第 20 册　第 381 页

08791　观影戏后记　《申报》　1885 年 11 月 25 日　第 27 册　第 899 页

08792　观影戏记　《申报》　1885 年 11 月 23 日　第 27 册　第 887 页

08793　观张广文请就南洋振兴孔教禀牍推广言之　《申报》　1901 年 10 月 19 日　第 69 册　第 295 页

08794　观招商局新裕轮船记　《申报》　1890 年 2 月 15 日　第 36 册　第 223 页

08795　观政篇　《申报》　1890 年 6 月 13 日　第 36 册　第 961 页

08796　观昨报示改税章事有感而书　《申报》　1901 年 11 月 4 日　第 69 册　第 397 页

08797　观昨报所登日本少将福岛氏在成城学校宣言事推而论之　《申报》　1902 年 3 月 3 日　第 70 册　第 329 页

08798　观昨日申报附章纪美医尼氏为人接耳事推广言之　《申报》　1903 年 12 月 21 日　第 75 册　第 765 页

08799 观左公平西新剧有感 《申报》 1895 年 5 月 23 日 第 50 册 第 143 页

08800 官不宜与寒士争利说 《申报》 1893 年 4 月 19 日 第 43 册 第 641 页

08801 官长夏日宜体恤犯人说 《申报》 1885 年 8 月 8 日 第 27 册 第 229 页

08802 官场控制论 《申报》 1889 年 12 月 26 日 第 35 册 第 1103 页

08803 官场如戏场解 《申报》 1888 年 10 月 13 日 第 33 册 第 687 页

08804 官道行车宜加约束论 《申报》 1882 年 9 月 24 日 第 21 册 第 511 页

08805 官多为患 《申报》 1921 年 1 月 11 日 第 168 册 第 159 页

08806 官非不可为者 《申报》 1920 年 9 月 8 日 第 166 册 第 125 页

08807 官国之裁员诉讼 《民国日报》 1916 年 9 月 30 日 第 5 册 第 350 页

08808 官尽其职说 《申报》 1902 年 7 月 4 日 第 71 册 第 437 页

08809 官吏不得经商投机 《大公报》 1930 年 11 月 23 日 第 99 册 第 268 页

08810 官吏不能被选为国大代表吗 《中央日报》 1946 年 12 月 24 日 第 54 册 第 1052 页

08811 官吏机关 《申报》 1920 年 12 月 1 日 第 167 册 第 529 页

08812 官吏为何物 《民国日报》 1920 年 2 月 9 日 第 25 册 第 488 页

08813 官吏无自由 续：在国府及立法院纪念周演讲（专载）/胡汉民 《民国日报》 1931 年 1 月 20 日 第 90 册 第 142 页

08814 官吏无自由：在国府及立法院纪念周演讲（专载）/胡汉民 《民国日报》 1931 年 1 月 18 日 第 90 册 第 118 页

08815 官吏应有的雅量 《大公报》 1947 年 12 月 10 日 第 161 册 第 610 页

08816 官吏只有服从政府 《中央日报》 1930 年 2 月 14 日 第 9 册 第 559 页

08817 官僚化的伪民党 《民国日报》 1923 年 8 月 30 日 第 46 册 第 846 页

08818 官僚是日本民主的障碍 《大公报》 1946 年 4 月 26 日 第 156 册 第 460 页

08819 官僚与市井 《申报》 1921 年 7 月 7 日 第 171 册 第 127 页

08820 官僚政治与土地改革/姜庆湘（星期论文） 《大公报》 1948 年 8 月 8 日 第 163 册 第 596 页

08821 官僚政治与专家政治 《申报》 1931 年 12 月 18 日 第 289 册 第 436 页

08822 官僚政治之由来与其净化/吕复（星期论文） 《大公报》 1945 年 2 月 11 日 第 154 册 第 176 页

08823 官僚之祸：非义之战在后来 《民国日报》 1918 年 4 月 7 日 第 14 册 第 442 页

08824 官僚之武器 《申报》 1924 年 4 月 10 日 第 201 册 第 195 页

08825 官僚资本与中国政治/吴景超（星期论文） 《大公报》 1942 年 4 月 20 日 第 148 册 第 470 页

08826　官录篇　《申报》　1887年10月6日　第31册　第617页

08827　官民剧战之小实验　《申报》　1920年8月23日　第165册　第953页

08828　官民之观察　《申报》　1920年8月29日　第165册　第1055页

08829　官商分野　《申报》　1943年4月9日　第383册　第674页

08830　官商论　《申报》　1888年11月8日　第33册　第849页

08831　官商勿相往来辨　《申报》　1879年4月25日　第14册　第389页

08832　官说　《民国日报》　1916年10月30日　第5册　第710页

08833　官毋旷职论　《申报》　1876年5月28日　第8册　第485页

08834　官邪论　《申报》　1907年2月17日　第86册　第391页

08835　官医局说　《申报》　1883年6月24日　第22册　第925页

08836　官与办事　《申报》　1914年6月12日　第128册　第670页

08837　官与兵　《申报》　1913年12月27日　第125册　第808页

08838　官与犯　《申报》　1915年7月1日　第135册　第2页

08839　官与民　《申报》　1920年8月28日　第165册　第1043页

08840　官与商　《申报》　1915年7月16日　第135册　第262页

08841　官与商　《申报》　1920年7月1日　第165册　第17页

08842　官与职　《申报》　1914年6月10日　第128册　第638页

08843　官员考试与吏治　《申报》　1934年7月2日　第318册　第44页

08844　官箴　《申报》　1896年7月12日　第53册　第467页

08845　官制精议　《申报》　1910年6月8日　第106册　第618页

08846　官制浅议　《申报》　1910年7月2日　第107册　第17页

08847　官制浅议（续）　《申报》　1910年7月3日　第107册　第34页

08848　官制与官俸　《申报》　1910年10月26日　第108册　第881页

08849　官制与官俸续　《申报》　1910年10月27日　第108册　第897页

08850　官治与自治　《申报》　1920年8月21日　第165册　第918页

08851　管带浙江温州磐石炮台王守戎熊彪上福建何制军禀　《申报》　1884年10月23日　第25册　第659页

08852　管理货币之世界趋势　《大公报》　1935年11月6日　第129册　第76页

08853　管理日本的两点：打破神权政治涤除神道思想　《大公报》　1945年9月17日　第155册　第340页

08854　管理日本要彻底　《大公报》　1945年8月25日　第155册　第240页

08855　管理通货之展望　《申报》　1935年11月7日　第334册　第159页

08856　管学大臣奏议复署江督张制军奏建三江师范学堂折　《申报》　1903年5月10日　第74册　第61页

08857　管制金融·安定市场　《中央日报》　1947年12月4日　第57册　第

978 页

08858　管制金融的新措施　　《中央日报》　　1943 年 3 月 20 日　　第 47 册　　第
828 页

08859　管制金融与限价办法　　《中央日报》　　1942 年 12 月 31 日　　第 47 册　　第
378 页

08860　管制日本的目标与途径　　《大公报》　　1945 年 11 月 29 日　　第 155 册　　第
652 页

08861　管制日本的目标与途径　　《大公报》　　1945 年 12 月 26 日　　第 155 册　　第
760 页

08862　管制日本的认识　　《中央日报》　　1946 年 5 月 29 日　　第 52 册　　第 1082 页

08863　管制日本与改造日本　　《民国日报》　　1946 年 4 月 8 日　　第 97 册　　第
374 页

08864　管制日本与我国外交　　《大公报》　　1946 年 4 月 8 日　　第 156 册　　第
388 页

08865　管制物价的机构问题　　《申报》　　1943 年 3 月 6 日　　第 383 册　　第 450 页

08866　管制物价的基点　　《中央日报》　　1944 年 6 月 3 日　　第 49 册　　第 686 页

08867　管制物价的三问题　　《中央日报》　　1944 年 11 月 2 日　　第 50 册　　第
286 页

08868　管制物价实施办法　　《中央日报》　　1942 年 12 月 18 日　　第 47 册　　第
300 页

08869　管制物价问题　　《大公报》　　1943 年 9 月 24 日　　第 151 册　　第 376 页

08870　管子言用兵五教说　　《申报》　　1898 年 12 月 6 日　　第 60 册　　第 687 页

08871　贯彻管制物价方案　　《中央日报》　　1942 年 10 月 31 日　　第 46 册　　第
1092 页

08872　贯彻军令政令以保障胜利的基础！　　《中央日报》　　1940 年 12 月 12 日
第 44 册　　第 170 页

08873　贯彻联合国的和平目标　　《民国日报》　　1946 年 1 月 7 日　　第 97 册　　第
27 页

08874　贯彻三大主义　　《民国日报》　　1917 年 11 月 23 日　　第 12 册　　第 266 页

08875　贯彻世界大宪章精神　　《中央日报》　　1942 年 2 月 1 日　　第 45 册　　第
766 页

08876　贯彻首次起义精神/胡汉民　　《民国日报》　　1929 年 9 月 16 日　　第 82 册
第 255 页

08877　贯彻首次起义精神：在中央党部首次起义纪念会讲/胡汉民　　《民国日报》
1929 年 9 月 15 日　　第 82 册　　第 234 页

08878　贯彻主张　　《申报》　　1918 年 4 月 5 日　　第 151 册　　第 542 页

08879 贯彻主张 《申报》 1920 年 12 月 6 日 第 167 册 第 615 页

08880 贯彻波茨坦宣言的精神/方秋苇（星期论坛） 《申报》 1947 年 8 月 10
日 第 394 册 第 402 页

08881 贯彻禁烟政策！ 《大公报》 1931 年 7 月 17 日 第 103 册 第 196 页

08882 光复台湾与建设海军 《大公报》 1943 年 12 月 15 日 第 151 册 第
742 页

08883 "光明的方向" 《申报》 1943 年 12 月 1 日 第 384 册 第 795 页

08884 光明氛围中的乌云 《申报》 1946 年 2 月 9 日 第 388 册 第 213 页

08885 光明磊落 《申报》 1926 年 11 月 6 日 第 229 册 第 120 页

08886 光明与暗昧 《申报》 1927 年 10 月 28 日 第 239 册 第 590 页

08887 光明与黑暗的大决斗 《中央日报》 1944 年 12 月 29 日 第 50 册 第
530 页

08888 光明与精密 《申报》 1927 年 11 月 22 日 第 240 册 第 480 页

08889 光明正大 《申报》 1918 年 11 月 27 日 第 155 册 第 418 页

08890 光明之来日：恭祝今年之国庆 《中央日报》 1936 年 10 月 10 日 第 36
册 第 111 页

08891 光荣的榜样 《中央日报》 1939 年 6 月 19 日 第 42 册 第 152 页

08892 光荣的七七：兼论国家前进之路 《大公报》 1947 年 7 月 7 日 第 160
册 第 426 页

08893 光荣的挑战：快向难民伸出援救之手 《大公报》 1949 年 1 月 3 日 第
164 册 第 619 页

08894 光荣孤立之英伦 论英伦地位价值之变迁/沙学浚（星期论文） 《大公报》
1943 年 2 月 7 日 第 150 册 第 158 页

08895 光荣战死之黄百韬将军 《中央日报》 1948 年 12 月 8 日 第 60 册 第
708 页

08896 光绪七年二月二十五日京报全录 《申报》 1881 年 4 月 11 日 第 18 册
第 377 页

08897 光绪壬寅补行庚子辛丑恩正两科江南乡试官板题名全录 《申报》 1902
年 10 月 24 日 第 72 册 第 365 页

08898 光绪十三年皇帝亲政恩诏 《申报》 1887 年 3 月 11 日 第 30 册 第
373 页

08899 光云锦与张敬汤 《申报》 1920 年 8 月 29 日 第 165 册 第 1051 页

08900 广阿部之言 《大公报》 1939 年 11 月 24 日 第 143 册 第 340 页

08901 广保赤说 《申报》 1879 年 6 月 16 日 第 14 册 第 599 页

08902 广弊俗宜防其渐论 《申报》 1885 年 7 月 23 日 第 27 册 第 133 页

08903 广播事业与中国统一 《申报》 1936 年 1 月 6 日 第 336 册 第 78 页

08904 广蚕桑以兴利说 《申报》 1904 年 8 月 17 日 第 77 册 第 733 页

08905 广驰马宜禁说 《申报》 1888 年 4 月 2 日 第 32 册 第 515 页

08906 广大陆报说 《申报》 1920 年 3 月 24 日 第 163 册 第 443 页

08907 广东的赌 《民国日报》 1922 年 11 月 24 日 第 42 册 第 316 页

08908 广东的两种工具 《民国日报》 1921 年 1 月 6 日 第 31 册 第 66 页

08909 广东独立 《申报》 1916 年 4 月 8 日 第 139 册 第 610 页

08910 广东独立（别论） 《民国日报》 1916 年 4 月 8 日 第 2 册 第 458 页

08911 广东独立续（别论） 《民国日报》 1916 年 4 月 9 日 第 2 册 第 470 页

08912 广东反对全代大会？ 《大公报》 1933 年 4 月 6 日 第 113 册 第 508 页

08913 广东禁米出口的观察 《民国日报》 1921 年 6 月 7 日 第 33 册 第 522 页

08914 广东奈何龙济光督粤 《民国日报》 1916 年 4 月 14 日 第 2 册 第 530 页

08915 广东取消罢工与加税 《大公报》 1926 年 9 月 30 日 第 77 册 第 225 页

08916 广东取消独立 《申报》 1916 年 6 月 23 日 第 140 册 第 824 页

08917 广东人还不自救吗？ 《民国日报》 1920 年 5 月 15 日 第 27 册 第 184 页

08918 广东省政府改组 《中央日报》 1947 年 9 月 20 日 第 57 册 第 204 页

08919 广东同人公致本馆书 《申报》 1874 年 1 月 14 日 第 4 册 第 45 页

08920 广东同乡京官伍侍郎廷芳代侍郎鸿慈等奏请实行清乡团练折 《申报》 1904 年 11 月 9 日 第 78 册 第 473 页

08921 广东问题慨言 《民国日报》 1931 年 6 月 7 日 第 92 册 第 418 页

08922 广东问题之两方面 《大公报》 1931 年 5 月 20 日 第 102 册 第 232 页

08923 广东与四川 《申报》 1920 年 10 月 2 日 第 166 册 第 525 页

08924 广东战局的新转机 《申报》（香港版） 1938 年 11 月 10 日 第 357 册 第 285 页

08925 广东战事与大局 《申报》 1938 年 11 月 18 日 第 359 册 第 628 页

08926 广东之废督与善后 《申报》 1920 年 10 月 4 日 第 166 册 第 569 页

08927 广东之民党起事说 《申报》 1920 年 7 月 20 日 第 165 册 第 357 页

08928 广东之前途 《申报》 1916 年 3 月 19 日 第 139 册 第 290 页

08929 广东之西征论 《申报》 1920 年 11 月 21 日 第 167 册 第 357 页

08930 广工赈说 《申报》 1889 年 12 月 14 日 第 35 册 第 1031 页

08931 广国内非战运动 《申报》 1932 年 5 月 5 日 第 292 册 第 63 页

08932　广九路快车失慎之教训　《申报》　1937 年 1 月 20 日　第 348 册　第 425 页

08933　广梨园助赈说　《申报》　1887 年 12 月 12 日　第 31 册　第 1065 页

08934　广李馥荪君之重农说　《申报》　1934 年 12 月 15 日　第 323 册　第 427 页

08935　广轮舶以兴商务　《申报》　1895 年 11 月 4 日　第 51 册　第 421 页

08936　广论婚礼之正　《申报》　1897 年 7 月 28 日　第 56 册　第 543 页

08937　广论婚礼之正　《申报》　1897 年 7 月 31 日　第 56 册　第 561 页

08938　广卖艺助赈说　《申报》　1878 年 8 月 1 日　第 13 册　第 109 页

08939　广七发弁言　《申报》　1893 年 7 月 8 日　第 44 册　第 489 页

08940　广驱逐乞丐说　《申报》　1879 年 2 月 21 日　第 14 册　第 157 页

08941　广仁堂说　《申报》　1879 年 5 月 11 日　第 14 册　第 453 页

08942　广杀人说　《申报》　1914 年 3 月 23 日　第 127 册　第 358 页

08943　广商学以开商智说上　《申报》　1904 年 10 月 31 日　第 78 册　第 409 页

08944　广设司法研究所以养成审判人才议　《申报》　1910 年 4 月 22 日　第 105 册　第 834 页

08945　广书籍口惠士林论　《申报》　1882 年 11 月 2 日　第 21 册　第 745 页

08946　广树艺说　《申报》　1902 年 1 月 21 日　第 70 册　第 121 页

08947　广朔望禁屠宰说　《申报》　1878 年 7 月 19 日　第 13 册　第 65 页

08948　广四民论　《申报》　1873 年 1 月 11 日　第 2 册　第 37 页

08949　广田的报告　《中央日报》　1937 年 8 月 7 日　第 40 册　第 447 页

08950　广田的日苏关系论　《大公报》　1938 年 2 月 28 日　第 140 册　第 244 页

08951　广田登场以后　《中央日报》　1933 年 9 月 25 日　第 23 册　第 856 页

08952　广田内阁政策的检讨　《申报》　1936 年 3 月 22 日　第 338 册　第 545 页

08953　广田内阁之财政经济政策　《大公报》　1936 年 3 月 20 日　第 131 册　第 268 页

08954　广田内阁之对美外交政策　《申报》　1936 年 3 月 16 日　第 338 册　第 397 页

08955　广田外交与中日关系　《申报》　1935 年 1 月 24 日　第 324 册　第 602 页

08956　广田外交之观察　《申报》　1933 年 9 月 20 日　第 308 册　第 621 页

08957　广田外交之检讨　《申报》　1933 年 10 月 27 日　第 309 册　第 844 页

08958　广田外交之真面目　《大公报》　1933 年 10 月 18 日　第 116 册　第 690 页

08959　广田新对华外交政策之检讨　《大公报》　1935 年 1 月 26 日　第 124 册　第 392 页

08960　广田之饵　《中央日报》　1933 年 10 月 8 日　第 24 册　第 72 页

08961　广田之太平洋和平运动　《申报》　1933 年 12 月 4 日　第 311 册　第 101 页

08962　广田之跃进外交　《中央日报》　1933 年 9 月 19 日　第 23 册　第 796 页

08963　广途篇　《申报》　1894 年 6 月 28 日　第 47 册　第 425 页

08964　广西多乱之原因　《申报》　1909 年 5 月 2 日　第 100 册　第 16 页

08965　广西民团之利弊观　《大公报》　1933 年 12 月 28 日　第 117 册　第 806 页

08966　广西起义后之战局　《民国日报》　1916 年 3 月 19 日　第 2 册　第 218 页

08967　广西善后之波折　《大公报》　1936 年 7 月 31 日　第 133 册　第 434 页

08968　广西是一整个要塞/陈豹隐（星期论文）　《大公报》　1939 年 11 月 26 日　第 143 册　第 348 页

08969　广西问题和平解决　《大公报》　1936 年 9 月 7 日　第 134 册　第 88 页

08970　广西与湘蜀之关系　《民国日报》　1916 年 3 月 20 日　第 2 册　第 230 页

08971　广西之关系　《申报》　1916 年 3 月 18 日　第 139 册　第 274 页

08972　广惜字说　《申报》　1889 年 7 月 28 日　第 35 册　第 175 页

08973　广兴蚕政说　《申报》　1897 年 3 月 18 日　第 55 册　第 429 页

08974　广兴树艺说　《申报》　1903 年 11 月 23 日　第 75 册　第 585 页

08975　广学校说　《申报》　1895 年 6 月 9 日　第 50 册　第 255 页

08976　广育矿务人才论　《申报》　1894 年 5 月 21 日　第 47 册　第 143 页

08977　广之首章　《申报》　1893 年 7 月 11 日　第 44 册　第 509 页

08978　广之二章　《申报》　1893 年 8 月 7 日　第 44 册　第 695 页

08979　广之三章　《申报》　1893 年 8 月 8 日　第 44 册　第 703 页

08980　广之四章　《申报》　1893 年 10 月 5 日　第 45 册　第 231 页

08981　广之五章　《申报》　1893 年 11 月 20 日　第 45 册　第 543 页

08982　广之六章　《申报》　1894 年 1 月 17 日　第 46 册　第 107 页

08983　广之七章　《申报》　1894 年 2 月 17 日　第 46 册　第 269 页

08984　广种植议　《申报》　1903 年 7 月 5 日　第 74 册　第 443 页

08985　广州变局（社论）　《民国日报》　1927 年 12 月 13 日　第 71 册　第 610 页

08986　广州果真沦陷了吗?　《申报》（香港版）　1938 年 10 月 22 日　第 357 册　第 209 页

08987　广州军械案与粤商　《民国日报》　1924 年 8 月 20 日　第 52 册　第 664 页

08988　广州美械问题的开端语　《民国日报》　1924 年 6 月 4 日　第 51 册　第 414 页

08989　广州事变之感想　《大公报》　1927 年 11 月 20 日　第 81 册　第 399 页

08990　广州陷落　《中央日报》　1938 年 10 月 23 日　第 41 册　第 168 页

08991　广州消息　《申报》　1920 年 9 月 29 日　第 166 册　第 483 页

08992　广铸小银员以补制钱短绌议　《申报》　1894 年 2 月 26 日　第 46 册　第 325 页

08993　广铸银钱说　《申报》　1894 年 5 月 17 日　第 47 册　第 115 页

08994　归并厘局议　《申报》　1894 年 10 月 3 日　第 48 册　第 205 页

08995　归根结底　《申报》　1919 年 3 月 14 日　第 157 册　第 211 页

08996　归国/程沧波（星期论文）　《大公报》　1938 年 5 月 22 日　第 140 册　第 624 页

08997　归还伊犁利害说　《申报》　1879 年 11 月 14 日　第 15 册　第 545 页

08998　归纳　《申报》　1927 年 12 月 26 日　第 241 册　第 574 页

08999　归自西北/老舍（星期论文）　《大公报》　1939 年 12 月 17 日　第 143 册　第 432 页

09000　规赌　《申报》　1899 年 2 月 19 日　第 61 册　第 261 页

09001　规复热河与保持察冀　《大公报》　1933 年 3 月 6 日　第 113 册　第 74 页

09002　规规矩矩救国（来论）/广孚　《民国日报》　1919 年 11 月 8 日　第 24 册　第 86 页

09003　轨外　《申报》　1927 年 7 月 4 日　第 236 册　第 78 页

09004　轨之标准　《申报》　1925 年 7 月 24 日　第 214 册　第 447 页

09005　诡谏篇　《申报》　1894 年 12 月 21 日　第 48 册　第 693 页

09006　诡谋者的伎俩　《民国日报》　1929 年 2 月 27 日　第 78 册　第 905 页

09007　癸巳年本馆协赈所收解总结清单并书其后　《申报》　1894 年 2 月 16 日　第 46 册　第 263 页

09008　癸卯恩科顺天乡试续录变通录科章程　《申报》　1903 年 8 月 28 日　第 74 册　第 845 页

09009　鬼趣园客谈　《申报》　1890 年 6 月 10 日　第 36 册　第 941 页

09010　鬼言　《申报》　1892 年 9 月 14 日　第 42 册　第 85 页

09011　贵贱倒置说　《申报》　1890 年 10 月 7 日　第 37 册　第 631 页

09012　贵贱与有无　《申报》　1948 年 7 月 10 日　第 398 册　第 74 页

09013　贵"顺潮流"不贵"合国情"　《大公报》　1947 年 1 月 5 日　第 159 册　第 32 页

09014　桂局不容再延　《大公报》　1936 年 9 月 5 日　第 134 册　第 60 页

09015　桂局感言　《大公报》　1936 年 8 月 22 日　第 133 册　第 766 页

09016　桂局和平解决　《申报》　1936 年 9 月 8 日　第 344 册　第 217 页

09017　桂局解决与全国团结　《大公报》　1936 年 9 月 11 日　第 134 册　第 144 页

09044 国耻与民耻 《申报》 1920年5月9日 第164册 第157页

09045 国耻之意义 《民国日报》 1924年5月8日 第51册 第86页

09046 国大必须如期召开 《中央日报》 1946年8月28日 第53册 第760页

09047 国大代表的历史和时代使命 《中央日报》 1946年11月19日 第54册 第618页

09048 国大代表底选举 《中央日报》 1947年11月21日 第57册 第846页

09049 国大代表两党提名之公布 《中央日报》 1947年11月11日 第57册 第742页

09050 国大当再如何召集 《民国日报》 1946年4月28日 第97册 第453页

09051 国大开幕 《大公报》 1948年3月29日 第162册 第528页

09052 国大开幕以后（专论）/胡朴安 《民国日报》 1946年11月16日 第99册 第339页

09053 国大两法规及宪草之修正 《中央日报》 1937年4月26日 第38册 第685页

09054 国大明日必须开幕 《民国日报》 1946年11月14日 第99册 第331页

09055 国大使命今日完成：论副总统选举 《中央日报》 1948年4月29日 第58册 第1064页

09056 国大宣告延期之后：应该坚决走向和平民主之路 《大公报》 1946年4月27日 第156册 第464页

09057 国大选举完毕 《大公报》 1947年11月26日 第161册 第526页

09058 国大延期问题 《中央日报》 1946年5月9日 第52册 第962页

09059 国大制宪概观 《民国日报》 1946年12月24日 第99册 第531页

09060 国大制宪与言论自由 《大公报》 1946年11月23日 第158册 第344页

09061 国大组织法与选举法 《大公报》 1937年4月23日 第137册 第748页

09062 国贷之今昔观 《民国日报》 1918年5月3日 第15册 第26页

09063 国都商榷 《民国日报》 1917年7月9日 第10册 第98页

09064 国都问题平议 《申报》 1946年4月6日 第388册 第528页

09065 国蠹 《申报》 1920年12月19日 第167册 第835页

09066 国段之间 《申报》 1926年4月12日 第222册 第261页

09067 国法上袁氏之地位：即令取消帝制，亦不能认为总统 《民国日报》 1916年1月23日 第1册 第14页

866 页

09168　国会自行解散　《申报》　1913 年 11 月 15 日　第 125 册　第 202 页

09169　国会组织问题　《申报》　1912 年 5 月 23 日　第 117 册　第 117 页

09170　国货出路与南洋　《中央日报》　1936 年 11 月 24 日　第 36 册　第 665 页

09171　国货等级与品质标准　《大公报》　1937 年 1 月 30 日　第 136 册　第 402 页

09172　国货工厂的厄运　《申报》　1946 年 6 月 18 日　第 389 册　第 154 页

09173　国货工厂事业之策进　《申报》　1935 年 10 月 16 日　第 333 册　第 434 页

09174　国货工业的出路　《大公报》　1948 年 6 月 25 日　第 163 册　第 332 页

09175　国货工业散步农村之新倾向　《大公报》　1936 年 10 月 16 日　第 134 册　第 642 页

09176　国货卷烟业应亟谋自救　《申报》　1935 年 8 月 8 日　第 331 册　第 192 页

09177　国货联营公司之创立　《中央日报》　1937 年 1 月 21 日　第 37 册　第 229 页

09178　国货联营前途之属望　《申报》　1937 年 4 月 13 日　第 351 册　第 303 页

09179　国货年　《申报》　1932 年 12 月 29 日　第 299 册　第 803 页

09180　国货运动：企业家之好时会　《申报》　1928 年 7 月 7 日　第 248 册　第 185 页

09181　国货运动与工业整理　《申报》　1930 年 1 月 25 日　第 266 册　第 612 页

09182　国货展览会开幕感言　《大公报》　1929 年 4 月 1 日　第 89 册　第 500 页

09183　国货展览与国货商场　《申报》　1936 年 8 月 26 日　第 343 册　第 662 页

09184　国际保工事业与中国　《大公报》　1928 年 11 月 19 日　第 87 册　第 217 页

09185　国际币制之重返隐定　《中央日报》　1936 年 10 月 1 日　第 36 册　第 3 页

09186　国际变局的教训　《申报》　1940 年 6 月 24 日　第 370 册　第 724 页

09187　国际变局与日本国力　《大公报》　1941 年 7 月 10 日　第 147 册　第 40 页

09188　国际裁军的再提出　《申报》　1946 年 11 月 3 日　第 391 册　第 26 页

09189　国际潮流与中国　《大公报》　1947 年 1 月 15 日　第 159 册　第 112 页

09190　国际大局　《中央日报》　1939 年 5 月 14 日　第 42 册　第 24 页

09191　国际大局的最后归趋　《申报》　1941 年 10 月 12 日　第 378 册　第 142 页

09192　国际大势　《大公报》　1938 年 12 月 3 日　第 141 册　第 456 页

09193　国际大势　《申报》　1939 年 3 月 20 日　第 362 册　第 784 页

09194 国际大势析观 《申报》 1941 年 10 月 23 日 第 378 册 第 279 页

09195 国际待遇的颠倒 《民国日报》 1922 年 1 月 18 日 第 37 册 第 234 页

09196 国际的各个击破与总清算 《申报》 1940 年 10 月 1 日 第 372 册 第 404 页

09197 国际地位 《申报》 1920 年 12 月 26 日 第 167 册 第 959 页

09198 国际第三方面势力的抬头 《大公报》 1948 年 1 月 19 日 第 162 册 第 118 页

09199 国际动响之岁首第一幕 《申报》 1940 年 1 月 5 日 第 368 册 第 62 页

09200 国际对阿援助之渺茫 《申报》 1936 年 4 月 30 日 第 339 册 第 736 页

09201 国际对华贷款之瞻顾 《申报》 1935 年 3 月 4 日 第 326 册 第 102 页

09202 国际对华物资援助问题 《申报》 1934 年 5 月 17 日 第 316 册 第 461 页

09203 国际对华应有之新认识 《申报》 1937 年 7 月 13 日 第 354 册 第 337 页

09204 国际对日与我国方针 《申报》 1934 年 4 月 23 日 第 315 册 第 667 页

09205 国际法院法官的选出 《中央日报》 1946 年 2 月 8 日 第 52 册 第 422 页

09206 国际纷争的一个方面：法意鸿沟，在都尼斯至吉布底 《中央日报》 1939 年 4 月 14 日 第 41 册 第 1068 页

09207 国际风云中之中国 《中央日报》 1946 年 9 月 13 日 第 53 册 第 936 页

09208 国际干涉乎？人民公断乎？：我们反对前者而主张后者 《申报》 1946 年 8 月 16 日 第 389 册 第 792 页

09209 国际干涉之渐 《大公报》 1946 年 7 月 29 日 第 157 册 第 114 页

09210 国际公论与中国自处 《大公报》 1931 年 9 月 25 日 第 104 册 第 292 页

09211 国际公允之原则与仲裁 《申报》 1939 年 12 月 1 日 第 367 册 第 404 页

09212 国际共同信念之整理与推进 《申报》 1939 年 9 月 13 日 第 366 册 第 180 页

09213 国际关税协定 《大公报》 1947 年 12 月 2 日 第 161 册 第 562 页

09214 国际关系紧张中之日德同盟 《申报》 1936 年 4 月 11 日 第 339 册 第 267 页

09215 国际关系也不要拖 《大公报》 1946 年 7 月 9 日 第 157 册 第 34 页

09216 国际航空的新进展 《申报》 1937 年 2 月 16 日 第 349 册 第 273 页

09217 国际航业竞争与我国之自卫 《申报》 1935 年 4 月 26 日 第 327 册 第

09289 国际社会的新原则/陶孟和（星期论文） 《大公报》 1936 年 1 月 19 日 第 130 册 第 210 页

09290 国际石油的幕景 《大公报》 1944 年 4 月 28 日 第 152 册 第 536 页

09291 国际时局好转 《大公报》 1946 年 12 月 25 日 第 158 册 第 554 页

09292 国际时局与东亚 《申报》 1943 年 4 月 21 日 第 383 册 第 746 页

09293 国际事件上的否决权 《中央日报》 1947 年 8 月 26 日 第 56 册 第 1192 页

09294 国际缩军与中国 《大公报》 1929 年 4 月 19 日 第 89 册 第 788 页

09295 国际通货战之激化倾向 《大公报》 1934 年 10 月 31 日 第 122 册 第 902 页

09296 国际通商会议的精神 《中央日报》 1945 年 1 月 22 日 第 50 册 第 632 页

09297 国际外交与世界经济 《中央日报》 1932 年 7 月 31 日 第 18 册 第 650 页

09298 国际外交之新动向 《申报》 1934 年 4 月 1 日 第 315 册 第 8 页

09299 国际外交之新纪元? 《申报》 1939 年 4 月 5 日 第 363 册 第 86 页

09300 国际危机中的英国 《申报》 1936 年 12 月 4 日 第 347 册 第 88 页

09301 国际危局中如何主动运用 《申报》 1941 年 2 月 24 日 第 374 册 第 646 页

09302 国际文化的沟通 《大公报》 1948 年 1 月 3 日 第 162 册 第 22 页

09303 国际文化合作的新页 《申报》 1948 年 3 月 16 日 第 396 册 第 698 页

09304 国际文教合作 《申报》 1946 年 10 月 2 日 第 390 册 第 390 页

09305 国际问题国际解决：并论政府与国家之不同 《中央日报》 1946 年 2 月 20 日 第 52 册 第 494 页

09306 国际问题研究会之重要 《申报》 1932 年 5 月 29 日 第 292 册 第 537 页

09307 国际问题之总决算期 《申报》 1932 年 9 月 9 日 第 296 册 第 231 页

09308 国际现势概观 《申报》 1941 年 5 月 22 日 第 376 册 第 254 页

09309 国际现象与英国 《申报》 1939 年 7 月 20 日 第 365 册 第 344 页

09310 国际现象之进展 《申报》 1939 年 5 月 29 日 第 363 册 第 1054 页

09311 国际限制制造毒物会议 《申报》 1931 年 5 月 29 日 第 282 册 第 708 页

09312 国际相与之道 《大公报》 1935 年 8 月 9 日 第 127 册 第 568 页

09313 国际协调的途径 《申报》 1946 年 10 月 3 日 第 390 册 第 402 页

09314 国际协约国当前之重责 《申报》 1931 年 10 月 14 日 第 287 册 第 312 页

09315　国际新局面与东亚　《申报》　1943 年 9 月 2 日　第 384 册　第 429 页

09316　国际新趋势的感召　《大公报》　1944 年 11 月 15 日　第 153 册　第 614 页

09317　国际新闻之势力　《民国日报》　1916 年 9 月 6 日　第 5 册　第 62 页

09318　国际新形势下的日本　《申报》　1940 年 11 月 20 日　第 373 册　第 258 页

09319　国际刑法·国际政治　《中央日报》　1947 年 1 月 3 日　第 55 册　第 38 页

09320　国际行动之中途　《申报》　1938 年 12 月 19 日　第 360 册　第 292 页

09321　国际形势的变与不变/陶希圣（星期论文）　《大公报》　1938 年 1 月 5 日　第 140 册　第 19 页

09322　国际形势的现阶段　《中央日报》　1943 年 3 月 31 日　第 47 册　第 890 页

09323　国际形势与抗战前途　《申报》（香港版）　1938 年 8 月 3 日　第 356 册　第 1022 页

09324　国际形势与全面抗战　《申报》　1937 年 8 月 4 日　第 355 册　第 76 页

09325　国际形势与战事延长　《大公报》　1927 年 4 月 22 日　第 79 册　第 169 页

09326　国际形势与中国　《大公报》　1938 年 1 月 4 日　第 140 册　第 15 页

09327　国际形势与中国外交　《申报》　1948 年 4 月 16 日　第 397 册　第 122 页

09328　国际形势与中日纠纷　《申报》　1933 年 2 月 25 日　第 301 册　第 698 页

09329　国际形势之展变　《申报》　1932 年 9 月 25 日　第 296 册　第 669 页

09330　国际形势之重大化　《大公报》　1931 年 10 月 12 日　第 104 册　第 484 页

09331　国际形势转变之关键　《申报》　1936 年 1 月 13 日　第 336 册　第 261 页

09332　国际宣传应努力进行　《申报》（香港版）　1938 年 8 月 10 日　第 356 册　第 1049 页

09333　国际宣传之效率　《大公报》　1931 年 10 月 5 日　第 104 册　第 412 页

09334　国际学生会议　《中央日报》　1942 年 8 月 7 日　第 46 册　第 556 页

09335　国际义务之限度问题　《申报》　1936 年 6 月 21 日　第 341 册　第 546 页

09336　国际阴霾的消散　《中央日报》　1945 年 12 月 30 日　第 52 册　第 176 页

09337　国际银会议　《申报》　1931 年 5 月 10 日　第 282 册　第 224 页

09338　国际银价会议　《中央日报》　1931 年 5 月 19 日　第 14 册　第 599 页

09339　国际银团之复活运动　《大公报》　1935 年 4 月 8 日　第 125 册　第 614 页

09340　国际银行公会　《申报》　1921 年 6 月 10 日　第 170 册　第 709 页

09341　国际舆论之两重表现　《大公报》　1931 年 10 月 20 日　第 104 册　第 580 页

09342　国际援华与中国抗战　《申报》（汉口版）　1938 年 7 月 16 日　第 356 册 第 369 页

09343　国际援助与民族自救　《申报》　1934 年 4 月 28 日　第 315 册　第 814 页

09344　国际战云与各国之财政负担　《申报》　1935 年 9 月 1 日　第 332 册　第 8 页

09345　国际战争中的俘虏问题/嵇鹤琴（星期论坛）　《申报》　1949 年 5 月 15 日　第 400 册　第 865 页

09346　国际政局的新展开　《民国日报》　1931 年 6 月 25 日　第 92 册　第 642 页

09347　国际政局在新年中之展开　《大公报》　1935 年 1 月 9 日　第 124 册　第 120 页

09348　国际政治家应认识暴日之奸险面目　《中央日报》　1939 年 5 月 24 日　第 42 册　第 64 页

09349　国际政治陷入僵局的症结：读莫洛托夫谈话之后　《申报》　1946 年 5 月 29 日　第 388 册　第 930 页

09350　国际政治一年之回顾　《大公报》　1935 年 12 月 25 日　第 129 册　第 722 页

09351　国际政治与英美关系　《申报》　1934 年 4 月 14 日　第 315 册　第 390 页

09352　国际之估量　《申报》　1939 年 10 月 20 日　第 366 册　第 694 页

09353　国际之歧途　《申报》　1939 年 7 月 22 日　第 365 册　第 372 页

09354　国际之三组战争　《申报》　1939 年 12 月 4 日　第 367 册　第 448 页

09355　国际之误会　《申报》　1939 年 5 月 17 日　第 363 册　第 832 页

09356　国际之酝酿与归宿　《申报》　1940 年 3 月 20 日　第 369 册　第 262 页

09357　国际制裁与国际道义　《中央日报》　1944 年 10 月 11 日　第 50 册　第 192 页

09358　国际制裁之困难问题　《申报》　1935 年 10 月 7 日　第 333 册　第 174 页

09359　国际"中国周"的重大意义　《申报》（香港版）　1939 年 7 月 6 日　第 358 册　第 1018 页

09360　国家不怕弱而怕乱：在总司令部总理纪念周之演说/何应钦　《民国日报》　1928 年 8 月 29 日　第 75 册　第 1023 页

09361　国家财政　《申报》　1921 年 7 月 18 日　第 171 册　第 349 页

09362　国家存亡之关键　《申报》　1919 年 2 月 8 日　第 156 册　第 467 页

09363　国家大计　《申报》　1915 年 3 月 4 日　第 133 册　第 50 页

09364　国家大局不容再误！　《申报》　1946 年 10 月 4 日　第 390 册　第 414 页

09365 国家的安定力 《中央日报》 1946年2月4日 第52册 第398页

09366 国家的烦闷人民的烦闷 《大公报》 1946年12月13日 第158册 第476页

09367 国家的机能与责任 《中央日报》 1944年1月21日 第49册 第106页

09368 国家的任务与人民的需要：在国府总理纪念周演讲（专载）/邵元冲 《民国日报》 1931年4月19日 第91册 第586页

09369 国家的任务与人民的需要：在国府总理纪念周演讲（专载）/邵元冲 《民国日报》 1931年4月20日 第91册 第610页

09370 国家的是非 《中央日报》 1945年12月3日 第52册 第14页

09371 国家的重大时机 《大公报》 1937年7月24日 第139册 第338页

09372 国家根本大法的尊严 《中央日报》 1946年4月5日 第52册 第758页

09373 国家机关与武器 《申报》 1920年3月28日 第163册 第499页

09374 国家进步之表现 《大公报》 1936年12月21日 第135册 第706页

09375 国家平等的原则 《中央日报》 1943年6月27日 第48册 第306页

09376 国家社会与青年：评沙磁区学生游行 《中央日报》 1946年1月26日 第52册 第344页

09377 国家失信于民以致不能举国债之害说 《申报》 1903年6月28日 第74册 第387页

09378 国家体面 《申报》 1915年3月2日 第133册 第18页

09379 国家统一与政治民主 《中央日报》 1945年12月27日 第52册 第158页

09380 国家行政人才的培植 《中央日报》 1945年10月11日 第51册 第798页

09381 国家银行商股国有 《中央日报》 1948年7月13日 第59册 第628页

09382 国家与报纸 《申报》 1928年9月13日 第250册 第360页

09383 国家与国民党的成功 《大公报》 1946年2月14日 第156册 第176页

09384 国家与军队 《大公报》 1931年4月8日 第101册 第460页

09385 国家与社会的损失（专论）/胡朴安 《民国日报》 1946年7月30日 第98册 第365页

09386 国家与社会之间 《申报》 1930年1月4日 第266册 第46页

09387 国家与政党孰重 《申报》 1915年1月13日 第132册 第160页

09388 国家战时军治化 《大公报》 1938年1月14日 第140册 第56页

09412　国军的晚节（言论）　《民国日报》　1926 年 4 月 17 日　第 62 册　第 472 页

09413　国军会师四平街　《中央日报》　1947 年 7 月 1 日　第 56 册　第 616 页

09414　国军解放延安　《中央日报》　1947 年 3 月 20 日　第 55 册　第 804 页

09415　国军进入沈阳　《大公报》　1946 年 1 月 16 日　第 156 册　第 64 页

09416　国军克复烟台　《中央日报》　1947 年 10 月 2 日　第 57 册　第 326 页

09417　国军克复郑州感言　《大公报》　1941 年 11 月 3 日　第 147 册　第 492 页

09418　国军入缅的重要性　《中央日报》　1942 年 1 月 5 日　第 45 册　第 658 页

09419　国军实行接收济南　《大公报》　1929 年 5 月 6 日　第 90 册　第 84 页

09420　国军收复四平街以后　《中央日报》　1946 年 5 月 23 日　第 52 册　第 1046 页

09421　国军援缅的意义和其功用/王芸生（星期论文）　《大公报》　1942 年 5 月 31 日　第 148 册　第 642 页

09422　国劳会青年失业建议书　《中央日报》　1936 年 8 月 26 日　第 35 册　第 677 页

09423　国力　《申报》　1917 年 8 月 5 日　第 147 册　第 610 页

09424　国力（二）　《申报》　1917 年 8 月 6 日　第 147 册　第 626 页

09425　国力（三）　《申报》　1917 年 8 月 7 日　第 147 册　第 642 页

09426　国力（四）　《申报》　1917 年 8 月 8 日　第 147 册　第 658 页

09427　国力（五）　《申报》　1917 年 8 月 9 日　第 147 册　第 676 页

09428　国历与改革商业习惯　《中央日报》　1929 年 8 月 13 日　第 7 册　第 151 页

09429　国立大学校长辞职　《申报》　1931 年 12 月 9 日　第 289 册　第 202 页

09430　国联不应自毁立场　《申报》（香港版）　1938 年 5 月 10 日　第 356 册　第 682 页

09431　国联不应自毁立场　《申报》（汉口版）　1938 年 5 月 7 日　第 356 册　第 229 页

09432　国联常年大会开幕　《中央日报》　1936 年 9 月 20 日　第 35 册　第 979 页

09433　国联处理与直接交涉　《民国日报》　1931 年 10 月 20 日　第 94 册　第 627 页

09434　国联从此将充分认识日本　《大公报》　1932 年 4 月 25 日　第 107 册　第 554 页

09435　国联大会开幕　《中央日报》　1936 年 6 月 30 日　第 34 册　第 1085 页

09436　国联大会开幕　《申报》　1936 年 9 月 21 日　第 344 册　第 568 页

09437　国联大会开幕以后　《申报》　1932 年 12 月 8 日　第 299 册　第 215 页

09438 国联大会通过对意制裁 《申报》 1935 年 10 月 12 日 第 333 册 第 310 页

09439 国联大会之决议 《大公报》 1932 年 3 月 13 日 第 107 册 第 124 页

09440 国联大会中之西门演说 《申报》 1932 年 12 月 9 日 第 299 册 第 243 页

09441 国联的措置 《中央日报》 1937 年 9 月 19 日 第 40 册 第 644 页

09442 国联的缄默/崔书琴（星期论文） 《大公报》 1939 年 11 月 12 日 第 143 册 第 292 页

09443 国联的谴责案 《中央日报》 1937 年 9 月 30 日 第 40 册 第 682 页

09444 国联的生死关头 《申报》 1936 年 5 月 11 日 第 340 册 第 257 页

09445 国联的态度 《申报》 1937 年 10 月 7 日 第 355 册 第 671 页

09446 国联第三次集会之第一声 《申报》 1931 年 11 月 18 日 第 288 册 第 430 页

09447 国联调查团报告书发表 《大公报》 1932 年 10 月 3 日 第 110 册 第 388 页

09448 国联调查团报告书平议（上） 《中央日报》 1932 年 10 月 4 日 第 19 册 第 514 页

09449 国联调查团报告书平议（下） 《中央日报》 1932 年 10 月 5 日 第 19 册 第 522 页

09450 国联调查团报告书之价值（上） 《申报》 1932 年 10 月 3 日 第 297 册 第 63 页

09451 国联调查团报告书之价值（下） 《申报》 1932 年 10 月 4 日 第 297 册 第 87 页

09452 国联调查团成功之先例/翰 《申报》 1932 年 3 月 19 日 第 291 册 第 117 页

09453 国联调查团出关愆期 《大公报》 1932 年 4 月 16 日 第 107 册 第 464 页

09454 国联调查团赴日 《大公报》 1932 年 6 月 28 日 第 108 册 第 584 页

09455 国联调查团离沈阳 《大公报》 1932 年 5 月 3 日 第 108 册 第 24 页

09456 国联调查团毋为日方片面宣传所蒙蔽 《中央日报》 1932 年 3 月 8 日 第 17 册 第 385 页

09457 国联调查团延期报告 《中央日报》 1932 年 7 月 4 日 第 18 册 第 434 页

09458 国联调查之结果如何 《申报》 1932 年 9 月 5 日 第 296 册 第 121 页

09459 国联调解热河垂危 《申报》 1933 年 1 月 22 日 第 300 册 第 463 页

09460 国联调解陷于绝境 《大公报》 1933 年 2 月 11 日 第 112 册 第 464 页

643 页

09504　国联未能曲突徙薪吾人其将如何　《民国日报》　1931 年 9 月 27 日　第 94
册　第 337 页

09505　国联毋为日人所欺骗！　《中央日报》　1931 年 10 月 15 日　第 16 册　第
171 页

09506　国联新决议案属草中之两大问题　《中央日报》　1931 年 12 月 3 日　第 16
册　第 763 页

09507　国联新提案通过以后　《民国日报》　1931 年 12 月 13 日　第 95 册　第
529 页

09508　国联行政会议之第一案　《申报》　1930 年 9 月 10 日　第 274 册　第
241 页

09509　国联行政院本届决议之后　《申报》　1939 年 5 月 27 日　第 363 册　第
1014 页

09510　国联行政院的开会　《申报》（汉口版）　1938 年 1 月 31 日　第 356 册
第 33 页

09511　国联行政院的新决议案　《大公报》　1938 年 5 月 16 日　第 140 册　第
596 页

09512　国联行政院第四次会议　《大公报》　1932 年 1 月 25 日　第 106 册　第
234 页

09513　国联行政院会议之收获　《中央日报》　1937 年 1 月 26 日　第 37 册　第
289 页

09514　国联行政院会议中的法土纠纷　《申报》　1937 年 1 月 21 日　第 348 册
第 451 页

09515　国联行政院将开会　《大公报》　1939 年 1 月 14 日　第 142 册　第 54 页

09516　国联行政院明日开会　《大公报》　1932 年 11 月 20 日　第 111 册　第
232 页

09517　国联宣示不承认伪组织　《申报》　1933 年 11 月 11 日　第 310 册　第
302 页

09518　国联应充实其执行决议之力量　《中央日报》　1931 年 12 月 13 日　第 16
册　第 883 页

09519　国联应坚持撤兵决议　《中央日报》　1931 年 11 月 28 日　第 16 册　第
703 页

09520　国联应坚定其公正之立场　《中央日报》　1931 年 11 月 30 日　第 16 册
第 727 页

09521　国联应宣布最后的一句话　《大公报》　1933 年 1 月 7 日　第 112 册　第
64 页

09549　国联组织原料分配委员会　《大公报》　1937 年 1 月 29 日　第 136 册　第 388 页

09550　国联最后力量若何　《大公报》　1931 年 10 月 19 日　第 104 册　第 568 页

09551　国联最近之两种侧面工作　《大公报》　1934 年 11 月 28 日　第 123 册　第 396 页

09552　国论　《申报》　1916 年 1 月 19 日　第 138 册　第 258 页

09553　国民　《申报》　1915 年 9 月 18 日　第 136 册　第 272 页

09554　国民（二）　《申报》　1915 年 9 月 19 日　第 136 册　第 288 页

09555　国民安在　《申报》　1917 年 12 月 5 日　第 149 册　第 556 页

09556　国民必须军事化建设必须国防化　《中央日报》　1941 年 3 月 6 日　第 44 册　第 526 页

09557　国民必须注意三事　《申报》　1932 年 2 月 2 日　第 290 册　第 637 页

09558　国民必须遵行的原则　《中央日报》　1946 年 8 月 31 日　第 53 册　第 786 页

09559　国民参政会闭幕　《中央日报》　1941 年 3 月 11 日　第 44 册　第 548 页

09560　国民参政会大会开幕　《大公报》　1947 年 5 月 20 日　第 160 册　第 126 页

09561　国民参政会的诞生　《大公报》　1938 年 6 月 18 日　第 140 册　第 748 页

09562　国民参政会的贡献　《大公报》　1940 年 4 月 11 日　第 144 册　第 408 页

09563　国民参政会的选举　《中央日报》　1942 年 5 月 16 日　第 46 册　第 68 页

09564　国民参政会第三次大会　《大公报》　1939 年 2 月 22 日　第 142 册　第 210 页

09565　国民参政会开幕　《中央日报》　1947 年 5 月 20 日　第 56 册　第 198 页

09566　国民参政会新议长　《大公报》　1939 年 1 月 21 日　第 142 册　第 82 页

09567　国民参政会休会　《大公报》　1938 年 7 月 16 日　第 141 册　第 72 页

09568　国民参政会这时开会！　《大公报》　1944 年 9 月 5 日　第 153 册　第 308 页

09569　国民参政会之伟大收获　《申报》（汉口版）　1938 年 7 月 17 日　第 356 册　第 371 页

09570　国民参政会之意义　《申报》（汉口版）　1938 年 6 月 19 日　第 356 册　第 315 页

09571　国民参政会之意义　《申报》（香港版）　1938 年 6 月 22 日　第 356 册　第 853 页

09572　国民此时当何以负责　《申报》　1920 年 8 月 4 日　第 165 册　第 626 页

09573　国民存亡之根本问题　《申报》　1921 年 10 月 23 日　第 174 册　第

09596　国民大会有形与无形问题（下）/金鸣盛（星期论坛）　《申报》　1946 年 2 月 25 日　第 388 册　第 299 页

09597　国民大会与官僚小会　《申报》　1920 年 9 月 6 日　第 166 册　第 102 页

09598　国民大会与国民代表会议　《申报》　1920 年 8 月 23 日　第 165 册　第 959 页

09599　国民大会与统一会议　《申报》　1920 年 9 月 15 日　第 166 册　第 252 页

09600　国民大会与宪政　《大公报》　1937 年 5 月 26 日　第 138 册　第 360 页

09601　国民大会与制宪问题　《大公报》　1937 年 5 月 4 日　第 138 册　第 46 页

09602　国民大会召集令　《中央日报》　1946 年 10 月 12 日　第 54 册　第 122 页

09603　国民大会之奋兴剂　《申报》　1920 年 10 月 23 日　第 166 册　第 919 页

09604　国民大会之近势　《申报》　1920 年 8 月 5 日　第 165 册　第 633 页

09605　国民大团结的一商榷　《民国日报》　1920 年 7 月 22 日　第 28 册　第 296 页

09606　国民当注意"国际的社会政策"（言论）　《民国日报》　1925 年 1 月 5 日　第 55 册　第 40 页

09607　国民党不加入善后会议（言论）　《民国日报》　1925 年 2 月 21 日　第 55 册　第 560 页

09608　国民党的抱负　《中央日报》　1949 年 1 月 26 日　第 60 册　第 922 页

09609　国民党的沉默与工作（言论）　《民国日报》　1925 年 1 月 17 日　第 55 册　第 206 页

09610　国民党的嘤鸣　《民国日报》　1922 年 9 月 22 日　第 41 册　第 288 页

09611　国民党的嘤鸣声（言论）　《民国日报》　1925 年 3 月 22 日　第 56 册　第 296 页

09612　国民党的真解（特载）　《民国日报》　1926 年 1 月 5 日　第 61 册　第 46 页

09613　国民党对国民会议的态度（言论）　《民国日报》　1925 年 8 月 16 日　第 58 册　第 498 页

09614　国民党对善后会议的表示（言论）　《民国日报》　1925 年 1 月 19 日　第 55 册　第 222 页

09615　国民党对中俄事件的态度　《民国日报》　1924 年 4 月 5 日　第 50 册　第 442 页

09616　国民党"二七"纪念（言论）　《民国日报》　1926 年 2 月 8 日　第 61 册　第 456 页

09617　国民党二中全会的召开　《申报》　1946 年 3 月 2 日　第 388 册　第 325 页

09618　国民党分子的说明　《民国日报》　1923 年 8 月 31 日　第 46 册　第

09642　国民党员应信仰国民党的主义（言论）　《民国日报》　1927 年 4 月 10 日　第 67 册　第 226 页

09643　国民党员与国民会议一致努力于遗嘱（言论）　《民国日报》　1926 年 1 月 12 日　第 61 册　第 130 页

09644　国民党员与全体国民　《大公报》　1927 年 11 月 24 日　第 81 册　第 431 页

09645　国民党之成败与国民运动　《大公报》　1927 年 8 月 20 日　第 80 册　第 401 页

09646　国民党之对于中国　《民国日报》　1924 年 8 月 5 日　第 52 册　第 536 页

09647　国民的公敌　《中央日报》　1929 年 9 月 14 日　第 7 册　第 543 页

09648　国民的军队/齐　《申报》　1932 年 1 月 31 日　第 290 册　第 623 页

09649　国民的协力　《申报》　1944 年 10 月 19 日　第 386 册　第 355 页

09650　国民对内乱所负的责任（一）（言论）　《民国日报》　1925 年 10 月 27 日　第 59 册　第 674 页

09651　国民对内乱所负的责任（二）（言论）　《民国日报》　1925 年 10 月 28 日　第 59 册　第 686 页

09652　国民对内乱所负的责任（三）（言论）　《民国日报》　1925 年 10 月 29 日　第 59 册　第 698 页

09653　国民对时局如何表示？　《大公报》　1931 年 6 月 15 日　第 102 册　第 544 页

09654　国民对时局应有之觉悟　《大公报》　1930 年 8 月 30 日　第 97 册　第 724 页

09655　国民对一万万借款怎样　《民国日报》　1923 年 3 月 2 日　第 44 册　第 16 页

09656　国民对于北伐的责任（言论）　《民国日报》　1926 年 6 月 18 日　第 63 册　第 472 页

09657　国民对于国家总动员的责任　《中央日报》　1942 年 6 月 6 日　第 46 册　第 162 页

09658　国民对于三中全会之希望　《大公报》　1937 年 2 月 15 日　第 136 册　第 584 页

09659　国民对政治应痛改传统态度　《大公报》　1934 年 10 月 1 日　第 122 册　第 450 页

09660　国民多数决事说　《申报》　1906 年 6 月 3 日　第 83 册　第 617 页

09661　国民尔忘五月七日之哀的美敦乎　《申报》　1915 年 5 月 12 日　第 134 册　第 192 页

09662　国民反对瓜分卖国（来论）/佐治　《民国日报》　1920 年 4 月 16 日　第

26 册 第 626 页

09663 国民该处罚那害中国的口蜜腹剑者 《民国日报》 1923 年 7 月 17 日 第 46 册 第 226 页

09664 国民该抉择一个善的政府 《民国日报》 1921 年 7 月 1 日 第 34 册 第 2 页

09665 国民该注意崇文门关税权 《民国日报》 1924 年 1 月 28 日 第 49 册 第 382 页

09666 国民革命 《大公报》 1927 年 5 月 25 日 第 79 册 第 433 页

09667 国民革命军誓师北伐纪念 《中央日报》 1937 年 7 月 9 日 第 40 册 第 99 页

09668 国民革命军誓师纪念 《中央日报》 1930 年 7 月 9 日 第 11 册 第 103 页

09669 国民革命军誓师纪念 《中央日报》 1936 年 7 月 9 日 第 35 册 第 101 页

09670 国民革命军占领天津 《大公报》 1928 年 6 月 13 日 第 84 册 第 431 页

09671 国民革命与"爱美"问题（论载） 《民国日报》 1927 年 7 月 30 日 第 69 册 第 424 页

09672 国民革命与国际和平（言论） 《民国日报》 1926 年 9 月 5 日 第 65 册 第 42 页

09673 国民革命与五四运动 《中央日报》 1943 年 5 月 4 日 第 48 册 第 20 页

09674 国民革命之建设性 《中央日报》 1943 年 9 月 6 日 第 48 册 第 620 页

09675 国民革命之现阶段 《申报》 1936 年 1 月 31 日 第 336 册 第 599 页

09676 国民工役法之意义 《中央日报》 1937 年 7 月 20 日 第 40 册 第 233 页

09677 国民公报总理被辱感言 《申报》 1912 年 7 月 10 日 第 118 册 第 91 页

09678 国民购买力萎缩之危机 《大公报》 1935 年 7 月 27 日 第 127 册 第 380 页

09679 国民会议 《申报》 1915 年 8 月 18 日 第 135 册 第 804 页

09680 国民会议 《申报》 1925 年 7 月 3 日 第 214 册 第 41 页

09681 国民会议：在国府纪念周演讲/王宠惠 《民国日报》 1930 年 12 月 3 日 第 89 册 第 394 页

09682 国民会议闭幕 《中央日报》 1931 年 5 月 17 日 第 14 册 第 571 页

09683 国民会议闭幕 《大公报》 1931 年 5 月 18 日 第 102 册 第 208 页

09728 国民经济建设之途径 《中央日报》 1935 年 8 月 17 日 第 31 册 第 566 页

09729 国民经济建设之真诠 《中央日报》 1936 年 9 月 18 日 第 35 册 第 955 页

09730 国民经济上之实力说 《申报》 1910 年 3 月 6 日 第 105 册 第 81 页

09731 国民经济生活之途辙自卫时期中共同体行 《中央日报》 1932 年 2 月 13 日 第 17 册 第 291 页

09732 国民经济之严重危机 《大公报》 1929 年 8 月 12 日 第 91 册 第 676 页

09733 国民精神的检讨 《中央日报》 1942 年 5 月 18 日 第 46 册 第 76 页

09734 国民精神总动员 《中央日报》 1939 年 2 月 25 日 第 41 册 第 800 页

09735 国民精神总动员在上海 《申报》 1939 年 3 月 26 日 第 362 册 第 888 页

09736 "国民救国"下的追悼者（言论） 《民国日报》 1925 年 3 月 23 日 第 56 册 第 308 页

09737 国民军撤退与其将来（言论） 《民国日报》 1926 年 3 月 23 日 第 62 册 第 222 页

09738 国民军出师之意义（言论） 《民国日报》 1926 年 8 月 5 日 第 64 册 第 351 页

09739 国民军处处顾到民众（言论） 《民国日报》 1926 年 9 月 17 日 第 65 册 第 164 页

09740 国民军回防 《申报》 1926 年 3 月 23 日 第 221 册 第 490 页

09741 国民军口号转变观（社论） 《民国日报》 1927 年 5 月 11 日 第 68 册 第 141 页

09742 国民军如何方值得一战（言论） 《民国日报》 1925 年 11 月 28 日 第 60 册 第 326 页

09743 "国民军"与"国民"（言论） 《民国日报》 1925 年 7 月 10 日 第 58 册 第 91 页

09744 国民军之精神（言论） 《民国日报》 1926 年 5 月 8 日 第 63 册 第 62 页

09745 国民康健问题：为防痨会进一解 《申报》 1935 年 1 月 29 日 第 324 册 第 744 页

09746 国民快监视闽事调查 《民国日报》 1919 年 12 月 12 日 第 24 册 第 494 页

09747 国民力量底显出（言论） 《民国日报》 1925 年 11 月 24 日 第 60 册 第 278 页

09810 国民政府大纲及其提案性质 《民国日报》 1924 年 2 月 29 日 第 49 册 第 696 页

09811 国民政府的方针 《大公报》 1946 年 8 月 15 日 第 157 册 第 210 页

09812 国民政府的外交地位（言论） 《民国日报》 1925 年 7 月 16 日 第 58 册 第 152 页

09813 国民政府对时局的通电（言论） 《民国日报》 1925 年 11 月 18 日 第 60 册 第 206 页

09814 国民政府还都 《大公报》 1946 年 5 月 1 日 第 156 册 第 480 页

09815 国民政府还都 《申报》 1946 年 5 月 5 日 第 388 册 第 732 页

09816 国民政府还都令典 《大公报》 1946 年 5 月 5 日 第 156 册 第 496 页

09817 国民政府所受的使命（言论） 《民国日报》 1925 年 7 月 4 日 第 58 册 第 32 页

09818 国民政府宣布改组 《大公报》 1947 年 4 月 20 日 第 159 册 第 756 页

09819 国民政府移驻重庆第八周年 《中央日报》 1945 年 11 月 20 日 第 51 册 第 1038 页

09820 国民政府与联合政府 《民国日报》 1945 年 12 月 27 日 第 96 册 第 357 页

09821 国民政府组织法 《大公报》 1928 年 9 月 28 日 第 86 册 第 325 页

09822 国民之表示 《申报》 1922 年 6 月 8 日 第 181 册 第 141 页

09823 国民之精神 《申报》 1924 年 1 月 1 日 第 199 册 第 6 页

09824 国民之能力何在 《民国日报》 1919 年 3 月 20 日 第 20 册 第 228 页

09825 国民之赏罚 《申报》 1920 年 7 月 29 日 第 165 册 第 526 页

09826 国民之威力何在 《民国日报》 1919 年 3 月 21 日 第 20 册 第 240 页

09827 国民之自觉 《申报》 1916 年 12 月 11 日 第 143 册 第 738 页

09828 国民之自觉 《申报》 1920 年 12 月 30 日 第 167 册 第 1027 页

09829 国民主张与公道主张 《民国日报》 1919 年 7 月 7 日 第 22 册 第 74 页

09830 国民自救之模范镇 《申报》 1930 年 1 月 18 日 第 266 册 第 426 页

09831 国民自勉也有个辨别 《民国日报》 1922 年 3 月 15 日 第 38 册 第 194 页

09832 国民总进军 《申报》 1944 年 6 月 7 日 第 385 册 第 549 页

09833 国内对太平洋会议态度 《民国日报》 1921 年 9 月 2 日 第 35 册 第 16 页

09834 国内各线战事 《中央日报》 1939 年 9 月 29 日 第 42 册 第 564 页

09835 国内局势的新展望 《申报》 1947 年 5 月 3 日 第 393 册 第 326 页

09836 国内水泥工业之扩张 《申报》 1935 年 7 月 20 日 第 330 册 第 511 页

09860　国难期中之平民教育　《中央日报》　1932 年 3 月 23 日　第 17 册　第 445 页

09861　国难期中之求知问题　《中央日报》　1932 年 6 月 29 日　第 18 册　第 394 页

09862　国难期中之社会秩序　《中央日报》　1932 年 2 月 14 日　第 17 册　第 295 页

09863　国难如病　《申报》　1920 年 12 月 25 日　第 167 册　第 941 页

09864　国难三周年纪念辞　《大公报》　1934 年 9 月 18 日　第 122 册　第 256 页

09865　国难所奠定的复兴基石/陈衡哲（星期论文）　《大公报》　1937 年 12 月 5 日　第 139 册　第 678 页

09866　国难严重中之双十节　《申报》　1936 年 10 月 10 日　第 345 册　第 245 页

09867　国难与韩刘冲突　《申报》　1932 年 9 月 21 日　第 296 册　第 561 页

09868　国难与教育/陈序经（星期论文）　《大公报》　1938 年 2 月 20 日　第 140 册　第 206 页

09869　国难与教育的忏悔/潘光旦（星期论文）　《大公报》　1936 年 5 月 31 日　第 132 册　第 424 页

09870　国难中教育界应有之自觉：敬告大学校当局　《申报》　1931 年 9 月 8 日　第 286 册　第 209 页

09871　国难中之北宁员工　《大公报》　1931 年 10 月 5 日　第 104 册　第 520 页

09872　国难中之国庆　《中央日报》　1931 年 10 月 10 日　第 16 册　第 115 页

09873　国难中之国庆　《中央日报》　1932 年 10 月 10 日　第 19 册　第 562 页

09874　国难中之民气　《申报》　1933 年 1 月 21 日　第 300 册　第 436 页

09875　国难中之民众　《中央日报》　1931 年 7 月 30 日　第 15 册　第 327 页

09876　国难中之孙中山先生诞辰与四全大会　《申报》　1931 年 11 月 12 日　第 288 册　第 285 页

09877　国难中之政府与国民：于右任院长在国府纪念周报告　《民国日报》　1931 年 9 月 30 日　第 94 册　第 380 页

09878　国难最前线的言论界　《中央日报》　1935 年 12 月 5 日　第 32 册　第 790 页

09879　国贫治本论　《申报》　1912 年 6 月 14 日　第 117 册　第 729 页

09880　国庆　《申报》　1925 年 10 月 10 日　第 217 册　第 188 页

09881　国庆报捷　《大公报》　1938 年 10 月 11 日　第 141 册　第 420 页

09882　国庆辞　《大公报》　1926 年 10 月 10 日　第 77 册　第 305 页

09883　国庆的精神纪念　《民国日报》　1919 年 10 月 6 日　第 23 册　第 422 页

09884　国庆感言　《申报》　1947 年 10 月 10 日　第 395 册　第 93 页

09912 国人对日寇热河应有之注意 《申报》 1932 年 8 月 23 日 第 295 册 第 559 页

09913 国人对太平洋会议的谬误心理 《民国日报》 1921 年 8 月 7 日 第 34 册 第 518 页

09914 国人对外人议论的辩择 《民国日报》 1924 年 5 月 29 日 第 51 册 第 338 页

09915 国人对外应有之态度 《中央日报》 1932 年 3 月 9 日 第 17 册 第 389 页

09916 国人对于华北事态应有之认识 《申报》 1935 年 12 月 1 日 第 335 册 第 8 页

09917 国人对于科学应有之认识 《中央日报》 1931 年 9 月 2 日 第 15 册 第 735 页

09918 国人该快选改造工师 《民国日报》 1923 年 7 月 9 日 第 46 册 第 114 页

09919 国人该为法统尽力 《民国日报》 1922 年 7 月 29 日 第 40 册 第 386 页

09920 国人乎速猛醒奋起 《申报》 1931 年 9 月 23 日 第 286 册 第 640 页

09921 国人亟应做准备工作 《中央日报》 1931 年 10 月 6 日 第 16 册 第 67 页

09922 国人将何以应付今日之危局 《申报》 1932 年 9 月 17 日 第 296 册 第 463 页

09923 国人皆曰不可 《申报》 1919 年 6 月 6 日 第 158 册 第 616 页

09924 国人们快起来反对帝国主义分赃之和平会议！ 《民国日报》 1924 年 10 月 30 日 第 53 册 第 561 页

09925 国人岂甘被卖为猪仔乎：金币借款即猪价也 《民国日报》 1918 年 9 月 23 日 第 16 册 第 603 页

09926 国人所望于五中全会者 《大公报》 1934 年 12 月 6 日 第 123 册 第 516 页

09927 国人所宜急者 《申报》 1918 年 11 月 25 日 第 155 册 第 386 页

09928 国人勿徒倚赖国联 《申报》 1931 年 9 月 28 日 第 286 册 第 766 页

09929 国人心理越觉神秘了 《民国日报》 1922 年 3 月 23 日 第 38 册 第 304 页

09930 国人兴义之三大主义 《民国日报》 1916 年 2 月 10 日 第 1 册 第 168 页

09931 国人要积极对付北阁 《民国日报》 1922 年 12 月 2 日 第 42 册 第 424 页

09932　国人宜注意蒙古问题　《大公报》　1928年10月29日　第86册　第689页

09933　国人宜注意者　《申报》　1923年8月25日　第194册　第516页

09934　国人宜组织赴俄视察团　《大公报》　1932年12月15日　第111册　第532页

09935　国人已忘东北之沦亡乎　《申报》　1932年6月1日　第293册　第3页

09936　国人应从死里求生　《中央日报》　1932年2月26日　第17册　第344页

09937　国人应该做通常继续的功夫　《民国日报》　1922年2月14日　第37册　第506页

09938　国人应积极准备！　《中央日报》　1931年10月30日　第16册　第355页

09939　国人应急起自卫运动　《民国日报》　1922年4月29日　第38册　第796页

09940　国人应谋自强自立之办法　《大公报》　1928年5月11日　第84册　第101页

09941　国人应协助政府实现导淮计划　《中央日报》　1931年5月1日　第14册　第375页

09942　国人应一心一德共救国难：邵元冲在国府纪念周讲演　《民国日报》　1931年9月23日　第94册　第294页

09943　国人应一致救济当前的国难：丁惟汾在国府纪念周讲演　《民国日报》　1931年8月19日　第93册　第624页

09944　国人应以全力防守热河　《大公报》　1933年1月19日　第112册　第208页

09945　国人应有坚确的信念　《大公报》　1937年1月7日　第136册　第80页

09946　国人应有慰问国境兵士之表示　《大公报》　1929年10月5日　第92册　第548页

09947　国人应知此战之关系重大/彬　《申报》　1932年2月4日　第290册　第645页

09948　国人应知自重　《申报》　1933年8月17日　第307册　第467页

09949　国人应注意列强移转工业对华新活动　《中央日报》　1931年4月18日　第14册　第215页

09950　国人应注意热那亚会议　《民国日报》　1922年4月13日　第38册　第590页

09951　国人应注意日方之夹攻形势　《申报》　1932年8月13日　第295册　第301页

09979　国营·省营·民营　《中央日报》　1946 年 3 月 23 日　第 52 册　第 680 页

09980　国营钢铁之筹办　《申报》　1933 年 12 月 21 日　第 311 册　第 601 页

09981　国营企业的前途/高叔康（星期论文）　《大公报》　1939 年 12 月 31 日　第 143 册　第 488 页

09982　国营事业股票的出售　《申报》　1948 年 9 月 17 日　第 398 册　第 616 页

09983　国营事业配售民营办法之检讨　《申报》　1947 年 4 月 9 日　第 393 册　第 82 页

09984　国营与民营的划分　《中央日报》　1945 年 10 月 16 日　第 51 册　第 828 页

09985　国有企业之职权及营业/王伯群　《民国日报》　1929 年 1 月 6 日　第 78 册　第 90 页

09986　国有与民有　《申报》　1922 年 1 月 22 日　第 177 册　第 372 页

09987　国在哪里？废在哪里？　《民国日报》　1922 年 10 月 10 日　第 41 册　第 537 页

09988　国债盘利说　《申报》　1911 年 4 月 25 日　第 111 册　第 882 页

09989　国债盘利说续　《申报》　1911 年 4 月 26 日　第 111 册　第 897 页

09990　国之再建·党的新生　《中央日报》　1948 年 4 月 21 日　第 58 册　第 992 页

09991　国之主义　《申报》　1915 年 5 月 17 日　第 134 册　第 274 页

09992　国直和议　《申报》　1926 年 4 月 5 日　第 222 册　第 101 页

09993　国中事　《申报》　1914 年 12 月 25 日　第 131 册　第 780 页

09994　国字改进的途径/黄若舟（星期论坛）　《申报》　1947 年 9 月 7 日　第 394 册　第 682 页

09995　果报不爽说　《申报》　1883 年 1 月 15 日　第 22 册　第 83 页

09996　果报说　《申报》　1888 年 4 月 27 日　第 32 册　第 665 页

09997　果不难钦　《申报》　1915 年 9 月 26 日　第 136 册　第 400 页

09998　果决而审慎　《申报》　1928 年 3 月 17 日　第 244 册　第 398 页

09999　果觉悟　《申报》　1917 年 5 月 29 日　第 146 册　第 498 页

10000　果能无事耶　《申报》　1917 年 6 月 16 日　第 146 册　第 810 页

10001　果为何而战　《申报》　1920 年 7 月 28 日　第 165 册　第 485 页

10002　果真是商人反抗革命政府吗　《民国日报》　1924 年 10 月 17 日　第 53 册　第 457 页

10003　过不尽之关　《申报》　1921 年 1 月 23 日　第 168 册　第 356 页

10004　过不去　《申报》　1917 年 12 月 12 日　第 149 册　第 668 页

10005　过渡时代之筹备　《申报》　1915 年 12 月 25 日　第 137 册　第 890 页

H

10085   海军用西人辨   《申报》   1892 年 6 月 1 日   第 41 册   第 201 页

10086   海军与博徒   《申报》   1922 年 1 月 21 日   第 177 册   第 354 页

10087   海军与经济两大结合   《申报》   1929 年 10 月 13 日   第 263 册   第 356 页

10088   海军与心理建设：海军部派员在中央电台演讲   《民国日报》   1931 年 6 月 8 日   第 92 册   第 434 页

10089   海军预备会商之再开与日英美   《大公报》   1934 年 10 月 27 日   第 122 册   第 844 页

10090   海军预会席上之英日美   《申报》   1934 年 10 月 31 日   第 321 册   第 935 页

10091   海军之扩大   《民国日报》   1931 年 6 月 29 日   第 92 册   第 695 页

10092   海军助乱之意见分歧   《民国日报》   1922 年 4 月 28 日   第 38 册   第 790 页

10093   海客偶谈   《申报》   1873 年 7 月 26 日   第 3 册   第 89 页

10094   海客谈兵书后   《申报》   1885 年 2 月 27 日   第 26 册   第 291 页

10095   海客谈强富   《申报》   1873 年 8 月 14 日   第 3 册   第 153 页

10096   海客谈瀛   《申报》   1887 年 10 月 16 日   第 31 册   第 683 页

10097   海客谈瀛偶录   《申报》   1889 年 6 月 25 日   第 34 册   第 1005 页

10098   海枯石烂   《大公报》   1926 年 12 月 6 日   第 77 册   第 755 页

10099   海拉尔之鼠疫   《申报》   1920 年 11 月 30 日   第 167 册   第 521 页

10100   海陵刺史陆公祖德政记   《申报》   1888 年 11 月 12 日   第 33 册   第 875 页

10101   海南岛建省问题的检讨   《申报》   1947 年 6 月 15 日   第 393 册   第 756 页

10102   海权   《申报》   1914 年 5 月 7 日   第 128 册   第 102 页

10103   海上交通安全问题   《申报》   1937 年 3 月 25 日   第 350 册   第 599 页

10104   海上拉锯战——再论所罗门战争   《大公报》   1942 年 8 月 31 日   第 149 册   第 268 页

10105   海上两暗杀案   《申报》   1925 年 4 月 11 日   第 211 册   第 188 页

10106   海上善堂增设憩安所说   《申报》   1882 年 12 月 13 日   第 21 册   第 991 页

10107   海上自由三部曲：自运·巡逻·参战   《大公报》   1941 年 9 月 15 日   第 147 册   第 284 页

10108   海上自由与美国中立   《申报》   1934 年 12 月 21 日   第 323 册   第 606 页

10109   海上自由与英美协商   《大公报》   1929 年 6 月 17 日   第 90 册   第

756 页

10139　韩复榘明正典刑　《申报》（汉口版）　1938 年 1 月 26 日　第 356 册　第 23 页

10140　韩复榘军毁路事件　《民国日报》　1929 年 5 月 19 日　第 80 册　第 287 页

10141　韩国必须获得独立：欢迎李承晚博士来华　《申报》　1947 年 4 月 10 日　第 393 册　第 92 页

10142　韩国的抗日运动　《中央日报》　1942 年 6 月 24 日　第 46 册　第 276 页

10143　韩国的前途　《中央日报》　1948 年 2 月 2 日　第 58 册　第 306 页

10144　韩国的是非　《中央日报》　1948 年 7 月 14 日　第 59 册　第 636 页

10145　韩国的托治与独立　《大公报》　1946 年 1 月 15 日　第 156 册　第 60 页

10146　韩国独立统一的曙光：庆祝李承晚博士当选首任总统　《申报》　1948 年 7 月 22 日　第 398 册　第 170 页

10147　韩国独立问题的前瞻　《大公报》　1947 年 4 月 19 日　第 159 册　第 750 页

10148　韩国独立运动的新意义　《中央日报》　1943 年 3 月 2 日　第 47 册　第 724 页

10149　韩国独立政府成立　《中央日报》　1948 年 8 月 7 日　第 59 册　第 822 页

10150　韩国革命现阶段　《大公报》　1945 年 3 月 1 日　第 154 册　第 252 页

10151　韩国民族解放及革命运动之经过　续/高哲民　《民国日报》　1930 年 1 月 25 日　第 84 册　第 315 页

10152　韩国民族解放及革命运动之经过/高哲民　《民国日报》　1930 年 1 月 21 日　第 84 册　第 262 页

10153　韩国南北分合的关头　《申报》　1948 年 4 月 7 日　第 397 册　第 50 页

10154　韩国——远东的希腊　《大公报》　1948 年 3 月 2 日　第 162 册　第 364 页

10155　韩雷生先生来华　《中央日报》　1945 年 11 月 6 日　第 51 册　第 954 页

10156　韩刘内战将如何制止　《申报》　1932 年 9 月 24 日　第 296 册　第 641 页

10157　韩钱不宜遽禁说　《申报》　1904 年 1 月 12 日　第 76 册　第 69 页

10158　韩宜自强论　《申报》　1900 年 5 月 15 日　第 65 册　第 111 页

10159　汉案的回忆：从胜利到失败　《民国日报》　1929 年 1 月 4 日　第 78 册　第 59 页

10160　汉案杂感　《大公报》　1927 年 1 月 10 日　第 78 册　第 69 页

10161　汉奸的阴谋与国民的任务　《申报》（香港版）　1939 年 6 月 21 日　第 358 册　第 898 页

10162　汉奸理论的重演　《中央日报》　1947 年 7 月 21 日　第 56 册　第 824 页

10163　汉奸新典范　《大公报》　1933 年 5 月 11 日　第 114 册　第 144 页

10271 何日实现文治政府 《大公报》 1930 年 4 月 24 日 第 95 册 第 868 页

10272 何日始能有负责任的政府 《大公报》 1930 年 7 月 29 日 第 97 册 第 340 页

10273 何如肃清冀省盗匪？ 《大公报》 1934 年 12 月 17 日 第 123 册 第 680 页

10274 何若先定远东 《申报》 1940 年 11 月 15 日 第 373 册 第 188 页

10275 何时改革币制？/谷春帆（星期论文） 《大公报》 1947 年 11 月 23 日 第 161 册 第 508 页

10276 何事琐琐 《申报》 1914 年 2 月 13 日 第 126 册 第 510 页

10277 何首乌论 《申报》 1873 年 12 月 17 日 第 3 册 第 581 页

10278 何所为 《申报》 1926 年 12 月 20 日 第 230 册 第 461 页

10279 何所矣 《申报》 1919 年 1 月 14 日 第 156 册 第 194 页

10280 何为免害：段总理迎宾馆中之言 《民国日报》 1917 年 3 月 14 日 第 8 册 第 142 页

10281 何谓诚 《申报》 1919 年 10 月 24 日 第 160 册 第 971 页

10282 何谓"大东亚的本来面目" 《大公报》 1943 年 6 月 21 日 第 150 册 第 760 页

10283 何谓国是 《申报》 1922 年 4 月 4 日 第 179 册 第 67 页

10284 何谓互不侵犯条约 《中央日报》 1932 年 6 月 11 日 第 18 册 第 250 页

10285 何谓联治（言论） 《民国日报》 1925 年 4 月 6 日 第 56 册 第 488 页

10286 何谓统一：关南北谬说 《民国日报》 1916 年 7 月 8 日 第 4 册 第 85 页

10287 何谓选举？/何永佶（星期论文） 《大公报》 1945 年 7 月 15 日 第 155 册 第 62 页

10288 何徐子之不惮烦 《申报》 1918 年 5 月 8 日 第 152 册 第 114 页

10289 何以 《申报》 1916 年 6 月 16 日 第 140 册 第 714 页

10290 何以保持民意（言论） 《民国日报》 1926 年 12 月 2 日 第 66 册 第 128 页

10291 何以报粤桂义师 《民国日报》 1917 年 6 月 23 日 第 9 册 第 638 页

10292 何以补此一年的损失（言论） 《民国日报》 1925 年 10 月 10 日 第 59 册 第 475 页

10293 何以不废 《申报》 1920 年 7 月 23 日 第 165 册 第 415 页

10294 何以步武土耳其 《大公报》 1928 年 5 月 26 日 第 84 册 第 251 页

10295 何以对此十八年？ 《大公报》 1933 年 5 月 9 日 第 114 册 第 116 页

10296 何以解决目前时局 《大公报》 1930 年 3 月 3 日 第 95 册 第 36 页

104 页

10348　和平改革之呼吁　《大公报》　1931 年 9 月 7 日　第 104 册　第 76 页

10349　和平公约与军事行动　《民国日报》　1923 年 9 月 8 日　第 47 册　第 102 页

10350　和平攻势与扩大战争　《申报》　1940 年 10 月 27 日　第 372 册　第 740 页

10351　和平关键不在宪章：论否决权修改问题　《大公报》　1947 年 9 月 16 日　第 161 册　第 94 页

10352　和平果有望乎/彬　《申报》　1932 年 3 月 1 日　第 291 册　第 1 页

10353　和平合法的政党　《中央日报》　1947 年 4 月 22 日　第 55 册　第 1076 页

10354　和平会议圆满结果　《民国日报》　1931 年 11 月 8 日　第 95 册　第 87 页

10355　和平会之程序　《申报》　1918 年 10 月 30 日　第 154 册　第 972 页

10356　和平机构的症结与剖视　《大公报》　1944 年 10 月 12 日　第 153 册　第 470 页

10357　和平建国之坚决意向　《民国日报》　1946 年 3 月 20 日　第 97 册　第 297 页

10358　和平建设的大道　《中央日报》　1945 年 11 月 26 日　第 51 册　第 1074 页

10359　和平解决满洲问题方法已穷　《申报》　1931 年 11 月 3 日　第 288 册　第 59 页

10360　和平救灾　《大公报》　1931 年 9 月 18 日　第 104 册　第 208 页

10361　和平军缩　《申报》　1933 年 5 月 22 日　第 304 册　第 555 页

10362　"和平空气"究从何来　《申报》（香港版）　1938 年 10 月 25 日　第 357 册　第 221 页

10363　和平论与继续抗战　《申报》　1938 年 10 月 26 日　第 359 册　第 289 页

10364　和平没有捷径：论修正联合国宪章的不当　《大公报》　1948 年 4 月 27 日　第 162 册　第 706 页

10365　和平梦醒了罢！　《民国日报》　1924 年 10 月 16 日　第 53 册　第 452 页

10366　和平梦醒也未？　《民国日报》　1924 年 10 月 15 日　第 53 册　第 441 页

10367　和平民主的新疆　《中央日报》　1946 年 7 月 5 日　第 53 册　第 292 页

10368　和平明白　《申报》　1927 年 2 月 11 日　第 231 册　第 790 页

10369　和平声复动之谜　《民国日报》　1924 年 9 月 14 日　第 53 册　第 158 页

10370　和平胜利的曙光　《中央日报》　1946 年 1 月 11 日　第 52 册　第 254 页

10371　和平使者兰浦生勋爵：最近中英关系第一　《中央日报》　1932 年 5 月 14 日　第 18 册　第 54 页

10372　和平统一　《申报》　1920 年 6 月 11 日　第 164 册　第 751 页

10399   和平之门是开着的！   《中央日报》   1946 年 10 月 3 日   第 54 册   第 22 页

10400   和平之梦   《申报》   1925 年 2 月 24 日   第 209 册   第 896 页

10401   和平之难   《申报》   1919 年 3 月 29 日   第 157 册   第 459 页

10402   和平之诠释   《申报》   1940 年 3 月 21 日   第 369 册   第 276 页

10403   和平之先驱（言论）   《民国日报》   1926 年 8 月 26 日   第 64 册   第 563 页

10404   和平之语   《申报》   1926 年 5 月 29 日   第 223 册   第 694 页

10405   和平之战争   《申报》   1924 年 10 月 7 日   第 206 册   第 606 页

10406   和平之真伪（言论）   《民国日报》   1926 年 10 月 9 日   第 65 册   第 382 页

10407   和平之政治观（来论）/郑毓秀   《民国日报》   1929 年 3 月 14 日   第 79 册   第 231 页

10408   和平主义的新姿态/陶孟和（星期论文）   《大公报》   1936 年 10 月 25 日   第 134 册   第 768 页

10409   和气生财说   《申报》   1882 年 9 月 23 日   第 21 册   第 505 页

10410   "和气致祥乖气致戾"   《大公报》   1931 年 6 月 26 日   第 103 册   第 676 页

10411   和人眉先生谈谈尹子衡受贿案（论载）   《民国日报》   1927 年 8 月 19 日   第 69 册   第 718 页

10412   和尚做官说   《申报》   1886 年 9 月 12 日   第 29 册   第 449 页

10413   和事老之新计划：改组议和政府   《民国日报》   1918 年 5 月 12 日   第 15 册   第 134 页

10414   和说   《申报》   1880 年 9 月 20 日   第 17 册   第 325 页

10415   和说之两歧   《申报》   1920 年 6 月 6 日   第 164 册   第 651 页

10416   和谈的几个疑问   《中央日报》   1947 年 5 月 17 日   第 56 册   第 166 页

10417   和谈的先决条件   《申报》   1949 年 1 月 16 日   第 400 册   第 92 页

10418   和谈的心理基础   《申报》   1949 年 2 月 28 日   第 400 册   第 354 页

10419   和谈告一段落以后   《申报》   1946 年 11 月 20 日   第 391 册   第 238 页

10420   和谈开始进行了   《申报》   1949 年 4 月 2 日   第 400 册   第 608 页

10421   和文考略   《申报》   1903 年 12 月 17 日   第 75 册   第 741 页

10422   和倭统策   《申报》   1895 年 2 月 5 日   第 49 册   第 169 页

10423   和疑   《申报》   1894 年 10 月 27 日   第 48 册   第 355 页

10424   和以求安   《大公报》   1947 年 6 月 1 日   第 160 册   第 200 页

10425   和议   《申报》   1917 年 11 月 16 日   第 149 册   第 252 页

10426   和议   《申报》   1925 年 11 月 1 日   第 218 册   第 3 页

10427 和议 《申报》 1926 年 3 月 13 日 第 221 册 第 268 页

10428 和议刍言 《申报》 1885 年 4 月 1 日 第 26 册 第 465 页

10429 和议垂破急告国民 《民国日报》 1919 年 3 月 15 日 第 20 册 第 180 页

10430 和议代表之难关 《申报》 1919 年 4 月 19 日 第 157 册 第 799 页

10431 和议到第四期了 《民国日报》 1920 年 3 月 20 日 第 26 册 第 266 页

10432 和议的回顾 《民国日报》 1920 年 6 月 7 日 第 27 册 第 510 页

10433 和议复活 《民国日报》 1919 年 12 月 20 日 第 24 册 第 590 页

10434 和议复开 《申报》 1919 年 4 月 7 日 第 157 册 第 607 页

10435 和议何如 《申报》 1919 年 3 月 2 日 第 157 册 第 18 页

10436 和议活动说 《申报》 1920 年 3 月 26 日 第 163 册 第 475 页

10437 和议绝续之冷热观 《民国日报》 1919 年 6 月 3 日 第 21 册 第 398 页

10438 和议尚可信耶 《申报》 1912 年 1 月 8 日 第 116 册 第 95 页

10439 和议条款尚无大损于中国说 《申报》 1901 年 1 月 5 日 第 67 册 第 25 页

10440 和议停顿后之徐氏 《民国日报》 1919 年 3 月 3 日 第 20 册 第 26 页

10441 和议问题之增减 《申报》 1919 年 4 月 25 日 第 157 册 第 895 页

10442 和议新条件疑问：切紧待他们来公证 《民国日报》 1920 年 1 月 5 日 第 25 册 第 52 页

10443 和议续开无望 《申报》 1919 年 9 月 24 日 第 160 册 第 415 页

10444 和议续开之必要条件 《民国日报》 1919 年 3 月 10 日 第 20 册 第 108 页

10445 和议以速成为贵说 《申报》 1884 年 7 月 29 日 第 25 册 第 169 页

10446 和议与地位 《申报》 1920 年 10 月 8 日 第 166 册 第 625 页

10447 和议与段 《申报》 1919 年 7 月 16 日 第 159 册 第 249 页

10448 和议与满洲之关系 《申报》 1905 年 8 月 20 日 第 80 册 第 933 页

10449 和议与陕事 《申报》 1919 年 2 月 22 日 第 156 册 第 691 页

10450 和议与陕事之前途 《申报》 1919 年 3 月 4 日 第 157 册 第 50 页

10451 和议与投降 《民国日报》 1919 年 6 月 4 日 第 21 册 第 410 页

10452 和议争点之第五条 《民国日报》 1919 年 5 月 16 日 第 21 册 第 182 页

10453 和议之诚意 《申报》 1918 年 12 月 25 日 第 155 册 第 866 页

10454 和议之大憾：徐世昌派违法代表 《民国日报》 1918 年 12 月 12 日 第 18 册 第 494 页

10455 和议之敷衍观 《申报》 1926 年 3 月 28 日 第 221 册 第 604 页

10456 和议之近信 《申报》 1919 年 8 月 6 日 第 159 册 第 596 页

10488　和之时机　《申报》　1921 年 8 月 20 日　第 172 册　第 395 页

10489　和之实际　《申报》　1918 年 11 月 8 日　第 155 册　第 114 页

10490　和之先决问题　《申报》　1920 年 6 月 25 日　第 164 册　第 1017 页

10491　和之预备　《申报》　1918 年 12 月 11 日　第 155 册　第 642 页

10492　和之真义　《申报》　1919 年 1 月 4 日　第 156 册　第 35 页

10493　和众丰财说　《申报》　1893 年 3 月 3 日　第 43 册　第 339 页

10494　河北党务与中央责任　《大公报》　1929 年 2 月 12 日　第 88 册　第 648 页

10495　河北的灾　《大公报》　1940 年 5 月 11 日　第 144 册　第 528 页

10496　河北经济协会之发起　《申报》　1935 年 9 月 4 日　第 332 册　第 97 页

10497　河北民众请愿运动之结果　《大公报》　1929 年 6 月 15 日　第 90 册　第 724 页

10498　河北善后之亟务　《大公报》　1931 年 8 月 15 日　第 103 册　第 544 页

10499　河北省的财政　《大公报》　1935 年 10 月 29 日　第 128 册　第 834 页

10500　河北省的新保甲制度　《大公报》　1935 年 9 月 13 日　第 128 册　第 172 页

10501　河北省临参会开会　《大公报》　1947 年 3 月 12 日　第 159 册　第 500 页

10502　河北省特税问题　《大公报》　1931 年 5 月 4 日　第 102 册　第 40 页

10503　河北省县长考试揭晓　《大公报》　1929 年 1 月 25 日　第 88 册　第 360 页

10504　河北省行政会议开幕　《大公报》　1934 年 10 月 25 日　第 122 册　第 816 页

10505　河北省政府改组以后　《大公报》　1948 年 2 月 7 日　第 162 册　第 232 页

10506　河北省政府立刻该办两件事　《大公报》　1928 年 7 月 5 日　第 85 册　第 41 页

10507　河北省之河务问题　《大公报》　1929 年 12 月 3 日　第 93 册　第 516 页

10508　河北水患又作　《大公报》　1930 年 3 月 6 日　第 95 册　第 84 页

10509　河北新省府　《大公报》　1935 年 12 月 26 日　第 129 册　第 734 页

10510　河北与华北　《大公报》　1934 年 8 月 16 日　第 121 册　第 678 页

10511　河北灾民与汪精卫　《中央日报》　1940 年 5 月 3 日　第 43 册　第 418 页

10512　河北之灾　《申报》　1939 年 9 月 16 日　第 366 册　第 228 页

10513　河北制宪的曙光　《大公报》　1947 年 1 月 4 日　第 159 册　第 24 页

10514　河北驻军与中央责任　《大公报》　1928 年 11 月 15 日　第 87 册　第 169 页

10515　河堤各得篇　《申报》　1888 年 11 月 3 日　第 33 册　第 817 页

10564 贺捷 《民国日报》 1931年8月8日 第93册 第478页

10565 贺空军节 《大公报》 1944年8月14日 第153册 第204页

10566 贺罗斯福总统的三任荣典 《大公报》 1941年1月20日 第146册 第84页

10567 贺罗斯福总统三届连任 《大公报》 1940年11月7日 第145册 第492页

10568 贺罗斯福总统四届当选 《大公报》 1944年11月9日 第153册 第588页

10569 贺罗斯福总统四任就职荣典并对战争与和平致远大的希望 《大公报》 1945年1月20日 第154册 第82页

10570 贺年解 《申报》 1889年2月6日 第34册 第153页

10571 贺十四辈达赖继任 《大公报》 1940年2月1日 第144册 第126页

10572 贺苏联红军节 《中央日报》 1945年2月23日 第50册 第766页

10573 贺苏联建军二十四周年 《大公报》 1942年2月23日 第148册 第228页

10574 贺苏联建军节 《大公报》 1945年2月23日 第154册 第228页

10575 贺苏联选举成功 《大公报》 1938年6月29日 第140册 第794页

10576 贺西人年节书 《申报》 1882年1月1日 第20册 第1页

10577 贺新年说 《申报》 1874年2月23日 第4册 第157页

10578 贺新社会局长就职 《民国日报》 1946年1月28日 第97册 第111页

10579 贺英皇加冕辞 《申报》 1911年6月22日 第112册 第899页

10580 贺中美中英平等新约：中外关系史上光明的新页 《大公报》 1943年1月12日 第150册 第54页

10581 贺总统就职典礼 《大公报》 1948年5月20日 第163册 第116页

10582 赫恩少将之言 《中央日报》 1944年2月14日 第49册 第208页

10583 赫尔阐明美国外交政策 《申报》（汉口版） 1938年3月21日 第356册 第131页

10584 赫尔国务卿之言 《中央日报》 1943年3月27日 第47册 第868页

10585 赫尔利大使就职 《中央日报》 1944年12月16日 第50册 第476页

10586 赫尔氏演说与日本动态 《申报》 1941年1月17日 第374册 第204页

10587 赫里欧辞职与战债问题 《大公报》 1932年12月16日 第111册 第544页

10588 黑暗与分裂 《申报》 1920年6月3日 第164册 第605页

10589 黑暗之苏俄 《民国日报》 1929年1月26日 第78册 第427页

10590 黑白（言论） 《民国日报》 1926 年 11 月 20 日 第 66 册 第 31 页

10591 "黑船"今日到东京 《中央日报》 1945 年 8 月 30 日 第 51 册 第 540 页

10592 黑龙江将军萨军帅奏设俄文学堂折 《申报》 1903 年 1 月 9 日 第 73 册 第 49 页

10593 黑龙江与日本何干？ 《大公报》 1931 年 11 月 7 日 第 105 册 第 76 页

10594 黑帽子殴毙旅客案件 《申报》 1945 年 3 月 8 日 第 387 册 第 189 页

10595 黑米说 《申报》 1899 年 4 月 29 日 第 61 册 第 741 页

10596 黑幕 《申报》 1916 年 10 月 6 日 第 142 册 第 594 页

10597 黑衫首相的狂吼 《申报》 1936 年 11 月 4 日 第 346 册 第 89 页

10598 很可注意的失业问题 《中央日报》 1930 年 5 月 17 日 第 10 册 第 555 页

10599 很可注意的失业问题（续） 《中央日报》 1930 年 5 月 19 日 第 10 册 第 583 页

10600 恒产说 《申报》 1898 年 9 月 13 日 第 60 册 第 87 页

10601 恒久之国民性 《申报》 1928 年 5 月 24 日 第 246 册 第 645 页

10602 横渡太平洋大飞船计画 《申报》 1937 年 6 月 7 日 第 353 册 第 168 页

10603 横议 《申报》 1917 年 5 月 18 日 第 146 册 第 300 页

10604 衡阳的战绩永在！ 《大公报》 1944 年 8 月 12 日 第 153 册 第 192 页

10605 衡阳守军誓死报国 《中央日报》 1944 年 8 月 9 日 第 49 册 第 984 页

10606 衡阳占领以后/陈彬龢（代论） 《申报》 1944 年 8 月 10 日 第 386 册 第 135 页

10607 轰毁上海之极端的暴行 《大公报》 1932 年 1 月 31 日 第 106 册 第 294 页

10608 轰炸的功效 《申报》 1939 年 5 月 13 日 第 363 册 第 756 页

10609 轰炸港边与威胁上海 《大公报》 1939 年 2 月 24 日 第 142 册 第 218 页

10610 轰炸岂吾人所惧 《申报》（香港版） 1938 年 6 月 11 日 第 356 册 第 810 页

10611 轰炸岂吾人所惧！ 《申报》（汉口版） 1938 年 6 月 9 日 第 356 册 第 295 页

10612 轰炸日本岛！ 《大公报》 1942 年 4 月 19 日 第 148 册 第 466 页

10613 轰炸日本的意义 《中央日报》 1942 年 4 月 19 日 第 45 册 第 1088 页

10614 轰炸重庆与中日美苏 《申报》 1940 年 5 月 31 日 第 370 册 第 396 页

384 页

10788 沪会如何 《大公报》 1932 年 4 月 20 日 第 107 册 第 504 页

10789 沪江安堵说 《申报》 1894 年 12 月 16 日 第 48 册 第 663 页

10790 沪局 《大公报》 1927 年 3 月 22 日 第 78 册 第 589 页

10791 沪局与国民的觉悟 《大公报》 1937 年 10 月 28 日 第 139 册 第 525 页

10792 沪军都督府议设临时会议机关启 《申报》 1911 年 11 月 13 日 第 115 册 第 185 页

10793 沪南拟设水利公司时不可失说 《申报》 1896 年 5 月 1 日 第 53 册 第 1 页

10794 沪南制造局之战 《申报》 1911 年 11 月 5 日 第 115 册 第 65 页

10795 沪难之教训 《大公报》 1932 年 2 月 12 日 第 106 册 第 408 页

10796 沪宁劫车 《申报》 1929 年 1 月 9 日 第 254 册 第 197 页

10797 沪宁铁路条议 《申报》 1905 年 9 月 11 日 第 81 册 第 85 页

10798 沪破获制毒机关案有感 《大公报》 1933 年 12 月 1 日 第 117 册 第 424 页

10799 沪人舍佛教而从西教辩 《申报》 1874 年 12 月 11 日 第 5 册 第 563 页

10800 沪商会改组意见之一 《民国日报》 1919 年 5 月 25 日 第 21 册 第 290 页

10801 沪商会改组意见之一（续） 《民国日报》 1919 年 5 月 26 日 第 21 册 第 302 页

10802 沪商界之和平声 《大公报》 1929 年 3 月 22 日 第 89 册 第 340 页

10803 沪商业团体助赈感言 《大公报》 1929 年 3 月 1 日 第 89 册 第 4 页

10804 沪商与时局 《大公报》 1927 年 4 月 18 日 第 79 册 第 137 页

10805 沪上典质押三铺利弊说 《申报》 1883 年 4 月 27 日 第 22 册 第 583 页

10806 沪上开会追悼诸先烈感言 《申报》 1911 年 12 月 18 日 第 115 册 第 676 页

10807 沪上诬控屡见宜严反坐以杜讼端论 《申报》 1883 年 6 月 2 日 第 22 册 第 793 页

10808 沪上宜广设义塾议 《申报》 1897 年 12 月 5 日 第 57 册 第 591 页

10809 沪上宜禁奢崇俭说 《申报》 1896 年 1 月 11 日 第 52 册 第 65 页

10810 沪上宜平米价论 《申报》 1883 年 5 月 24 日 第 22 册 第 739 页

10811 沪上有创设化莠学塾之议喜而书此 《申报》 1899 年 7 月 1 日 第 62 册 第 471 页

508 页

10841 华北会战即将发动 《中央日报》 1948 年 12 月 15 日 第 60 册 第 738 页

10842 华北健儿之幸运 《大公报》 1933 年 2 月 19 日 第 112 册 第 574 页

10843 华北今后之军政财政 《大公报》 1933 年 7 月 8 日 第 115 册 第 102 页

10844 华北军队岂容不缩编 《大公报》 1933 年 7 月 14 日 第 115 册 第 186 页

10845 华北军费问题解决 《大公报》 1933 年 12 月 10 日 第 117 册 第 550 页

10846 华北两问题 《申报》 1933 年 7 月 1 日 第 306 册 第 14 页

10847 华北漏税走私问题 《申报》 1936 年 3 月 13 日 第 338 册 第 315 页

10848 华北明星报问题 《大公报》 1929 年 2 月 17 日 第 88 册 第 728 页

10849 华北内地设置外警问题 《大公报》 1936 年 10 月 29 日 第 134 册 第 824 页

10850 华北球赛闭幕感言 《大公报》 1928 年 4 月 10 日 第 83 册 第 401 页

10851 华北日军人之活跃 《申报》 1936 年 1 月 14 日 第 336 册 第 282 页

10852 华北善后 《申报》 1933 年 6 月 23 日 第 305 册 第 638 页

10853 华北时局与美国声明 《申报》 1936 年 5 月 21 日 第 340 册 第 519 页

10854 华北水灾与水利问题 《申报》 1936 年 8 月 2 日 第 343 册 第 40 页

10855 华北停战交涉真相如何 《申报》 1933 年 5 月 29 日 第 304 册 第 747 页

10856 华北停战协定签字 《申报》 1933 年 6 月 2 日 第 305 册 第 39 页

10857 华北通车通邮问题 《申报》 1934 年 4 月 19 日 第 315 册 第 543 页

10858 华北外交应由外部处理 《大公报》 1934 年 4 月 19 日 第 119 册 第 704 页

10859 华北危机的新展开 《申报》 1936 年 6 月 17 日 第 341 册 第 435 页

10860 华北现局的展望 《申报》 1934 年 7 月 7 日 第 318 册 第 202 页

10861 华北现势之分析 《申报》 1936 年 4 月 22 日 第 339 册 第 543 页

10862 华北运动会今日闭幕 《大公报》 1929 年 6 月 4 日 第 90 册 第 548 页

10863 华北战事中的外交路线 《申报》 1937 年 7 月 16 日 第 354 册 第 409 页

10864 华北赈灾中的食料：介绍一种栽植易产量丰成分富的食料代替品/张一鹏（星期评论） 《申报》 1943 年 6 月 13 日 第 384 册 第 73 页

10865 华北政务亟须整理 《大公报》 1934 年 3 月 22 日 第 119 册 第 300 页

10866 华北之财政与军政 《大公报》 1933 年 9 月 13 日 第 116 册 第 178 页

707 页

第 534 页

10966　话说世界大势/胡兰成（星期评论）　《申报》　1944 年 3 月 26 日　第 385 册　第 301 页

10967　话说天下大势　《大公报》　1926 年 11 月 30 日　第 77 册　第 707 页

10968　话雨篇　《申报》　1898 年 3 月 5 日　第 58 册　第 355 页

10969　怀归篇　《申报》　1894 年 8 月 23 日　第 47 册　第 817 页

10970　怀念北平同胞　《大公报》　1949 年 1 月 6 日　第 164 册　第 625 页

10971　怀念罗斯福总统　《大公报》　1947 年 4 月 12 日　第 159 册　第 704 页

10972　怀念台湾同胞　《大公报》　1948 年 1 月 5 日　第 162 册　第 34 页

10973　怀念战地侨胞　《大公报》　1941 年 12 月 18 日　第 147 册　第 672 页

10974　怀四大自由　《大公报》　1947 年 11 月 3 日　第 161 册　第 386 页

10975　怀疑不决　《申报》　1926 年 12 月 7 日　第 230 册　第 141 页

10976　怀疑美国的对日政策　《大公报》　1946 年 10 月 7 日　第 158 册　第 38 页

10977　怀疑与神秘　《申报》　1913 年 12 月 17 日　第 125 册　第 664 页

10978　怀疑之消息　《申报》　1921 年 3 月 12 日　第 169 册　第 189 页

10979　怀远篇　《申报》　1891 年 12 月 3 日　第 39 册　第 941 页

10980　淮北赈务善后事宜议　《申报》　1907 年 1 月 29 日　第 86 册　第 271 页

10981　淮河流域之生灵　《申报》　1914 年 2 月 1 日　第 126 册　第 328 页

10982　淮水战事与内阁改组　《中央日报》　1948 年 12 月 18 日　第 60 册　第 750 页

10983　淮阴收复后的希望　《民国日报》　1946 年 9 月 19 日　第 99 册　第 105 页

10984　"坏消息"围攻日本　《大公报》　1943 年 11 月 10 日　第 151 册　第 588 页

10985　坏与延　《申报》　1921 年 12 月 2 日　第 176 册　第 24 页

10986　欢送参加世运代表团出国　《申报》　1936 年 6 月 26 日　第 341 册　第 679 页

10987　欢送出洋留学诸君　《申报》　1934 年 8 月 12 日　第 319 册　第 323 页

10988　欢送赴美学生　《申报》　1920 年 8 月 21 日　第 165 册　第 913 页

10989　欢送韩革命领袖归国　《中央日报》　1945 年 11 月 5 日　第 51 册　第 948 页

10990　欢送华北运动会选手　《大公报》　1934 年 10 月 15 日　第 122 册　第 664 页

10991　欢送易纳士先生　《民国日报》　1928 年 2 月 22 日　第 72 册　第 637 页

10992　欢宴友邦日本留沪同业　《申报》　1943 年 8 月 22 日　第 384 册　第

389 页

10993 欢迎 《申报》 1913 年 8 月 22 日 第 123 册 第 658 页

10994 欢迎（社论） 《民国日报》 1927 年 11 月 10 日 第 71 册 第 131 页

10995 欢迎澳国首任公使 《中央日报》 1941 年 10 月 21 日 第 45 册 第 344 页

10996 欢迎巴西土耳其两大使 《大公报》 1944 年 6 月 14 日 第 152 册 第 741 页

10997 欢迎鲍斯主席 《申报》 1943 年 11 月 18 日 第 384 册 第 743 页

10998 欢迎本市两长官 《中央日报》 1948 年 12 月 28 日 第 60 册 第 794 页

10999 欢迎比美两公使 《申报》 1920 年 5 月 23 日 第 164 册 第 405 页

11000 欢迎彼得罗夫大使 《中央日报》 1945 年 4 月 27 日 第 50 册 第 1030 页

11001 欢迎彼得罗夫大使并论中苏邦交前途 《大公报》 1945 年 5 月 1 日 第 154 册 第 512 页

11002 欢迎财政革新！ 《大公报》 1945 年 1 月 25 日 第 154 册 第 104 页

11003 欢迎蔡孑民先生 《民国日报》 1923 年 1 月 27 日 第 43 册 第 350 页

11004 欢迎陈潘两君之感想 《大公报》 1933 年 9 月 27 日 第 116 册 第 382 页

11005 欢迎床次来华 《民国日报》 1928 年 12 月 8 日 第 77 册 第 606 页

11006 欢迎第一任土耳其公使 《大公报》 1939 年 12 月 22 日 第 143 册 第 452 页

11007 欢迎东北抗日诸将军 《申报》 1933 年 7 月 12 日 第 306 册 第 350 页

11008 欢迎杜鲁门总统声明 《中央日报》 1945 年 5 月 24 日 第 50 册 第 1192 页

11009 欢迎戈斯默大使 《大公报》 1939 年 3 月 6 日 第 142 册 第 258 页

11010 欢迎各地学校代表到京 《中央日报》 1936 年 1 月 14 日 第 33 册 第 130 页

11011 欢迎工程界领袖 《中央日报》 1931 年 8 月 27 日 第 15 册 第 659 页

11012 欢迎谷大使并欢迎蔡大使 《申报》 1943 年 4 月 30 日 第 383 册 第 799 页

11013 欢迎广州号到津 《大公报》 1928 年 12 月 2 日 第 87 册 第 373 页

11014 欢迎广州号飞机 《民国日报》 1928 年 12 月 5 日 第 77 册 第 556 页

11015 欢迎国联调查团 《中央日报》 1932 年 3 月 14 日 第 17 册 第 409 页

11016 欢迎国联调查团 《大公报》 1932 年 4 月 9 日 第 107 册 第 394 页

11017 欢迎国联调查团来京 《中央日报》 1932 年 3 月 27 日 第 17 册 第 461 页

11043　欢迎美国经济考察团　《申报》　1935 年 4 月 22 日　第 327 册　第 609 页

11044　欢迎美国经济考察团　《中央日报》　1935 年 4 月 24 日　第 30 册　第 278 页

11045　欢迎美国军事代表团　《中央日报》　1941 年 10 月 9 日　第 45 册　第 290 页

11046　欢迎美国军事代表团　并论击溃日本的战略　《大公报》　1941 年 10 月 12 日　第 147 册　第 402 页

11047　欢迎美国军事代表团——并论暴日之忧惶末路　《大公报》　1941 年 8 月 28 日　第 147 册　第 210 页

11048　欢迎美国陆军总长窦恩氏　《申报》　1935 年 10 月 21 日　第 333 册　第 577 页

11049　欢迎美国生产代表团　《大公报》　1945 年 10 月 2 日　第 155 册　第 404 页

11050　欢迎美国议员团　《民国日报》　1920 年 8 月 5 日　第 28 册　第 492 页

11051　欢迎美军登陆津沽　《中央日报》　1945 年 9 月 29 日　第 51 册　第 720 页

11052　欢迎美军来华　《大公报》　1945 年 6 月 7 日　第 154 册　第 668 页

11053　欢迎美新使许门君　《民国日报》　1921 年 8 月 25 日　第 34 册　第 764 页

11054　欢迎美议员团　《申报》　1920 年 7 月 19 日　第 165 册　第 343 页

11055　欢迎美议员之感想　《申报》　1920 年 8 月 5 日　第 165 册　第 637 页

11056　欢迎缅甸报界诸君　《中央日报》　1940 年 12 月 27 日　第 44 册　第 232 页

11057　欢迎缅甸代表团　《中央日报》　1941 年 1 月 17 日　第 44 册　第 332 页

11058　欢迎缅甸访华团　《大公报》　1939 年 12 月 12 日　第 143 册　第 412 页

11059　欢迎缅甸访华团　《中央日报》　1939 年 12 月 14 日　第 42 册　第 872 页

11060　欢迎缅甸访问团聘华　《申报》　1939 年 12 月 19 日　第 367 册　第 658 页

11061　欢迎缅甸记者团　《大公报》　1940 年 12 月 27 日　第 145 册　第 690 页

11062　欢迎民主宪政年的开始：民国三十六年元旦献辞　《申报》　1947 年 1 月 1 日　第 392 册　第 3 页

11063　欢迎慕兴亚　《大公报》　1938 年 5 月 12 日　第 140 册　第 578 页

11064　欢迎纳尔逊赫尔利两先生　《大公报》　1944 年 9 月 7 日　第 153 册　第 316 页

11065　欢迎南洋侨胞慰劳团　《大公报》　1940 年 3 月 27 日　第 144 册　第 346 页

11066　欢迎南洋商业考察团归国　《大公报》　1936 年 11 月 17 日　第 135 册　第 230 页

11067　欢迎尼赫鲁氏　《中央日报》　1939 年 8 月 23 日　第 42 册　第 416 页

11068　欢迎庞德教授　《中央日报》　1946 年 7 月 3 日　第 53 册　第 274 页

11069　欢迎蒲立德先生　《中央日报》　1948 年 11 月 16 日　第 60 册　第 582 页

11070　欢迎任省长：六团体欢迎会演说词/陈彬龢（代论）　《申报》　1945 年 3 月 16 日　第 387 册　第 209 页

11071　欢迎日本经济考察团　《大公报》　1937 年 3 月 13 日　第 137 册　第 172 页

11072　欢迎日本文化使节过沪　《申报》　1943 年 4 月 7 日　第 383 册　第 662 页

11073　欢迎日本文化使节团（一）　《申报》　1943 年 3 月 31 日　第 383 册　第 620 页

11074　欢迎三人小组视察北方　《大公报》　1946 年 3 月 1 日　第 156 册　第 236 页

11075　欢迎神尾君的正论　《民国日报》　1921 年 4 月 25 日　第 32 册　第 770 页

11076　欢迎声中几点认识　《中央日报》　1936 年 12 月 27 日　第 36 册　第 1065 页

11077　欢迎史蒂文森大使　《中央日报》　1946 年 8 月 4 日　第 53 册　第 550 页

11078　欢迎史总主教来华　《中央日报》　1945 年 9 月 24 日　第 51 册　第 690 页

11079　欢迎世界学联代表　《申报》（汉口版）　1938 年 5 月 16 日　第 356 册　第 247 页

11080　欢迎世界学生代表团　《大公报》　1938 年 5 月 17 日　第 140 册　第 600 页

11081　欢迎司徒雷登大使　《申报》　1946 年 7 月 11 日　第 389 册　第 382 页

11082　欢迎司徒雷登大使　《中央日报》　1946 年 7 月 11 日　第 53 册　第 350 页

11083　欢迎宋子文同志　《中央日报》　1933 年 9 月 2 日　第 23 册　第 628 页

11084　欢迎苏俄大使到京　《中央日报》　1933 年 4 月 27 日　第 22 册　第 260 页

11085　欢迎苏联新大使　《中央日报》　1939 年 9 月 3 日　第 42 册　第 460 页

11086　欢迎孙先生入京的！　《民国日报》　1924 年 12 月 31 日　第 54 册　第 598 页

11087　欢迎孙中山先生来沪　《民国日报》　1924 年 11 月 16 日　第 54 册　第

121 页

11088　欢迎土耳其对日绝交！　《大公报》　1945 年 1 月 5 日　第 154 册　第 20 页

11089　欢迎土国对日绝交　《中央日报》　1945 年 1 月 5 日　第 50 册　第 562 页

11090　欢迎外交团代表（言论）　《民国日报》　1926 年 9 月 23 日　第 59 册　第 267 页

11091　欢迎汪主席销假（言论）　《民国日报》　1927 年 4 月 5 日　第 67 册　第 177 页

11092　欢迎威尔基氏访华　《中央日报》　1942 年 8 月 25 日　第 46 册　第 670 页

11093　欢迎威尔基先生　《中央日报》　1942 年 10 月 3 日　第 46 册　第 914 页

11094　欢迎威尔基先生　《大公报》　1942 年 10 月 3 日　第 149 册　第 410 页

11095　欢迎为建国而动员的青年　《中央日报》　1946 年 6 月 15 日　第 53 册　第 120 页

11096　欢迎魏德迈将军来华！　《申报》　1947 年 7 月 13 日　第 394 册　第 122 页

11097　欢迎魏德迈特使　《中央日报》　1947 年 7 月 22 日　第 56 册　第 834 页

11098　欢迎西南的重要表示　《民国日报》　1923 年 4 月 15 日　第 44 册　第 618 页

11099　欢迎霞飞将军　《申报》　1922 年 2 月 27 日　第 177 册　第 930 页

11100　欢迎霞飞将军　《民国日报》　1922 年 3 月 9 日　第 38 册　第 110 页

11101　欢迎暹皇夫妇　《民国日报》　1931 年 4 月 3 日　第 91 册　第 402 页

11102　欢迎现代文豪萧伯纳　《中央日报》　1933 年 2 月 18 日　第 21 册　第 452 页

11103　欢迎小仓顾问　《申报》　1944 年 4 月 17 日　第 385 册　第 375 页

11104　欢迎新疆歌舞访问团　《申报》　1947 年 12 月 6 日　第 395 册　第 666 页

11105　欢迎新闻自由！　《大公报》　1945 年 3 月 30 日　第 154 册　第 376 页

11106　欢迎新战友：巴西　《中央日报》　1942 年 8 月 23 日　第 46 册　第 656 页

11107　欢迎阎锡山氏北旋　《大公报》　1929 年 2 月 8 日　第 88 册　第 584 页

11108　欢迎伊拉克参战！　《大公报》　1943 年 1 月 18 日　第 150 册　第 82 页

11109　欢迎英国会访华团　《中央日报》　1942 年 9 月 11 日　第 46 册　第 776 页

11110　欢迎英国商业访华团与克利浦斯夫人　《申报》　1946 年 10 月 8 日　第 390 册　第 462 页

11111　欢迎英国薛穆大使　《中央日报》　1942 年 2 月 27 日　第 45 册　第

872 页

11135　还是拖！　《大公报》　1946 年 7 月 3 日　第 157 册　第 10 页

11136　还我旧物的俄牒观　《民国日报》　1920 年 4 月 6 日　第 26 册　第 500 页

11137　还原　《申报》　1924 年 12 月 17 日　第 208 册　第 300 页

11138　还原就是倒退（言论）　《民国日报》　1925 年 1 月 9 日　第 55 册　第 94 页

11139　还在梦想求和吗?　《中央日报》　1948 年 11 月 7 日　第 60 册　第 520 页

11140　还政于民与还军于国　《中央日报》　1945 年 5 月 20 日　第 50 册　第 1168 页

11141　环顾　《申报》　1926 年 9 月 22 日　第 227 册　第 539 页

11142　环境与意思　《申报》　1927 年 4 月 28 日　第 233 册　第 523 页

11143　环境愈艰险前途愈光明　《中央日报》　1939 年 9 月 19 日　第 42 册　第 524 页

11144　环球空军与华西基地　《中央日报》　1945 年 2 月 28 日　第 50 册　第 786 页

11145　环绕有田声明的敌国内潮　《大公报》　1940 年 7 月 6 日　第 145 册　第 12 页

11146　环绕中国的新形势　《中央日报》　1945 年 8 月 28 日　第 51 册　第 528 页

11147　缓冲时间　《申报》　1926 年 12 月 21 日　第 230 册　第 488 页

11148　缓堵吴淞口利害说　《申报》　1884 年 9 月 15 日　第 25 册　第 449 页

11149　缓和时局　《申报》　1922 年 4 月 14 日　第 179 册　第 273 页

11150　缓急　《申报》　1916 年 6 月 30 日　第 140 册　第 936 页

11151　缓急　《申报》　1916 年 9 月 19 日　第 142 册　第 296 页

11152　缓急　《申报》　1919 年 11 月 2 日　第 161 册　第 23 页

11153　缓急　《申报》　1921 年 4 月 3 日　第 169 册　第 565 页

11154　缓急　《申报》　1925 年 10 月 30 日　第 217 册　第 627 页

11155　缓急　《申报》　1929 年 7 月 10 日　第 260 册　第 272 页

11156　缓急辨　《申报》　1903 年 6 月 16 日　第 74 册　第 303 页

11157　缓急即操纵　《申报》　1926 年 7 月 7 日　第 225 册　第 156 页

11158　缓议人权法案　《中央日报》　1930 年 1 月 29 日　第 9 册　第 359 页

11159　宦海慈航论　《申报》　1880 年 10 月 6 日　第 17 册　第 389 页

11160　宦海升沉说　《申报》　1883 年 11 月 13 日　第 23 册　第 813 页

11161　唤起防空常识　《申报》　1944 年 7 月 14 日　第 386 册　第 45 页

11162　唤起国联行政院的注意　《大公报》　1938 年 5 月 9 日　第 140 册　第 562 页

11188　皇上典学贡言　《申报》　1911 年 7 月 13 日　第 113 册　第 200 页

11189　皇孙来华纪略　《申报》　1881 年 11 月 25 日　第 19 册　第 589 页

11190　皇统与皇权　《申报》　1911 年 6 月 6 日　第 112 册　第 626 页

11191　皇统与皇权续　《申报》　1911 年 6 月 8 日　第 112 册　第 658 页

11192　黄帝子孙——为民族扫墓节作/张其昀（星期论文）　《大公报》　1941 年 4 月 5 日　第 146 册　第 398 页

11193　黄泛区大会战的捷报　《申报》　1948 年 7 月 9 日　第 398 册　第 66 页

11194　黄泛区的救济与重建　《大公报》　1947 年 4 月 21 日　第 159 册　第 764 页

11195　黄海化学工业研究社二十周年纪念　《大公报》　1942 年 8 月 15 日　第 149 册　第 198 页

11196　黄河大决口　《申报》　1925 年 9 月 29 日　第 216 册　第 626 页

11197　黄河堵口工程的受阻　《中央日报》　1947 年 1 月 7 日　第 55 册　第 88 页

11198　黄河堵口失败之教训　《大公报》　1935 年 3 月 28 日　第 125 册　第 436 页

11199　黄河水灾　《申报》　1933 年 8 月 14 日　第 307 册　第 376 页

11200　黄河水灾之教训　《申报》　1933 年 9 月 14 日　第 308 册　第 430 页

11201　黄河问题　《大公报》　1933 年 8 月 20 日　第 115 册　第 704 页

11202　黄河问题将如之何？　《大公报》　1934 年 10 月 8 日　第 122 册　第 554 页

11203　黄河一说　《申报》　1888 年 5 月 31 日　第 32 册　第 881 页

11204　黄花岗精神与抗战　《中央日报》　1942 年 3 月 29 日　第 45 册　第 996 页

11205　黄花岗纪念　《大公报》　1930 年 3 月 29 日　第 95 册　第 452 页

11206　黄花岗纪念　《中央日报》　1933 年 3 月 29 日　第 21 册　第 842 页

11207　黄花岗纪念日：阴历与阳历日期的商榷　《民国日报》　1928 年 3 月 28 日　第 73 册　第 392 页

11208　黄花岗烈士殉国纪念　《中央日报》　1936 年 3 月 29 日　第 33 册　第 1014 页

11209　黄花岗七十二烈士殉国纪念　《中央日报》　1937 年 3 月 29 日　第 38 册　第 341 页

11210　黄花节怀先烈　《大公报》　1939 年 3 月 29 日　第 142 册　第 350 页

11211　黄金案的处理　《大公报》　1945 年 4 月 20 日　第 154 册　第 464 页

11212　黄金风潮　《申报》　1946 年 12 月 26 日　第 391 册　第 670 页

11213　黄金风潮之治本治标　《中央日报》　1947 年 2 月 14 日　第 55 册　第

510 页

240 页

第 716 页

11259   恢复民族体力大家都吃碛米   《中央日报》   1940 年 9 月 25 日   第 43 册
第 1020 页

11260   恢复说   《申报》   1922 年 5 月 24 日   第 180 册   第 475 页

11261   恢复铁路交通   《民国日报》   1946 年 1 月 5 日   第 97 册   第 19 页

11262   "恢复通常关系"之惟一解释   《大公报》   1931 年 10 月 2 日   第 104 册
第 376 页

11263   恢复硬币的流通以后   《申报》   1948 年 11 月 13 日   第 399 册   第
288 页

11264   恢复远东的正常情况   《中央日报》   1947 年 1 月 8 日   第 55 册   第
100 页

11265   恢复政府信用为第一！：新经济措施的先决条件   《申报》   1948 年 8 月 9
日   第 398 册   第 314 页

11266   虺蛇解   《申报》   1889 年 4 月 9 日   第 34 册   第 523 页

11267   珲春客谈   《申报》   1893 年 1 月 29 日   第 43 册   第 175 页

11268   珲春事件   《申报》   1920 年 10 月 12 日   第 166 册   第 733 页

11269   珲春事件   《民国日报》   1920 年 10 月 24 日   第 29 册   第 752 页

11270   回滇后的唐继尧   《民国日报》   1922 年 3 月 29 日   第 38 册   第 386 页

11271   回复百年前之欧洲   《大公报》   1926 年 10 月 5 日   第 77 册   第 265 页

11272   回复欧战前状态（二）：同胞切不可畏难   《民国日报》   1919 年 1 月 10
日   第 19 册   第 98 页

11273   回复欧战前状态：废弃特殊势之第一步   《民国日报》   1919 年 1 月 9 日
第 19 册   第 86 页

11274   回顾一年   《中央日报》   1940 年 3 月 13 日   第 43 册   第 174 页

11275   回顾与希望   《民国日报》   1928 年 1 月 14 日   第 72 册   第 185 页

11276   回顾中的五月一日是   《民国日报》   1920 年 5 月 3 日   第 27 册   第
16 页

11277   回光反照之军缩会议   《申报》   1934 年 6 月 2 日   第 317 册   第 44 页

11278   回国避难学生读书问题   《民国日报》   1923 年 9 月 24 日   第 47 册   第
330 页

11279   回教的文化运动/顾颉刚（星期论文）   《大公报》   1937 年 3 月 7 日   第
137 册   第 88 页

11280   回教国集团与欧战前途   《申报》   1940 年 6 月 9 日   第 370 册   第
520 页

11281   回教联合会宣言平议   《中央日报》   1932 年 11 月 3 日   第 20 册   第
18 页

11313   会与冲突   《申报》   1919 年 4 月 6 日   第 157 册   第 591 页

11314   会之生活   《申报》   1919 年 2 月 18 日   第 156 册   第 627 页

11315   会奏江苏规复征收地漕银价抵解偿款折   《申报》   1902 年 2 月 19 日   第 70 册   第 257 页

11316   会奏立停科举推广学堂折书后   《申报》   1905 年 9 月 12 日   第 81 册   第 95 页

11317   贿案与川门   《申报》   1917 年 4 月 23 日   第 145 册   第 947 页

11318   贿案与外交   《申报》   1917 年 4 月 26 日   第 145 册   第 998 页

11319   贿选实现后的各方   《民国日报》   1923 年 10 月 6 日   第 47 册   第 502 页

11320   贿纵盗犯与用人   《申报》   1920 年 9 月 1 日   第 166 册   第 11 页

11321   彗星考   《申报》   1888 年 4 月 23 日   第 32 册   第 641 页

11322   彗星说   《申报》   1874 年 7 月 8 日   第 5 册   第 25 页

11323   彗星说   《申报》   1881 年 7 月 1 日   第 19 册   第 1 页

11324   晦冥中的明灯：美国务卿的声明   《中央日报》   1940 年 4 月 1 日   第 43 册   第 269 页

11325   惠而不费   《申报》   1943 年 12 月 14 日   第 384 册   第 851 页

11326   惠州克复讯的探讨   《民国日报》   1923 年 11 月 13 日   第 48 册   第 176 页

11327   惠州消息   《申报》   1920 年 9 月 11 日   第 166 册   第 177 页

11328   惠州异事辨   《申报》   1878 年 12 月 27 日   第 13 册   第 617 页

11329   毁党与脱党   《申报》   1912 年 8 月 21 日   第 118 册   第 511 页

11330   毁灭人性的三种学说   《中央日报》   1944 年 7 月 27 日   第 49 册   第 930 页

11331   毁弃国宝之痛事   《大公报》   1929 年 10 月 24 日   第 92 册   第 836 页

11332   毁寺观以充学堂经费议   《申报》   1901 年 9 月 18 日   第 69 册   第 103 页

11333   毁寺庙以为学堂说   《申报》   1901 年 12 月 18 日   第 69 册   第 665 页

11334   毁寺院以为公所议   《申报》   1897 年 9 月 21 日   第 57 册   第 121 页

11335   毁信   《申报》   1920 年 7 月 13 日   第 165 册   第 231 页

11336   毁与誉   《申报》   1925 年 4 月 3 日   第 211 册   第 40 页

11337   婚嫁勿拘俗礼说   《申报》   1893 年 1 月 24 日   第 43 册   第 145 页

11338   婚礼从权说   《申报》   1879 年 12 月 26 日   第 15 册   第 713 页

11339   混沌   《申报》   1917 年 5 月 5 日   第 146 册   第 70 页

11340   混沌的七天   《民国日报》   1928 年 1 月 26 日   第 72 册   第 255 页

11341   混沌的战局   《大公报》   1933 年 5 月 24 日   第 114 册   第 326 页

11342　混沌恶浊之政治界　《申报》　1911 年 5 月 17 日　第 112 册　第 268 页

11343　混沌与变化　《大公报》　1927 年 7 月 24 日　第 80 册　第 185 页

11344　混沌与恐怖　《大公报》　1928 年 1 月 4 日　第 82 册　第 33 页

11345　混沌中之途径　《申报》　1926 年 5 月 10 日　第 223 册　第 225 页

11346　混合代表　《申报》　1918 年 12 月 12 日　第 155 册　第 658 页

11347　混战　《民国日报》　1922 年 3 月 5 日　第 38 册　第 56 页

11348　混战　《申报》　1925 年 12 月 6 日　第 219 册　第 110 页

11349　混战与革命　《民国日报》　1924 年 12 月 29 日　第 54 册　第 574 页

11350　活变之世事　《申报》　1921 年 8 月 21 日　第 172 册　第 415 页

11351　活动　《申报》　1918 年 6 月 26 日　第 152 册　第 882 页

11352　活动不活动　《申报》　1922 年 9 月 5 日　第 184 册　第 92 页

11353　活动时期　《申报》　1923 年 3 月 19 日　第 189 册　第 387 页

11354　活佛辨诬　《申报》　1878 年 12 月 30 日　第 13 册　第 625 页

11355　活泼我们的战报　《大公报》　1945 年 7 月 11 日　第 155 册　第 46 页

11356　火不可狎说　《申报》　1889 年 2 月 19 日　第 34 册　第 223 页

11357　火柴业营业方针之转变　《申报》　1935 年 7 月 4 日　第 330 册　第 92 页

11358　火车路述闻　《申报》　1878 年 7 月 3 日　第 13 册　第 9 页

11359　火车之劫运　《申报》　1925 年 3 月 26 日　第 210 册　第 485 页

11360　火船拟赴宜昌　《申报》　1874 年 6 月 19 日　第 4 册　第 563 页

11361　火光中局势开朗　《大公报》　1949 年 1 月 15 日　第 164 册　第 643 页

11362　火镜答问　《申报》　1896 年 11 月 16 日　第 54 册　第 485 页

11363　火轮车路辨　《申报》　1874 年 8 月 26 日　第 5 册　第 193 页

11364　火轮车为福国之举　《申报》　1874 年 7 月 15 日　第 5 册　第 49 页

11365　火拼胜利者之破裂纹　《民国日报》　1922 年 5 月 19 日　第 39 册　第 244 页

11366　火器不可轻玩说　《申报》　1881 年 3 月 22 日　第 18 册　第 293 页

11367　火水未济说　《申报》　1888 年 1 月 11 日　第 32 册　第 69 页

11368　火速清除学生之敌！　《中央日报》　1948 年 5 月 31 日　第 59 册　第 260 页

11369　火铁金银　《申报》　1917 年 9 月 18 日　第 148 册　第 292 页

11370　火油慎用说　《申报》　1886 年 10 月 17 日　第 29 册　第 667 页

11371　火有异用说　《申报》　1886 年 8 月 1 日　第 29 册　第 189 页

11372　火灾轻重说　《申报》　1880 年 12 月 11 日　第 17 册　第 653 页

11373　火灾绪论　《申报》　1882 年 3 月 20 日　第 20 册　第 307 页

11374　火政刍言　《申报》　1885 年 12 月 5 日　第 27 册　第 961 页

11375　火政刍言　《申报》　1887 年 5 月 2 日　第 30 册　第 711 页

11376   或问   《申报》   1883 年 7 月 3 日   第 23 册   第 13 页

11377   或问   《申报》   1913 年 4 月 11 日   第 121 册   第 518 页

11378   或问   《申报》   1918 年 10 月 17 日   第 154 册   第 764 页

11379   货币国际管制的开始   《申报》   1946 年 12 月 21 日   第 391 册   第 610 页

11380   货币与战时经济   《申报》   1941 年 9 月 23 日   第 377 册   第 688 页

11381   货币战的新战绩   《中央日报》   1943 年 11 月 5 日   第 48 册   第 874 页

11382   货币战争   《申报》   1939 年 7 月 27 日   第 365 册   第 452 页

11383   货币战争   《中央日报》   1948 年 10 月 16 日   第 60 册   第 350 页

11384   货币战争与中国经济   《申报》   1934 年 1 月 21 日   第 312 册   第 517 页

11385   货物之内运外销问题   《申报》   1939 年 12 月 2 日   第 367 册   第 418 页

11386   获盗余谈   《申报》   1879 年 4 月 24 日   第 14 册   第 385 页

11387   祸福的抉择：展望西欧十六国复兴总署   《大公报》   1948 年 4 月 19 日   第 162 册   第 658 页

11388   祸福相倚决无悲观   《大公报》   1932 年 1 月 28 日   第 106 册   第 264 页

11389   祸福倚伏说   《申报》   1878 年 6 月 3 日   第 12 册   第 501 页

11390   祸患   《申报》   1927 年 1 月 12 日   第 231 册   第 258 页

11391   祸生于不测   《申报》   1923 年 11 月 14 日   第 197 册   第 275 页

11392   祸首   《申报》   1916 年 6 月 13 日   第 140 册   第 672 页

11393   祸犹未已   《申报》   1915 年 12 月 7 日   第 137 册   第 594 页

11394   霍乱不可放血根由论   《申报》   1885 年 10 月 4 日   第 27 册   第 583 页

11395   霍乱寒热辨   《申报》   1886 年 9 月 11 日   第 29 册   第 443 页

11396   霍乱论   《申报》   1895 年 8 月 4 日   第 50 册   第 615 页

J

11397   击败日本与租借物资   《大公报》   1945 年 5 月 26 日   第 154 册   第 616 页

11398   饥荒，食物，营养/俞松筠（星期论坛）   《申报》   1946 年 4 月 29 日   第 388 册   第 684 页

11399   饥荒心理与贪污/胡先骕（星期论文）   《大公报》   1946 年 7 月 28 日   第 157 册   第 110 页

11400   饥荒与兵祸   《申报》   1920 年 9 月 10 日   第 166 册   第 161 页

11401   饥溺为怀   《申报》   1920 年 9 月 28 日   第 166 册   第 463 页

11402   饥鹰饿虎   《申报》   1922 年 10 月 2 日   第 185 册   第 25 页

11403   机变之效果   《申报》   1926 年 4 月 16 日   第 222 册   第 344 页

11464　激战中应有的警觉　《中央日报》　1944 年 4 月 28 日　第 49 册　第 530 页

11465　及儿特之良制　《申报》　1922 年 11 月 18 日　第 186 册　第 361 页

11466　及时防火说　《申报》　1887 年 11 月 24 日　第 31 册　第 947 页

11467　及时行乐记　《申报》　1888 年 6 月 26 日　第 32 册　第 1063 页

11468　及时行乐说　《申报》　1877 年 9 月 29 日　第 11 册　第 313 页

11469　及时行善说　《申报》　1892 年 2 月 12 日　第 40 册　第 201 页

11470　及时需要的国民会议（言论）　《民国日报》　1925 年 6 月 22 日　第 57 册　第 642 页

11471　及时严禁赌博说　《申报》　1884 年 6 月 18 日　第 24 册　第 963 页

11472　及时应下的决心（言论）　《民国日报》　1925 年 8 月 3 日　第 58 册　第 340 页

11473　及时制日！　《中央日报》　1941 年 5 月 18 日　第 44 册　第 846 页

11474　吉安代表与邓英对质　《大公报》　1931 年 4 月 27 日　第 101 册　第 688 页

11475　吉尔贝特日军"玉碎"　《大公报》　1943 年 12 月 23 日　第 151 册　第 776 页

11476　吉奉内外潮之责任　《民国日报》　1919 年 7 月 23 日　第 22 册　第 266 页

11477　吉会铁路与延边国防　《大公报》　1930 年 2 月 28 日　第 94 册　第 868 页

11478　吉林地方团体联合会宣言书（来搞）　《申报》　1911 年 2 月 12 日　第 110 册　第 581 页

11479　吉林巡抚陈昭常奏请设立责任内阁折　《申报》　1910 年 3 月 27 日　第 105 册　第 418 页

11480　吉林巡抚陈昭常奏请设立责任内阁折　《申报》　1910 年 3 月 28 日　第 105 册　第 434 页

11481　吉林之省长问题　《申报》　1920 年 9 月 10 日　第 166 册　第 157 页

11482　吉斯卡的收复　《大公报》　1943 年 8 月 23 日　第 151 册　第 240 页

11483　吉田东祐言论集第二集序（星期评论）/吉田东祐　《申报》　1944 年 5 月 7 日　第 385 册　第 443 页

11484　吉田东祐言论集序言（星期代论）/张一鹏　《申报》　1943 年 11 月 21 日　第 384 册　第 755 页

11485　吉田茂又上台了：日本保守势力汹涌　《大公报》　1948 年 10 月 18 日　第 164 册　第 284 页

11486　吉田内阁的前途　《大公报》　1947 年 2 月 5 日　第 159 册　第 254 页

11487 吉田内阁是文人的东条内阁 《大公报》 1948 年 10 月 22 日 第 164 册
第 308 页

11488 吉田内阁与日本政局 《中央日报》 1946 年 5 月 22 日 第 52 册 第
1040 页

11489 即此已够亡中国矣：不必再借巨款来催 《民国日报》 1918 年 6 月 19 日
第 15 册 第 590 页

11490 即以其人之道还治其人之身说 《申报》 1897 年 11 月 6 日 第 57 册
第 413 页

11491 极大之觉悟 《申报》 1919 年 1 月 15 日 第 156 册 第 210 页

11492 极地主权问题 《申报》 1931 年 5 月 4 日 第 282 册 第 65 页

11493 极度悲哀中的慰安 《民国日报》 1928 年 2 月 2 日 第 72 册 第 353 页

11494 极度压迫言论之恶影响 《大公报》 1930 年 5 月 27 日 第 96 册 第
420 页

11495 极可骇怪之共管中国论 《申报》 1931 年 11 月 13 日 第 288 册 第
308 页

11496 极权制度与世界前途 《申报》 1940 年 9 月 19 日 第 372 册 第 246 页

11497 极说 《申报》 1890 年 2 月 5 日 第 36 册 第 163 页

11498 极优保案 《申报》 1918 年 4 月 19 日 第 151 册 第 764 页

11499 极重要而被疏忽的一群：清寒学生的营养问题/倪章祺（专论） 《申报》
1946 年 1 月 14 日 第 388 册 第 75 页

11500 亟待解决之住的问题 《申报》 1941 年 11 月 29 日 第 378 册 第
737 页

11501 亟订中外通行刑律论 《申报》 1903 年 6 月 21 日 第 74 册 第 339 页

11502 亟遣亲王宗室游学各国论 《申报》 1901 年 6 月 26 日 第 68 册 第
337 页

11503 亟须重视米粮问题 《申报》 1944 年 10 月 5 日 第 386 册 第 311 页

11504 亟宜有缩短战祸之运动 《大公报》 1930 年 9 月 11 日 第 98 册 第
124 页

11505 亟铸金币说 《申报》 1902 年 7 月 9 日 第 71 册 第 473 页

11506 亟铸金币说 《申报》 1903 年 6 月 7 日 第 74 册 第 245 页

11507 急不暇择 《申报》 1922 年 11 月 27 日 第 186 册 第 557 页

11508 急促 《申报》 1925 年 1 月 12 日 第 209 册 第 217 页

11509 急促 《申报》 1926 年 4 月 25 日 第 222 册 第 554 页

11510 急待倡导的几件社会福利事业 《申报》 1943 年 8 月 11 日 第 384 册
第 347 页

11511 急待解救的民食问题 《申报》 1945 年 5 月 28 日 第 387 册 第 379 页

11512   急待解决的朝鲜问题   《申报》   1947 年 8 月 26 日   第 394 册   第 562 页

11513   急待解决的粮食问题   《申报》   1943 年 8 月 24 日   第 384 册   第 395 页

11514   急待解决的社会问题：慈幼教养事业问题   《申报》   1944 年 10 月 14 日
第 386 册   第 339 页

11515   急待解决之房租问题   《申报》   1947 年 7 月 16 日   第 394 册   第 152 页

11516   急攻   《申报》   1926 年 8 月 3 日   第 226 册   第 56 页

11517   急进党与缓进党：广某君本题之义以告国民   《民国日报》   1917 年 1 月
18 日   第 7 册   第 194 页

11518   急进党与缓进党：正某君本题之误解   《民国日报》   1917 年 1 月 17 日
第 7 册   第 182 页

11519   急进与渐进   《申报》   1927 年 11 月 8 日   第 240 册   第 165 页

11520   急救各地灾荒   《大公报》   1947 年 7 月 30 日   第 160 册   第 564 页

11521   急救河北人民！   《大公报》   1947 年 9 月 20 日   第 161 册   第 118 页

11522   急救民食的对策   《申报》   1945 年 6 月 2 日   第 387 册   第 389 页

11523   急救难民   《中央日报》   1945 年 9 月 7 日   第 51 册   第 588 页

11524   急救篇   《申报》   1881 年 8 月 6 日   第 19 册   第 145 页

11525   急救篇   《申报》   1894 年 11 月 1 日   第 48 册   第 385 页

11526   急救清寒学生   《大公报》   1946 年 9 月 21 日   第 157 册   第 432 页

11527   急救水灾   《申报》   1931 年 7 月 27 日   第 284 册   第 701 页

11528   急救水灾   《申报》   1933 年 6 月 22 日   第 305 册   第 611 页

11529   急救逃来平津的难民   《大公报》   1947 年 6 月 27 日   第 160 册   第
364 页

11530   急救逃来平津的难民   《大公报》   1948 年 6 月 3 日   第 163 册   第
200 页

11531   急慢惊风缓急虚实辩   《申报》   1892 年 3 月 20 日   第 40 册   第 431 页

11532   急谋抢救苏北水灾   《申报》   1947 年 8 月 9 日   第 394 册   第 392 页

11533   急起解决物价问题（译论）   《申报》   1945 年 6 月 6 日   第 387 册   第
399 页

11534   急速与苟且之不同   《申报》   1920 年 11 月 20 日   第 167 册   第 349 页

11535   急讨西北东北之割据者   《民国日报》   1919 年 7 月 9 日   第 22 册   第
98 页

11536   急先务说   《申报》   1885 年 7 月 24 日   第 27 册   第 139 页

11537   急需解决的东北游资/石士（专论）   《申报》   1948 年 9 月 29 日   第 398
册   第 708 页

11538   急需解决的医药问题   《中央日报》   1939 年 9 月 16 日   第 42 册   第
512 页

1002 页

11566　嫉恶宜严论　《申报》　1883 年 8 月 9 日　第 23 册　第 235 页

11567　几点简单希望　《大公报》　1938 年 6 月 14 日　第 140 册　第 730 页

11568　几点教育意见　《大公报》　1940 年 3 月 11 日　第 144 册　第 282 页

11569　几副欺蒙国民的手段　《民国日报》　1924 年 7 月 18 日　第 52 册　第 280 页

11570　几个紧急请求　《大公报》　1937 年 10 月 2 日　第 139 册　第 421 页

11571　几个经济问题/谷春帆（星期论文）　《大公报》　1945 年 2 月 18 日　第 154 册　第 206 页

11572　几个小感想　《民国日报》　1928 年 7 月 26 日　第 75 册　第 441 页

11573　几句不吉利的老实话（代论）　《民国日报》　1926 年 1 月 10 日　第 61 册　第 106 页

11574　几句不中听的话（言论）　《民国日报》　1926 年 4 月 28 日　第 62 册　第 582 页

11575　几句干脆话（言论）　《民国日报》　1926 年 5 月 25 日　第 63 册　第 232 页

11576　几天来中俄消息解剖　《中央日报》　1929 年 7 月 22 日　第 6 册　第 949 页

11577　几张必须兑现的支票　《大公报》　1937 年 10 月 1 日　第 139 册　第 417 页

11578　己丑科官板会试题名全录　《申报》　1889 年 5 月 15 日　第 34 册　第 741 页

11579　己溺己饥之涵义：于佑任在国府纪念周之报告　《民国日报》　1931 年 8 月 12 日　第 93 册　第 531 页

11580　计而后行　《申报》　1928 年 3 月 31 日　第 244 册　第 748 页

11581　计划　《申报》　1918 年 7 月 7 日　第 153 册　第 96 页

11582　计划教育　《大公报》　1938 年 4 月 20 日　第 140 册　第 472 页

11583　计划经济与私营企业　《中央日报》　1944 年 9 月 23 日　第 50 册　第 114 页

11584　计划确定　《申报》　1918 年 6 月 25 日　第 152 册　第 866 页

11585　计划时代　《申报》　1929 年 1 月 18 日　第 254 册　第 458 页

11586　计划书　《申报》　1922 年 7 月 29 日　第 182 册　第 622 页

11587　计划要一贯　《民国日报》　1923 年 4 月 28 日　第 44 册　第 796 页

11588　计划与进行之背道　《申报》　1924 年 2 月 14 日　第 199 册　第 782 页

11589　计划与实施　《申报》　1928 年 7 月 2 日　第 248 册　第 42 页

11590　计划与事实　《申报》　1926 年 10 月 22 日　第 228 册　第 556 页

44 册　第 745 页

11617　记客言赛会事　《申报》　1893 年 11 月 19 日　第 45 册　第 537 页

11618　记口碑　《申报》　1875 年 4 月 7 日　第 6 册　第 309 页

11619　记龙过南汇城事　《申报》　1874 年 8 月 28 日　第 5 册　第 201 页

11620　记梅女士宣讲事　《申报》　1904 年 4 月 28 日　第 76 册　第 695 页

11621　记某妇薄命事　《申报》　1877 年 4 月 18 日　第 10 册　第 345 页

11622　记某工师语　《申报》　1902 年 11 月 29 日　第 72 册　第 625 页

11623　记南翔灯会事　《申报》　1906 年 5 月 4 日　第 83 册　第 329 页

11624　记欧客谈中国事　《申报》　1892 年 5 月 16 日　第 41 册　第 95 页

11625　记取痛苦的经验　《中央日报》　1947 年 8 月 12 日　第 56 册　第 1048 页

11626　记日本创设善临译书馆事系之以论　《申报》　1900 年 1 月 10 日　第 64 册　第 55 页

11627　记日本水灾系之以论　《申报》　1903 年 7 月 20 日　第 74 册　第 557 页

11628　记上贤堂半年陈报事　《申报》　1904 年 11 月 1 日　第 78 册　第 415 页

11629　记沈家门停泊炮船抢掠渔船事　《申报》　1873 年 5 月 7 日　第 2 册　第 409 页

11630　记沈仲礼观察调停山右教案劝阻联军入境事系之以论　《申报》　1901 年 10 月 28 日　第 69 册　第 355 页

11631　记事珠　《申报》　1920 年 11 月 9 日　第 167 册　第 147 页

11632　记顺发银票案　《申报》　1874 年 3 月 6 日　第 4 册　第 197 页

11633　记松郡征兵启程事　《申报》　1906 年 5 月 29 日　第 83 册　第 567 页

11634　记孙总统之政见　《申报》　1911 年 12 月 31 日　第 115 册　第 850 页

11635　记土耳其近事　《申报》　1896 年 11 月 12 日　第 54 册　第 461 页

11636　记西人居京不便事　《申报》　1874 年 3 月 9 日　第 4 册　第 205 页

11637　记西人论中国事势　《申报》　1877 年 12 月 10 日　第 11 册　第 557 页

11638　记西友论堵塞吴淞口事　《申报》　1894 年 7 月 25 日　第 47 册　第 615 页

11639　记西友论试事　《申报》　1889 年 8 月 12 日　第 35 册　第 267 页

11640　记西友论迎英皇子事　《申报》　1890 年 3 月 31 日　第 36 册　第 499 页

11641　记乡村茶馆聚赌烟灯小押事　《申报》　1873 年 11 月 17 日　第 3 册　第 477 页

11642　记香港定例局事系之以论　《申报》　1896 年 7 月 20 日　第 53 册　第 519 页

11643　记新南京三日之见闻　《申报》　1912 年 1 月 18 日　第 116 册　第 212 页

11644　记新南京三日之见闻续　《申报》　1912 年 1 月 20 日　第 116 册　第 228 页

11645 记杨月楼事 《申报》 1873 年 12 月 30 日 第 3 册 第 625 页

11646 记杨月楼在省翻供事 《申报》 1874 年 5 月 29 日 第 4 册 第 487 页

11647 记印度各国共尊英国君主为印度皇帝事 《申报》 1877 年 1 月 24 日 第
       10 册 第 81 页

11648 记英界五马路火警 《申报》 1900 年 3 月 27 日 第 64 册 第 503 页

11649 记英人论去岁灾事 《申报》 1877 年 5 月 2 日 第 10 册 第 393 页

11650 记友人论纺纱事 《申报》 1892 年 12 月 7 日 第 42 册 第 615 页

11651 "记者节" 《大公报》 1940 年 9 月 2 日 第 145 册 第 230 页

11652 记者节 《中央日报》 1942 年 9 月 1 日 第 46 册 第 714 页

11653 记者节的惕勉 《大公报》 1942 年 9 月 1 日 第 149 册 第 272 页

11654 记者节感言 《申报》 1947 年 9 月 1 日 第 394 册 第 622 页

11655 记者节略论报业 《申报》 1948 年 9 月 1 日 第 398 册 第 496 页

11656 记者节我们的自勉 《中央日报》 1943 年 9 月 1 日 第 48 册 第 600 页

11657 记者宣誓运动 《申报》（香港版） 1939 年 5 月 5 日 第 358 册 第
       522 页

11658 记中国留美飞行家谭南方（特件）/耿耿 《民国日报》 1917 年 10 月 24
       日 第 11 册 第 638 页

11659 记中国驻美大臣伍秩庸星使在费城大书院演说美国与东方交际事宜 《申
       报》 1900 年 7 月 9 日 第 65 册 第 521 页

11660 记中国自明代以来与西洋交涉大略 《申报》 1887 年 10 月 28 日 第 31
       册 第 765 页

11661 纪本年新正气象 《申报》 1877 年 2 月 19 日 第 10 册 第 145 页

11662 纪本月格致书院中西绅董会议藏契事 《申报》 1878 年 5 月 16 日 第 12
       册 第 441 页

11663 纪长崎博览会事 《申报》 1879 年 3 月 31 日 第 14 册 第 293 页

11664 纪滇南兵事始末 《申报》 1873 年 9 月 8 日 第 3 册 第 237 页

11665 纪郭侍郎出使英国事 《申报》 1879 年 4 月 10 日 第 14 册 第 335 页

11666 纪汉阳命案事 《申报》 1896 年 3 月 5 日 第 52 册 第 353 页

11667 纪荷兰征亚全始末 《申报》 1874 年 6 月 29 日 第 4 册 第 595 页

11668 纪江海新关落成情形系之以论 《申报》 1894 年 1 月 25 日 第 46 册
       第 157 页

11669 纪局赌 《申报》 1902 年 12 月 11 日 第 72 册 第 711 页

11670 纪坎巨提入贡事感而论之 《申报》 1902 年 3 月 8 日 第 70 册 第
       359 页

11671 纪客论西商团练兵 《申报》 1899 年 10 月 19 日 第 63 册 第 335 页

11672 纪客述官军赴浦左剿枭事 《申报》 1903 年 5 月 28 日 第 74 册 第

11725 纪念神圣抗战发动日 《民国日报》 1946 年 7 月 7 日 第 98 册 第 273 页

11726 纪念台湾光复节 《申报》 1947 年 10 月 25 日 第 395 册 第 246 页

11727 纪念太平洋的"九一八" 《中央日报》 1944 年 2 月 10 日 第 49 册 第 192 页

11728 纪念太平洋战争一周年 《中央日报》 1942 年 12 月 7 日 第 47 册 第 232 页

11729 纪念伟大文豪高尔基 《中央日报》 1939 年 6 月 18 日 第 42 册 第 148 页

11730 纪念我们自己的节日 《中央日报》 1945 年 9 月 1 日 第 51 册 第 552 页

11731 纪念"五九"节 《申报》（香港版） 1938 年 5 月 9 日 第 356 册 第 678 页

11732 纪念"五卅"惨案感言 《中央日报》 1931 年 5 月 30 日 第 14 册 第 735 页

11733 纪念"五卅"应加检点的两事 《民国日报》 1930 年 5 月 30 日 第 86 册 第 392 页

11734 纪念"五三" 《申报》 1933 年 5 月 3 日 第 304 册 第 40 页

11735 纪念"五三"国耻与"皇姑屯惨案"之回忆 《中央日报》 1930 年 5 月 3 日 第 10 册 第 391 页

11736 纪念"五三"国耻与"皇姑屯案"之回忆（续） 《中央日报》 1930 年 5 月 4 日 第 10 册 第 403 页

11737 纪念"五四" 《民国日报》 1930 年 5 月 4 日 第 86 册 第 35 页

11738 纪念"五五" 《大公报》 1931 年 5 月 5 日 第 102 册 第 52 页

11739 纪念"五五"的意义 《中央日报》 1943 年 5 月 5 日 第 48 册 第 26 页

11740 纪念"五五"要坚定信仰力 《中央日报》 1934 年 5 月 5 日 第 26 册 第 410 页

11741 纪念"五一"节 《中央日报》 1929 年 5 月 1 日 第 6 册 第 2 页

11742 纪念"五一"劳动节 《申报》 1936 年 5 月 1 日 第 340 册 第 8 页

11743 纪念英士先生 《中央日报》 1931 年 5 月 18 日 第 14 册 第 587 页

11744 纪念与今日 《申报》 1921 年 5 月 9 日 第 170 册 第 147 页

11745 纪念肇和战役/邵元冲 《民国日报》 1928 年 12 月 6 日 第 77 册 第 575 页

11746 纪念之事 《申报》 1920 年 10 月 10 日 第 166 册 第 665 页

11747 纪念中山先生 《申报》 1940 年 3 月 12 日 第 369 册 第 156 页

11748　纪念朱执信先生　《民国日报》　1930 年 9 月 21 日　第 88 册　第 260 页

11749　纪念朱执信先生　《中央日报》　1930 年 9 月 21 日　第 11 册　第 1017 页

11750　纪念总理诞辰　《申报》　1928 年 11 月 12 日　第 252 册　第 320 页

11751　纪念总理诞辰　《中央日报》　1929 年 11 月 12 日　第 8 册　第 143 页

11752　纪念总理诞辰　《中央日报》　1937 年 11 月 12 日　第 40 册　第 852 页

11753　纪念总理诞辰　《中央日报》　1938 年 11 月 12 日　第 41 册　第 254 页

11754　纪念总理诞辰　《中央日报》　1939 年 11 月 12 日　第 42 册　第 744 页

11755　纪念总理奉安与实行训政时期约法　《中央日报》　1931 年 6 月 1 日　第 14 册　第 763 页

11756　纪念总理广州蒙难　《中央日报》　1931 年 6 月 16 日　第 14 册　第 935 页

11757　纪念总理广州蒙难的重要意义　《民国日报》　1930 年 6 月 16 日　第 86 册　第 614 页

11758　纪念总理首次起义　《中央日报》　1930 年 9 月 9 日　第 11 册　第 871 页

11759　纪樵者还金事　《申报》　1890 年 7 月 20 日　第 37 册　第 123 页

11760　纪日本大隈伯论中国近事试推广言之　《申报》　1901 年 3 月 11 日　第 67 册　第 367 页

11761　纪苏郡义园代葬事　《申报》　1896 年 3 月 19 日　第 52 册　第 445 页

11762　纪苏省行用当十铜元　《申报》　1901 年 11 月 27 日　第 69 册　第 537 页

11763　纪枭匪劫人勒赎事系之以论　《申报》　1904 年 2 月 23 日　第 76 册　第 281 页

11764　纪与学生某君的谈话　《民国日报》　1924 年 10 月 9 日　第 53 册　第 397 页

11765　纪赞英君主维多利亚语　《申报》　1901 年 3 月 1 日　第 67 册　第 307 页

11766　纪章革牧开设酒肆事慨而书此　《申报》　1905 年 3 月 19 日　第 79 册　第 513 页

11767　纪筑路定议事系之以论　《申报》　1895 年 8 月 16 日　第 50 册　第 697 页

11768　妓馆小大姐论　《申报》　1876 年 11 月 13 日　第 9 册　第 461 页

11769　忌嫉中伤中之中俄关系　《大公报》　1933 年 2 月 2 日　第 112 册　第 356 页

11770　技穷　《申报》　1924 年 1 月 7 日　第 199 册　第 136 页

11771　技术上的指导　《申报》　1947 年 1 月 17 日　第 392 册　第 186 页

11772　既不能令又不受命　《申报》　1920 年 7 月 8 日　第 165 册　第 135 页

11773　既不能强又不能弱　《申报》　1917 年 12 月 9 日　第 149 册　第 620 页

11774　既痴且聋之禁烟政策　《大公报》　1931 年 3 月 16 日　第 101 册　第

184 页

11775　既定方针　《申报》　1928 年 7 月 30 日　第 248 册　第 859 页

11776　既见之于管理物价后　《申报》　1941 年 11 月 15 日　第 378 册　第 565 页

11777　济案解决　《大公报》　1929 年 3 月 25 日　第 89 册　第 388 页

11778　济案解决以后　《民国日报》　1929 年 4 月 6 日　第 79 册　第 637 页

11779　济案解决与反日运动　《大公报》　1929 年 4 月 4 日　第 89 册　第 548 页

11780　济案解决之后　《大公报》　1929 年 3 月 29 日　第 89 册　第 452 页

11781　济案一周年感言　《大公报》　1929 年 5 月 3 日　第 90 册　第 36 页

11782　济案与弱国外交　《民国日报》　1928 年 11 月 10 日　第 77 册　第 147 页

11783　济案与弱国外交　《民国日报》　1928 年 11 月 11 日　第 77 册　第 163 页

11784　济案与时局　《大公报》　1929 年 3 月 11 日　第 89 册　第 164 页

11785　济急与乘危　《申报》　1926 年 9 月 29 日　第 227 册　第 698 页

11786　济良衍义　《申报》　1905 年 1 月 28 日　第 79 册　第 163 页

11787　济南二周年　《大公报》　1930 年 5 月 3 日　第 96 册　第 36 页

11788　济南今日之地位　《大公报》　1928 年 5 月 21 日　第 84 册　第 201 页

11789　济南克复后之影响　《民国日报》　1930 年 8 月 16 日　第 87 册　第 595 页

11790　济南克复后之战事　《申报》　1928 年 5 月 2 日　第 246 册　第 32 页

11791　济南克复以后　《民国日报》　1928 年 5 月 3 日　第 74 册　第 19 页

11792　济南日侨之保护问题　《大公报》　1930 年 6 月 5 日　第 96 册　第 548 页

11793　济南事件之推测　《申报》　1928 年 5 月 15 日　第 246 册　第 390 页

11794　济南现状与中日责任　《大公报》　1928 年 7 月 1 日　第 85 册　第 1 页

11795　济南学潮感言　《大公报》　1932 年 12 月 2 日　第 111 册　第 376 页

11796　济南之治香楼案　《申报》　1920 年 4 月 8 日　第 163 册　第 703 页

11797　济南中日兵冲突　《申报》　1928 年 5 月 4 日　第 246 册　第 87 页

11798　纪陈宇山军阀德政即送之淮扬镇新任　《申报》　1889 年 4 月 7 日　第 34 册　第 511 页

11799　纪瓜步阅操事有感而书　《申报》　1893 年 4 月 28 日　第 43 册　第 709 页

11800　纪汉口大智门外货捐局巡丁滋扰事　《申报》　1904 年 5 月 23 日　第 77 册　第 159 页

11801　纪客述日本缫丝事系之以论　《申报》　1890 年 11 月 3 日　第 37 册　第 799 页

11802　纪客述苏宫保政绩　《申报》　1890 年 3 月 10 日　第 36 册　第 367 页

11803　纪犬异　《申报》　1890 年 4 月 27 日　第 36 册　第 667 页

11804　纪苏垣拘获妖道事论以广之　《申报》　1904 年 8 月 10 日　第 77 册　第 685 页

11805　纪祥符县剧盗越狱事　《申报》　1888 年 1 月 8 日　第 32 册　第 49 页

11806　纪游历人员傅顾二君事　《申报》　1888 年 4 月 9 日　第 32 册　第 557 页

11807　纪中国火车铁路情形系之以论　《申报》　1888 年 1 月 23 日　第 32 册　第 141 页

11808　继承遗志策进工作　《申报》　1944 年 11 月 14 日　第 386 册　第 443 页

11809　继秋痕同志之后再告买办阶级（论载）　《民国日报》　1927 年 7 月 4 日　第 69 册　第 58 页

11810　继任　《申报》　1924 年 7 月 4 日　第 204 册　第 76 页

11811　继往开来的一个大关键：四中全会之开会辞/胡汉民　《民国日报》　1930 年 11 月 14 日　第 89 册　第 171 页

11812　继续　《申报》　1914 年 12 月 18 日　第 131 册　第 676 页

11813　继续　《申报》　1925 年 7 月 2 日　第 214 册　第 24 页

11814　继续不断之力　《申报》　1927 年 4 月 17 日　第 233 册　第 318 页

11815　继续打胜仗！　《大公报》　1939 年 12 月 1 日　第 143 册　第 368 页

11816　继续抗战中之伪组织　《申报》　1938 年 11 月 2 日　第 359 册　第 392 页

11817　继续努力以求贯彻：在立法院纪念周演讲/胡汉民　《民国日报》　1930 年 12 月 16 日　第 89 册　第 550 页

11818　继续“七七”的精神　《大公报》　1946 年 7 月 7 日　第 157 册　第 26 页

11819　继续醒悟　《申报》　1929 年 4 月 26 日　第 257 册　第 714 页

11820　继续用武　《申报》　1918 年 4 月 27 日　第 151 册　第 892 页

11821　寄关心给美国的工潮　《大公报》　1943 年 6 月 29 日　第 150 册　第 792 页

11822　寄兰州工程师学会　《大公报》　1942 年 8 月 4 日　第 149 册　第 152 页

11823　寄前方将士　《中央日报》　1938 年 10 月 18 日　第 41 册　第 146 页

11824　寄前线战士：三十万封慰问信之一　《大公报》　1938 年 8 月 16 日　第 141 册　第 200 页

11825　寄日本思想/莫文（星期评论）　《申报》　1945 年 6 月 24 日　第 387 册　第 441 页

11826　寄生虫之害　《申报》　1920 年 8 月 17 日　第 165 册　第 850 页

11827　寄慰全国伤病将士　《中央日报》　1938 年 11 月 24 日　第 41 册　第 306 页

11828　寄新驻华大使（译论）　《申报》　1943 年 5 月 9 日　第 383 册　第 853 页

11829　寄语夏令营的青年　《中央日报》　1943 年 7 月 20 日　第 48 册　第

416 页

306 页

11855　加紧对日攻势　《中央日报》　1942 年 8 月 5 日　第 46 册　第 544 页

11856　加紧反攻·准备复员　《中央日报》　1945 年 7 月 23 日　第 51 册　第 314 页

11857　加紧改善军政问题　《申报》（香港版）　1939 年 2 月 15 日　第 357 册　第 956 页

11858　加紧工业化的一个劳工社会问题/陶洁卿（星期论文）　《大公报》　1943 年 1 月 31 日　第 150 册　第 140 页

11859　加紧工作！　《中央日报》　1942 年 6 月 11 日　第 46 册　第 194 页

11860　加紧工作充实后方力量　《中央日报》　1932 年 2 月 25 日　第 17 册　第 339 页

11861　加紧国家总动员　《中央日报》　1942 年 4 月 1 日　第 45 册　第 1012 页

11862　加紧航空化　《大公报》　1938 年 1 月 10 日　第 140 册　第 40 页

11863　加紧华侨妇女动员工作　《申报》（香港版）　1939 年 4 月 12 日　第 358 册　第 338 页

11864　加紧沦陷区的经济封锁　《中央日报》　1939 年 12 月 12 日　第 42 册　第 864 页

11865　加紧民众组织　《申报》　1937 年 10 月 21 日　第 355 册　第 788 页

11866　加紧募集救国公债　《申报》　1937 年 9 月 28 日　第 355 册　第 599 页

11867　加紧推进文化劳军运动　《中央日报》　1942 年 11 月 3 日　第 47 册　第 16 页

11868　加紧推行地方自治　《中央日报》　1942 年 11 月 13 日　第 47 册　第 80 页

11869　加紧完成新港　《大公报》　1946 年 11 月 22 日　第 158 册　第 338 页

11870　加紧我们反日的工作　《民国日报》　1928 年 11 月 21 日　第 77 册　第 329 页

11871　加紧西南西北经济建设　《申报》（香港版）　1938 年 12 月 15 日　第 357 册　第 467 页

11872　加紧战区中的民众抗敌活动　《中央日报》　1939 年 3 月 25 日　第 41 册　第 968 页

11873　加紧战时生产　《中央日报》　1942 年 10 月 9 日　第 46 册　第 952 页

11874　加紧招致青年入学　《中央日报》　1942 年 4 月 9 日　第 45 册　第 1046 页

11875　加捐东洋车说　《申报》　1879 年 3 月 24 日　第 14 册　第 267 页

11876　加捐后之房租处理问题　《申报》　1940 年 6 月 1 日　第 370 册　第 408 页

11877　加拉罕之新表示　《申报》　1929 年 8 月 28 日　第 261 册　第 796 页

11878　加仑将军的表示　《中央日报》　1937 年 11 月 24 日　第 40 册　第 893 页

11879　加拿大对美对日之新商约　《申报》　1935 年 12 月 21 日　第 335 册　第 499 页

11880　加拿大废止中国移民法　《中央日报》　1947 年 5 月 10 日　第 56 册　第 94 页

11881　加强储蓄运动　《中央日报》　1944 年 2 月 15 日　第 49 册　第 212 页

11882　加强敌后工作　《大公报》　1945 年 2 月 26 日　第 154 册　第 240 页

11883　加强地方自卫武力　《中央日报》　1947 年 9 月 24 日　第 57 册　第 244 页

11884　加强对外贸易的统制　《申报》　1939 年 7 月 13 日　第 365 册　第 222 页

11885　加强反省，慰劳将士　《中央日报》　1943 年 11 月 26 日　第 48 册　第 964 页

11886　加强粉碎敌伪的迷梦　《中央日报》　1941 年 6 月 17 日　第 44 册　第 976 页

11887　加强工业和政治的合作　《中央日报》　1943 年 4 月 29 日　第 47 册　第 1060 页

11888　加强管制全面限价　《申报》　1943 年 2 月 3 日　第 383 册　第 242 页

11889　加强国民政府　《申报》　1943 年 1 月 18 日　第 383 册　第 114 页

11890　加强监察　《中央日报》　1945 年 11 月 23 日　第 51 册　第 1056 页

11891　加强教育的党化　《中央日报》　1939 年 3 月 3 日　第 41 册　第 836 页

11892　加强金融管制　《中央日报》　1945 年 2 月 21 日　第 50 册　第 758 页

11893　加强经济国防　《中央日报》　1940 年 2 月 18 日　第 43 册　第 70 页

11894　加强经济上的反攻　《中央日报》　1941 年 9 月 20 日　第 45 册　第 214 页

11895　加强警察制度　《申报》　1943 年 5 月 12 日　第 383 册　第 871 页

11896　加强军中文化工作　《中央日报》　1942 年 8 月 21 日　第 46 册　第 644 页

11897　加强联合，永久联合！：祝联合国日！　《中央日报》　1943 年 6 月 14 日　第 48 册　第 248 页

11898　加强民众自卫组织　《中央日报》　1948 年 2 月 9 日　第 58 册　第 366 页

11899　加强全国总动员　《中央日报》　1942 年 1 月 20 日　第 45 册　第 718 页

11900　加强生产战　《大公报》　1943 年 6 月 11 日　第 150 册　第 716 页

11901　加强统一作战！　《中央日报》　1942 年 4 月 2 日　第 45 册　第 1018 页

11902　加强统制物价的要领　《申报》　1943 年 2 月 22 日　第 383 册　第 354 页

11903　加强团结粉碎敌人阴谋　《中央日报》　1945 年 6 月 7 日　第 51 册　第

11950 假借之结果 《申报》 1927年11月14日 第240册 第307页

11951 假名 《申报》 1920年7月18日 第165册 第315页

11952 假名 《申报》 1925年9月4日 第216册 第66页

11953 假内阁 《民国日报》 1916年4月26日 第2册 第674页

11954 假如政府肯全面革新：关于行政上一个具体建议/徐道邻（星期论坛）
     《申报》 1949年2月6日 第400册 第214页

11955 假若修改宪法：首先应该删去"国民大会"一章 《大公报》 1948年4
     月12日 第162册 第616页

11956 假使 《申报》 1918年9月13日 第154册 第208页

11957 假使（言论） 《民国日报》 1926年8月13日 第64册 第432页

11958 假使——同志们 《民国日报》 1922年6月22日 第39册 第710页

11959 假使轴心发动新攻势 《大公报》 1941年1月18日 第146册 第
     76页

11960 假新年 《申报》 1908年2月9日 第92册 第386页

11961 假者终必显露 《申报》 1927年7月7日 第236册 第138页

11962 嫁女勿索聘金说 《申报》 1886年1月10日 第28册 第55页

11963 奸商与奸官 《申报》 1921年4月13日 第169册 第739页

11964 尖锐化之英日商战 《大公报》 1934年4月9日 第119册 第556页

11965 坚持抗战勿忧勿惧 《申报》 1937年8月29日 第355册 第358页

11966 坚持严正的立场 《申报》 1945年7月30日 第387册 第517页

11967 坚持与通融 《申报》 1928年10月5日 第251册 第112页

11968 坚定国策与民意机关 《申报》 1945年6月25日 第387册 第443页

11969 坚定就是力量 《中央日报》 1948年12月3日 第60册 第686页

11970 坚定抗战决心 《申报》 1937年9月11日 第355册 第463页

11971 坚定立场，放开眼界：展开独立自主的思想运动 《中央日报》 1943年
     11月13日 第48册 第908页

11972 坚定民族信心 《中央日报》 1947年9月10日 第57册 第100页

11973 坚定意志，挽救东北! 《中央日报》 1948年3月1日 第58册 第
     530页

11974 坚苦 《申报》 1925年7月6日 第214册 第101页

11975 坚强信念·稳定币值 《中央日报》 1948年8月26日 第59册 第
     968页

11976 坚忍 《申报》 1925年12月9日 第219册 第168页

11977 坚忍 《申报》 1928年5月26日 第246册 第703页

11978 坚忍不拔 《申报》 1944年8月2日 第386册 第111页

11979 坚忍奋斗冲破难关 《中央日报》 1944年9月21日 第50册 第

100 页

12003   监察之责   《申报》   1928 年 3 月 7 日   第 244 册   第 152 页

12004   监督财政   《申报》   1913 年 11 月 1 日   第 125 册   第 2 页

12005   监督财政   《申报》   1922 年 2 月 7 日   第 177 册   第 546 页

12006   监督财政与现状   《申报》   1923 年 3 月 31 日   第 189 册   第 638 页

12007   监督选举   《申报》   1920 年 12 月 20 日   第 167 册   第 867 页

12008   监督与鼓励   《申报》   1914 年 12 月 19 日   第 131 册   第 692 页

12009   监督政治之要点   《申报》   1920 年 9 月 13 日   第 166 册   第 218 页

12010   监犯性欲问题有解决之必要乎：原当局注意社会风化事件之救济   《申报》
         1933 年 8 月 6 日   第 307 册   第 155 页

12011   监视出弊端来后怎样   《民国日报》   1920 年 12 月 14 日   第 30 册   第
         606 页

12012   监视内阁之觉悟   《民国日报》   1917 年 5 月 28 日   第 9 册   第 326 页

12013   监视选举   《申报》   1920 年 8 月 3 日   第 165 册   第 605 页

12014   监委巡察首都地方   《中央日报》   1942 年 7 月 21 日   第 46 册   第
         450 页

12015   监狱之疏通与改善   《申报》   1935 年 7 月 13 日   第 330 册   第 327 页

12016   拣选武员同赴西国较量兵力并求善法论   《申报》   1876 年 1 月 4 日   第 8
         册   第 9 页

12017   俭德运动   《申报》   1929 年 9 月 24 日   第 262 册   第 705 页

12018   俭啬辨   《申报》   1889 年 2 月 12 日   第 34 册   第 185 页

12019   俭说   《申报》   1890 年 7 月 31 日   第 37 册   第 193 页

12020   减兵说   《申报》   1881 年 12 月 26 日   第 19 册   第 713 页

12021   减兵所以节饷说   《申报》   1891 年 8 月 18 日   第 39 册   第 295 页

12022   减兵增饷之法宜于海防说   《申报》   1882 年 10 月 20 日   第 21 册   第
         667 页

12023   减费助赈新法   《申报》   1881 年 8 月 15 日   第 19 册   第 181 页

12024   减厘宜先节用论   《申报》   1893 年 10 月 1 日   第 45 册   第 205 页

12025   减免出口税后应有之努力   《申报》   1935 年 6 月 29 日   第 329 册   第
         752 页

12026   减轻北方人民负担   《大公报》   1947 年 8 月 29 日   第 160 册   第 744 页

12027   减轻农村负担   《大公报》   1948 年 8 月 5 日   第 163 册   第 578 页

12028   减轻人民负担   《大公报》   1947 年 10 月 17 日   第 161 册   第 284 页

12029   减轻失败程度之注意点   《大公报》   1929 年 12 月 4 日   第 93 册   第
         532 页

12030   减轻战祸之呼吁   《大公报》   1930 年 3 月 21 日   第 95 册   第 324 页

12031   减少人力车问题   《申报》   1936 年 9 月 14 日   第 344 册   第 375 页

12032　减少误会　《申报》　1929 年 1 月 6 日　第 254 册　第 118 页

12033　减少战害　《申报》　1924 年 9 月 25 日　第 206 册　第 418 页

12034　减少争端　《申报》　1921 年 6 月 20 日　第 170 册　第 880 页

12035　减税与除弊　《民国日报》　1916 年 9 月 18 日　第 5 册　第 206 页

12036　减税运动　《申报》　1946 年 12 月 23 日　第 391 册　第 634 页

12037　减争　《申报》　1920 年 6 月 15 日　第 164 册　第 839 页

12038　减政兴学的新政府观　《民国日报》　1921 年 6 月 18 日　第 33 册　第 678 页

12039　减政与裁兵　《申报》　1921 年 2 月 21 日　第 168 册　第 736 页

12040　减政与散政　《申报》　1921 年 4 月 4 日　第 169 册　第 586 页

12041　减政运动之另一观点　《申报》　1933 年 9 月 25 日　第 308 册　第 779 页

12042　减政主义　《申报》　1911 年 4 月 30 日　第 111 册　第 962 页

12043　减政主义续　《申报》　1911 年 5 月 1 日　第 112 册　第 2 页

12044　减政主义再续　《申报》　1911 年 5 月 2 日　第 112 册　第 17 页

12045　减租议　《申报》　1877 年 9 月 22 日　第 11 册　第 289 页

12046　减租运动与住宅问题　《申报》　1935 年 8 月 28 日　第 331 册　第 713 页

12047　剪韭余谭　《申报》　1896 年 3 月 14 日　第 52 册　第 407 页

12048　剪韭余谭　《申报》　1896 年 3 月 18 日　第 52 册　第 437 页

12049　检查仓库疏导屯货　《中央日报》　1948 年 8 月 28 日　第 59 册　第 984 页

12050　检查电报　《大公报》　1931 年 5 月 28 日　第 102 册　第 328 页

12051　检查公司行号作用　《中央日报》　1942 年 7 月 24 日　第 46 册　第 468 页

12052　检查谬书以防弊端说　《申报》　1904 年 12 月 16 日　第 78 册　第 719 页

12053　检讨日本　《申报》　1941 年 1 月 16 日　第 374 册　第 188 页

12054　检讨物价变迁与统制对策　《申报》　1941 年 8 月 8 日　第 377 册　第 94 页

12055　检讨战前长期存款问题/恕庐（星期论坛）　《申报》　1946 年 8 月 26 日　第 389 册　第 910 页

12056　检讨振济工作　《中央日报》　1942 年 6 月 27 日　第 46 册　第 294 页

12057　检讨主和论　《申报》　1939 年 6 月 12 日　第 364 册　第 218 页

12058　检讨"罪己的精神"/沈志远（星期评论）　《申报》　1944 年 7 月 30 日　第 386 册　第 101 页

12059　检阅民众革命的力量（言论）　《民国日报》　1926 年 5 月 31 日　第 63 册　第 292 页

12060　检阅学生军以后　《民国日报》　1928 年 6 月 11 日　第 74 册　第 657 页

12091　建国工作与青年组训　《中央日报》　1943 年 4 月 17 日　第 47 册　第 988 页

12092　建国过程中苏联的农业交通与社会事业　《中央日报》　1941 年 2 月 1 日　第 44 册　第 392 页

12093　建国过程中苏联工业的发展　《中央日报》　1941 年 1 月 28 日　第 44 册　第 376 页

12094　建国解（专论）/徐慕达　《民国日报》　1946 年 1 月 13 日　第 97 册　第 51 页

12095　建国期间之航业教育/沈绳一（星期论坛）　《申报》　1946 年 2 月 3 日　第 388 册　第 191 页

12096　建国人才的培养　《中央日报》　1943 年 12 月 14 日　第 48 册　第 1044 页

12097　建国时期的革命精神　《中央日报》　1945 年 10 月 29 日　第 51 册　第 906 页

12098　建国新风气的形成　《中央日报》　1944 年 1 月 4 日　第 49 册　第 30 页

12099　建国雪耻之一大问题　《大公报》　1932 年 3 月 28 日　第 107 册　第 274 页

12100　建国有效的工作（专论）/胡朴安　《民国日报》　1946 年 5 月 20 日　第 98 册　第 81 页

12101　建国与锄奸　《大公报》　1938 年 3 月 17 日　第 140 册　第 322 页

12102　建国与卫国/吴其昌（星期论文）　《大公报》　1938 年 1 月 16 日　第 140 册　第 64 页

12103　建国与兴业　《大公报》　1942 年 12 月 11 日　第 149 册　第 708 页

12104　建国运动与世界大势　《大公报》　1931 年 1 月 5 日　第 100 册　第 16 页

12105　建军与整军　《大公报》　1938 年 3 月 5 日　第 140 册　第 268 页

12106　建立币信与维持债信　《申报》　1948 年 11 月 24 日　第 399 册　第 354 页

12107　建立坚强的政治力量/陈彬龢（代论）　《申报》　1944 年 4 月 7 日　第 385 册　第 341 页

12108　建立劳动纪律　《中央日报》　1941 年 5 月 27 日　第 44 册　第 886 页

12109　建立内地国防工业　《申报》　1937 年 9 月 6 日　第 355 册　第 423 页

12110　建立"人民的和平"：读王外长在巴黎和会致辞感言　《申报》　1946 年 8 月 2 日　第 389 册　第 620 页

12111　建立思想国防　《大公报》　1941 年 3 月 6 日　第 146 册　第 268 页

12112　建立新的民族哲学/萧一山（星期论文）　《大公报》　1939 年 2 月 19 日　第 142 册　第 198 页

12113　建立新的男女之防　《中央日报》　1947 年 1 月 25 日　第 55 册　第 276 页

12114　建立新中国的海军　《中央日报》　1945 年 9 月 22 日　第 51 册　第 678 页

12115　建立远东的反侵略战线！　《申报》　1939 年 3 月 23 日　第 362 册　第 834 页

12116　建立远东反侵略阵线问题　《申报》（香港版）　1939 年 4 月 21 日　第 358 册　第 410 页

12117　建立战时体系　《申报》　1937 年 7 月 29 日　第 354 册　第 720 页

12118　建立中国新法系　《申报》　1947 年 11 月 1 日　第 395 册　第 316 页

12119　建立中暹友好关系　《中央日报》　1946 年 1 月 15 日　第 52 册　第 278 页

12120　建立自力更生基础　《中央日报》　1941 年 4 月 22 日　第 44 册　第 734 页

12121　建墓铸逆　《中央日报》　1940 年 3 月 30 日　第 43 册　第 260 页

12122　建设　《民国日报》　1916 年 5 月 30 日　第 3 册　第 350 页

12123　建设不尚修饰：在立法院纪念周中讲演（专载）/胡汉民　《民国日报》　1930 年 4 月 1 日　第 85 册　第 452 页

12124　建设残废新村　《中央日报》　1939 年 12 月 7 日　第 42 册　第 844 页

12125　建设川康的重要性　《中央日报》　1939 年 2 月 23 日　第 41 册　第 788 页

12126　建设的革命（二）（言论）　《民国日报》　1927 年 3 月 27 日　第 67 册　第 107 页

12127　建设的革命（言论）　《民国日报》　1927 年 3 月 26 日　第 67 册　第 99 页

12128　建设的精神　《中央日报》　1943 年 10 月 20 日　第 48 册　第 810 页

12129　建设的民众运动　《民国日报》　1928 年 2 月 23 日　第 72 册　第 651 页

12130　建设的民众运动　《民国日报》　1928 年 2 月 24 日　第 72 册　第 668 页

12131　建设的前途不可堵塞了/蒋廷黻（星期论文）　《大公报》　1934 年 3 月 11 日　第 119 册　第 144 页

12132　建设的五月：贡献于今日举行的上海各界会议　《民国日报》　1928 年 4 月 28 日　第 73 册　第 862 页

12133　建设的责任当由国民负之（言论）　《民国日报》　1926 年 9 月 24 日　第 65 册　第 232 页

12134　建设地方参政机关　《大公报》　1938 年 7 月 15 日　第 141 册　第 68 页

12135　建设第一，交通第一　《中央日报》　1945 年 11 月 2 日　第 51 册　第

930 页

12136　建设东北　《中央日报》　1945 年 9 月 19 日　第 51 册　第 660 页

12137　建设法治的国家　《中央日报》　1943 年 3 月 22 日　第 47 册　第 838 页

12138　建设健全的学校训育　《申报》　1939 年 4 月 16 日　第 363 册　第 276 页

12139　建设经费在那里　《大公报》　1929 年 3 月 24 日　第 89 册　第 372 页

12140　建设军事化的国家　《中央日报》　1941 年 1 月 3 日　第 44 册　第 272 页

12141　建设空防在练材造机　《大公报》　1933 年 8 月 7 日　第 115 册　第 522 页

12142　建设廉洁政府　《申报》　1931 年 12 月 20 日　第 289 册　第 490 页

12143　建设人才　《申报》　1944 年 3 月 29 日　第 385 册　第 311 页

12144　建设人格当以改变心理始/胡朴安　《民国日报》　1945 年 11 月 30 日　第 96 册　第 303 页

12145　建设时机不可再失　《大公报》　1934 年 4 月 2 日　第 119 册　第 456 页

12146　建设时期之领袖与人才/王志莘（星期论文）　《大公报》　1936 年 12 月 2 日　第 135 册　第 440 页

12147　建设事业中之铁路问题　《大公报》　1928 年 10 月 12 日　第 86 册　第 485 页

12148　建设绥远工矿业　《大公报》　1947 年 10 月 9 日　第 161 册　第 232 页

12149　建设西北水利与救济农村　《申报》　1934 年 11 月 17 日　第 322 册　第 501 页

12150　建设西南之初步　《中央日报》　1938 年 9 月 23 日　第 41 册　第 36 页

12151　建设心理国防之亟务　《大公报》　1934 年 7 月 31 日　第 121 册　第 446 页

12152　建设新路与整顿旧路　《大公报》　1936 年 2 月 14 日　第 130 册　第 486 页

12153　建设性的复员　《中央日报》　1945 年 9 月 26 日　第 51 册　第 702 页

12154　建设要义　《申报》　1928 年 7 月 14 日　第 248 册　第 409 页

12155　建设与安宁　《申报》　1928 年 2 月 7 日　第 243 册　第 154 页

12156　建设与破坏　《中央日报》　1945 年 11 月 28 日　第 51 册　第 1086 页

12157　建设与破坏　《大公报》　1947 年 10 月 27 日　第 161 册　第 344 页

12158　建设与时间　《申报》　1930 年 2 月 10 日　第 267 册　第 236 页

12159　建设与政治（专载）/邵元冲　《民国日报》　1931 年 2 月 8 日　第 90 册　第 378 页

12160　建设之根本在信用　《申报》　1929 年 1 月 23 日　第 254 册　第 603 页

12161　建设之障碍（言论）　《民国日报》　1926 年 10 月 15 日　第 65 册　第 444 页

12162　建设重庆，建设陪都！　《中央日报》　1940 年 9 月 11 日　第 43 册　第 964 页

12163　建设准备年　《中央日报》　1946 年 1 月 7 日　第 52 册　第 230 页

12164　建"省"商兑/陶启沃（星期论坛）　《申报》　1946 年 3 月 17 日　第 388 册　第 410 页

12165　建铁路宜先开铁矿说　《申报》　1881 年 2 月 7 日　第 18 册　第 121 页

12166　建议案通过后之日本　《大公报》　1933 年 2 月 17 日　第 112 册　第 546 页

12167　建议筹办公仓　《中央日报》　1941 年 10 月 30 日　第 45 册　第 380 页

12168　建议国内外遍设中山堂（言论）　《民国日报》　1926 年 9 月 10 日　第 59 册　第 109 页

12169　建议建立罗斯福纪念碑　《大公报》　1945 年 8 月 20 日　第 155 册　第 218 页

12170　建寅解　《申报》　1879 年 1 月 28 日　第 14 册　第 73 页

12171　建置屏藩以固边防论　《申报》　1879 年 2 月 19 日　第 14 册　第 149 页

12172　建筑全国公路　《中央日报》　1945 年 12 月 1 日　第 52 册　第 2 页

12173　剑拔弩张之美国外交　《申报》　1941 年 4 月 27 日　第 375 册　第 722 页

12174　剑华堂续罪言序　《申报》　1891 年 1 月 11 日　第 38 册　第 63 页

12175　健全考核工作　《中央日报》　1941 年 3 月 25 日　第 44 册　第 612 页

12176　健全人事　《申报》　1944 年 5 月 25 日　第 385 册　第 503 页

12177　健全自己贡献世界：蒋委员长九中全会致词的感想　《大公报》　1941 年 12 月 17 日　第 147 册　第 668 页

12178　健忘　《申报》　1932 年 7 月 21 日　第 294 册　第 515 页

12179　渐复原状　《申报》　1925 年 2 月 25 日　第 209 册　第 914 页

12180　渐渐分明　《申报》　1924 年 10 月 31 日　第 206 册　第 1003 页

12181　渐渐就任　《申报》　1921 年 5 月 19 日　第 170 册　第 319 页

12182　渐渐引入内乱　《申报》　1917 年 5 月 19 日　第 146 册　第 318 页

12183　渐近接触　《申报》　1922 年 2 月 3 日　第 177 册　第 470 页

12184　渐露真相　《申报》　1922 年 11 月 25 日　第 186 册　第 510 页

12185　渐明　《申报》　1925 年 11 月 7 日　第 218 册　第 119 页

12186　渐入顺境　《申报》　1915 年 3 月 25 日　第 133 册　第 382 页

12187　渐西乱衅详纪　《申报》　1881 年 9 月 21 日　第 19 册　第 329 页

12188　渐有活动之机　《申报》　1913 年 3 月 26 日　第 121 册　第 310 页

12189　渐有头绪　《申报》　1916 年 7 月 18 日　第 141 册　第 274 页

12190　谏止巡幸罪言　《申报》　1898 年 9 月 18 日　第 60 册　第 125 页

12191　践言　《申报》　1916 年 7 月 13 日　第 141 册　第 194 页

18 日　第 100 册　第 240 页

12238　江苏教育总会附设单级教授练习所毕业赠言　《申报》　1909 年 12 月 27 日　第 103 册　第 929 页

12239　江苏教育总会复端制军书　《申报》　1906 年 12 月 4 日　第 85 册　第 563 页

12240　江苏教育总会为请办诬告事上苏抚陈筱帅书　《申报》　1907 年 9 月 2 日　第 90 册　第 13 页

12241　江苏教育总会为咨议局事咨复苏藩文　《申报》　1908 年 1 月 21 日　第 92 册　第 241 页

12242　江苏教育总会文牍二编叙　《申报》　1907 年 9 月 8 日　第 90 册　第 85 页

12243　江苏教育总会致浙省议长议绅咨议官学界诸君询问绍案公论书　《申报》　1907 年 8 月 5 日　第 89 册　第 425 页

12244　江苏教育总会致周提学使书：为江震崇明立会办法事　《申报》　1907 年 5 月 25 日　第 88 册　第 317 页

12245　江苏借债问题　《申报》　1921 年 1 月 14 日　第 168 册　第 207 页

12246　江苏今日之问题　《申报》　1920 年 10 月 13 日　第 166 册　第 749 页

12247　江苏留学生致江苏学会函　《申报》　1905 年 12 月 28 日　第 81 册　第 1005 页

12248　江苏人的仇敌是谁　《民国日报》　1924 年 8 月 30 日　第 52 册　第 760 页

12249　江苏人的自卫？（言论）　《民国日报》　1926 年 9 月 21 日　第 59 册　第 244 页

12250　江苏人莫再作奴才了　《民国日报》　1924 年 8 月 31 日　第 52 册　第 772 页

12251　江苏人怎样　《民国日报》　1922 年 4 月 18 日　第 38 册　第 660 页

12252　江苏绅阀的内斗　《民国日报》　1922 年 7 月 6 日　第 40 册　第 70 页

12253　江苏绅民请开国会公呈　《申报》　1908 年 7 月 31 日　第 95 册　第 412 页

12254　江苏绅民请开国会公呈（续）　《申报》　1908 年 8 月 1 日　第 95 册　第 428 页

12255　江苏绅士上江督公函：论宁垣各校学额学务事　《申报》　1906 年 1 月 6 日　第 82 册　第 41 页

12256　江苏绅士再上江督清折：复译学额学务事　《申报》　1906 年 1 月 6 日　第 82 册　第 41 页

12257　江苏绅士张毓英等上都察院请救铜圆弊害公呈　《申报》　1909 年 10 月 27

日　第 30 册　第 408 页

12279　江苏省制草案批评（二）　《民国日报》　1920 年 12 月 1 日　第 30 册
第 422 页

12280　江苏省制草案批评（三）　《民国日报》　1920 年 12 月 2 日　第 30 册
第 438 页

12281　江苏省制草案批评（三）　《民国日报》　1920 年 12 月 3 日　第 30 册
第 452 页

12282　江苏省制问题之商榷　《申报》　1912 年 4 月 21 日　第 117 册　第 193 页

12283　江苏四镇守使　《申报》　1914 年 1 月 10 日　第 126 册　第 114 页

12284　江苏同乡京官公拟呈请商部代奏沪宁路工伤严核浮冒预备赎款初稿　《申
报》　1905 年 11 月 11 日　第 81 册　第 607 页

12285　江苏学会复苏学务处函：为金坛学务事　《申报》　1906 年 5 月 15 日　第
83 册　第 437 页

12286　江苏学会文牍初编叙　《申报》　1906 年 9 月 27 日　第 84 册　第 861 页

12287　江苏学会致沪道论开会演说书　《申报》　1906 年 10 月 17 日　第 85 册
第 135 页

12288　江苏学会致沪道论开会演说书（续）　《申报》　1906 年 10 月 18 日　第
85 册　第 143 页

12289　江苏学务总会致各分会书　《申报》　1906 年 7 月 21 日　第 84 册　第
195 页

12290　江苏学务总会致各分会书（续六月初一日稿）　《申报》　1906 年 7 月 22
日　第 84 册　第 205 页

12291　江苏学务总会致各分会书（续六月初二日稿）　《申报》　1906 年 7 月 23
日　第 84 册　第 215 页

12292　江苏预算维持会代表呈督抚两院文　《申报》　1911 年 7 月 5 日　第 113
册　第 69 页

12293　江苏之八月二十日（续二十一日稿）　《申报》　1909 年 10 月 10 日　第
102 册　第 580 页

12294　江苏之八月二十日　《申报》　1909 年 10 月 4 日　第 102 册　第 495 页

12295　江苏之财长问题又起　《申报》　1920 年 10 月 7 日　第 166 册　第 617 页

12296　江苏之大患在家贼　《民国日报》　1924 年 9 月 1 日　第 53 册　第 2 页

12297　江苏之海塘　《申报》　1933 年 9 月 12 日　第 308 册　第 367 页

12298　江苏之寄生虫　《申报》　1921 年 1 月 7 日　第 168 册　第 92 页

12299　江苏之今日　《申报》　1909 年 5 月 4 日　第 100 册　第 44 页

12300　江苏制宪的商榷：由谁来草定宪法　《民国日报》　1921 年 9 月 27 日　第
35 册　第 360 页

册　第 189 页

12323　江西萍乡县顾大令家相课士略说下　《申报》　1899 年 9 月 29 日　第 63
册　第 197 页

12324　江西萍乡县顾勖堂大令复某广文论教案书　《申报》　1902 年 6 月 2 日
第 71 册　第 221 页

12325　江西人应该认清了　《民国日报》　1924 年 12 月 23 日　第 54 册　第
501 页

12326　江西省之生命线/张其昀（星期论文）　《大公报》　1938 年 6 月 26 日
第 140 册　第 782 页

12327　江西学潮　《申报》　1920 年 5 月 19 日　第 164 册　第 333 页

12328　江西巡抚李勉林中丞复奏变通政务折稿　《申报》　1901 年 6 月 30 日　第
68 册　第 361 页

12329　江西杨朱案　《民国日报》　1931 年 7 月 21 日　第 93 册　第 252 页

12330　江西战事之杞忧　《申报》　1913 年 7 月 15 日　第 123 册　第 196 页

12331　江西张大令鼎铭通商惠工论　《申报》　1903 年 12 月 7 日　第 75 册　第
677 页

12332　江西之战祸　《申报》　1922 年 5 月 11 日　第 180 册　第 207 页

12333　江战感言　《大公报》　1927 年 9 月 3 日　第 80 册　第 511 页

12334　江浙参议员改选忠告　《民国日报》　1916 年 12 月 8 日　第 6 册　第
446 页

12335　江浙风波中的直系与调人　《民国日报》　1924 年 8 月 19 日　第 52 册
第 652 页

12336　江浙合约外的安徽　《民国日报》　1923 年 8 月 21 日　第 46 册　第
716 页

12337　江浙和平公约成立谈　《民国日报》　1923 年 8 月 20 日　第 46 册　第
702 页

12338　江浙两公司与邮传部拟订存款章程　《申报》　1908 年 3 月 16 日　第 93
册　第 184 页

12339　江浙前途　《申报》　1924 年 8 月 22 日　第 205 册　第 488 页

12340　江浙省治问题　《申报》　1912 年 2 月 1 日　第 116 册　第 324 页

12341　江浙哑谜打破了　《民国日报》　1924 年 9 月 4 日　第 53 册　第 38 页

12342　江浙谣言是小事（言论）　《民国日报》　1926 年 9 月 26 日　第 59 册
第 304 页

12343　江浙赈务说　《申报》　1889 年 10 月 30 日　第 35 册　第 753 页

12344　江浙之患　《申报》　1926 年 10 月 17 日　第 228 册　第 442 页

12345　江浙之谣　《申报》　1925 年 9 月 25 日　第 216 册　第 538 页

85 页

12373 讲大沽事件的理（言论） 《民国日报》 1926 年 3 月 18 日 第 62 册 第 172

12374 讲理不如角力 《民国日报》 1923 年 6 月 11 日 第 45 册 第 568 页

12375 讲求格致以甄拔人才议 《申报》 1892 年 6 月 14 日 第 41 册 第 287 页

12376 讲求工业说 《申报》 1905 年 3 月 7 日 第 79 册 第 411 页

12377 讲求荒政以弭内乱说 《申报》 1899 年 1 月 27 日 第 61 册 第 157 页

12378 讲求时务论 《申报》 1897 年 4 月 2 日 第 55 册 第 519 页

12379 讲求树？说 《申报》 1903 年 6 月 14 日 第 74 册 第 291 页

12380 讲求洋务首宜加意译书论 《申报》 1893 年 9 月 10 日 第 45 册 第 61 页

12381 讲学非迂说 《申报》 1889 年 10 月 8 日 第 35 册 第 617 页

12382 奖励出口贸易 《中央日报》 1938 年 11 月 20 日 第 41 册 第 288 页

12383 奖励华侨回国投资的三个要点 《申报》 1934 年 8 月 6 日 第 319 册 第 157 页

12384 奖励久任教员 《中央日报》 1943 年 2 月 12 日 第 47 册 第 622 页

12385 奖励轻工业之必要 《民国日报》 1929 年 9 月 11 日 第 82 册 第 174 页

12386 奖励轻工业之必要 《大公报》 1929 年 9 月 7 日 第 92 册 第 100 页

12387 奖励师范教育 《中央日报》 1943 年 8 月 6 日 第 48 册 第 488 页

12388 奖励学生说 《申报》 1904 年 11 月 12 日 第 78 册 第 493 页

12389 奖励银进口之检讨 《大公报》 1935 年 2 月 21 日 第 124 册 第 760 页

12390 奖励银入口与加紧国货运动 《申报》 1935 年 2 月 20 日 第 325 册 第 465 页

12391 奖券与军米 《申报》 1920 年 5 月 17 日 第 164 册 第 305 页

12392 蒋冯会晤 《申报》 1927 年 6 月 21 日 第 235 册 第 437 页

12393 蒋夫人安抵陪都 《中央日报》 1943 年 7 月 6 日 第 48 册 第 344 页

12394 蒋夫人访问加拿大 《大公报》 1943 年 6 月 17 日 第 150 册 第 742 页

12395 蒋夫人伟大的成功 《中央日报》 1943 年 4 月 9 日 第 47 册 第 942 页

12396 蒋夫人在华府 《大公报》 1943 年 2 月 20 日 第 150 册 第 214 页

12397 蒋介石渡美 《申报》 1943 年 2 月 10 日 第 383 册 第 258 页

12398 蒋介石下野之观察 《大公报》 1927 年 8 月 15 日 第 80 册 第 361 页

12399 蒋介石之人生观 《大公报》 1927 年 12 月 2 日 第 81 册 第 495 页

12400 蒋请开国民会议之江电 《大公报》 1930 年 10 月 8 日 第 98 册 第 448 页

12401　蒋侍御奏纠广西官幕贪劣情形折　《申报》　1903 年 5 月 14 日　第 74 册
　　　　第 85 页

12402　蒋汪归京之后　《大公报》　1935 年 8 月 22 日　第 127 册　第 754 页

12403　蒋汪入京　《大公报》　1932 年 1 月 21 日　第 106 册　第 194 页

12404　蒋委员长北来　《大公报》　1933 年 3 月 9 日　第 113 册　第 116 页

12405　蒋委员长的南行　《申报》　1936 年 8 月 14 日　第 343 册　第 346 页

12406　蒋委员长抵昆明　《大公报》　1935 年 5 月 11 日　第 126 册　第 164 页

12407　蒋委员长对印度之发言　《大公报》　1942 年 2 月 24 日　第 148 册　第
　　　　232 页

12408　蒋委员长赴黔　《大公报》　1935 年 3 月 26 日　第 125 册　第 404 页

12409　蒋委员长躬亲川政　《申报》　1939 年 10 月 9 日　第 366 册　第 552 页

12410　蒋委员长抗战必胜的基本论据　《申报》（香港版）　1939 年 1 月 27 日
　　　　第 357 册　第 804 页

12411　蒋委员长离陕抵洛　《申报》　1936 年 12 月 26 日　第 347 册　第 657 页

12412　蒋委员长莅临广州　《中央日报》　1936 年 8 月 12 日　第 35 册　第
　　　　509 页

12413　蒋委员长太原之行　《大公报》　1936 年 11 月 19 日　第 135 册　第
　　　　258 页

12414　蒋委员长训辞与人民　《申报》　1939 年 1 月 27 日　第 361 册　第 474 页

12415　蒋委员长争取胜利办法的具体指示　《申报》（香港版）　1939 年 1 月 28
　　　　日　第 357 册　第 812 页

12416　蒋主席北上问题　《中央日报》　1931 年 11 月 26 日　第 16 册　第 679 页

12417　蒋主席辞职　《民国日报》　1931 年 12 月 17 日　第 95 册　第 575 页

12418　蒋主席东北归来　《大公报》　1946 年 5 月 31 日　第 156 册　第 600 页

12419　蒋主席飞抵沈阳　《申报》　1946 年 5 月 24 日　第 388 册　第 890 页

12420　蒋主席华莱士共同声明　《大公报》　1944 年 6 月 26 日　第 152 册　第
　　　　792 页

12421　蒋主席将北来整顿教育　《大公报》　1931 年 1 月 8 日　第 100 册　第
　　　　52 页

12422　蒋主席敬老尊贤（专论）/胡朴安　《民国日报》　1946 年 6 月 7 日　第 98
　　　　册　第 153 页

12423　蒋主席决心收回失地　《申报》　1931 年 11 月 21 日　第 288 册　第
　　　　507 页

12424　蒋主席凯旋上海　《申报》　1946 年 2 月 12 日　第 388 册　第 231 页

12425　蒋主席莅平之重大意义　《大公报》　1945 年 12 月 13 日　第 155 册　第
　　　　708 页

12452　交涉移京　《申报》　1925 年 6 月 20 日　第 213 册　第 343 页

12453　交涉以外　《申报》　1925 年 7 月 15 日　第 214 册　第 277 页

12454　交涉益紧　《申报》　1915 年 7 月 2 日　第 135 册　第 20 页

12455　交涉与政府　《申报》　1923 年 3 月 25 日　第 189 册　第 512 页

12456　交涉之后盾　《申报》　1928 年 11 月 27 日　第 252 册　第 758 页

12457　交谈　《申报》　1891 年 12 月 22 日　第 39 册　第 1055 页

12458　交谈　《申报》　1918 年 12 月 8 日　第 155 册　第 595 页

12459　交通　《申报》　1943 年 12 月 2 日　第 384 册　第 799 页

12460　交通安全问题　《中央日报》　1937 年 7 月 3 日　第 40 册　第 27 页

12461　交通安全运动周献言　《申报》　1939 年 6 月 17 日　第 364 册　第 322 页

12462　交通部与文化　《申报》　1922 年 11 月 3 日　第 186 册　第 43 页

12463　交通部之互评案　《大公报》　1932 年 7 月 29 日　第 109 册　第 340 页

12464　交通会议的收获　《中央日报》　1938 年 10 月 9 日　第 41 册　第 102 页

12465　交通建设之阻力　《中央日报》　1947 年 11 月 29 日　第 57 册　第 928 页

12466　交通事业加价的比率　《中央日报》　1948 年 6 月 26 日　第 59 册　第 482 页

12467　交通系复活中国之前途　《民国日报》　1917 年 8 月 2 日　第 10 册　第 386 页

12468　交通系复活中国之前途（续）　《民国日报》　1917 年 8 月 3 日　第 10 册　第 398 页

12469　交通系之今昔　《民国日报》　1917 年 4 月 20 日　第 8 册　第 586 页

12470　交通与工业的重建　《中央日报》　1947 年 1 月 14 日　第 55 册　第 174 页

12471　交通与救济：在黑龙江交通中学讲演词（专载）/吴铁城　《民国日报》　1931 年 4 月 24 日　第 91 册　第 660 页

12472　交通与救贫：在黑龙江交通中学讲演词（专载）/吴铁城　《民国日报》　1931 年 4 月 23 日　第 91 册　第 644 页

12473　交外界之变换　《申报》　1914 年 5 月 14 日　第 128 册　第 214 页

12474　交行借款平论　《民国日报》　1917 年 1 月 30 日　第 7 册　第 254 页

12475　交易之调和说　《申报》　1918 年 9 月 26 日　第 154 册　第 420 页

12476　交友论　《申报》　1886 年 9 月 14 日　第 29 册　第 461 页

12477　交战时宜预筹保护人命　《申报》　1874 年 9 月 7 日　第 5 册　第 233 页

12478　交战外之攻击　《申报》　1914 年 9 月 16 日　第 130 册　第 212 页

12479　交助与互评　《申报》　1920 年 12 月 23 日　第 167 册　第 909 页

12480　郊祀恭纪　《申报》　1888 年 1 月 10 日　第 32 册　第 61 页

12481　骄兵　《申报》　1924 年 2 月 21 日　第 199 册　第 938 页

12512 剿匪裁兵与战 《申报》 1924年9月28日 第206册 第466页

12513 剿匪策 《申报》 1900年8月2日 第65册 第663页

12514 剿匪进展中应注意之事项 《中央日报》 1931年6月19日 第14册 第971页

12515 剿匪军事步入新阶段 《中央日报》 1947年12月23日 第57册 第1162页

12516 剿匪军事之回顾 《大公报》 1934年11月15日 第123册 第210页

12517 剿匪期内应有的两种心理：程天放在赣省党部演讲（专载） 《民国日报》 1931年7月8日 第93册 第91页

12518 剿匪区域的基层组织 《中央日报》 1947年11月17日 第57册 第804页

12519 剿匪区政治与军事的配合 《中央日报》 1947年11月22日 第57册 第856页

12520 剿匪善后须有根本办法 《大公报》 1932年6月5日 第108册 第354页

12521 剿匪胜利中之急务 《大公报》 1934年10月20日 第122册 第740页

12522 剿匪为今日当务之急 《中央日报》 1930年5月11日 第10册 第479页

12523 剿匪要义 《大公报》 1932年6月19日 第108册 第494页

12524 剿匪与安民 《中央日报》 1930年10月27日 第12册 第315页

12525 剿匪与保侨 《申报》 1931年12月11日 第289册 第251页

12526 剿匪与反共 《大公报》 1931年2月28日 第100册 第652页

12527 "剿匪"与"造匪" 《申报》 1932年6月30日 第293册 第655页

12528 剿匪运动 《民国日报》 1928年9月12日 第76册 第183页

12529 剿匪运动 《申报》 1933年11月6日 第310册 第157页

12530 剿抚 《申报》 1923年5月26日 第191册 第536页

12531 剿共军事的把握 《中央日报》 1947年8月30日 第56册 第1234页

12532 剿共军事底性质 《中央日报》 1947年8月25日 第56册 第1182页

12533 剿共清匪之亟务 《大公报》 1929年8月27日 第91册 第916页

12534 剿共清共之基本工作 《大公报》 1930年12月4日 第99册 第400页

12535 剿共省区亟须注意之点 《大公报》 1930年12月15日 第99册 第532页

12536 剿共与安民 《大公报》 1930年11月22日 第99册 第256页

12537 剿灭赤匪之前后 《民国日报》 1931年4月7日 第91册 第448页

12538 剿灭赤匪之最后努力 《民国日报》 1931 年 6 月 9 日 第 92 册 第 442 页

12539 剿拳匪宜调外兵说 《申报》 1900 年 6 月 23 日 第 65 册 第 417 页

12540 侥幸与假借 《申报》 1927 年 3 月 13 日 第 232 册 第 270 页

12541 叫化式的民选省长运动和自治运动（言论） 《民国日报》 1925 年 11 月 22 日 第 60 册 第 254 页

12542 轿夫式政客的年假（言论） 《民国日报》 1926 年 1 月 30 日 第 61 册 第 346 页

12543 教化与示范：深一层的政权运用 《大公报》 1944 年 1 月 19 日 第 152 册 第 82 页

12544 教师节感言 《大公报》 1948 年 8 月 27 日 第 163 册 第 710 页

12545 教育 社会 家庭 《大公报》 1946 年 7 月 2 日 第 157 册 第 6 页

12546 教育的反省 《大公报》 1948 年 10 月 4 日 第 164 册 第 200 页

12547 教育的改造 《大公报》 1945 年 4 月 13 日 第 154 册 第 436 页

12548 教育的解放 《大公报》 1945 年 5 月 24 日 第 154 册 第 608 页

12549 教育界的苦难 《大公报》 1948 年 12 月 2 日 第 164 册 第 522 页

12550 教育譬如一只船：致秋季始业的全国同学 《大公报》 1947 年 10 月 13 日 第 161 册 第 260 页

12551 教育破产的危机 《大公报》 1946 年 8 月 17 日 第 157 册 第 222 页

12552 教育善后复员会议 《大公报》 1945 年 9 月 20 日 第 155 册 第 352 页

12553 教育为建国之本：祝中国教育学术团体第三届年会 《大公报》 1944 年 5 月 6 日 第 152 册 第 572 页

12554 教育怎样复员？ 《大公报》 1945 年 8 月 31 日 第 155 册 第 266 页

12555 教者的责任 《大公报》 1948 年 11 月 9 日 第 164 册 第 416 页

12556 教案问答 《申报》 1895 年 8 月 23 日 第 50 册 第 743 页

12557 教案详述 《申报》 1884 年 10 月 12 日 第 25 册 第 599 页

12558 教部电令纪念国难 《中央日报》 1932 年 9 月 15 日 第 19 册 第 362 页

12559 教部提倡劳动生产教育 《中央日报》 1931 年 3 月 26 日 第 13 册 第 979 页

12560 教部之整顿北平各校令 《大公报》 1931 年 2 月 13 日 第 100 册 第 484 页

12561 教潮 《申报》 1921 年 6 月 4 日 第 170 册 第 603 页

12562 教工会与农工银行 《大公报》 1930 年 9 月 15 日 第 98 册 第 172 页

12563 教科书的缺乏 《中央日报》 1946 年 10 月 24 日 第 54 册 第 270 页

12564 教民耕织机器说上 《申报》 1889 年 8 月 29 日 第 35 册 第 369 页

12565   教民耕织机器说下   《申报》   1889 年 8 月 31 日   第 35 册   第 383 页

12566   教民尽失古制说   《申报》   1878 年 9 月 28 日   第 13 册   第 309 页

12567   教青年认识祖国/冯友兰（星期论坛）   《申报》   1937 年 5 月 3 日   第 352 册   第 37 页

12568   教商联合会议案总评   《民国日报》   1921 年 10 月 18 日   第 35 册   第 644 页

12569   教商联合会议案总评   《民国日报》   1921 年 10 月 19 日   第 35 册   第 658 页

12570   教商联合会议案总评   《民国日报》   1921 年 10 月 20 日   第 35 册   第 670 页

12571   教商联合会议案总评   《民国日报》   1921 年 10 月 21 日   第 35 册   第 684 页

12572   教商联合会议案总评   《民国日报》   1921 年 10 月 22 日   第 35 册   第 698 页

12573   教师节的感想   《大公报》   1942 年 8 月 27 日   第 149 册   第 250 页

12574   教师节感言   《申报》   1947 年 8 月 27 日   第 394 册   第 572 页

12575   教师节感言   《大公报》   1947 年 8 月 27 日   第 160 册   第 732 页

12576   教师节论教育观念   《中央日报》   1944 年 8 月 27 日   第 49 册   第 1064 页

12577   教师之待遇与责任   《中央日报》   1937 年 6 月 8 日   第 39 册   第 465 页

12578   教授罢教与尊师运动   《大公报》   1946 年 5 月 3 日   第 156 册   第 488 页

12579   教授初学防微杜渐以维风化议   《申报》   1886 年 9 月 25 日   第 29 册   第 529 页

12580   教说   《申报》   1878 年 9 月 26 日   第 13 册   第 301 页

12581   教廷派遣公使来华   《申报》   1946 年 7 月 17 日   第 389 册   第 444 页

12582   教养兼资说   《申报》   1878 年 10 月 22 日   第 13 册   第 389 页

12583   教养街头流浪儿童   《申报》   1943 年 10 月 18 日   第 384 册   第 619 页

12584   教育   《申报》   1914 年 6 月 28 日   第 128 册   第 926 页

12585   教育播音   《申报》   1935 年 11 月 17 日   第 334 册   第 405 页

12586   教育部整理北平大学   《大公报》   1933 年 6 月 18 日   第 114 册   第 676 页

12587   教育部之经费   《申报》   1920 年 9 月 24 日   第 166 册   第 387 页

12588   教育部总长蔡元培对于新教育之意见   《申报》   1912 年 2 月 8 日   第 116 册   第 380 页

12589   教育部总长蔡元培对于新教育之意见续   《申报》   1912 年 2 月 10 日   第

116 册　第 396 页

12616　教育界应有之反省　《申报》　1944 年 6 月 26 日　第 385 册　第 615 页

12617　教育界又一好消息　《申报》　1920 年 11 月 19 日　第 167 册　第 327 页

12618　教育界之近厄　《申报》　1919 年 12 月 15 日　第 161 册　第 771 页

12619　教育界之中心思想　《中央日报》　1937 年 7 月 23 日　第 40 册　第 269 页

12620　教育经费　《民国日报》　1916 年 10 月 23 日　第 5 册　第 626 页

12621　教育经费独立　《中央日报》　1931 年 5 月 26 日　第 14 册　第 687 页

12622　教育经费急应独立/彬　《申报》　1932 年 1 月 26 日　第 290 册　第 529 页

12623　教育联合会　《申报》　1920 年 10 月 16 日　第 166 册　第 801 页

12624　教育难民　《申报》　1939 年 2 月 24 日　第 362 册　第 376 页

12625　教育破产　《大公报》　1926 年 11 月 4 日　第 77 册　第 499 页

12626　教育破产的救济方法还是有的/胡适（星期论文）　《大公报》　1934 年 8 月 19 日　第 121 册　第 720 页

12627　教育破产与政府之责任/彬　《申报》　1932 年 1 月 21 日　第 290 册　第 404 页

12628　教育上一个极大的感想　《民国日报》　1946 年 4 月 15 日　第 97 册　第 401 页

12629　教育实业　《申报》　1917 年 9 月 9 日　第 148 册　第 140 页

12630　教育事业的得数：陈嘉庚君兴学的感触　《民国日报》　1920 年 1 月 31 日　第 25 册　第 390 页

12631　教育太动荡了！/周君尚（星期论坛）　《申报》　1947 年 5 月 18 日　第 393 册　第 476 页

12632　教育问题　《申报》　1929 年 9 月 16 日　第 262 册　第 468 页

12633　教育问题（二）　《申报》　1929 年 9 月 18 日　第 262 册　第 530 页

12634　教育问题（三）　《申报》　1929 年 9 月 19 日　第 262 册　第 559 页

12635　教育问题杂感　《大公报》　1940 年 2 月 15 日　第 144 册　第 182 页

12636　教育下一代　《申报》　1944 年 6 月 13 日　第 385 册　第 569 页

12637　教育现状　《申报》　1920 年 10 月 3 日　第 166 册　第 549 页

12638　教育行政的民主化/邱椿（专论）　《申报》　1948 年 3 月 4 日　第 396 册　第 578 页

12639　教育学术界的任务　《中央日报》　1944 年 5 月 6 日　第 49 册　第 566 页

12640　教育学术团体年会　《中央日报》　1945 年 8 月 19 日　第 51 册　第 474 页

12641　教育要做到"体格第一"　《中央日报》　1941 年 8 月 31 日　第 45 册　第 134 页

12642 教育应该改革了 《大公报》 1944年12月15日 第153册 第738页

12643 教育应与三事贯通 《中央日报》 1939年3月16日 第41册 第914页

12644 教育与兵役 《大公报》 1942年12月17日 第149册 第734页

12645 教育与财政 《申报》 1920年8月10日 第165册 第721页

12646 教育与国防：充实国防第三 《中央日报》 1932年6月3日 第18册 第186页

12647 教育与农村 《申报》 1933年12月28日 第311册 第798页

12648 教育与中心思想 《中央日报》 1931年8月11日 第15册 第459页

12649 教育者应大彻大悟 《中央日报》 1929年7月5日 第6册 第757页

12650 教育者应负的责任 《民国日报》 1929年6月27日 第80册 第925页

12651 教育之病态 《中央日报》 1931年8月8日 第15册 第419页

12652 教育之尊严与索薪 《大公报》 1926年11月28日 第77册 第691页

12653 教育制度亟需改革 《申报》 1946年7月26日 第389册 第542页

12654 教育中创业训练之先决条件 《申报》 1934年10月15日 第321册 第449页

12655 教育罪言 《民国日报》 1916年2月24日 第1册 第336页

12656 教育罪言（续） 《民国日报》 1916年2月25日 第1册 第348页

12657 教员罢课案之久悬 《申报》 1919年12月26日 第161册 第963页

12658 教职员养老金 《中央日报》 1940年7月19日 第43册 第746页

12659 教职员增加待遇杂感 《申报》 1943年10月25日 第384册 第647页

12660 教子说 《申报》 1886年5月8日 第28册 第719页

12661 教子婴孩广义 《申报》 1897年2月25日 第55册 第297页

12662 阶级制度与平民主义 《申报》 1912年10月18日 第119册 第175页

12663 皆有量 《申报》 1929年4月13日 第257册 第340页

12664 接 《申报》 1925年1月7日 第209册 第126页

12665 接本报登漠河金矿公司第六届结账告白后 《申报》 1896年2月6日 第52册 第219页

12666 接财神说 《申报》 1885年2月20日 第26册 第249页

12667 接触 《申报》 1924年8月28日 第205册 第632页

12668 接济山左赈务策 《申报》 1877年8月9日 第11册 第133页

12669 接近 《申报》 1926年12月13日 第230册 第281页

12670 接口謷论 《申报》 1872年8月23日 第1册 第389页

12671　接录蔡和甫太守条陈　《申报》　1885 年 11 月 14 日　第 27 册　第 833 页

12672　接录蔡和甫太守条陈　《申报》　1885 年 11 月 15 日　第 27 册　第 839 页

12673　接录蔡和甫太守条陈　《申报》　1885 年 11 月 16 日　第 27 册　第 845 页

12674　接录戴君少琴上苏藩黄方伯条陈　《申报》　1888 年 11 月 6 日　第 33 册　第 837 页

12675　接录耕砚农人核议黄高峰樵拟稿　《申报》　1887 年 6 月 29 日　第 30 册　第 1079 页

12676　接录户部复陈维持招商局疏　《申报》　1887 年 3 月 1 日　第 30 册　第 313 页

12677　接录兰州捷电书后　《申报》　1896 年 3 月 13 日　第 52 册　第 401 页

12678　接录论厘金　《申报》　1875 年 12 月 17 日　第 7 册　第 581 页

12679　接录论中西历学源流异同　《申报》　1887 年 1 月 10 日　第 30 册　第 55 页

12680　接录三月一号纽约《夏庐日报》载中国岂无应得之利益论正月二十七日　《申报》　1886 年 5 月 16 日　第 28 册　第 767 页

12681　接录上山东抚宪河务条陈　《申报》　1886 年 3 月 25 日　第 28 册　第 455 页

12682　接录汤禹臣盐参诰恳请代奏缕陈山东河工情形折　《申报》　1886 年 8 月 7 日　第 29 册　第 227 页

12683　接录天台揽胜图记　《申报》　1886 年 11 月 18 日　第 29 册　第 865 页

12684　接录西说质疑　《申报》　1890 年 2 月 8 日　第 36 册　第 181 页

12685　接录西说质疑　《申报》　1890 年 2 月 11 日　第 36 册　第 199 页

12686　接录西说质疑三　《申报》　1890 年 3 月 6 日　第 36 册　第 339 页

12687　接录西游欧洲客论伦敦情形书　《申报》　1878 年 1 月 28 日　第 12 册　第 93 页

12688　接录西友论中国积弊来函　《申报》　1874 年 9 月 23 日　第 5 册　第 291 页

12689　接录谢方山主政条陈拟稿　《申报》　1886 年 6 月 5 日　第 28 册　第 895 页

12690　接录杨君毓辉罂粟论　《申报》　1890 年 2 月 26 日　第 36 册　第 289 页

12691　接录宜广开煤矿说　《申报》　1896 年 10 月 16 日　第 54 册　第 285 页

12692　接录中国创设海军议　《申报》　1887 年 2 月 15 日　第 30 册　第 229 页

12693　接录中国先睡后醒论　《申报》　1887 年 6 月 15 日　第 30 册　第 991 页

12694　接录中西交涉损益论　《申报》　1894 年 6 月 20 日　第 47 册　第 361 页

12695　接录总理衙门奏复遵筹铁路折稿　《申报》　1889 年 9 月 30 日　第 35 册　第 569 页

12749　揭穿中野正刚的妄想　《大公报》　1940 年 10 月 11 日　第 145 册　第 388 页

12750　揭发"国定错误"废除"国定课本"/邓恭三（星期论文）　《大公报》　1948 年 10 月 17 日　第 164 册　第 278 页

12751　揭发伪联合政府阴谋：厉行锄奸运动粉碎汉奸政权　《申报》（香港版）　1938 年 12 月 23 日　第 357 册　第 537 页

12752　揭广东云南印结之弊　《申报》　1875 年 11 月 25 日　第 7 册　第 505 页

12753　揭开所谓日本文化的大谎/王芸生（星期论文）　《大公报》　1939 年 2 月 12 日　第 142 册　第 170 页

12754　揭开所谓"日本文化"的大谎（中）/王芸生（星期论文）　《大公报》　1939 年 3 月 7 日　第 142 册　第 262 页

12755　揭开中菲关系的新页　《申报》　1947 年 4 月 14 日　第 393 册　第 132 页

12756　揭露亡国的"和平条件"：日阀的毒辣与汪逆的万恶　《大公报》　1940 年 1 月 24 日　第 144 册　第 94 页

12757　揭幕前的一分钟　《中央日报》　1940 年 11 月 8 日　第 44 册　第 32 页

12758　揭内务兼署之秘密　《民国日报》　1917 年 1 月 5 日　第 7 册　第 38 页

12759　揭破敌人不战而胜的阴谋　《中央日报》　1941 年 10 月 28 日　第 45 册　第 372 页

12760　揭破汉奸理论的罪恶　《大公报》　1939 年 10 月 18 日　第 143 册　第 192 页

12761　揭破近卫内阁的新阴谋　《申报》（香港版）　1938 年 12 月 6 日　第 357 册　第 401 页

12762　揭破军阀的私伪（社论）　《民国日报》　1927 年 5 月 23 日　第 68 册　第 331 页

12763　揭破日人对盟约十五条割裂援用之阴谋　《中央日报》　1932 年 2 月 8 日　第 17 册　第 271 页

12764　揭破所谓"日本文化"的大谎（下）/王芸生（星期论文）　《大公报》　1939 年 4 月 16 日　第 142 册　第 422 页

12765　揭破伪独立国之内幕　《大公报》　1932 年 2 月 23 日　第 106 册　第 518 页

12766　揭破诱降的黑幕：中国不是捷克西班牙！　《申报》（香港版）　1939 年 4 月 3 日　第 358 册　第 266 页

12767　揭破中共的新烟幕　《中央日报》　1946 年 5 月 7 日　第 52 册　第 950 页

12768　揭徐世昌乱国阴谋：国民注意　义军领袖注意　《民国日报》　1917 年 12 月 11 日　第 12 册　第 482 页

12769　节储运动与社会福利　《中央日报》　1941 年 10 月 17 日　第 45 册　第

12822 结果如何 《申报》 1927 年 1 月 21 日   第 231 册   第 458 页

12823 结合 《申报》 1919 年 4 月 17 日   第 157 册   第 767 页

12824 结合 《申报》 1919 年 8 月 23 日   第 159 册   第 891 页

12825 结合之原素 《申报》 1928 年 10 月 16 日   第 251 册   第 412 页

12826 结汇办法的改变 《大公报》 1948 年 6 月 2 日   第 163 册   第 195 页

12827 结汇证明书市价的合理变动   《大公报》 1948 年 6 月 14 日   第 163 册
       第 266 页

12828 结晶化的西欧局势 《大公报》   1948 年 3 月 19 日   第 162 册   第 466 页

12829 结纳 《申报》 1922 年 11 月 11 日   第 186 册   第 214 页

12830 结束各地商民协会问题 《大公报》   1930 年 2 月 11 日   第 94 册   第
       596 页

12831 结束绥远捐款敬谢各界 《大公报》   1936 年 12 月 31 日   第 135 册   第
       846 页

12832 结束训政欤继续党治欤 《大公报》   1933 年 9 月 7 日   第 116 册   第
       90 页

12833 结账之期 《申报》 1919 年 1 月 27 日   第 156 册   第 386 页

12834 捷报声中的反省 《中央日报》   1940 年 5 月 21 日   第 43 册   第 496 页

12835 捷报声中欣逢苏联国庆 《大公报》   1943 年 11 月 7 日   第 151 册   第
       574 页

12836 捷共劫夺政权 《中央日报》   1948 年 2 月 26 日   第 58 册   第 494 页

12837 捷径 《申报》 1916 年 8 月 8 日   第 141 册   第 622 页

12838 捷径 《申报》 1926 年 12 月 24 日   第 230 册   第 567 页

12839 捷克的悲剧 《申报》 1939 年 3 月 16 日   第 362 册   第 712 页

12840 捷克的教训/程天放（星期论坛）   《申报》 1948 年 3 月 14 日   第 396
       册   第 678 页

12841 捷克的生路 《中央日报》   1938 年 9 月 25 日   第 41 册   第 44 页

12842 捷克分裂与欧局 《申报》（香港版）   1939 年 3 月 15 日   第 358 册   第
       114 页

12843 捷克芬兰的榜样 《中央日报》   1948 年 3 月 3 日   第 58 册   第 548 页

12844 捷克接受英法提案 《大公报》   1938 年 9 月 23 日   第 141 册   第 350 页

12845 捷克决参加巴黎会议 《大公报》   1947 年 7 月 11 日   第 160 册   第
       450 页

12846 捷克亡国的教训 《申报》（香港版）   1939 年 3 月 22 日   第 358 册   第
       170 页

12847 捷克问题 《申报》（汉口版）   1938 年 5 月 24 日   第 356 册   第 263 页

12848 捷克问题 《大公报》   1938 年 9 月 1 日   第 141 册   第 260 页

月 8 日　第 386 册　第 321 页

12898　解决民食的根本方策　《申报》　1945 年 6 月 26 日　第 387 册　第 445 页

12899　解决民食问题之亟务　《大公报》　1929 年 11 月 14 日　第 93 册　第 212 页

12900　解决目前危机　《民国日报》　1946 年 3 月 9 日　第 97 册　第 254 页

12901　解决内争为第一义　《大公报》　1927 年 2 月 7 日　第 78 册　第 245 页

12902　解决难民与失业问题　《申报》（香港版）　1939 年 6 月 14 日　第 358 册　第 844 页

12903　解决难事　《申报》　1927 年 9 月 13 日　第 238 册　第 260 页

12904　解决青年之苦痛问题　《大公报》　1928 年 1 月 21 日　第 82 册　第 203 页

12905　解决日俄纠纷之途径　《大公报》　1929 年 7 月 25 日　第 91 册　第 388 页

12906　解决山东问题的真力量　《民国日报》　1919 年 5 月 19 日　第 21 册　第 218 页

12907　解决上海难局之途径　《民国日报》　1945 年 10 月 15 日　第 96 册　第 213 页

12908　解决时局的办法　《民国日报》　1923 年 6 月 23 日　第 45 册　第 736 页

12909　解决时局谈　《申报》　1922 年 2 月 24 日　第 177 册　第 868 页

12910　解决时局谈（续）　《申报》　1922 年 2 月 25 日　第 177 册　第 886 页

12911　解决时局谈（三）　《申报》　1922 年 2 月 26 日　第 177 册　第 908 页

12912　解决时局之要义　《中央日报》　1936 年 7 月 2 日　第 35 册　第 17 页

12913　解决万宝山案之前途　《大公报》　1931 年 8 月 13 日　第 103 册　第 520 页

12914　解决屋荒的合理方法——住宅合作社/陈仲明（星期论坛）　《申报》　1946 年 4 月 21 日　第 388 册　第 620 页

12915　解决屋荒问题　《民国日报》　1945 年 10 月 17 日　第 96 册　第 217 页

12916　解决屋荒问题　《申报》　1946 年 4 月 15 日　第 388 册　第 582 页

12917　解决西乱之方案　《中央日报》　1937 年 5 月 4 日　第 39 册　第 39 页

12918　解决宣战案之主张：撇开不相干事　《民国日报》　1917 年 5 月 22 日　第 9 册　第 254 页

12919　解决宣战案之主张（续）：先解决宣战案　《民国日报》　1917 年 5 月 23 日　第 9 册　第 266 页

12920　解决学潮的途径　《大公报》　1948 年 4 月 13 日　第 162 册　第 622 页

12921　解决一切问题的唯一办法　《民国日报》　1924 年 1 月 19 日　第 49 册　第 254 页

12922 解决印度政局的新方案 《大公报》 1945 年 6 月 16 日 第 154 册 第 706 页

12923 解决与不解决 《申报》 1926 年 10 月 18 日 第 228 册 第 467 页

12924 解决远东问题之应取方式 《申报》 1937 年 5 月 27 日 第 352 册 第 631 页

12925 解决越迟越难 《民国日报》 1922 年 3 月 2 日 第 38 册 第 14 页

12926 解决之步骤 《申报》 1928 年 10 月 6 日 第 251 册 第 140 页

12927 解决中国问题的基本观念：对国共两党的呼吁并贡献于调人自居的第三者/刘沐华（专论） 《申报》 1946 年 6 月 25 日 第 389 册 第 220 页

12928 解决中国政治二途经（言论） 《民国日报》 1926 年 11 月 18 日 第 66 册 第 12 页

12929 解决最烦恼的问题 《民国日报》 1946 年 8 月 16 日 第 98 册 第 464 页

12930 解霖说 《申报》 1892 年 3 月 23 日 第 40 册 第 451 页

12931 解铃谈（苏州来稿） 《申报》 1906 年 10 月 23 日 第 85 册 第 185 页

12932 解民倒悬之困 《中央日报》 1946 年 7 月 25 日 第 53 册 第 468 页

12933 解剖颜氏的人格（言论） 《民国日报》 1926 年 6 月 9 日 第 63 册 第 381 页

12934 解剖昨报的港讯（言论） 《民国日报》 1926 年 3 月 11 日 第 62 册 第 102 页

12935 解散大学之无识 《申报》 1919 年 5 月 7 日 第 158 册 第 99 页

12936 解散匪党策 《申报》 1900 年 9 月 13 日 第 66 册 第 69 页

12937 解散国会 《申报》 1913 年 12 月 20 日 第 125 册 第 708 页

12938 解散国会令：不归政权于民难塞议员之口 《民国日报》 1924 年 12 月 16 日 第 54 册 第 420 页

12939 解散汉奸说 《申报》 1885 年 3 月 6 日 第 26 册 第 325 页

12940 解散议会后之日本 《民国日报》 1920 年 2 月 29 日 第 25 册 第 633 页

12941 解释 《申报》 1917 年 11 月 14 日 第 149 册 第 220 页

12942 解释（二） 《申报》 1917 年 11 月 15 日 第 149 册 第 236 页

12943 解释筹办海军基础问题 《申报》 1909 年 2 月 23 日 第 98 册 第 590 页

12944 解释俄人求和之问题 《申报》 1905 年 2 月 10 日 第 79 册 第 211 页

12945 解释难题之时机 《申报》 1915 年 11 月 8 日 第 137 册 第 118 页

12946 解释请求展缓施行工厂法的几个疑点（上）（专载）/胡汉民 《民国日报》 1931 年 2 月 11 日 第 90 册 第 414 页

835 页

12987	戒赌说	《申报》	1899 年 9 月 27 日	第 63 册	第 183 页
12988	戒拐贩人口出洋论	《申报》	1873 年 2 月 14 日	第 2 册	第 129 页
12989	戒敬恐惧	《申报》	1925 年 2 月 6 日	第 209 册	第 550 页
12990	戒酒戒烟异同述证	《申报》	1879 年 9 月 29 日	第 15 册	第 361 页
12991	戒酒论	《申报》	1872 年 11 月 2 日	第 1 册	第 633 页
12992	戒绝浪费！肃清贪污！	《申报》	1947 年 7 月 9 日	第 394 册	第 82 页
12993	戒利用	《民国日报》	1916 年 9 月 5 日	第 5 册	第 50 页
12994	戒马车夜游	《申报》	1888 年 8 月 17 日	第 33 册	第 323 页
12995	戒溺女说	《申报》	1896 年 3 月 10 日	第 52 册	第 383 页
12996	戒嫖说	《申报》	1900 年 5 月 30 日	第 65 册	第 231 页
12997	戒娶妓说	《申报》	1876 年 10 月 17 日	第 9 册	第 369 页
12998	戒杀放生辨	《申报》	1873 年 4 月 18 日	第 2 册	第 345 页
12999	戒杀论	《申报》	1872 年 10 月 24 日	第 1 册	第 601 页
13000	戒杀论	《申报》	1892 年 7 月 11 日	第 41 册	第 461 页
13001	戒杀生说	《申报》	1889 年 8 月 14 日	第 35 册	第 279 页
13002	戒烧香拜佛论	《申报》	1875 年 2 月 27 日	第 6 册	第 177 页
13003	戒慎恐惧之时	《大公报》	1940 年 4 月 17 日	第 144 册	第 432 页
13004	戒食牛文辨	《申报》	1872 年 7 月 30 日	第 1 册	第 305 页
13005	戒食牛文辨	《申报》	1872 年 9 月 6 日	第 1 册	第 437 页
13006	戒讼	《申报》	1889 年 12 月 20 日	第 35 册	第 1067 页
13007	戒讼	《申报》	1889 年 12 月 21 日	第 35 册	第 1073 页
13008	戒鸦片烟论	《申报》	1872 年 9 月 3 日	第 1 册	第 425 页
13009	戒烟刍论	《申报》	1902 年 4 月 29 日	第 70 册	第 703 页
13010	戒烟当拔其本说	《申报》	1882 年 10 月 26 日	第 21 册	第 703 页
13011	戒烟会问答即系之以论	《申报》	1894 年 5 月 7 日	第 47 册	第 43 页
13012	戒烟说	《申报》	1889 年 7 月 31 日	第 35 册	第 195 页
13013	戒烟说	《申报》	1903 年 11 月 30 日	第 75 册	第 631 页
13014	戒烟说	《申报》	1906 年 3 月 23 日	第 82 册	第 639 页
13015	戒烟新说	《申报》	1889 年 9 月 23 日	第 35 册	第 527 页
13016	戒烟宜善其后说	《申报》	1882 年 12 月 5 日	第 21 册	第 943 页
13017	戒烟宜慎说	《申报》	1904 年 1 月 16 日	第 76 册	第 99 页
13018	戒严	《申报》	1919 年 8 月 29 日	第 159 册	第 995 页
13019	戒重聘礼说	《申报》	1872 年 11 月 7 日	第 1 册	第 649 页
13020	诫私刑论	《申报》	1881 年 2 月 11 日	第 18 册	第 137 页
13021	诫湘北人	《民国日报》	1921 年 6 月 24 日	第 33 册	第 762 页

13022 借材客谈 《申报》 1886 年 12 月 24 日 第 29 册 第 1085 页

13023 借端 《申报》 1926 年 7 月 24 日 第 225 册 第 583 页

13024 借法日本论 《申报》 1898 年 8 月 29 日 第 59 册 第 827 页

13025 借匪害人 《民国日报》 1923 年 2 月 27 日 第 43 册 第 680 页

13026 借鉴篇 《申报》 1888 年 4 月 14 日 第 32 册 第 587 页

13027 借口与诬 《申报》 1919 年 12 月 13 日 第 161 册 第 731 页

13028 借款 《申报》 1914 年 5 月 23 日 第 128 册 第 358 页

13029 借款 《申报》 1918 年 1 月 8 日 第 150 册 第 94 页

13030 借款风潮 《申报》 1916 年 9 月 21 日 第 142 册 第 328 页

13031 借款购买美麦问题 《申报》 1933 年 6 月 7 日 第 305 册 第 178 页

13032 借款名目 《申报》 1924 年 4 月 21 日 第 201 册 第 437 页

13033 借款名义 《申报》 1920 年 10 月 24 日 第 166 册 第 933 页

13034 借款问题 《大公报》 1935 年 3 月 4 日 第 125 册 第 52 页

13035 借款与监督与报告 《申报》 1922 年 11 月 2 日 第 186 册 第 23 页

13036 借款与募债并行 《申报》 1935 年 3 月 30 日 第 326 册 第 856 页

13037 借款与五国团 《申报》 1913 年 11 月 5 日 第 125 册 第 58 页

13038 借款运用问题 《中央日报》 1942 年 2 月 6 日 第 45 册 第 788 页

13039 借款之新名色 《申报》 1921 年 1 月 19 日 第 168 册 第 291 页

13040 借款之阻碍 《申报》 1916 年 12 月 2 日 第 143 册 第 580 页

13041 借楼赏雪记 《申报》 1889 年 1 月 8 日 第 34 册 第 43 页

13042 借名 《申报》 1920 年 4 月 20 日 第 163 册 第 915 页

13043 借钱新解 《大公报》 1926 年 9 月 9 日 第 77 册 第 65 页

13044 借天变以警人事论 《申报》 1881 年 7 月 28 日 第 19 册 第 109 页

13045 借洋债不如开银行说 《申报》 1881 年 2 月 10 日 第 18 册 第 133 页

13046 借洋债以筑铁路说 《申报》 1881 年 1 月 16 日 第 18 册 第 61 页

13047 借与还 《申报》 1927 年 10 月 21 日 第 239 册 第 438 页

13048 借债 《申报》 1920 年 12 月 21 日 第 167 册 第 879 页

13049 借债创例 《申报》 1921 年 9 月 16 日 第 173 册 第 307 页

13050 借债卖国抵押路矿之阎锡山 《中央日报》 1930 年 4 月 20 日 第 10 册
       第 237 页

13051 借债时机 《申报》 1914 年 6 月 17 日 第 128 册 第 750 页

13052 借债说之诡计 《申报》 1923 年 4 月 21 日 第 190 册 第 421 页

13053 借债问题 《申报》 1923 年 4 月 30 日 第 190 册 第 613 页

13054 借债与盐税 《申报》 1913 年 11 月 4 日 第 125 册 第 44 页

13055 借债与银团 《申报》 1924 年 7 月 31 日 第 204 册 第 690 页

13056 借债筑路解决之问题 《申报》 1910 年 10 月 3 日 第 108 册 第 513 页

国日报》 1930 年 4 月 29 日 第 85 册 第 840 页

13112 今后教育上基本问题之讨论（一） 《申报》 1931 年 8 月 19 日 第 285 册 第 502 页

13113 今后教育上基本问题之讨论（二） 《申报》 1931 年 8 月 20 日 第 285 册 第 533 页

13114 今后教育上基本问题之讨论（三） 《申报》 1931 年 8 月 22 日 第 285 册 第 585 页

13115 今后教育上基本问题之讨论（四） 《申报》 1931 年 8 月 23 日 第 285 册 第 616 页

13116 今后教育应趋重之方向/杨振声（星期论文） 《大公报》 1935 年 9 月 1 日 第 128 册 第 4 页

13117 今后教育之途径 《中央日报》 1937 年 7 月 10 日 第 40 册 第 111 页

13118 今后军人将何以自处 《中央日报》 1930 年 2 月 11 日 第 9 册 第 525 页

13119 今后抗战的途径 《申报》（香港版） 1938 年 3 月 2 日 第 356 册 第 406 页

13120 今后立法之标准（代论）/胡汉民 《民国日报》 1928 年 12 月 11 日 第 77 册 第 660 页

13121 今后两个月的中枢 《大公报》 1937 年 4 月 2 日 第 137 册 第 452 页

13122 今后美国政争之趋势 《申报》 1936 年 6 月 29 日 第 341 册 第 762 页

13123 今后民众运动之新目标 《中央日报》 1932 年 4 月 16 日 第 17 册 第 541 页

13124 今后欧洲政局对中国之影响 《大公报》 1934 年 6 月 6 日 第 120 册 第 530 页

13125 今后日本帝国主义对华之行动 《申报》 1932 年 12 月 26 日 第 299 册 第 719 页

13126 今后日本之处境 《申报》 1930 年 11 月 16 日 第 276 册 第 415 页

13127 今后如何 《申报》 1914 年 2 月 26 日 第 126 册 第 712 页

13128 今后如何 《申报》 1924 年 11 月 25 日 第 207 册 第 409 页

13129 今后时局之变化 《申报》 1922 年 10 月 23 日 第 185 册 第 493 页

13130 今后数月内之欧局 《申报》 1931 年 6 月 20 日 第 283 册 第 526 页

13131 今后提倡国货运动的新途径 《民国日报》 1930 年 6 月 13 日 第 86 册 第 569 页

13132 今后文艺界的两件事/茅盾（星期论文） 《大公报》 1941 年 1 月 12 日 第 146 册 第 50 页

13133 今后问题在精神食粮 《中央日报》 1940 年 11 月 15 日 第 44 册 第

62 页

13134　今后吾人建国之观念　《民国日报》　1916 年 8 月 5 日　第 4 册　第 422 页

13135　今后吾人建国之观念（一续）　《民国日报》　1916 年 8 月 6 日　第 4 册　第 434 页

13136　今后吾人建国之观念（二续）　《民国日报》　1916 年 8 月 7 日　第 4 册　第 446 页

13137　今后吾人建国之观念（三续）　《民国日报》　1916 年 8 月 8 日　第 4 册　第 458 页

13138　今后吾人之希望　《申报》　1917 年 3 月 13 日　第 145 册　第 220 页

13139　今后宪法的实施　《申报》　1946 年 12 月 30 日　第 391 册　第 718 页

13140　今后行政与刷新　《中央日报》　1945 年 9 月 25 日　第 51 册　第 696 页

13141　今后一年中应有之努力　《大公报》　1934 年 12 月 15 日　第 123 册　第 648 页

13142　今后宜更慎重驻外使馆的人选　《大公报》　1947 年 5 月 27 日　第 160 册　第 170 页

13143　今后灾民之衣的问题　《申报》　1931 年 9 月 14 日　第 286 册　第 385 页

13144　今后增加生产的办法　《中央日报》　1942 年 9 月 26 日　第 46 册　第 870 页

13145　今后战局如何　《民国日报》　1946 年 8 月 23 日　第 98 册　第 504 页

13146　今后振兴实业之方针：录商务官报　《申报》　1907 年 3 月 22 日　第 87 册　第 223 页

13147　今后政府之责任　《申报》　1917 年 3 月 12 日　第 145 册　第 202 页

13148　今后政局的开展　《民国日报》　1922 年 8 月 25 日　第 40 册　第 754 页

13149　今后政局之变化　《申报》　1922 年 12 月 8 日　第 187 册　第 155 页

13150　今后政局之推测　《申报》　1920 年 8 月 7 日　第 165 册　第 661 页

13151　今后政治经济的新动向　《大公报》　1937 年 2 月 2 日　第 136 册　第 444 页

13152　今后政治之希望　《申报》　1946 年 2 月 11 日　第 388 册　第 225 页

13153　今后之北平　《大公报》　1928 年 7 月 30 日　第 85 册　第 292 页

13154　今后之财政问题　《申报》　1924 年 5 月 7 日　第 202 册　第 141 页

13155　今后之察哈尔问题　《大公报》　1933 年 7 月 15 日　第 115 册　第 200 页

13156　今后之川滇黔　《大公报》　1936 年 4 月 28 日　第 131 册　第 818 页

13157　今后之川局　《申报》　1933 年 9 月 3 日　第 308 册　第 83 页

13158　今后之川西军事　《大公报》　1935 年 5 月 23 日　第 126 册　第 356 页

13159　今后之大公报　《大公报》　1936 年 4 月 1 日　第 131 册　第 436 页

13160　今后之大公报　《大公报》　1941年9月16日　第147册　第288页

13161　今后之大难问题　《申报》　1913年1月13日　第120册　第123页

13162　今后之大势　《申报》　1927年6月1日　第235册　第6页

13163　今后之德国　《大公报》　1934年8月20日　第121册　第736页

13164　今后之对俄政策如何　《大公报》　1928年9月9日　第86册　第97页

13165　今后之对日问题　《民国日报》　1931年10月27日　第94册　第703页

13166　今后之对外　《申报》　1920年8月13日　第165册　第769页

13167　今后之高等教育　《大公报》　1935年6月19日　第126册　第788页

13168　今后之工部局　《申报》　1941年4月19日　第375册　第618页

13169　今后之工商界　《申报》　1941年2月1日　第374册　第352页

13170　今后之国会（续）　《民国日报》　1916年7月10日　第4册　第110页

13171　今后之国会　《民国日报》　1916年7月9日　第4册　第98页

13172　今后之国际地位　《大公报》　1929年5月29日　第90册　第452页

13173　今后之国联　《大公报》　1934年9月19日　第122册　第274页

13174　今后之国联　《大公报》　1936年4月10日　第131册　第566页

13175　今后之国民大会　《民国日报》　1920年8月2日　第28册　第450页

13176　今后之国民大会（二）　《民国日报》　1920年8月4日　第28册　第478页

13177　今后之国民大会（三）　《民国日报》　1920年8月6日　第28册　第506页

13178　今后之国民党　《大公报》　1928年1月5日　第82册　第43页

13179　今后之国民体育问题　《大公报》　1932年8月7日　第109册　第448页

13180　今后之国民体育问题　《大公报》　1934年5月24日　第120册　第342页

13181　今后之和会　《申报》　1920年8月7日　第165册　第669页

13182　今后之和局　《申报》　1919年9月8日　第160册　第131页

13183　今后之冀察时局　《大公报》　1935年12月9日　第129册　第528页

13184　今后之监察院　《大公报》　1929年9月12日　第92册　第180页

13185　今后之侥幸　《申报》　1918年10月12日　第154册　第684页

13186　今后之剿匪军事　《大公报》　1934年11月17日　第123册　第238页

13187　今后之剿匪问题　《大公报》　1932年7月1日　第109册　第4页

13188　今后之教育　《申报》　1920年8月25日　第165册　第987页

13189　今后之教育界　《大公报》　1927年8月28日　第80册　第465页

13190　今后之教育问题　《大公报》　1932年7月13日　第109册　第148页

13191　今后之教育问题　《大公报》　1935年12月28日　第129册　第758页

13192   今后之教育问题   《大公报》   1937 年 6 月 8 日   第 138 册   第 545 页

13193   今后之借外债   《申报》   1913 年 10 月 1 日   第 124 册   第 398 页

13194   今后之禁毒问题   《申报》   1934 年 11 月 28 日   第 322 册   第 818 页

13195   今后之京师治安   《大公报》   1926 年 9 月 30 日   第 77 册   第 225 页

13196   今后之军略   《大公报》   1933 年 3 月 11 日   第 113 册   第 144 页

13197   今后之军事与政治   《大公报》   1934 年 11 月 30 日   第 123 册   第 424 页

13198   今后之两广   《大公报》   1929 年 4 月 3 日   第 89 册   第 532 页

13199   今后之满蒙   《申报》   1912 年 6 月 11 日   第 117 册   第 699 页

13200   今后之内政外交   《大公报》   1937 年 2 月 22 日   第 136 册   第 682 页

13201   今后之努力   《申报》   1928 年 5 月 1 日   第 246 册   第 6 页

13202   今后之欧洲战局   《中央日报》   1941 年 4 月 12 日   第 44 册   第 690 页

13203   今后之平津与河北   《大公报》   1935 年 6 月 21 日   第 126 册   第 820 页

13204   今后之青年运动   《大公报》   1927 年 11 月 5 日   第 81 册   第 283 页

13205   今后之三省联合会（言论）   《民国日报》   1926 年 12 月 29 日   第 66 册   第 344 页

13206   今后之山东   《大公报》   1929 年 4 月 30 日   第 89 册   第 964 页

13207   今后之陕甘   《中央日报》   1937 年 1 月 6 日   第 37 册   第 49 页

13208   今后之时局   《申报》   1915 年 5 月 20 日   第 134 册   第 322 页

13209   今后之时局   《申报》   1920 年 7 月 31 日   第 165 册   第 549 页

13210   今后之时局   《申报》   1922 年 5 月 15 日   第 180 册   第 295 页

13211   今后之实祸   《申报》   1923 年 10 月 7 日   第 196 册   第 123 页

13212   今后之视点   《申报》   1913 年 8 月 26 日   第 123 册   第 710 页

13213   今后之收回领事裁判权问题   《大公报》   1928 年 9 月 6 日   第 86 册   第 61 页

13214   今后之四川   《大公报》   1935 年 7 月 26 日   第 127 册   第 366 页

13215   今后之绥蒙防务   《大公报》   1937 年 4 月 26 日   第 137 册   第 790 页

13216   今后之体育问题   《大公报》   1927 年 9 月 8 日   第 80 册   第 551 页

13217   今后之铁路交涉   《申报》   1913 年 10 月 31 日   第 124 册   第 828 页

13218   今后之推测   《申报》   1914 年 4 月 10 日   第 127 册   第 656 页

13219   今后之推测   《申报》   1916 年 4 月 25 日   第 139 册   第 878 页

13220   今后之外交   《大公报》   1934 年 4 月 13 日   第 119 册   第 612 页

13221   今后之外交路线   《大公报》   1933 年 5 月 2 日   第 114 册   第 18 页

13222   今后之西北铁路问题   《大公报》   1934 年 12 月 28 日   第 123 册   第 842 页

13223   今后之西藏   《申报》   1934 年 7 月 11 日   第 318 册   第 319 页

13285 今年之五立宪国 《申报》 1908 年 9 月 24 日 第 96 册 第 325 页

13286 今年之灾害 《申报》 1934 年 5 月 19 日 第 316 册 第 522 页

13287 今年中国对外贸易回顾 《申报》 1939 年 12 月 29 日 第 367 册 第 800 页

13288 今年咨议局之观念 《申报》 1910 年 10 月 25 日 第 108 册 第 865 页

13289 今岂修订礼制之时耶（言论） 《民国日报》 1926 年 8 月 15 日 第 64 册 第 452 页

13290 今人之所料 《申报》 1916 年 7 月 14 日 第 141 册 第 210 页

13291 今人之所谓势力 《申报》 1921 年 2 月 14 日 第 168 册 第 612 页

13292 今日 《申报》 1916 年 6 月 20 日 第 140 册 第 776 页

13293 今日本无条件投降 《中央日报》 1945 年 7 月 12 日 第 51 册 第 248 页

13294 今日比约满期政府并未宣布失效 《大公报》 1926 年 10 月 27 日 第 77 册 第 435 页

13295 今日碧云寺之祭告大典 《大公报》 1928 年 7 月 6 日 第 85 册 第 51 页

13296 今日参与宪法问题 《申报》 1911 年 7 月 1 日 第 113 册 第 1 页

13297 今日参与宪法问题续 《申报》 1911 年 7 月 2 日 第 113 册 第 19 页

13298 今日党员与政府军队及社会之组织惟一之要素（专载）/蒋中正 《民国日报》 1928 年 8 月 9 日 第 75 册 第 677 页

13299 今日的感慨 《民国日报》 1919 年 7 月 12 日 第 22 册 第 134 页

13300 今日的华侨问题/董冰如（星期论文） 《大公报》 1948 年 5 月 30 日 第 163 册 第 176 页

13301 今日的教育 《中央日报》 1945 年 7 月 19 日 第 51 册 第 290 页

13302 今日的粮食问题 《中央日报》 1947 年 5 月 7 日 第 56 册 第 64 页

13303 今日的前瞻与后顾 《申报》 1939 年 7 月 7 日 第 365 册 第 116 页

13304 今日的是非准衡 《中央日报》 1946 年 1 月 4 日 第 52 册 第 212 页

13305 今日的西安 《中央日报》 1937 年 1 月 19 日 第 37 册 第 205 页

13306 今日的造林运动 《申报》 1946 年 3 月 12 日 第 388 册 第 380 页

13307 今日的中南美 《中央日报》 1942 年 7 月 2 日 第 46 册 第 326 页

13308 今日都市社会问题之根底 《申报》 1933 年 7 月 9 日 第 306 册 第 258 页

13309 今日对美战债问题 《大公报》 1936 年 12 月 15 日 第 135 册 第 622 页

13310 今日防疫工作 《大公报》 1947 年 1 月 11 日 第 159 册 第 80 页

13311 今日附送仁济善堂捐策 《申报》 1892 年 2 月 9 日 第 40 册 第 183 页

13312　今日各种人之心理　《申报》　1911 年 10 月 19 日　第 114 册　第 843 页

13313　今日国人之所谓危者　《申报》　1915 年 8 月 15 日　第 135 册　第 754 页

13314　今日何日　《大公报》　1930 年 7 月 9 日　第 97 册　第 100 页

13315　今日何日　《大公报》　1931 年 11 月 16 日　第 105 册　第 109 页

13316　今日何日？　《大公报》　1942 年 4 月 17 日　第 148 册　第 458 页

13317　今日何日？！　《中央日报》　1932 年 2 月 20 日　第 17 册　第 319 页

13318　今日亟宜提倡机械工业论　《申报》　1911 年 5 月 20 日　第 112 册　第 323 页

13319　今日记者的责任　《大公报》　1948 年 9 月 1 日　第 164 册　第 3 页

13320　今日建设　交通第一　《大公报》　1942 年 8 月 5 日　第 149 册　第 156 页

13321　今日救国之两大策　《申报》　1910 年 8 月 13 日　第 107 册　第 709 页

13322　今日举行之德国总选举　《大公报》　1932 年 11 月 6 日　第 111 册　第 64 页

13323　今日开幕之洛桑会议　《申报》　1932 年 6 月 16 日　第 293 册　第 325 页

13324　今日难关在财政乎　《大公报》　1929 年 9 月 16 日　第 92 册　第 244 页

13325　今日岂容再有李鸿章　《大公报》　1933 年 3 月 14 日　第 113 册　第 186 页

13326　今日人民自计　《申报》　1911 年 10 月 21 日　第 114 册　第 879 页

13327　今日上海之教育问题　《申报》　1938 年 10 月 22 日　第 359 册　第 228 页

13328　今日社会领袖的责任　《申报》　1944 年 9 月 13 日　第 386 册　第 243 页

13329　今日时局之真正症结　《民国日报》　1946 年 7 月 3 日　第 98 册　第 257 页

13330　今日世界　今日中国　《大公报》　1944 年 11 月 6 日　第 153 册　第 576 页

13331　今日世界上之议会与会议　《申报》　1931 年 3 月 29 日　第 280 册　第 742 页

13332　今日世界之争端　《申报》　1930 年 5 月 6 日　第 270 册　第 122 页

13333　今日收回天津比租界　《大公报》　1931 年 1 月 15 日　第 100 册　第 136 页

13334　今日所当注意者　《申报》　1914 年 11 月 19 日　第 131 册　第 266 页

13335　今日所望于运动者　《申报》　1935 年 10 月 9 日　第 333 册　第 226 页

13336　今日五洲时局与春秋时相同论　《申报》　1904 年 1 月 22 日　第 76 册　第 137 页

13337　今日五洲时局与春秋时相同论（续昨稿）　《申报》　1904 年 1 月 23 日

第 76 册　第 143 页

13338　今日西北之大患　《中央日报》　1932 年 12 月 12 日　第 20 册　第 364 页

13339　今日选举如何　《申报》　1918 年 10 月 16 日　第 154 册　第 748 页

13340　今日学生的烦闷　《大公报》　1947 年 1 月 6 日　第 159 册　第 40 页

13341　今日学校注重国文之研究　《申报》　1911 年 3 月 18 日　第 111 册　第 274 页

13342　今日学校注重国文之研究续　《申报》　1911 年 3 月 19 日　第 111 册　第 290 页

13343　今日以后　《民国日报》　1920 年 5 月 7 日　第 27 册　第 72 页

13344　今日以后之新生活运动　《中央日报》　1934 年 3 月 17 日　第 25 册　第 708 页

13345　"今日"与"中国"/徐蔚南（星期论坛）　《申报》　1947 年 9 月 14 日　第 394 册　第 752 页

13346　今日预算上之评决　《申报》　1910 年 11 月 2 日　第 109 册　第 17 页

13347　今日正我反省之时　《申报》　1929 年 9 月 13 日　第 262 册　第 369 页

13348　今日之北军：袁段固不相及也　《民国日报》　1917 年 9 月 22 日　第 11 册　第 254 页

13349　今日之财政　《大公报》　1933 年 11 月 6 日　第 117 册　第 74 页

13350　今日之大患　《申报》　1911 年 7 月 14 日　第 113 册　第 215 页

13351　今日之大局　《申报》　1914 年 6 月 20 日　第 128 册　第 798 页

13352　今日之大局　《申报》　1916 年 2 月 9 日　第 138 册　第 465 页

13353　今日之大危机：武人之大联合　《民国日报》　1916 年 8 月 10 日　第 4 册　第 482 页

13354　今日之东南　《民国日报》　1917 年 11 月 29 日　第 12 册　第 338 页

13355　今日之对外问题　《申报》　1920 年 6 月 12 日　第 164 册　第 769 页

13356　今日之风云　《申报》　1913 年 7 月 5 日　第 123 册　第 58 页

13357　今日之甘青宁　《大公报》　1935 年 9 月 14 日　第 128 册　第 186 页

13358　今日之感　《大公报》　1945 年 3 月 29 日　第 154 册　第 372 页

13359　今日之感念　《民国日报》　1931 年 11 月 12 日　第 95 册　第 137 页

13360　今日之光明：五中全会开幕献辞　《中央日报》　1934 年 12 月 10 日　第 28 册　第 834 页

13361　今日之国际大势　《中央日报》　1939 年 5 月 20 日　第 42 册　第 48 页

13362　今日之国际形势　《中央日报》　1940 年 10 月 25 日　第 43 册　第 1144 页

13363　今日之国联大会　《中央日报》　1933 年 2 月 21 日　第 21 册　第 482 页

13364　今日之国联会议　《大公报》　1931 年 10 月 13 日　第 104 册　第 496 页

13365　今日之国联行政院会　《中央日报》　1939 年 1 月 16 日　第 41 册　第 560 页

13366　今日之好消息　《申报》　1913 年 12 月 18 日　第 125 册　第 680 页

13367　今日之湖北　《民国日报》　1917 年 12 月 20 日　第 12 册　第 590 页

13368　今日之会　《大公报》　1935 年 11 月 1 日　第 129 册　第 4 页

13369　今日之会！　《大公报》　1931 年 12 月 22 日　第 105 册　第 410 页

13370　今日之急务　《大公报》　1929 年 6 月 26 日　第 90 册　第 900 页

13371　今日之纪念周：神圣战争之将临　《中央日报》　1933 年 2 月 20 日　第 21 册　第 472 页

13372　今日之教育家　《申报》　1935 年 12 月 30 日　第 335 册　第 718 页

13373　今日之金融问题　《申报》　1935 年 8 月 23 日　第 331 册　第 576 页

13374　今日之九国条约与我国　《申报》　1934 年 4 月 25 日　第 315 册　第 725 页

13375　今日之局势　《申报》　1914 年 8 月 12 日　第 129 册　第 650 页

13376　今日之军队　《申报》　1920 年 4 月 24 日　第 163 册　第 987 页

13377　今日之军人　《申报》　1920 年 10 月 27 日　第 166 册　第 989 页

13378　今日之蓝浦生勋爵　《中央日报》　1933 年 2 月 1 日　第 21 册　第 284 页

13379　今日之乐观与悲观　《申报》　1926 年 5 月 17 日　第 223 册　第 399 页

13380　今日之理财观　《申报》　1912 年 6 月 12 日　第 117 册　第 709 页

13381　今日之两大问题　《申报》　1933 年 1 月 23 日　第 300 册　第 487 页

13382　今日之美俄日　《大公报》　1933 年 11 月 16 日　第 117 册　第 214 页

13383　今日之内尤外患：吾惟祈天保民耳　《民国日报》　1918 年 4 月 13 日　第 14 册　第 514 页

13384　今日之欧局　《中央日报》　1940 年 4 月 3 日　第 43 册　第 280 页

13385　今日之奇闻　《申报》　1920 年 12 月 2 日　第 167 册　第 549 页

13386　今日之青年问题　《大公报》　1935 年 1 月 11 日　第 124 册　第 152 页

13387　今日之情势　《申报》　1915 年 12 月 4 日　第 137 册　第 544 页

13388　今日之情形　《申报》　1917 年 5 月 22 日　第 146 册　第 372 页

13389　今日之人心　《申报》　1913 年 5 月 4 日　第 122 册　第 40 页

13390　今日之人心　《申报》　1915 年 8 月 9 日　第 135 册　第 652 页

13391　今日之日内瓦　《中央日报》　1933 年 1 月 16 日　第 21 册　第 126 页

13392　今日之三要提　《申报》　1919 年 4 月 5 日　第 157 册　第 575 页

13393　今日之山西　《大公报》　1937 年 5 月 13 日　第 138 册　第 174 页

13394　今日之上海经济问题（专论）/周力行　《申报》　1949 年 5 月 13 日　第 400 册　第 857 页

13395　今日之上海市政　《申报》　1949 年 5 月 20 日　第 400 册　第 885 页

13396　今日之生活观　《申报》　1929 年 10 月 8 日　第 263 册　第 223 页

13397　今日之时局观　《申报》　1911 年 5 月 4 日　第 112 册　第 49 页

13398　今日之事急矣　《民国日报》　1931 年 11 月 3 日　第 95 册　第 25 页

13399　今日之事行动而已　《中央日报》　1933 年 2 月 24 日　第 21 册　第 512 页

13400　今日之所谓匪　《申报》　1920 年 5 月 31 日　第 164 册　第 549 页

13401　今日之台湾　《大公报》　1942 年 3 月 4 日　第 148 册　第 264 页

13402　今日之天津　《大公报》　1928 年 6 月 7 日　第 84 册　第 371 页

13403　今日之统一问题　《申报》　1920 年 10 月 31 日　第 166 册　第 1055 页

13404　今日之外交　《申报》　1928 年 7 月 28 日　第 248 册　第 798 页

13405　今日之外交谈　《申报》　1912 年 3 月 14 日　第 116 册　第 611 页

13406　今日之为人　《申报》　1915 年 7 月 12 日　第 135 册　第 198 页

13407　今日之宪政问题　《中央日报》　1939 年 9 月 14 日　第 42 册　第 504 页

13408　今日之新势力　《申报》　1920 年 11 月 4 日　第 167 册　第 57 页

13409　今日之伊朗　《大公报》　1946 年 5 月 17 日　第 156 册　第 544 页

13410　今日之疑云：悍将乱国之渐　当以恢复约法镇之　《民国日报》　1916 年 6 月 23 日　第 3 册　第 638 页

13411　今日之英德关系　《大公报》　1936 年 6 月 25 日　第 132 册　第 774 页

13412　今日之预测　《申报》　1931 年 1 月 1 日　第 278 册　第 12 页

13413　今日之战局　《申报》（香港版）　1938 年 7 月 10 日　第 356 册　第 925 页

13414　今日之战局　《申报》（汉口版）　1938 年 7 月 14 日　第 356 册　第 365 页

13415　今日之争点　《申报》　1918 年 10 月 14 日　第 154 册　第 716 页

13416　今日之郑吴　《大公报》　1927 年 3 月 10 日　第 78 册　第 493 页

13417　今日之中国劳动界　《中央日报》　1941 年 5 月 1 日　第 44 册　第 772 页

13418　今日知识分子的责任　《中央日报》　1936 年 6 月 12 日　第 34 册　第 869 页

13419　今日只应谈内政　《民国日报》　1923 年 5 月 9 日　第 45 册　第 106 页

13420　今日中国的明日教育（星期论文）/振声　《大公报》　1934 年 2 月 11 日　第 118 册　第 566 页

13421　今日中国之国家与政府：答陈独秀及章士钊　《中央日报》　1933 年 4 月 26 日　第 22 册　第 250 页

13422　今日中国之劳动节　《申报》　1940 年 5 月 1 日　第 370 册　第 4 页

13423　今日中国之人的问题　《申报》　1933 年 7 月 18 日　第 306 册　第 528 页

13424　今日中国之学生宜与闻政治　《申报》　1908 年 1 月 9 日　第 92 册　第

97 页

18 页

13507　金融市场病态之救济　《中央日报》　1930 年 1 月 9 日　第 9 册　第 105 页

13508　金融市场的狂澜　《大公报》　1947 年 2 月 13 日　第 159 册　第 318 页

13509　金融市场之新刺戟　《申报》　1935 年 12 月 26 日　第 335 册　第 624 页

13510　金融投机及其发展（专论）/李荣廷　《民国日报》　1946 年 12 月 16 日　第 99 册　第 484 页

13511　金融问题与关余　《申报》　1921 年 11 月 19 日　第 175 册　第 419 页

13512　金融业减息问题　《申报》　1936 年 2 月 28 日　第 337 册　第 734 页

13513　金融业之展望　《申报》　1935 年 10 月 2 日　第 333 册　第 39 页

13514　金融与产业的关系　《申报》　1943 年 9 月 22 日　第 384 册　第 511 页

13515　金融与工商业之关系　《申报》　1936 年 2 月 7 日　第 337 册　第 176 页

13516　金融杂话　《申报》　1921 年 5 月 7 日　第 170 册　第 109 页

13517　金融战线上的胜利　《中央日报》　1939 年 6 月 11 日　第 42 册　第 120 页

13518　金融政策再考虑　《中央日报》　1949 年 1 月 14 日　第 60 册　第 870 页

13519　金融之大恐慌　《民国日报》　1916 年 5 月 14 日　第 3 册　第 158 页

13520　金融中的危险手段　《民国日报》　1923 年 8 月 28 日　第 46 册　第 816 页

13521　金山等处宜设华领事官以护流寓华民论　《申报》　1872 年 7 月 23 日　第 1 册　第 281 页

13522　金山匪乱纪实　《申报》　1904 年 6 月 2 日　第 77 册　第 229 页

13523　金危危考　《申报》　1890 年 10 月 29 日　第 37 册　第 767 页

13524　金问题处理之原则（译论）　《申报》　1945 年 7 月 26 日　第 387 册　第 509 页

13525　金星与月同度解　《申报》　1895 年 7 月 28 日　第 50 册　第 569 页

13526　金银价变动大问题　《大公报》　1930 年 1 月 13 日　第 94 册　第 164 页

13527　金银价回复之趋势　《申报》　1930 年 1 月 14 日　第 266 册　第 320 页

13528　金银价之剧变　《大公报》　1931 年 9 月 23 日　第 104 册　第 268 页

13529　金银价最近之观察　《大公报》　1930 年 6 月 8 日　第 96 册　第 584 页

13530　金元？人力与英国　《大公报》　1947 年 8 月 11 日　第 160 册　第 636 页

13531　金圆券的善后/赵乃搏（星期论坛）　《申报》　1948 年 10 月 31 日　第 399 册　第 206 页

13532　金圆券发行办法的修改　《大公报》　1948 年 11 月 16 日　第 164 册　第 458 页

13533　金圆外交之再度努力　《民国日报》　1931 年 7 月 10 日　第 93 册　第

112 页

13534 金证券与金证券市场 《申报》 1945 年 5 月 14 日 第 387 册 第 347 页

13535 金砖砌成的曹矿 《民国日报》 1923 年 9 月 3 日 第 47 册 第 30 页

13536 津保 《申报》 1923 年 1 月 1 日 第 188 册 第 6 页

13537 津保会议的将来 《民国日报》 1921 年 6 月 3 日 第 33 册 第 468 页

13538 津参议会大会开幕 《大公报》 1948 年 6 月 30 日 第 163 册 第 362 页

13539 津潮杂感 《民国日报》 1919 年 10 月 14 日 第 23 册 第 530 页

13540 津地水灾宜筹急赈说 《申报》 1894 年 8 月 21 日 第 47 册 第 803 页

13541 津东问题之重要性 《大公报》 1928 年 7 月 28 日 第 85 册 第 272 页

13542 津东战后之急务 《大公报》 1928 年 9 月 15 日 第 86 册 第 169 页

13543 津恶潮杂评：靳云鹏真妙 《民国日报》 1920 年 2 月 3 日 第 25 册 第 428 页

13544 津沽驳运问题严重 《大公报》 1946 年 11 月 22 日 第 158 册 第 338 页

13545 津海关考试引水之感想 《大公报》 1933 年 9 月 30 日 第 116 册 第 426 页

13546 津沪电线告成有益无损说 《申报》 1882 年 11 月 25 日 第 21 册 第 883 页

13547 津郊秩序恢复之希望 《大公报》 1928 年 6 月 24 日 第 84 册 第 541 页

13548 津临时参议会大会开幕 《大公报》 1947 年 1 月 25 日 第 159 册 第 174 页

13549 津平两市长就职 《大公报》 1931 年 4 月 2 日 第 101 册 第 388 页

13550 津浦道上（言论） 《民国日报》 1926 年 10 月 19 日 第 65 册 第 486 页

13551 津浦路被阻 《申报》 1922 年 4 月 21 日 第 179 册 第 422 页

13552 津浦路劫案感言 《申报》 1923 年 5 月 8 日 第 191 册 第 151 页

13553 津浦路津浦段通车 《申报》 1947 年 12 月 13 日 第 395 册 第 736 页

13554 津浦铁路问题 《中央日报》 1930 年 10 月 26 日 第 12 册 第 299 页

13555 津浦战局转好以后 《大公报》 1938 年 3 月 11 日 第 140 册 第 294 页

13556 津人应速救济难民 《大公报》 1928 年 6 月 9 日 第 84 册 第 391 页

13557 津市当前之亟务 《大公报》 1931 年 12 月 1 日 第 105 册 第 236 页

13558 津市更动小学校长 《大公报》 1946 年 8 月 22 日 第 157 册 第 252 页

13559 津市见保运动 《大公报》 1947 年 10 月 31 日 第 161 册 第 368 页

13560 津市利害攸关之一问题 《大公报》 1932 年 10 月 16 日 第 110 册 第 548 页

13561 津市治安不容长此扰乱 《大公报》 1931 年 11 月 17 日 第 105 册 第 113 页

13562 津议 《申报》 1922 年 4 月 16 日 第 179 册 第 318 页

13563 津议之结果 《申报》 1921 年 4 月 27 日 第 169 册 第 983 页

13564 津战余谈 《申报》 1900 年 8 月 20 日 第 65 册 第 767 页

13565 矜囚说 《申报》 1891 年 5 月 21 日 第 38 册 第 775 页

13566 矜幼篇 《申报》 1892 年 5 月 5 日 第 41 册 第 27 页

13567 紧促 《申报》 1926 年 8 月 19 日 第 226 册 第 446 页

13568 紧急处分民食问题 《大公报》 1934 年 8 月 9 日 第 121 册 第 576 页

13569 紧急处理顶屋问题 《民国日报》 1945 年 10 月 27 日 第 96 册 第 237 页

13570 紧急工贷的开放 《申报》 1948 年 12 月 17 日 第 399 册 第 494 页

13571 紧急关头：一亿国民决心，千万人不足惧/德富苏峰（星期译论） 《申报》 1944 年 8 月 6 日 第 386 册 第 123 页

13572 紧急呼吁 《大公报》 1948 年 12 月 18 日 第 164 册 第 586 页

13573 紧急善后与根本考虑 《大公报》 1931 年 7 月 11 日 第 103 册 第 124 页

13574 紧急之民食问题（一） 《申报》 1931 年 8 月 11 日 第 285 册 第 276 页

13575 紧急之民食问题（二） 《申报》 1931 年 8 月 12 日 第 285 册 第 304 页

13576 紧急之民食问题（三） 《申报》 1931 年 8 月 13 日 第 285 册 第 335 页

13577 紧急之民食问题（四） 《申报》 1931 年 8 月 14 日 第 285 册 第 362 页

13578 紧缩信用与特别提存 《中央日报》 1942 年 1 月 29 日 第 45 册 第 754 页

13579 紧缩政策应当合理化! 《大公报》 1932 年 6 月 17 日 第 108 册 第 474 页

13580 紧缩政策与生产/李卓敏（星期论文） 《大公报》 1942 年 11 月 1 日 第 149 册 第 538 页

13581 紧要关头 《申报》 1915 年 4 月 20 日 第 133 册 第 812 页

13582 紧要关头 《申报》 1916 年 4 月 27 日 第 139 册 第 910 页

13583 紧要关头 《申报》 1928 年 3 月 20 日 第 244 册 第 473 页

13584 紧要关头的共同觉悟 《大公报》 1937 年 11 月 23 日 第 139 册 第 629 页

74 页

13610　谨书九月初四日上谕后　　《申报》　1902 年 10 月 8 日　第 72 册　第 253 页

13611　谨书曾惠敏公行状后　　《申报》　1892 年 1 月 21 日　第 40 册　第 121 页

13612　谨颂布帆无恙　　《申报》　1920 年 11 月 24 日　第 167 册　第 407 页

13613　谨为一万万灾民请命　　《中央日报》　1931 年 9 月 1 日　第 15 册　第 723 页

13614　谨严与宽大　　《申报》　1927 年 3 月 17 日　第 232 册　第 351 页

13615　谨以旧事提醒国联　　《申报》（香港版）　1938 年 9 月 9 日　第 357 册　第 33 页

13616　谨注改试策论谕旨　　《申报》　1898 年 7 月 4 日　第 59 册　第 423 页

13617　谨注豁免谕旨后　　《申报》　1884 年 10 月 1 日　第 25 册　第 539 页

13618　谨注赏罚马江将帅谕旨后　　《申报》　1884 年 9 月 29 日　第 25 册　第 527 页

13619　谨注设立学部上谕　　《申报》　1905 年 12 月 8 日　第 81 册　第 841 页

13620　谨注设立学部上谕（续十一月十二日稿）　　《申报》　1906 年 1 月 15 日　第 82 册　第 113 页

13621　谨注十一日上谕　　《申报》　1906 年 3 月 7 日　第 82 册　第 475 页

13622　谨注四月初二日上谕　　《申报》　1906 年 4 月 27 日　第 83 册　第 261 页

13623　谨注四月初五日上谕后　　《申报》　1902 年 5 月 24 日　第 71 册　第 161 页

13624　锦防撤退之后　　《大公报》　1932 年 1 月 3 日　第 106 册　第 14 页

13625　锦州成一个闷葫芦之局　　《民国日报》　1931 年 11 月 29 日　第 95 册　第 359 页

13626　锦州与天津　　《大公报》　1931 年 11 月 29 日　第 105 册　第 220 页

13627　锦州战事之重大性　　《大公报》　1931 年 12 月 23 日　第 105 册　第 418 页

13629　尽地力说　　《申报》　1888 年 11 月 29 日　第 33 册　第 979 页

13630　尽力动员与民众教育　　《申报》　1943 年 2 月 20 日　第 383 册　第 338 页

13631　尽力沟洫论　　《申报》　1900 年 10 月 8 日　第 66 册　第 217 页

13632　尽其在己（专论）/胡朴安　　《民国日报》　1946 年 7 月 25 日　第 98 册　第 345 页

13633　尽其在我　　《中央日报》　1946 年 9 月 7 日　第 53 册　第 872 页

13634　尽人关切的吃饭问题　　《申报》　1948 年 11 月 10 日　第 399 册　第 270 页

13635　尽人以补天说　　《申报》　1890 年 12 月 2 日　第 37 册　第 985 页

13665　近日北边防务轻重缓急何在论三　《申报》　1889 年 9 月 24 日　第 35 册　第 533 页

13666　近日发现之异事　《申报》　1913 年 9 月 26 日　第 124 册　第 330 页

13667　近日海陆军之调查　《申报》　1911 年 11 月 6 日　第 115 册　第 81 页

13668　近日海外之谈论　《申报》　1909 年 1 月 13 日　第 98 册　第 151 页

13669　近日曲阜之"辱孔问题"　《大公报》　1929 年 7 月 23 日　第 91 册　第 356 页

13670　近日银价暴跌之原因及影响/黄宪儒　《民国日报》　1930 年 1 月 31 日　第 84 册　第 372 页

13671　近日越南消息综跋　《申报》　1884 年 7 月 1 日　第 25 册　第 1 页

13672　近日之恐慌　《申报》　1941 年 3 月 8 日　第 375 册　第 92 页

13673　近日之山海关　《大公报》　1932 年 5 月 13 日　第 108 册　第 124 页

13674　近日之时局　《大公报》　1936 年 6 月 6 日　第 132 册　第 508 页

13675　近三百年学术变迁大势论　《申报》　1906 年 10 月 19 日　第 85 册　第 151 页

13676　近三百年学术变迁大势论（一续前稿）　《申报》　1906 年 10 月 20 日　第 85 册　第 159 页

13677　近三百年学术变迁大势论（二续前稿）　《申报》　1906 年 10 月 21 日　第 85 册　第 169 页

13678　近三百年学术变迁大势论（三续前稿）　《申报》　1906 年 10 月 22 日　第 85 册　第 177 页

13679　近三百年学术变迁大势论（四续）前稿接初五日　《申报》　1906 年 11 月 12 日　第 85 册　第 371 页

13680　近时团练海疆先于陆省说　《申报》　1885 年 2 月 4 日　第 26 册　第 199 页

13681　近时之所谓会社心理　《申报》　1920 年 10 月 2 日　第 166 册　第 538 页

13682　近事反感　《申报》　1920 年 8 月 31 日　第 165 册　第 1087 页

13683　近事集谈　《申报》　1919 年 8 月 3 日　第 159 册　第 544 页

13684　近事疑问　《申报》　1926 年 3 月 26 日　第 221 册　第 556 页

13685　近事杂感　《申报》　1917 年 6 月 30 日　第 146 册　第 1050 页

13686　近事杂感　《申报》　1927 年 12 月 15 日　第 241 册　第 321 页

13687　近事杂评　《申报》　1912 年 2 月 11 日　第 116 册　第 404 页

13688　近事杂评（言论）　《民国日报》　1925 年 3 月 25 日　第 56 册　第 332 页

13689　近事杂评续　《申报》　1912 年 2 月 12 日　第 116 册　第 412 页

13690　近卫辞而复留　《中央日报》　1941 年 7 月 18 日　第 44 册　第 1118 页

13691　近卫的诡计　《中央日报》　1941 年 9 月 11 日　第 45 册　第 178 页

13692　近卫的认识太不足了　《中央日报》　1940 年 8 月 27 日　第 43 册　第 904 页

13693　近卫的书翰值什么东西？　《大公报》　1941 年 9 月 1 日　第 147 册　第 226 页

13694　近卫的所谓"新体制"　《大公报》　1940 年 8 月 30 日　第 145 册　第 218 页

13695　近卫的新体制与南进政策/青山和夫（星期论文）　《大公报》　1940 年 9 月 8 日　第 145 册　第 254 页

13696　近卫的新体制运动　《申报》　1940 年 8 月 26 日　第 371 册　第 736 页

13697　近卫的最后一张牌　《中央日报》　1940 年 12 月 22 日　第 44 册　第 212 页

13698　近卫的罪恶：读蒋委员长的演词之后　《大公报》　1940 年 12 月 4 日　第 145 册　第 590 页

13699　近卫广田尚未反省　《申报》（汉口版）　1938 年 2 月 3 日　第 356 册　第 39 页

13700　近卫内阁的悲哀　《中央日报》　1941 年 1 月 22 日　第 44 册　第 352 页

13701　近卫内阁又倒了　日本冒险的信号　《大公报》　1941 年 7 月 17 日　第 147 册　第 66 页

13702　近卫内阁又要短命　《大公报》　1940 年 10 月 26 日　第 145 册　第 444 页

13703　近卫内阁与广田外交　《申报》　1937 年 6 月 5 日　第 353 册　第 116 页

13704　近卫内阁之把戏　《申报》（汉口版）　1938 年 1 月 27 日　第 356 册　第 25 页

13705　近卫内阁之谋词　《大公报》　1939 年 1 月 5 日　第 142 册　第 18 页

13706　近卫内阁之命运　《申报》（香港版）　1938 年 4 月 20 日　第 356 册　第 601 页

13707　近卫内阁之强心针　《大公报》　1940 年 12 月 23 日　第 145 册　第 674 页

13708　近卫内阁之运命　《申报》（汉口版）　1938 年 4 月 17 日　第 356 册　第 189 页

13709　近卫松冈的外交动向　《中央日报》　1940 年 9 月 21 日　第 43 册　第 1004 页

13710　近卫塌台　美国猛省　《大公报》　1941 年 10 月 17 日　第 147 册　第 422 页

13711　近卫谈话与美国　《申报》　1940 年 10 月 7 日　第 372 册　第 482 页

13737　进剿滦东土匪须注意善后工作　《申报》　1933 年 11 月 5 日　第 310 册　第 128 页

13738　进军柏林之际　《中央日报》　1945 年 2 月 2 日　第 50 册　第 678 页

13739　进取　《申报》　1927 年 8 月 6 日　第 237 册　第 106 页

13740　进入讨论阶段的参政会　《中央日报》　1945 年 7 月 13 日　第 51 册　第 254 页

13741　进退　《申报》　1916 年 12 月 31 日　第 143 册　第 1078 页

13742　进退　《申报》　1916 年 3 月 2 日　第 139 册　第 18 页

13743　进退　《申报》　1917 年 2 月 15 日　第 144 册　第 616 页

13744　进退　《申报》　1925 年 10 月 19 日　第 217 册　第 409 页

13745　进退　《申报》　1925 年 11 月 9 日　第 218 册　第 163 页

13746　进退　《申报》　1928 年 1 月 7 日　第 242 册　第 126 页

13747　进退不得　《申报》　1922 年 3 月 8 日　第 178 册　第 136 页

13748　进退两难之政府　《申报》　1907 年 12 月 3 日　第 91 册　第 415 页

13749　进退两难之政府（续）　《申报》　1907 年 12 月 6 日　第 91 册　第 451 页

13750　进退失据　《申报》　1922 年 10 月 30 日　第 185 册　第 637 页

13751　进退与情面　《申报》　1921 年 10 月 11 日　第 174 册　第 250 页

13752　进退之际　《申报》　1927 年 8 月 16 日　第 237 册　第 326 页

13753　进退之经验　《申报》　1925 年 5 月 20 日　第 212 册　第 388 页

13754　进行复员与计划复兴　《中央日报》　1943 年 2 月 17 日　第 47 册　第 650 页

13755　进行与回复　《申报》　1925 年 4 月 2 日　第 211 册　第 22 页

13756　进行与考验　《申报》　1928 年 3 月 1 日　第 244 册　第 6 页

13757　进行与盘旋　《申报》　1919 年 8 月 8 日　第 159 册　第 632 页

13758　进行与确定　《申报》　1917 年 3 月 19 日　第 145 册　第 328 页

13759　进行中的政治协商会议　《大公报》　1946 年 1 月 24 日　第 156 册　第 96 页

13760　进一步　《申报》　1925 年 8 月 18 日　第 215 册　第 347 页

13761　进一步的努力　《申报》　1936 年 7 月 26 日　第 342 册　第 670 页

13762　进一步看杜鲁门演词　《大公报》　1947 年 10 月 30 日　第 161 册　第 362 页

13763　进一步看缅甸独立　《大公报》　1947 年 6 月 17 日　第 160 册　第 300 页

13764　进一步论储金赎路　《民国日报》　1919 年 7 月 20 日　第 22 册　第 230 页

13765　进一步论美国改约照会　《民国日报》　1928 年 7 月 29 日　第 75 册　第

489 页

13766　进一步之废止内战运动！　《大公报》　1932 年 7 月 21 日　第 109 册　第 244 页

13767　进一步之努力　《民国日报》　1928 年 6 月 6 日　第 74 册　第 572 页

13768　进展不已之对策　《申报》　1928 年 5 月 10 日　第 246 册　第 249 页

13769　晋北捷音　《申报》　1937 年 9 月 29 日　第 355 册　第 607 页

13770　晋北战事　《申报》　1937 年 10 月 3 日　第 355 册　第 638 页

13771　晋城之捷与北方大局　《大公报》　1939 年 8 月 23 日　第 142 册　第 536 页

13772　晋奉间之激战　《申报》　1928 年 4 月 7 日　第 245 册　第 160 页

13773　晋奉交战　《申报》　1927 年 10 月 3 日　第 239 册　第 52 页

13774　晋抚岑大中丞议订中西合办大学堂章程　《申报》　1902 年 7 月 17 日　第 71 册　第 525 页

13775　晋抚岑大中丞奏明中西合办大学堂折　《申报》　1902 年 7 月 16 日　第 71 册　第 519 页

13776　晋局转佳　《申报》（香港版）　1938 年 5 月 18 日　第 356 册　第 714 页

13777　晋军侵鲁中对阎先生尽最后的忠告/丘小陵　《民国日报》　1930 年 2 月 25 日　第 84 册　第 720 页

13778　晋军政府代表告急书　《申报》　1911 年 12 月 27 日　第 115 册　第 795 页

13779　晋军之功亦不小　《申报》　1928 年 5 月 3 日　第 246 册　第 59 页

13780　晋陕间军事之善后　《大公报》　1936 年 3 月 19 日　第 131 册　第 256 页

13781　晋省长问题　《申报》　1920 年 9 月 20 日　第 166 册　第 327 页

13782　晋省得雨赈拟更宜加紧说　《申报》　1879 年 7 月 28 日　第 15 册　第 109 页

13783　晋省东南的战局　《申报》　1939 年 7 月 23 日　第 365 册　第 388 页

13784　晋省归绥民变感言　《申报》　1910 年 5 月 15 日　第 106 册　第 226 页

13785　晋省剿匪善后问题　《申报》　1936 年 5 月 18 日　第 340 册　第 443 页

13786　晋省人民义务服役　《申报》　1933 年 11 月 29 日　第 310 册　第 829 页

13787　晋省宜及时修治水利论　《申报》　1879 年 7 月 31 日　第 15 册　第 121 页

13788　晋绥善后不容再缓　《大公报》　1931 年 1 月 7 日　第 100 册　第 40 页

13789　晋西军事结束以后　《大公报》　1936 年 5 月 12 日　第 132 册　第 158 页

13790　晋西陕北之地方善后　《大公报》　1936 年 4 月 20 日　第 131 册　第 706 页

13791　晋阁之地位　《申报》　1927 年 6 月 14 日　第 235 册　第 282 页

13792　晋阳之甲　《申报》　1920年6月29日　第164册　第1087页

13793　禁博　《申报》　1913年7月14日　第123册　第181页

13794　禁彩票　《申报》　1920年8月31日　第165册　第1095页

13795　禁藏军械辨　《申报》　1879年1月11日　第14册　第37页

13796　禁娼　《申报》　1920年4月6日　第163册　第675页

13797　禁娼辩　《申报》　1872年6月10日　第1册　第133页

13798　禁娼说　《申报》　1872年6月5日　第1册　第117页

13799　禁娼探源先除白蚂蚁论　《申报》　1872年6月14日　第1册　第149页

13800　禁毒与禁烟　《大公报》　1934年8月24日　第121册　第792页

13801　禁赌刍言　《申报》　1896年11月23日　第54册　第531页

13802　禁赌论　《申报》　1900年4月21日　第64册　第697页

13803　禁赌篇　《申报》　1894年2月25日　第46册　第319页

13804　禁赌说　《申报》　1886年11月5日　第29册　第783页

13805　禁赌说　《申报》　1889年1月17日　第34册　第85页

13806　禁赌私议　《申报》　1909年7月6日　第101册　第75页

13807　禁赌私议（续）　《申报》　1909年7月8日　第101册　第105页

13808　禁赌私议（续）　《申报》　1909年7月9日　第101册　第122页

13809　禁赌似难而非难说　《申报》　1894年3月11日　第46册　第405页

13810　禁赌新说　《申报》　1893年4月3日　第43册　第533页

13811　禁赌宜防其渐说　《申报》　1879年9月9日　第15册　第281页

13812　禁贩军火以杜隐患议　《申报》　1900年1月7日　第64册　第37页

13813　禁放爆不如禁爆竹之店说　《申报》　1893年8月4日　第44册　第673页

13814　禁购军火议　《申报》　1888年5月24日　第32册　第831页

13815　禁海外华人私入保皇会议　《申报》　1900年4月9日　第64册　第603页

13816　禁耗黄金私议　《申报》　1903年8月27日　第74册　第837页

13817　禁花鼓淫戏议　《申报》　1900年11月8日　第66册　第403页

13818　禁金出口议　《申报》　1900年10月12日　第66册　第241页

13819　禁金出口议（续昨稿）　《申报》　1900年10月13日　第66册　第247页

13820　禁酒与禁烟　《申报》　1929年9月25日　第262册　第737页

13821　禁绢做洋拆以杜卖空买空之害说　《申报》　1888年11月30日　第33册　第985页

13822　禁绝贩卖女孩并劝饥户勿轻弃所生说　《申报》　1878年4月11日　第12册　第321页

13823　禁绝公款变成游资　《中央日报》　1948年4月2日　第58册　第826页

13824　禁军人入党　《申报》　1920年5月2日　第164册　第25页

13825　禁令不行于妇女说　《申报》　1879年9月4日　第15册　第261页

13826　禁令宜相辅而行说　《申报》　1885年9月23日　第27册　第515页

13827　禁令之预备　《申报》　1928年11月18日　第252册　第490页

13828　禁流妓议　《申报》　1887年11月20日　第31册　第921页

13829　禁卖军器说　《申报》　1883年4月23日　第22册　第559页

13830　禁卖军械可以弭盗辨　《申报》　1878年10月31日　第13册　第421页

13831　禁米驳议　《申报》　1905年11月18日　第81册　第669页

13832　禁米驳议（续廿二日稿）　《申报》　1905年11月24日　第81册　第717页

13833　禁米出洋论　《申报》　1903年3月17日　第73册　第419页

13834　禁米出洋议　《申报》　1898年3月22日　第58册　第475页

13835　禁莫啡鸦论　《申报》　1902年10月4日　第72册　第223页

13836　禁逆书议　《申报》　1899年11月13日　第63册　第513页

13837　禁溺女说　《申报》　1889年1月21日　第34册　第103页

13838　禁售洋枪以清盗源议　《申报》　1899年5月3日　第62册　第17页

13839　禁私刑说　《申报》　1893年4月18日　第43册　第635页

13840　禁台基说为杭州近事述原　《申报》　1881年10月2日　第19册　第373页

13841　禁台基议　《申报》　1887年11月14日　第31册　第881页

13842　禁停彩票说　《申报》　1880年8月12日　第17册　第169页

13843　禁巫说　《申报》　1899年6月8日　第62册　第293页

13844　禁小钱论　《申报》　1874年7月17日　第5册　第57页

13845　禁小钱尤宜禁私销说　《申报》　1879年9月27日　第15册　第353页

13846　禁邪教论　《申报》　1891年12月14日　第39册　第1007页

13847　禁邪教说　《申报》　1900年6月1日　第65册　第247页

13848　禁鸦片客谈　《申报》　1885年11月29日　第27册　第923页

13849　禁鸦片烟论　《申报》　1873年4月23日　第2册　第361页

13850　禁烟本议　《申报》　1878年7月27日　第13册　第93页

13851　禁烟必先治流说　《申报》　1877年5月16日　第10册　第441页

13852　禁烟不必停土税辨　《申报》　1880年5月1日　第16册　第461页

13853　禁烟刍论　《申报》　1899年4月12日　第61册　第613页

13854　禁烟扼要说　《申报》　1885年10月24日　第27册　第707页

13855　禁烟后之希望　《申报》　1907年6月12日　第88册　第539页

13856　禁烟会议议决案之执行　《大公报》　1928年11月11日　第87册　第

121 页

13857　禁烟纪念　《民国日报》　1946 年 6 月 3 日　第 98 册　第 137 页

13858　禁烟纪念节感言　《大公报》　1937 年 6 月 3 日　第 138 册　第 474 页

13859　禁烟加税衡论　《申报》　1881 年 8 月 16 日　第 19 册　第 185 页

13860　禁烟禁毒之新设施　《大公报》　1935 年 5 月 31 日　第 126 册　第 484 页

13861　禁烟令感言　《申报》　1916 年 8 月 15 日　第 141 册　第 748 页

13862　禁烟末议　《申报》　1873 年 6 月 24 日　第 2 册　第 573 页

13863　禁烟末议　《申报》　1888 年 6 月 10 日　第 32 册　第 951 页

13864　禁烟完成前之督察工作　《中央日报》　1940 年 9 月 12 日　第 43 册　第 968 页

13865　禁烟问题　《申报》　1908 年 5 月 6 日　第 94 册　第 65 页

13866　禁烟问题　《申报》　1928 年 11 月 6 日　第 252 册　第 155 页

13867　禁烟问题　《中央日报》　1932 年 6 月 2 日　第 18 册　第 178 页

13868　禁烟问题：邵元冲在国府纪念周讲演　《民国日报》　1931 年 7 月 15 日　第 93 册　第 173 页

13869　禁烟问题与民国承认问题　《申报》　1912 年 7 月 7 日　第 118 册　第 61 页

13870　禁烟无益论　《申报》　1879 年 5 月 24 日　第 14 册　第 507 页

13871　禁烟宜拔其本后论　《申报》　1882 年 11 月 4 日　第 21 册　第 757 页

13872　禁烟宜先去其害之大者论　《申报》　1892 年 7 月 4 日　第 41 册　第 415 页

13873　禁烟有实际说　《申报》　1882 年 6 月 7 日　第 20 册　第 771 页

13874　禁烟与禁赌　《大公报》　1936 年 2 月 11 日　第 130 册　第 450 页

13875　禁烟与救灾　《大公报》　1931 年 8 月 29 日　第 103 册　第 712 页

13876　禁烟与抗战　《中央日报》　1938 年 11 月 15 日　第 41 册　第 268 页

13877　禁烟与抗战建国　《中央日报》　1940 年 6 月 2 日　第 43 册　第 546 页

13878　禁烟章程之效力如何　《申报》　1909 年 4 月 19 日　第 99 册　第 710 页

13879　禁烟政策究竟如何　《大公报》　1931 年 6 月 27 日　第 103 册　第 688 页

13880　禁烟之法求人不如求己论　《申报》　1883 年 1 月 5 日　第 22 册　第 23 页

13881　禁烟之笑谈　《申报》　1920 年 6 月 14 日　第 164 册　第 821 页

13882　禁谣与造谣　《申报》　1921 年 6 月 21 日　第 170 册　第 898 页

13883　禁野鸡说　《申报》　1888 年 4 月 11 日　第 32 册　第 569 页

13884　禁异端论　《申报》　1890 年 3 月 3 日　第 36 册　第 319 页

13885　禁淫书说　《申报》　1900 年 3 月 28 日　第 64 册　第 511 页

13886　禁淫戏议　《申报》　1887 年 2 月 21 日　第 30 册　第 265 页

13887　禁油运意问题　《申报》　1935 年 12 月 5 日　第 335 册　第 109 页

13888　禁约野鸡流妓议　《申报》　1891 年 5 月 11 日　第 38 册　第 715 页

13889　禁载妖卉续议　《申报》　1894 年 6 月 17 日　第 47 册　第 337 页

13890　禁载妖卉议　《申报》　1894 年 5 月 27 日　第 47 册　第 185 页

13891　禁政问题之三方面　《中央日报》　1936 年 9 月 25 日　第 35 册　第 1039 页

13892　禁止妇女缠足说　《申报》　1904 年 12 月 24 日　第 78 册　第 769 页

13893　禁止妇女缠足说（续本月十八日稿）　《申报》　1904 年 12 月 26 日　第 78 册　第 783 页

13894　禁止妇女看戏论　《申报》　1874 年 1 月 5 日　第 4 册　第 17 页

13895　禁止妇女入庙烧香说　《申报》　1900 年 4 月 18 日　第 64 册　第 673 页

13896　禁止杭州东狱朝审议　《申报》　1880 年 7 月 20 日　第 17 册　第 77 页

13897　禁止检查外货之电令　《大公报》　1929 年 7 月 24 日　第 91 册　第 372 页

13898　禁止金出口银进口之影响　《大公报》　1930 年 5 月 22 日　第 96 册　第 340 页

13899　禁止军火入华问题　《大公报》　1928 年 3 月 13 日　第 83 册　第 121 页

13900　禁止纳妾之方法　《申报》　1920 年 6 月 21 日　第 164 册　第 951 页

13901　禁止闹房说　《申报》　1899 年 10 月 21 日　第 63 册　第 349 页

13902　禁止虐婢说　《申报》　1899 年 10 月 27 日　第 63 册　第 391 页

13903　禁止赛灯说　《申报》　1900 年 3 月 7 日　第 64 册　第 359 页

13904　禁止习拳说　《申报》　1900 年 5 月 4 日　第 65 册　第 25 页

13905　禁止邪教说　《申报》　1900 年 4 月 6 日　第 64 册　第 579 页

13906　禁止卸职擅提公款　《民国日报》　1930 年 8 月 12 日　第 87 册　第 543 页

13907　禁止学生跳舞　《申报》　1934 年 12 月 23 日　第 323 册　第 666 页

13908　禁止演唱淫戏说　《申报》　1898 年 11 月 18 日　第 60 册　第 565 页

13909　禁止佐贰收受民词说　《申报》　1899 年 9 月 25 日　第 63 册　第 169 页

13910　禁种罂粟议　《申报》　1895 年 12 月 29 日　第 51 册　第 777 页

13911　靳安之争　《申报》　1919 年 11 月 8 日　第 161 册　第 127 页

13912　靳阁取得非法资格　《民国日报》　1919 年 11 月 6 日　第 24 册　第 62 页

13913　靳阁组织的笑话　《民国日报》　1919 年 11 月 7 日　第 24 册　第 74 页

13914　靳内阁之去留　《申报》　1921 年 10 月 12 日　第 174 册　第 270 页

13915　靳徐　《申报》　1919 年 9 月 12 日　第 160 册　第 199 页

13916　靳徐之再争　《申报》　1919 年 11 月 26 日　第 161 册　第 443 页

13917　靳徐之战　《申报》　1919 年 9 月 25 日　第 160 册　第 431 页

第 754 页

14040 经济危机中之工运 《大公报》 1931 年 2 月 21 日 第 100 册 第 568 页

14041 经济委员会今日大会 《大公报》 1934 年 3 月 26 日 第 119 册 第 356 页

14042 经济问题的焦点 《申报》 1947 年 1 月 11 日 第 392 册 第 114 页

14043 经济循环与金融政策/陶洁卿（星期论文） 《大公报》 1944 年 4 月 23 日 第 152 册 第 512 页

14044 经济烟幕弹之解剖 《申报》 1941 年 8 月 19 日 第 377 册 第 232 页

14045 经济议会与经济会议（社评） 《民国日报》 1927 年 9 月 28 日 第 70 册 第 398 页

14046 经济毅力的试金石 《中央日报》 1940 年 9 月 19 日 第 43 册 第 996 页

14047 经济与生活 《申报》 1925 年 10 月 1 日 第 217 册 第 5 页

14048 经济与外交 《申报》 1937 年 3 月 6 日 第 350 册 第 131 页

14049 经济再改革后的二三事 《申报》 1948 年 11 月 6 日 第 399 册 第 244 页

14050 经济战与经济组织 《中央日报》 1944 年 2 月 1 日 第 49 册 第 154 页

14051 经济战争 《申报》 1921 年 11 月 17 日 第 175 册 第 375 页

14052 经济政策不能止于计划 《申报》 1946 年 7 月 2 日 第 389 册 第 290 页

14053 经济政策的解剖：已扫除不少的疑团 《申报》 1945 年 11 月 30 日 第 387 册 第 651 页

14054 经济政策及财政政策略评 《大公报》 1930 年 9 月 17 日 第 98 册 第 196 页

14055 经济政策与建设事业 《大公报》 1928 年 9 月 23 日 第 86 册 第 265 页

14056 经济之自力生存 《申报》 1935 年 6 月 17 日 第 329 册 第 442 页

14057 经济制裁乎？世界大战乎？ 《大公报》 1932 年 3 月 2 日 第 107 册 第 14 页

14058 经济制裁与美苏合作 《申报》 1941 年 8 月 4 日 第 377 册 第 42 页

14059 经济制裁与武力冲突 《大公报》 1935 年 10 月 16 日 第 128 册 第 650 页

14060 经济中心 《大公报》 1941 年 4 月 6 日 第 146 册 第 402 页

14061 经济专家来华考察事 《大公报》 1935 年 6 月 14 日 第 126 册 第 708 页

14062 经略使 《申报》 1918 年 6 月 30 日 第 152 册 第 946 页

14063   经商论   《申报》   1890 年 12 月 6 日   第 37 册   第 1009 页

14064   经手未完   《申报》   1914 年 3 月 5 日   第 127 册   第 66 页

14065   经武篇   《申报》   1894 年 3 月 30 日   第 46 册   第 537 页

14066   经验   《申报》   1916 年 6 月 15 日   第 140 册   第 700 页

14067   荆襄战局   《申报》   1940 年 6 月 11 日   第 370 册   第 548 页

14068   惊人之日本贿案   《大公报》   1929 年 9 月 28 日   第 92 册   第 436 页

14069   精兵与整警   《申报》   1943 年 1 月 22 日   第 383 册   第 146 页

14070   精诚团结共撑危局   《申报》   1949 年 2 月 25 日   第 400 册   第 336 页

14071   精诚团结共赴国难!   《中央日报》   1931 年 9 月 22 日   第 15 册   第 975 页

14072   精诚团结与国难/彬   《申报》   1932 年 1 月 7 日   第 290 册   第 47 页

14073   精诚与守法   《中央日报》   1938 年 12 月 30 日   第 41 册   第 460 页

14074   精技艺以致富说   《申报》   1893 年 10 月 8 日   第 45 册   第 249 页

14075   精密   《申报》   1927 年 11 月 6 日   第 240 册   第 120 页

14076   精明与宽大   《申报》   1926 年 9 月 20 日   第 227 册   第 491 页

14077   精神   《申报》   1919 年 8 月 16 日   第 159 册   第 772 页

14078   精神   《申报》   1927 年 9 月 15 日   第 238 册   第 303 页

14079   精神病之中国   《申报》   1915 年 9 月 10 日   第 136 册   第 144 页

14080   精神的改革   《民国日报》   1916 年 6 月 3 日   第 3 册   第 398 页

14081   精神动员!   《大公报》   1942 年 3 月 12 日   第 148 册   第 298 页

14082   精神改造与风气改造：纪念国民精神总动员四周年   《中央日报》   1943 年 3 月 12 日   第 47 册   第 782 页

14083   精神建设与社会制度   《中央日报》   1935 年 12 月 1 日   第 32 册   第 742 页

14084   精神建设与物质建设（专论）/胡朴安   《民国日报》   1945 年 10 月 18 日   第 96 册   第 219 页

14085   精神结合   《申报》   1919 年 10 月 26 日   第 160 册   第 1003 页

14086   精神结合的模范   《民国日报》   1919 年 9 月 21 日   第 23 册   第 242 页

14087   精神就是力量   《中央日报》   1942 年 2 月 20 日   第 45 册   第 844 页

14088   精神劳军   《中央日报》   1948 年 7 月 21 日   第 59 册   第 690 页

14089   精神谋安宁的方法（专论）/胡朴安   《民国日报》   1946 年 7 月 2 日   第 98 册   第 253 页

14090   精神为万力之源   《中央日报》   1942 年 3 月 12 日   第 45 册   第 926 页

14091   精神文明的和平（专论）/胡朴安   《民国日报》   1946 年 2 月 24 日   第 97 册   第 209 页

14092   精神武力之效（专论）/胡朴安   《民国日报》   1946 年 4 月 25 日   第 97

册　第 442 页

14116   警告两种人   《大公报》   1933 年 3 月 27 日   第 113 册   第 368 页

14117   警告迷路的救国者   《民国日报》   1921 年 12 月 8 日   第 36 册   第 498 页

14118   警告南北军人   《大公报》   1926 年 9 月 12 日   第 77 册   第 89 页

14119   警告溥仪臧式毅诸氏   《大公报》   1932 年 1 月 19 日   第 106 册   第 174 页

14120   警告日本·提早投降   《中央日报》   1945 年 8 月 9 日   第 51 册   第 416 页

14121   警告商榷联邦者：扫清违法武人再说   《民国日报》   1918 年 2 月 5 日   第 13 册   第 398 页

14122   警告泰国人   《大公报》   1943 年 2 月 22 日   第 150 册   第 224 页

14123   警告为虎作伥者   《大公报》   1933 年 5 月 13 日   第 114 册   第 172 页

14124   警告吾八闽父老：萨黄一入闽人无唯噍类矣（来论）/上杭蔡喆   《民国日报》   1918 年 9 月 24 日   第 17 册   第 236 页

14125   警告湘人   《民国日报》   1917 年 8 月 10 日   第 10 册   第 482 页

14126   警告应非法选举者   《民国日报》   1918 年 5 月 25 日   第 15 册   第 290 页

14127   警告友军   《民国日报》   1924 年 11 月 14 日   第 54 册   第 108 页

14128   警告政府国民反省   《大公报》   1932 年 4 月 17 日   第 107 册   第 474 页

14129   警告主张调和者   《民国日报》   1918 年 5 月 17 日   第 15 册   第 194 页

14130   警汉奸   《大公报》   1933 年 4 月 10 日   第 113 册   第 564 页

14131   警示   《申报》   1915 年 12 月 16 日   第 137 册   第 740 页

14132   警厅禁止迎神之效力   《申报》   1920 年 4 月 5 日   第 163 册   第 659 页

14133   警厅预禁赛会   《申报》   1920 年 3 月 27 日   第 163 册   第 491 页

14134   警悟康党文   《申报》   1900 年 3 月 12 日   第 64 册   第 391 页

14135   警治与法治（言论）   《民国日报》   1925 年 5 月 6 日   第 57 册   第 60 页

14136   警治与法治（续）（言论）   《民国日报》   1925 年 5 月 7 日   第 57 册   第 74 页

14137   竞取选票与安定乡里   《中央日报》   1947 年 10 月 17 日   第 57 册   第 486 页

14138   竞选的两种观念   《中央日报》   1947 年 9 月 27 日   第 57 册   第 274 页

14139   竞选失败后之白里安与德奥关税同盟问题   《民国日报》   1931 年 5 月 22 日   第 92 册   第 240 页

14140   竞选与投票   《中央日报》   1931 年 6 月 25 日   第 14 册   第 1047 页

14141   竞业学会缘起   《申报》   1906 年 9 月 14 日   第 84 册   第 739 页

14142　竞争与稳固　《申报》　1916 年 11 月 12 日　第 143 册　第 204 页

14143　竟以匪视义军：尚何调停之可言（短论）　《民国日报》　1918 年 1 月 16 日　第 13 册　第 158 页

14144　敬爱盟军　《大公报》　1944 年 4 月 19 日　第 152 册　第 494 页

14145　敬陈今日理财之大计　《申报》　1912 年 6 月 9 日　第 117 册　第 679 页

14146　敬陈所望于各台谏　《申报》　1909 年 2 月 16 日　第 98 册　第 503 页

14147　敬陈希望于孙中山　《申报》　1911 年 12 月 26 日　第 115 册　第 781 页

14148　敬陈希望于唐总理　《申报》　1912 年 3 月 26 日　第 116 册　第 713 页

14149　敬陈希望于唐总理续　《申报》　1912 年 3 月 27 日　第 116 册　第 721 页

14150　敬陈希望于新苏抚　《申报》　1909 年 7 月 11 日　第 101 册　第 152 页

14151　敬弛　《申报》　1916 年 6 月 14 日　第 140 册　第 686 页

14152　敬答英文京津《泰晤士报》　《大公报》　1932 年 12 月 23 日　第 111 册　第 628 页

14153　敬悼陈铎士先生　《大公报》　1938 年 2 月 25 日　第 140 册　第 230 页

14154　敬悼戴故师长安澜　《中央日报》　1942 年 7 月 19 日　第 46 册　第 436 页

14155　敬悼古贺元帅　《申报》　1944 年 5 月 6 日　第 385 册　第 439 页

14156　敬悼胡展堂先生　《中央日报》　1936 年 5 月 13 日　第 34 册　第 509 页

14157　敬悼季鸾先生　《大公报》　1941 年 9 月 8 日　第 147 册　第 256 页

14158　敬悼林主席　《中央日报》　1943 年 8 月 2 日　第 48 册　第 472 页

14159　敬悼林主席　《大公报》　1943 年 8 月 2 日　第 151 册　第 148 页

14160　敬悼罗斯福总统　《大公报》　1945 年 4 月 14 日　第 154 册　第 440 页

14161　敬悼马相伯先生　《中央日报》　1939 年 11 月 6 日　第 42 册　第 720 页

14162　敬悼死者　谨勖生人　《大公报》　1928 年 8 月 1 日　第 85 册　第 312 页

14163　敬悼淞沪抗日阵亡诸烈士　《大公报》　1932 年 5 月 28 日　第 108 册　第 274 页

14164　敬悼绥战殉国军民　《大公报》　1937 年 3 月 15 日　第 137 册　第 200 页

14165　敬悼汪主席　《申报》　1944 年 11 月 13 日　第 386 册　第 439 页

14166　敬悼西安死难诸烈士　《中央日报》　1936 年 12 月 20 日　第 36 册　第 981 页

14167　敬悼叶楚伧先生　《中央日报》　1946 年 2 月 16 日　第 52 册　第 470 页

14168　敬悼一代宗师李登辉先生/章寒梅（星期论文）　《申报》　1947 年 12 月 21 日　第 395 册　第 816 页

14169　敬悼张故上将　《中央日报》　1940 年 7 月 9 日　第 43 册　第 704 页

14170　敬悼张荫麟先生/张其昀（代评）　《大公报》　1942 年 10 月 27 日　第 149 册　第 518 页

14171　敬告爱国青年　《大公报》　1928 年 5 月 13 日　第 84 册　第 121 页

14172　敬告办理救济战地难民机关/彬　《申报》　1932 年 2 月 13 日　第 290 册
　　　　第 691 页

14173　敬告办学官绅：为扬州冒充学生事　《申报》　1906 年 2 月 24 日　第 82
　　　　册　第 377 页

14174　敬告北方党员　《中央日报》　1930 年 7 月 13 日　第 11 册　第 139 页

14175　敬告北京的伙伴们（言论）　《民国日报》　1925 年 7 月 22 日　第 58 册
　　　　第 213 页

14176　敬告本届国联大会　《申报》　1934 年 9 月 12 日　第 320 册　第 365 页

14177　敬告藏族僧民代表　《中央日报》　1938 年 11 月 28 日　第 41 册　第
　　　　324 页

14178　敬告筹备续开之国会　《民国日报》　1920 年 5 月 10 日　第 27 册　第
　　　　114 页

14179　敬告当道之反对改革官制者　《申报》　1906 年 10 月 29 日　第 85 册　第
　　　　239 页

14180　敬告当道之可为痛哭者六　《申报》　1907 年 3 月 7 日　第 87 册　第
　　　　65 页

14181　敬告当道之可为痛哭者六（续）　《申报》　1907 年 3 月 8 日　第 87 册
　　　　第 75 页

14182　敬告地方绅士　《申报》　1910 年 3 月 15 日　第 105 册　第 225 页

14183　敬告丁未年新年诸君　《申报》　1907 年 2 月 16 日　第 86 册　第 380 页

14184　敬告读者　《大公报》　1930 年 6 月 1 日　第 96 册　第 500 页

14185　敬告读者　《中央日报》　1932 年 5 月 8 日　第 18 册　第 30 页

14186　敬告妇女界　《申报》　1939 年 3 月 8 日　第 362 册　第 582 页

14187　敬告赴粤两代表（言论）　《民国日报》　1926 年 9 月 6 日　第 59 册　第
　　　　62 页

14188　敬告副总统　《申报》　1916 年 11 月 1 日　第 143 册　第 2 页

14189　敬告各埠商会诸君　《申报》　1906 年 10 月 5 日　第 85 册　第 33 页

14190　敬告各埠讨论商法草案与会诸君　《申报》　1907 年 11 月 23 日　第 91 册
　　　　第 289 页

14191　敬告各埠讨论商法草案与会诸君（续）　《申报》　1907 年 11 月 24 日
　　　　第 91 册　第 301 页

14192　敬告各省督抚　《申报》　1908 年 12 月 11 日　第 97 册　第 620 页

14193　敬告各省商办铁路公司　《申报》　1908 年 7 月 23 日　第 95 册　第
　　　　302 页

14194　敬告共产党军　《民国日报》　1946 年 1 月 24 日　第 97 册　第 95 页

14195　敬告共和国民　《申报》　1912年4月20日　第117册　第185页

14196　敬告官派留学生　《申报》　1905年2月25日　第79册　第331页

14197　敬告国会请愿代表　《申报》　1910年1月6日　第104册　第91页

14198　敬告国会选举人　《申报》　1912年12月2日　第119册　第717页

14199　敬告国会选举人续　《申报》　1912年12月3日　第119册　第729页

14200　敬告国会议员　《民国日报》　1916年7月23日　第4册　第266页

14201　敬告国会议员（续）　《民国日报》　1916年7月24日　第4册　第278页

14202　敬告国货实业家　《申报》　1932年6月19日　第293册　第394页

14203　敬告国联调查团/翰　《申报》　1932年3月14日　第291册　第83页

14204　敬告国联调查团诸君　《大公报》　1932年3月14日　第107册　第134页

14205　敬告国民　《申报》　1915年4月11日　第133册　第662页

14206　敬告国民　《民国日报》　1924年11月15日　第54册　第113页

14207　敬告国民/齐　《申报》　1932年1月31日　第290册　第623页

14208　敬告国人　《申报》　1914年9月26日　第130册　第351－352页

14209　敬告国人续　《申报》　1914年9月27日　第130册　第365页

14210　敬告国人再续　《申报》　1914年9月28日　第130册　第379页

14211　敬告和平使者国联调查团　《中央日报》　1932年4月1日　第17册　第481页

14212　敬告后方民众　《申报》（汉口版）　1938年5月23日　第356册　第261页

14213　敬告后方民众　《申报》（香港版）　1938年5月27日　第356册　第749页

14214　敬告后方民众及侨胞　《申报》（香港版）　1938年6月10日　第356册　第805页

14215　敬告后方同胞　《申报》　1937年8月18日　第355册　第290页

14216　敬告湖南人（上）　《民国日报》　1924年5月18日　第51册　第206页

14217　敬告湖南人（下）　《民国日报》　1924年5月19日　第51册　第218页

14218　敬告会议禁烟者　《申报》　1911年3月17日　第111册　第258页

14219　敬告江北各团体　《申报》　1912年5月6日　第117册　第341页

14220　敬告江苏常驻议员　《申报》　1910年1月12日　第104册　第199页

14221　敬告江苏初选当选人　《申报》　1909年4月26日　第99册　第807页

14222　敬告江苏资本家　《申报》　1907年11月13日　第91册　第160页

14223   敬告教育家诸君：为年假事   《申报》   1906 年 12 月 18 日   第 85 册   第 691 页

14224   敬告教育界   《申报》   1933 年 4 月 28 日   第 303 册   第 750 页

14225   敬告今年的大学毕业生   《申报》   1932 年 7 月 19 日   第 294 册   第 467 页

14226   敬告今日东渡留学诸君   《申报》   1905 年 8 月 31 日   第 80 册   第 1027 页

14227   敬告今日提倡国民捐者   《申报》   1912 年 6 月 3 日   第 117 册   第 619 页

14228   敬告今日之同胞   《申报》   1906 年 9 月 20 日   第 84 册   第 795 页

14229   敬告今日之为学生者   《申报》   1905 年 11 月 21 日   第 81 册   第 693 页

14230   敬告今日之政党   《申报》   1912 年 5 月 7 日   第 117 册   第 351 页

14231   敬告今日之政党续   《申报》   1912 年 5 月 8 日   第 117 册   第 361 页

14232   敬告今之就地练兵者   《申报》   1912 年 1 月 22 日   第 116 册   第 244 页

14233   敬告今之手？兵符者   《申报》   1912 年 3 月 30 日   第 116 册   第 747 页

14234   敬告今之提倡国民捐者   《申报》   1912 年 5 月 21 日   第 117 册   第 491 页

14235   敬告今之主持财政者   《申报》   1912 年 5 月 10 日   第 117 册   第 381 页

14236   敬告今之组织海路军专部者   《申报》   1912 年 3 月 17 日   第 116 册   第 635 页

14237   敬告军阀毋为第四次内乱者（言论）   《民国日报》   1926 年 9 月 8 日   第 65 册   第 72 页

14238   敬告军人   《申报》   1912 年 5 月 31 日   第 117 册   第 589 页

14239   敬告军人   《申报》   1923 年 4 月 5 日   第 190 册   第 87 页

14240   敬告军人（外论）/郑楚庭   《民国日报》   1919 年 10 月 11 日   第 23 册   第 486 页

14241   敬告军政府   《申报》   1911 年 11 月 11 日   第 115 册   第 155 页

14242   敬告旅沪日人   《民国日报》   1919 年 6 月 8 日   第 21 册   第 458 页

14243   敬告罗斯福总统   《大公报》   1941 年 9 月 12 日   第 147 册   第 272 页

14244   敬告美"孤立派"人士   《申报》（汉口版）   1938 年 2 月 11 日   第 356 册   第 55 页

14245   敬告民众   《申报》   1926 年 3 月 22 日   第 221 册   第 470 页

14246   敬告女同胞   《申报》   1944 年 5 月 18 日   第 385 册   第 479 页

14247   敬告青年   《申报》   1931 年 9 月 27 日   第 286 册   第 741 页

14248   敬告全国的市民诸君   《民国日报》   1920 年 2 月 12 日   第 25 册   第 512 页

14249 敬告劝学所 《申报》 1910 年 2 月 25 日 第 104 册 第 860 页

14250 敬告日本的"中国通"与中国的"日本通" 《申报》 1943 年 2 月 12 日 第 383 册 第 274 页

14251 敬告日本经济考察团 《申报》 1937 年 3 月 13 日 第 350 册 第 303 页

14252 敬告日本有吉公使 《中央日报》 1932 年 9 月 7 日 第 19 册 第 298 页

14253 敬告上海商人 《申报》 1924 年 7 月 11 日 第 204 册 第 238 页

14254 敬告上海市民 《申报》 1944 年 12 月 20 日 第 386 册 第 557 页

14255 敬告上海市民/罗君强（星期评论） 《申报》 1945 年 8 月 12 日 第 387 册 第 543 页

14256 敬告上海总商会会员 《民国日报》 1919 年 7 月 25 日 第 22 册 第 290 页

14257 敬告市民再忍耐七天 《民国日报》 1931 年 10 月 7 日 第 94 册 第 461 页

14258 敬告苏省新征兵士 《申报》 1906 年 6 月 6 日 第 83 册 第 647 页

14259 敬告苏议会不卖票议员 《民国日报》 1917 年 3 月 25 日 第 8 册 第 274 页

14260 敬告苏州拒款会 《申报》 1907 年 11 月 5 日 第 91 册 第 53 页

14261 敬告苏属新议员 《申报》 1909 年 5 月 19 日 第 100 册 第 254 页

14262 敬告太平洋会议代表 《申报》 1921 年 10 月 2 日 第 174 册 第 27 页

14263 敬告太平洋学会 《中央日报》 1942 年 12 月 8 日 第 47 册 第 238 页

14264 敬告天津大公报 《民国日报》 1931 年 10 月 5 日 第 94 册 第 437 页

14265 敬告铁尚书 《申报》 1907 年 9 月 16 日 第 90 册 第 181 页

14266 敬告同胞文 《申报》 1911 年 11 月 20 日 第 115 册 第 285 页

14267 敬告推检官 《申报》 1911 年 2 月 16 日 第 110 册 第 645 页

14268 敬告为盛宣怀出力运动者 《申报》 1905 年 11 月 19 日 第 81 册 第 677 页

14269 敬告畏死之大吏 《申报》 1907 年 8 月 17 日 第 89 册 第 569 页

14270 敬告我江苏人 《申报》 1906 年 1 月 30 日 第 82 册 第 177 页

14271 敬告我新国民 《申报》 1911 年 11 月 27 日 第 115 册 第 383 页

14272 敬告握有警察权诸公 《申报》 1910 年 3 月 10 日 第 105 册 第 145 页

14273 敬告吾国织袜业之同胞/陈兆龙 《申报》 1915 年 5 月 2 日 第 134 册 第 17 页

14274 敬告宪政编查馆 《申报》 1910 年 6 月 6 日 第 106 册 第 584 页

14275 敬告新阁员 《申报》 1912 年 4 月 13 日 第 117 册 第 117 页

14276 敬告新国民 《申报》 1911 年 11 月 8 日 第 115 册 第 111 页

14277 敬告新进人员 《申报》 1910 年 8 月 14 日 第 107 册 第 725 页

14278　敬告新内阁总协理大臣　《申报》　1911 年 5 月 16 日　第 112 册　第 249 页

14279　敬告新任沪道　《申报》　1906 年 3 月 5 日　第 82 册　第 457 页

14280　敬告新任沪道文　《申报》　1907 年 11 月 25 日　第 91 册　第 315 页

14281　敬告新苏抚　《申报》　1906 年 2 月 21 日　第 82 册　第 353 页

14282　敬告选举人　《申报》　1912 年 9 月 6 日　第 118 册　第 671 页

14283　敬告选举人续　《申报》　1912 年 9 月 7 日　第 118 册　第 681 页

14284　敬告学界　《申报》　1919 年 8 月 26 日　第 159 册　第 943 页

14285　敬告学生诸君　《民国日报》　1930 年 9 月 6 日　第 88 册　第 72 页

14286　敬告学术工作谘询处与铨叙部　《申报》　1934 年 10 月 28 日　第 321 册　第 844 页

14287　敬告议员　《申报》　1916 年 7 月 23 日　第 141 册　第 352 页

14288　敬告印度朋友　《大公报》　1942 年 4 月 14 日　第 148 册　第 446 页

14289　敬告英国政府与人民　《中央日报》　1940 年 7 月 15 日　第 43 册　第 728 页

14290　敬告与劝业会有关系者　《申报》　1910 年 6 月 10 日　第 106 册　第 650 页

14291　敬告在宁诸将士书　《申报》　1911 年 12 月 14 日　第 115 册　第 622 页

14292　敬告中国化学会　《中央日报》　1938 年 9 月 19 日　第 41 册　第 20 页

14293　敬告中日爱国之士/□韶昌（星期评论）　《申报》　1944 年 9 月 17 日　第 386 册　第 255 页

14294　敬告中小学教师　《申报》　1931 年 9 月 10 日　第 286 册　第 266 页

14295　敬告咨议局选举之投票管理员监察员　《申报》　1909 年 3 月 19 日　第 99 册　第 259 页

14296　敬告咨议局之选举人及被选举人　《申报》　1909 年 3 月 20 日　第 99 册　第 273 页

14297　敬告资本家　《申报》　1909 年 6 月 10 日　第 100 册　第 569 页

14298　敬告资政院与咨议局议员　《申报》　1911 年 10 月 9 日　第 114 册　第 669 页

14299　敬告总商会（言论）　《民国日报》　1925 年 6 月 21 日　第 57 册　第 633 页

14300　敬告总统离粤后同志　《民国日报》　1922 年 8 月 12 日　第 40 册　第 576 页

14301　敬贺美国国庆　《大公报》　1945 年 7 月 4 日　第 155 册　第 16 页

14302　敬谨奉安总理　《民国日报》　1929 年 5 月 31 日　第 80 册　第 497 页

14303　敬聆蒋委员长的报告　《大公报》　1938 年 12 月 28 日　第 141 册　第

556 页

14304 敬勉教师与师范生 《中央日报》 1943 年 8 月 30 日 第 48 册 第 590 页

14305 敬求读者捐款助学 《申报》 1944 年 1 月 11 日 第 385 册 第 41 页

14306 敬劝苏浙同人入苏杭甬路股书 《申报》 1907 年 11 月 7 日 第 91 册 第 77 页

14307 敬书本日译记上谕切责蒋侍卿奏请崇俭后 《申报》 1902 年 3 月 15 日 第 70 册 第 403 页

14308 敬书初三日戒烟上谕后 《申报》 1906 年 9 月 24 日 第 84 册 第 833 页

14309 敬书平定涡阳土匪上谕后 《申报》 1899 年 2 月 5 日 第 61 册 第 211 页

14310 敬书三月十五日上谕后 《申报》 1903 年 4 月 15 日 第 73 册 第 623 页

14311 敬为河北民众请命 《大公报》 1929 年 9 月 5 日 第 92 册 第 68 页

14312 敬慰问蒋委员长及全军将士 《大公报》 1937 年 12 月 12 日 第 139 册 第 705 页

14313 敬献给罗邱会谈 《大公报》 1943 年 5 月 17 日 第 150 册 第 608 页

14314 敬谢罗斯福总统并祝太平洋战场早日结束守势展开攻势 《中央日报》 1943 年 1 月 10 日 第 47 册 第 442 页

14315 敬谢全世界同情中国的宗教家 《大公报》 1937 年 12 月 25 日 第 139 册 第 758 页

14316 敬谢“弱小”诸友邦 《大公报》 1932 年 3 月 6 日 第 107 册 第 54 页

14317 敬行美国国会 《中央日报》 1939 年 1 月 14 日 第 41 册 第 548 页

14318 敬勖入缅国军 《中央日报》 1942 年 3 月 1 日 第 45 册 第 880 页

14319 敬勖苏联 《中央日报》 1941 年 10 月 14 日 第 45 册 第 316 页

14320 敬质罗斯福总统 《大公报》 1941 年 7 月 26 日 第 147 册 第 102 页

14321 敬致法兰西人民：为国民政府宣布对维琪绝交事 《大公报》 1943 年 8 月 2 日 第 151 册 第 149 页

14322 敬致美国民众 《中央日报》 1941 年 5 月 13 日 第 44 册 第 824 页

14323 敬致谢意！ 《大公报》 1938 年 6 月 20 日 第 140 册 第 758 页

14324 敬注十一日上谕 《申报》 1909 年 6 月 30 日 第 100 册 第 867 页

14325 敬祝国庆双十节纪念文：独持清泪向欢颜 叮咛今日这国民 《民国日报》 1917 年 10 月 10 日 第 11 册 第 470 页

14326 敬祝沈高先生八秩大寿 《申报》 1943 年 6 月 1 日 第 384 册 第 1 页

14327 敬祝苏联国庆 《大公报》 1942 年 11 月 7 日 第 149 册 第 564 页

14328　敬祝苏联抗德三周年　《大公报》　1944 年 6 月 22 日　第 152 册　第 774 页

14329　敬祝兴登堡总统八十五岁寿辰　《中央日报》　1932 年 10 月 2 日　第 19 册　第 498 页

14330　敬祝中法比瑞友谊的进步　《中央日报》　1939 年 3 月 27 日　第 41 册　第 980 页

14331　敬祝中法两国的亲睦　《中央日报》　1939 年 3 月 10 日　第 41 册　第 878 页

14332　敬祝中土邦交亲善　《中央日报》　1939 年 12 月 27 日　第 42 册　第 924 页

14333　靖地方议　《申报》　1899 年 9 月 11 日　第 63 册　第 73 页

14334　靖乱之民气　《民国日报》　1917 年 5 月 21 日　第 9 册　第 242 页

14335　靖内变说　《申报》　1895 年 11 月 10 日　第 51 册　第 461 页

14336　靖内说　《申报》　1894 年 10 月 12 日　第 48 册　第 259 页

14337　靖逆策　《申报》　1900 年 10 月 22 日　第 66 册　第 301 页

14338　靖枭策　《申报》　1900 年 4 月 14 日　第 64 册　第 643 页

14339　靖枭宜筹善法论　《申报》　1900 年 3 月 18 日　第 64 册　第 439 页

14340　靖盐枭说　《申报》　1900 年 2 月 7 日　第 64 册　第 187 页

14341　靖谣言说　《申报》　1900 年 2 月 5 日　第 64 册　第 177 页

14342　境地困难　《申报》　1926 年 11 月 20 日　第 229 册　第 459 页

14343　静安寺游记　《申报》　1886 年 8 月 10 日　第 29 册　第 245 页

14344　静待与稍纵　《申报》　1928 年 1 月 6 日　第 242 册　第 104 页

14345　静观苏联　《申报》　1940 年 5 月 26 日　第 370 册　第 330 页

14346　静观稳定外汇方案之实施　《申报》　1941 年 7 月 12 日　第 376 册　第 898 页

14347　静观主义　《申报》　1921 年 6 月 24 日　第 170 册　第 950 页

14348　静气与负气　《申报》　1919 年 3 月 8 日　第 157 册　第 114 页

14349　静以观之　《申报》　1929 年 1 月 22 日　第 254 册　第 574 页

14350　纠缠　《申报》　1921 年 5 月 12 日　第 170 册　第 199 页

14351　纠缠　《申报》　1926 年 2 月 20 日　第 220 册　第 917 页

14352　纠葛　《申报》　1916 年 12 月 9 日　第 143 册　第 702 页

14353　纠合西人以开中国诸矿说　《申报》　1898 年 11 月 15 日　第 60 册　第 543 页

14354　纠谬篇　《申报》　1896 年 10 月 3 日　第 54 册　第 201 页

14355　纠正安德森氏的谬误　《民国日报》　1921 年 7 月 18 日　第 34 册　第 240 页

557 页

14438　旧金山会议与近东问题　《申报》　1945 年 5 月 1 日　第 387 册　第 317 页

14439　旧历年节感言（专论）/胡朴安　《民国日报》　1947 年 1 月 25 日　第 99 册　第 663 页

14440　旧历习惯应当废除（专论）/胡朴安　《民国日报》　1946 年 2 月 2 日　第 97 册　第 129 页

14441　旧历之势力　《大公报》　1929 年 2 月 11 日　第 88 册　第 632 页

14442　旧人与旧法　《申报》　1914 年 6 月 15 日　第 128 册　第 718 页

14443　旧商会之撤废与改组　《大公报》　1929 年 3 月 30 日　第 89 册　第 468 页

14444　旧事翻新论　《申报》　1883 年 2 月 19 日　第 22 册　第 225 页

14445　旧事重提/英 C. W. MASON（星期论文）　《大公报》　1946 年 6 月 2 日　第 156 册　第 608 页

14446　旧学堂贡生员宜另开学堂说　《申报》　1905 年 11 月 28 日　第 81 册　第 753 页

14447　旧议员之互揭　《申报》　1920 年 4 月 14 日　第 163 册　第 811 页

14448　旧有势力之末路　《申报》　1923 年 2 月 22 日　第 188 册　第 908 页

14449　旧欤新欤　《申报》　1914 年 6 月 14 日　第 128 册　第 702 页

14450　旧与新　《申报》　1925 年 10 月 2 日　第 217 册　第 24 页

14451　旧账与纠葛　《申报》　1924 年 8 月 7 日　第 205 册　第 144 页

14452　旧状态　《申报》　1920 年 11 月 14 日　第 167 册　第 235 页

14453　救　《申报》　1926 年 9 月 7 日　第 227 册　第 168 页

14454　救弊说　《申报》　1889 年 10 月 15 日　第 35 册　第 659 页

14455　救东三省辟伪独立！　《大公报》　1931 年 12 月 10 日　第 105 册　第 310 页

14456　救斗说　《申报》　1883 年 9 月 2 日　第 23 册　第 381 页

14457　救俄灾的正道　《民国日报》　1922 年 2 月 28 日　第 37 册　第 698 页

14458　救服生烟务宜从速论　《申报》　1893 年 6 月 1 日　第 44 册　第 223 页

14459　救丐与恤贫　《申报》　1936 年 3 月 19 日　第 338 册　第 472 页

14460　救国……救代表　《民国日报》　1920 年 3 月 25 日　第 26 册　第 336 页

14461　救国储金　《申报》　1915 年 5 月 25 日　第 134 册　第 406 页

14462　救国的根本责任：福建事件的感想　《民国日报》　1919 年 11 月 19 日　第 24 册　第 218 页

14463　救国方案的分别　《民国日报》　1922 年 9 月 18 日　第 41 册　第 234 页

14464　救国根本在政治　《大公报》　1936 年 7 月 28 日　第 133 册　第 392 页

14465　救国乎？改革乎？　《中央日报》　1948 年 12 月 29 日　第 60 册　第

874 页

14546　救教育是"人"的运动　《民国日报》　1921 年 6 月 5 日　第 33 册　第 494 页

14547　救救东印百万华侨！　《申报》　1946 年 6 月 10 日　第 389 册　第 82 页

14548　救救孩子！　《大公报》　1938 年 3 月 10 日　第 140 册　第 290 页

14549　救救苦学生　《申报》　1944 年 7 月 26 日　第 386 册　第 87 页

14550　救救文化救救民主！：为纸类进口向政府请命　《大公报》　1947 年 2 月 27 日　第 159 册　第 416 页

14551　救救中学生/陈衡哲（星期论文）　《大公报》　1935 年 9 月 22 日　第 128 册　第 304 页

14552　救农　《申报》　1932 年 10 月 15 日　第 297 册　第 361 页

14553　救农为救亡之第一步　《大公报》　1932 年 10 月 2 日　第 110 册　第 376 页

14554　救贫策　《申报》　1920 年 12 月 14 日　第 167 册　第 749 页

14555　救侨之积极面　《大公报》　1942 年 8 月 1 日　第 149 册　第 140 页

14556　救人心裕生计　《申报》　1913 年 6 月 27 日　第 122 册　第 766 页

14557　救人与杀人　《申报》　1920 年 10 月 6 日　第 166 册　第 593 页

14558　救人自救救灾救心　《大公报》　1931 年 8 月 21 日　第 103 册　第 616 页

14559　救时策　《申报》　1900 年 7 月 26 日　第 65 册　第 621 页

14560　救时刍议 上　《申报》　1892 年 6 月 12 日　第 41 册　第 273 页

14561　救时刍议 下　《申报》　1892 年 6 月 19 日　第 41 册　第 319 页

14562　救时蠡议　《申报》　1889 年 10 月 27 日　第 35 册　第 733 页

14563　救时说　《申报》　1896 年 4 月 2 日　第 52 册　第 531 页

14564　救时四策　《申报》　1895 年 6 月 19 日　第 50 册　第 321 页

14565　救亡的唯一路线　《中央日报》　1936 年 6 月 10 日　第 34 册　第 845 页

14566　救亡急于护法　《民国日报》　1918 年 4 月 16 日　第 14 册　第 550 页

14567　救亡建国之原动力　《大公报》　1932 年 11 月 17 日　第 111 册　第 196 页

14568　救亡与训练青年/彬　《申报》　1932 年 3 月 28 日　第 291 册　第 187 页

14569　救武昌　《申报》　1911 年 12 月 1 日　第 115 册　第 439 页

14570　救乡报国：川绅奋身自效于地方自治　《中央日报》　1940 年 5 月 1 日　第 43 册　第 410 页

14571　救湘之紧急要求　《大公报》　1930 年 8 月 14 日　第 97 册　第 532 页

14572　救新加坡！　《大公报》　1942 年 2 月 13 日　第 148 册　第 186 页

14573　救恤事业与抗战　《申报》（汉口版）　1938 年 4 月 28 日　第 356 册　第 211 页

14574　救恤事业与抗战　《申报》（香港版）　1938 年 4 月 30 日　第 356 册　第

642 页

14575　救灾　《申报》　1924 年 8 月 12 日　第 205 册　第 261 页

14576　救灾　《民国日报》　1931 年 8 月 6 日　第 93 册　第 455 页

14577　救灾！　《大公报》　1946 年 6 月 14 日　第 156 册　第 656 页

14578　救灾·造灾　《大公报》　1946 年 8 月 31 日　第 157 册　第 306 页

14579　救灾办赈之今昔观　《大公报》　1935 年 8 月 7 日　第 127 册　第 540 页

14580　救灾不可开米禁　《民国日报》　1923 年 9 月 13 日　第 47 册　第 174 页

14581　救灾当务其急论　《申报》　1889 年 10 月 26 日　第 35 册　第 727 页

14582　救灾的话　《大公报》　1946 年 7 月 30 日　第 157 册　第 118 页

14583　救灾救国！　《大公报》　1931 年 9 月 21 日　第 104 册　第 244 页

14584　救灾论　《申报》　1873 年 7 月 31 日　第 3 册　第 105 页

14585　救灾如救火！　《大公报》　1931 年 8 月 31 日　第 103 册　第 736 页

14586　救灾为国民天职　《申报》　1931 年 6 月 30 日　第 283 册　第 804 页

14587　救灾新说　《申报》　1890 年 9 月 19 日　第 37 册　第 517 页

14588　救灾与调剂民食　《申报》　1920 年 9 月 14 日　第 166 册　第 221 页

14589　救灾与国庆　《申报》　1920 年 10 月 6 日　第 166 册　第 601 页

14590　救灾与农田整理：农田公有的建议（时论）/周锡三　《民国日报》　1931
　　　　年 9 月 19 日　第 94 册　第 239 页

14591　救灾与赏罚　《大公报》　1931 年 9 月 12 日　第 104 册　第 135 页

14592　救灾与统一　《申报》　1920 年 9 月 22 日　第 166 册　第 355 页

14593　救灾与统制粮食　《大公报》　1934 年 10 月 5 日　第 122 册　第 508 页

14594　救灾与整军　《大公报》　1937 年 5 月 8 日　第 138 册　第 102 页

14595　救灾与治水　《大公报》　1933 年 9 月 5 日　第 116 册　第 62 页

14596　救灾之根本问题　《中央日报》　1930 年 11 月 23 日　第 12 册　第 643 页

14597　救灾之希望　《申报》　1920 年 9 月 26 日　第 166 册　第 431 页

14598　救灾治黄不容再缓！　《大公报》　1934 年 1 月 29 日　第 118 册　第
　　　　384 页

14599　救治吞服生鸦片说　《申报》　1899 年 6 月 26 日　第 62 册　第 433 页

14600　救中国的第一步（代论）　《民国日报》　1926 年 6 月 26 日　第 63 册
　　　　第 552 页

14601　"救中国救世界"：反侵略求和平　《中央日报》　1939 年 1 月 29 日　第
　　　　41 册　第 638 页

14602　救自己！救国家！救世界！：珍珠港事变七周年感言　《申报》　1948 年 12
　　　　月 8 日　第 399 册　第 438 页

14603　就各地对日市民大会组织革命的国民政府（言论）　《民国日报》　1925
　　　　年 12 月 29 日　第 60 册　第 700 页

14604 就教育政策敬告中央教育会 《申报》 1912 年 7 月 12 日 第 118 册 第 111 页

14605 就教育政策敬告中央教育会续 《申报》 1912 年 7 月 13 日 第 118 册 第 121 页

14606 就近事窥测苏联之政策 《申报》 1939 年 10 月 27 日 第 366 册 第 786 页

14607 就旧社会伦理说明"打"字（言论） 《民国日报》 1926 年 3 月 14 日 第 62 册 第 132

14608 就列强干涉说告国民 《民国日报》 1924 年 9 月 12 日 第 53 册 第 134 页

14609 就美援论贸易 《大公报》 1948 年 2 月 27 日 第 162 册 第 340 页

14610 就美援论自助 《大公报》 1948 年 2 月 26 日 第 162 册 第 334 页

14611 就事论事 《申报》 1927 年 5 月 29 日 第 234 册 第 566 页

14612 就事论事 《申报》 1928 年 11 月 30 日 第 252 册 第 838 页

14613 就事论事 《中央日报》 1929 年 2 月 26 日 第 5 册 第 63 页

14614 就"孙陈复合说"证明"孙曹，联合说"的谬妄 《民国日报》 1923 年 7 月 8 日 第 46 册 第 100 页

14615 就月余来的经过论新外汇办法 《大公报》 1947 年 10 月 5 日 第 161 册 第 208 页

14616 就职 《申报》 1918 年 9 月 15 日 第 154 册 第 241 页

14617 就职不就职 《申报》 1918 年 9 月 27 日 第 154 册 第 436 页

14618 就中国现世论铁道国有之不能实行 《申报》 1908 年 5 月 28 日 第 94 册 第 354 页

14619 就中国现势论铁道国有之不能实行（续） 《申报》 1908 年 5 月 29 日 第 94 册 第 368 页

14620 居里博士再度来华 《中央日报》 1942 年 7 月 22 日 第 46 册 第 456 页

14621 居里来华 《中央日报》 1941 年 2 月 7 日 第 44 册 第 416 页

14622 居停与寓客互为强弱论 《申报》 1883 年 8 月 29 日 第 23 册 第 357 页

14623 狙公自愚之今日 《申报》 1926 年 7 月 6 日 第 225 册 第 131 页

14624 驹井德三辞职 《申报》 1932 年 7 月 30 日 第 294 册 第 723 页

14625 鞠躬 《申报》 1920 年 12 月 14 日 第 167 册 第 762 页

14626 局部 《申报》 1918 年 2 月 1 日 第 150 册 第 434 页

14627 局部撤退与决战的准备（译论） 《申报》 1943 年 2 月 24 日 第 383 册 第 370 页

14628　局部问题　《申报》　1920 年 6 月 5 日　第 164 册　第 633 页

14629　局部之上海　《申报》　1925 年 2 月 4 日　第 209 册　第 511 页

14630　局骗客谈　《申报》　1888 年 10 月 6 日　第 33 册　第 643 页

14631　局势　《申报》　1926 年 9 月 19 日　第 227 册　第 468 页

14632　局势的演变：敬告司徒雷登大使　《中央日报》　1946 年 7 月 20 日　第 53
册　第 426 页

14633　局外　《申报》　1925 年 10 月 27 日　第 217 册　第 570 页

14634　局外人论中俄事　《申报》　1880 年 4 月 15 日　第 16 册　第 397 页

14635　局外之眼光　《申报》　1927 年 4 月 13 日　第 233 册　第 240 页

14636　局外中立国严禁战货论　《申报》　1904 年 4 月 16 日　第 76 册　第
617 页

14637　菊部卮言　《申报》　1887 年 7 月 18 日　第 31 册　第 107 页

14638　菊会筹赈记　《申报》　1887 年 11 月 22 日　第 31 册　第 933 页

14639　菊径新论　《申报》　1886 年 11 月 6 日　第 29 册　第 789 页

14640　菊谈　《申报》　1890 年 10 月 25 日　第 37 册　第 743 页

14641　举办地政　《申报》　1936 年 5 月 13 日　第 340 册　第 306 页

14642　举办农贷的具体问题　《申报》　1945 年 4 月 28 日　第 387 册　第 309 页

14643　举办农业仓库　《中央日报》　1936 年 9 月 19 日　第 35 册　第 967 页

14644　举办团练宜先除不肖绅董说　《申报》　1899 年 1 月 18 日　第 61 册　第
103 页

14645　举办中日文化奖金　《申报》　1942 年 12 月 22 日　第 382 册　第 562 页

14646　举措不定　《申报》　1917 年 5 月 1 日　第 146 册　第 2 页

14647　举国腾欢祝大捷　《中央日报》　1939 年 10 月 7 日　第 42 册　第 596 页

14648　举国一致建设新四川　《申报》　1946 年 5 月 2 日　第 388 册　第 708 页

14649　举起反侵略的旗帜来　《中央日报》　1941 年 7 月 7 日　第 44 册　第
1064 页

14650　举世欢腾·敌寇惶恐　《中央日报》　1944 年 11 月 11 日　第 50 册　第
324 页

14651　举世瞩目之盟国战略：为罗邱五次会谈再进一言　《中央日报》　1943 年 5
月 17 日　第 48 册　第 98 页

14652　举世瞩目之日本临时会议　《中央日报》　1932 年 8 月 26 日　第 19 册
第 202 页

14653　举世注目的义国总选举　《大公报》　1948 年 4 月 20 日　第 162 册　第
664 页

14654　举行亩捐论　《申报》　1901 年 9 月 10 日　第 69 册　第 55 页

14655　举一近例　《民国日报》　1946 年 8 月 25 日　第 98 册　第 516 页

14656 巨舰大炮政策的复活 　《申报》 　1937 年 3 月 31 日 　第 350 册 　第 739 页

14657 拒毒为救亡大计之一 　《大公报》 　1932 年 5 月 11 日 　第 108 册 　第 104 页

14658 拒毒与纵毒 　《中央日报》 　1930 年 6 月 3 日 　第 10 册 　第 771 页

14659 拒毒运动 　《大公报》 　1927 年 10 月 5 日 　第 81 册 　第 33 页

14660 拒毒运动 　《中央日报》 　1930 年 10 月 1 日 　第 12 册 　第 3 页

14661 拒毒运动之紧急工作 　《大公报》 　1930 年 11 月 27 日 　第 99 册 　第 316 页

14662 拒顾问题之感言 　《大公报》 　1932 年 4 月 14 日 　第 107 册 　第 444 页

14663 拒虎勿进狼 　《申报》 　1928 年 10 月 28 日 　第 251 册 　第 749 页

14664 拒绝非法公债 　《民国日报》 　1919 年 9 月 9 日 　第 23 册 　第 98 页

14665 拒绝王揖唐：谁令王来充代表者 　《民国日报》 　1919 年 8 月 17 日 　第 22 册 　第 530 页

14666 拒绝言和 　《申报》 　1918 年 4 月 26 日 　第 151 册 　第 876 页

14667 拒款必先除段（短论） 　《民国日报》 　1917 年 11 月 8 日 　第 12 册 　第 86 页

14668 拒款惩奸精神在哪里 　《民国日报》 　1922 年 12 月 4 日 　第 42 册 　第 448 页

14669 拒药与闹粮 　《民国日报》 　1918 年 8 月 21 日 　第 16 册 　第 590 页

14670 拒意篇 　《申报》 　1899 年 7 月 9 日 　第 62 册 　第 529 页

14671 拒用轻质铜元的供献 　《民国日报》 　1922 年 5 月 25 日 　第 39 册 　第 326 页

14672 具体办法 　《申报》 　1924 年 11 月 10 日 　第 207 册 　第 155 页

14673 剧战之期 　《申报》 　1926 年 7 月 28 日 　第 225 册 　第 682 页

14674 剧转中之经济轮回：世界军备竞争所造之因果 　《中央日报》 　1937 年 4 月 2 日 　第 38 册 　第 391 页

14675 据签！补签！不补签！ 　《民国日报》 　1919 年 7 月 21 日 　第 22 册 　第 242 页

14676 聚精会神之上海 　《申报》 　1911 年 12 月 17 日 　第 115 册 　第 664 页

14677 聚众与非聚众 　《申报》 　1914 年 7 月 12 日 　第 129 册 　第 178 页

14678 捐班议长 　《申报》 　1921 年 10 月 15 日 　第 174 册 　第 329 页

14679 "捐不官法"与"捐官法" 　《民国日报》 　1924 年 4 月 29 日 　第 50 册 　第 730 页

14680 捐款救灾！ 　《申报》 　1947 年 8 月 15 日 　第 394 册 　第 452 页

14681 捐款劳军 　《申报》 　1947 年 7 月 11 日 　第 394 册 　第 102 页

14682 捐款献金与战时经济 　《申报》 　1939 年 12 月 5 日 　第 367 册 　第 460 页

14683　捐款尊师抢救教育：教育界之自救救国当不让工界专美于前　《申报》
1948年12月7日　第399册　第432页

14684　捐厘与捐官均可当行论　《申报》　1885年9月22日　第27册　第
509页

14685　捐廉俸以助考费说　《申报》　1882年10月10日　第21册　第607页

14686　捐僧道议　《申报》　1902年12月12日　第72册　第719页

14687　捐输可改借贷说　《申报》　1878年8月10日　第13册　第141页

14688　捐衣救灾及时努力！　《大公报》　1931年9月8日　第104册　第87页

14689　捐赈与办赈　《大公报》　1931年9月6日　第104册　第63页

14690　捐助游民劳动营　《申报》　1944年6月19日　第385册　第591页

14691　卷土重来　《申报》　1926年4月30日　第222册　第664页

14692　眷念北方同胞　《民国日报》　1945年11月5日　第96册　第253页

14693　眷念收复区同胞　《民国日报》　1945年11月9日　第96册　第261页

14694　决不参加会外讨论中国问题　《申报》　1947年3月16日　第392册　第
786页

14695　决不让敌喘息！　《中央日报》　1942年9月30日　第46册　第896页

14696　决定　《申报》　1917年2月10日　第144册　第528页

14697　决定的日子　《中央日报》　1946年6月12日　第53册　第94页

14698　决定性的胜利　《中央日报》　1945年6月23日　第51册　第134页

14699　决定战争胜负的因素　《中央日报》　1944年3月11日　第49册　第
318页

14700　决断　《申报》　1916年5月6日　第140册　第76页

14701　决断　《申报》　1917年2月22日　第144册　第732页

14702　决断　《申报》　1927年10月23日　第239册　第485页

14703　决口　《申报》　1917年10月2日　第148册　第524页

14704　决裂后之两悬断：胜负与祸福　《民国日报》　1917年10月19日　第11
册　第578页

14705　决裂与结果　《民国日报》　1920年7月10日　第28册　第128页

14706　决难成立之外债　《民国日报》　1916年2月26日　第1册　第360页

14707　决难成立之外债（续）　《民国日报》　1916年2月27日　第1册　第
372页

14708　决胜　《申报》　1927年11月9日　第240册　第185页

14709　决无不同　《申报》　1929年1月14日　第254册　第344页

14710　决心　《申报》　1915年3月7日　第133册　第98页

14711　决心　《申报》　1916年12月10日　第143册　第720页

14712　决心　《申报》　1916年5月11日　第140册　第156页

14713   决心   《申报》   1917年7月25日   第147册   第422页

14714   决心吃苦   《申报》   1944年4月3日   第385册   第329页

14715   决心与铁腕   《中央日报》   1948年9月9日   第60册   第64页

14716   决心与勇气   《申报》   1915年5月4日   第134册   第54页

14717   决心与政策   《大公报》   1934年4月24日   第119册   第780页

14718   决一胜负   《申报》   1918年2月16日   第150册   第549页

14719   决议案贵在实行：在二中全会闭幕时讲/胡汉民   《民国日报》   1929年6月21日   第80册   第823页

14720   决议与宣言之价值   《中央日报》   1941年4月10日   第44册   第682页

14721   决战   《申报》   1917年7月6日   第147册   第90页

14722   决战   《申报》   1920年7月17日   第165册   第295页

14723   决战的前夕   《申报》   1944年10月16日   第386册   第347页

14724   决战阶段即将开始   《申报》   1943年5月24日   第383册   第943页

14725   决战日本的剖视   《申报》   1944年10月6日   第386册   第315页

14726   决战日本的再认识/白松（星期评论）   《申报》   1945年7月22日   第387册   第501页

14727   决战生活的实践   《申报》   1943年7月17日   第384册   第245页

14728   决战下的科学研究（译论）   《申报》   1943年3月7日   第383册   第458页

14729   决战宣传   《申报》   1944年12月30日   第386册   第587页

14730   决战议会/阚光泽（星期评论）   《申报》   1944年9月24日   第386册   第277页

14731   决战在目前   《申报》   1944年1月14日   第385册   第53页

14732   决战政治   《申报》   1944年9月22日   第386册   第271页

14733   决战之点在闽南   《申报》   1924年4月15日   第201册   第305页

14734   决战之预测   《申报》   1924年9月26日   第206册   第434页

14735   决战准备期的国际形势   《申报》   1943年2月4日   第383册   第250页

14736   绝不忽视日寇！   《中央日报》   1943年7月29日   第48册   第454页

14737   绝德后之忠告   《民国日报》   1917年3月16日   第8册   第166页

14738   绝对的爱国主义/张君劢（星期论文）   《大公报》   1938年1月26日   第140册   第104页

14739   绝对反对保留天皇/日本民主委员会（星期论文）   《大公报》   1945年8月12日   第155册   第182页

14740   绝对有效的救亡图存策   《大公报》   1935年1月15日   第124册   第

216 页

14741　绝食呼吁和平　《申报》　1931 年 11 月 5 日　第 288 册　第 108 页

14742　绝食要求　《申报》　1920 年 5 月 20 日　第 164 册　第 357 页

14743　绝望　《申报》　1922 年 4 月 19 日　第 179 册　第 381 页

14744　绝望　《申报》　1923 年 9 月 14 日　第 195 册　第 289 页

14745　绝望深渊中的日寇　《中央日报》　1944 年 9 月 6 日　第 50 册　第 24 页

14746　绝续之交　《申报》　1919 年 3 月 26 日　第 157 册　第 410 页

14747　觉书　《申报》　1915 年 3 月 1 日　第 133 册　第 2 页

14748　觉悟的进境　《民国日报》　1928 年 4 月 5 日　第 73 册　第 504 页

14749　觉悟与实际　《申报》　1926 年 3 月 14 日　第 221 册　第 292 页

14750　觉悟之辨别　《申报》　1928 年 1 月 27 日　第 242 册　第 446 页

14751　觉悟之分别　《申报》　1922 年 9 月 15 日　第 184 册　第 303 页

14752　军备竞争开始　《申报》　1933 年 3 月 15 日　第 302 册　第 421 页

14753　军备竞争与经济破产　《中央日报》　1937 年 5 月 31 日　第 39 册　第 371 页

14754　军备竞争之再度紧张　《申报》　1933 年 12 月 29 日　第 311 册　第 827 页

14755　军备竞争中之难题　《申报》　1934 年 4 月 20 日　第 315 册　第 574 页

14756　军备扩张的狂潮　《申报》　1936 年 11 月 22 日　第 346 册　第 558 页

14757　军备休战与军缩　《申报》　1931 年 11 月 4 日　第 288 册　第 81 页

14758　军备与军阀　《大公报》　1926 年 10 月 16 日　第 77 册　第 347 页

14759　军备制限的一席话　《民国日报》　1921 年 4 月 22 日　第 32 册　第 728 页

14760　军备制限的一席话　《民国日报》　1921 年 4 月 23 日　第 32 册　第 742 页

14761　军备制限的一席话　《民国日报》　1921 年 4 月 24 日　第 32 册　第 756 页

14762　军队不再内战之宣言　《申报》　1928 年 6 月 13 日　第 247 册　第 349 页

14763　军队的国家地位：研究宪草应注意之一点　《大公报》　1944 年 1 月 14 日　第 152 册　第 60 页

14764　军队的整编与统编　《中央日报》　1946 年 2 月 26 日　第 52 册　第 530 页

14765　军队动与劫　《申报》　1925 年 5 月 9 日　第 212 册　第 162 页

14766　军队复员问题　《大公报》　1945 年 9 月 5 日　第 155 册　第 288 页

14767　军队国家化　《大公报》　1946 年 1 月 26 日　第 156 册　第 104 页

14768　军队扣车问题　《大公报》　1930 年 12 月 19 日　第 99 册　第 580 页

14769　军队问题　《申报》　1925 年 2 月 26 日　第 209 册　第 934 页

14770　军队应亟谋收束　《大公报》　1928 年 6 月 16 日　第 84 册　第 461 页

14771　军队与借款　《申报》　1912 年 6 月 7 日　第 117 册　第 659 页

14772　军队与救灾　《大公报》　1931 年 8 月 10 日　第 103 册　第 484 页

14773　军队与民众　《大公报》　1933 年 3 月 22 日　第 113 册　第 298 页

14774　军队驻校问题/周君尚（星期论坛）　《申报》　1949 年 2 月 13 日　第 400 册　第 256 页

14775　军阀哀求停战声中之吾人态度　《民国日报》　1928 年 5 月 12 日　第 74 册　第 164 页

14776　军阀崩溃以后　《大公报》　1929 年 6 月 2 日　第 90 册　第 516 页

14777　军阀别寻发财法罢　《民国日报》　1922 年 10 月 8 日　第 41 册　第 508 页

14778　军阀不可与同中国　《民国日报》　1920 年 6 月 19 日　第 27 册　第 678 页

14779　军阀的游魂　《民国日报》　1920 年 11 月 28 日　第 30 册　第 380 页

14780　军阀分崩的原因　《民国日报》　1922 年 10 月 22 日　第 41 册　第 702 页

14781　军阀健在中的制宪观　《民国日报》　1923 年 7 月 30 日　第 46 册　第 408 页

14782　军阀禁锢下之片段言论（言论）　《民国日报》　1926 年 5 月 7 日　第 63 册　第 52 页

14783　军阀跑腿的内阁　《民国日报》　1922 年 12 月 7 日　第 42 册　第 484 页

14784　军阀破产　《申报》　1920 年 7 月 13 日　第 165 册　第 235 页

14785　军阀破产的动机：人民不再供给金钱　军阀倒在俄顷　《民国日报》　1919 年 9 月 8 日　第 23 册　第 86 页

14786　军阀淘汰时期　《申报》　1926 年 1 月 30 日　第 220 册　第 612 页

14787　军阀同意权　《民国日报》　1922 年 8 月 7 日　第 40 册　第 508 页

14788　军阀心中之三如何　《申报》　1925 年 3 月 21 日　第 210 册　第 386 页

14789　军阀与财阀之交构　《申报》　1922 年 2 月 18 日　第 177 册　第 752 页

14790　军阀与党阀　《大公报》　1926 年 9 月 23 日　第 77 册　第 169 页

14791　军阀与示信　《申报》　1925 年 2 月 9 日　第 209 册　第 609 页

14792　军阀与学生　《民国日报》　1920 年 12 月 20 日　第 30 册　第 690 页

14793　军阀之迷梦　《申报》　1920 年 5 月 30 日　第 164 册　第 525 页

14794　军阀之三时期　《申报》　1922 年 10 月 24 日　第 185 册　第 513 页

14795　军阀之特别权利　《中央日报》　1929 年 6 月 6 日　第 6 册　第 409 页

14796　军阀之下场　《申报》　1926 年 3 月 12 日　第 221 册　第 247 页

14797　军阀之下场　《申报》　1928 年 6 月 7 日　第 247 册　第 181 页

14798　军阀自毁　《民国日报》　1921年2月2日　第31册　第444页

14799　军费　《申报》　1916年12月29日　第143册　第1046页

14800　军费一千万　《民国日报》　1918年2月3日　第13册　第374页

14801　军费由各地方担负的怪话　《民国日报》　1921年4月29日　第32册
　　　　第826页

14802　军费与教育费　《申报》　1922年7月28日　第182册　第599页

14803　军府今日的责任　《民国日报》　1919年7月3日　第22册　第26页

14804　军府免伍职命令　《申报》　1920年4月15日　第163册　第827页

14805　军府讨徐议：和平之政法　《民国日报》　1918年10月8日　第17册
　　　　第404页

14806　军府宣徐罪状：真和平之基　《民国日报》　1918年10月31日　第17册
　　　　第680页

14807　军府与李烈钧　《申报》　1920年4月16日　第163册　第843页

14808　军贵有援论　《申报》　1884年10月17日　第25册　第625页

14809　军国下之呻吟　《大公报》　1930年3月11日　第95册　第164页

14810　军火切勿轻试说　《申报》　1886年4月25日　第28册　第641页

14811　军火宜储善地说　《申报》　1886年9月29日　第29册　第553页

14812　军火宜慎选说　《申报》　1886年1月16日　第28册　第91页

14813　军机处与责任内阁之比较　《申报》　1910年6月24日　第106册　第
　　　　883页

14814　军纪　《申报》　1926年6月3日　第224册　第50页

14815　军纪与官方　《申报》　1914年4月27日　第127册　第936页

14816　军界统一会赞成划分军政民政感言　《申报》　1912年4月22日　第117
　　　　册　第203页

14817　军界与教育　《申报》　1920年11月9日　第167册　第151页

14818　军阱　《申报》　1926年1月6日　第220册　第123页

14819　军警　《申报》　1924年8月2日　第205册　第28页

14820　军令统一与地方自治　《中央日报》　1946年1月23日　第52册　第
　　　　326页

14821　军略之胜负　《民国日报》　1916年2月18日　第1册　第264页

14822　军民分治　《申报》　1914年7月2日　第129册　第18页

14823　军民分治与督军　《申报》　1919年2月25日　第156册　第739页

14824　军民分治与整顿吏治　《大公报》　1930年10月28日　第98册　第
　　　　676页

14825　军民分治之梦　《申报》　1914年7月24日　第129册　第366页

14826　军民分治之起点　《申报》　1920年10月3日　第166册　第541页

14854　军事第一足食足兵　《大公报》　1944 年 9 月 11 日　第 153 册　第 336 页

14855　军事调处与国家主权　《中央日报》　1946 年 3 月 28 日　第 52 册　第 710 页

14856　军事抚恤行政问题　《中央日报》　1943 年 2 月 10 日　第 47 册　第 612 页

14857　军事负担要平均分配　《大公报》　1941 年 12 月 15 日　第 147 册　第 660 页

14858　军事复员会议　《民国日报》　1946 年 2 月 19 日　第 97 册　第 189 页

14859　军事合作与经济合作　《中央日报》　1945 年 6 月 8 日　第 51 册　第 44 页

14860　军事会议　《申报》　1924 年 11 月 13 日　第 207 册　第 207 页

14861　军事会议余论　《民国日报》　1917 年 4 月 16 日　第 8 册　第 538 页

14862　军事会议之命意　《申报》　1917 年 4 月 16 日　第 145 册　第 824 页

14863　军事教育与征兵制度　《申报》　1934 年 7 月 19 日　第 318 册　第 555 页

14864　军事接收中的烦闷　《大公报》　1945 年 10 月 9 日　第 155 册　第 434 页

14865　军事结合　《申报》　1926 年 6 月 4 日　第 224 册　第 72 页

14866　军事经济问题的焦点　《中央日报》　1945 年 1 月 3 日　第 50 册　第 554 页

14867　军事三计划　《申报》　1918 年 4 月 1 日　第 151 册　第 478 页

14868　军事善后　《大公报》　1929 年 6 月 24 日　第 90 册　第 868 页

14869　军事善后问题之注意点　《大公报》　1928 年 7 月 13 日　第 85 册　第 121 页

14870　军事上之根本问题　《大公报》　1928 年 11 月 8 日　第 87 册　第 85 页

14871　军事胜利后之迫切要求　《中央日报》　1930 年 9 月 22 日　第 11 册　第 1033 页

14872　军事时期之新闻政策　《大公报》　1929 年 11 月 9 日　第 93 册　第 132 页

14873　军事问题　《申报》　1919 年 4 月 13 日　第 157 册　第 703 页

14874　军事问题第一要义：注意所谓边防军之内幕　反对种种变相之段家军　《民国日报》　1919 年 4 月 11 日　第 20 册　第 492 页

14875　军事相持中应有的认识　《申报》　1940 年 5 月 6 日　第 370 册　第 62 页

14876　军事协约宣布之疑点：急望日本政府解释之　《民国日报》　1919 年 3 月 16 日　第 20 册　第 180 页

14877　军事心理学的应用　《申报》（香港版）　1938 年 7 月 18 日　第 356 册　第 957 页

14878　军事行动　《申报》　1924 年 8 月 25 日　第 205 册　第 562 页

14879　军事幼稚病　《申报》(汉口版)　1938 年 2 月 12 日　第 356 册　第 57 页

14880　军事与大局　《大公报》　1944 年 11 月 20 日　第 153 册　第 636 页

14881　军事与外交　《大公报》　1932 年 2 月 16 日　第 106 册　第 448 页

14882　军事与宣传　《申报》　1929 年 8 月 20 日　第 261 册　第 550 页

14883　军事与真实谨慎　《申报》　1927 年 3 月 3 日　第 232 册　第 49 页

14884　军事与政事　《申报》　1916 年 3 月 15 日　第 139 册　第 226 页

14885　军事与政治　《申报》　1926 年 5 月 16 日　第 223 册　第 372 页

14886　军事与政治经济　《大公报》　1930 年 3 月 26 日　第 95 册　第 404 页

14887　军事战与外交战/翰　《申报》　1932 年 2 月 17 日　第 290 册　第 713 页

14888　军事整理案实行之必要条件　《大公报》　1928 年 7 月 16 日　第 85 册
　　　　第 151 页

14889　军事政治俱待努力　《大公报》　1934 年 8 月 7 日　第 121 册　第 548 页

14890　军事之发展　《申报》　1927 年 5 月 24 日　第 234 册　第 461 页

14891　军事之整理与收束　《大公报》　1933 年 6 月 3 日　第 114 册　第 466 页

14892　军事中的经济因素　《大公报》　1947 年 12 月 24 日　第 161 册　第
　　　　694 页

14893　军事重心突移津浦线的形势　《民国日报》　1930 年 7 月 10 日　第 87 册
　　　　第 120 页

14894　军事重心在北方　《申报》　1948 年 1 月 16 日　第 396 册　第 134 页

14895　军书　《申报》　1891 年 12 月 19 日　第 39 册　第 1037 页

14896　军缩筹委会又将开幕　《申报》　1930 年 10 月 17 日　第 275 册　第
　　　　419 页

14897　军缩筹委会之悲观　《申报》　1930 年 11 月 8 日　第 276 册　第 198 页

14898　军缩会议说谎　《申报》　1932 年 7 月 26 日　第 294 册　第 629 页

14899　军缩会议之近势　《申报》　1929 年 12 月 3 日　第 265 册　第 64 页

14900　军缩会议之难关　《申报》　1929 年 11 月 23 日　第 264 册　第 623 页

14901　军缩会议之前途　《申报》　1930 年 3 月 7 日　第 268 册　第 175 页

14902　军缩会议之前途/翰　《申报》　1932 年 4 月 27 日　第 291 册　第 597 页

14903　军缩会议之展望　《申报》　1932 年 10 月 16 日　第 297 册　第 391 页

14904　军缩会之前途　《中央日报》　1933 年 10 月 6 日　第 24 册　第 52 页

14905　军缩会重开后国际外交之展望　《中央日报》　1932 年 9 月 25 日　第 19
　　　　册　第 442 页

14906　军缩前途之悲观　《申报》　1934 年 4 月 8 日　第 315 册　第 213 页

14907　军缩声中之扩张军备　《申报》　1932 年 12 月 5 日　第 299 册　第 131 页

14908　军缩特别会议之展望　《申报》　1934 年 3 月 5 日　第 314 册　第 129 页

14909　军缩与军备增费　《申报》　1931 年 3 月 1 日　第 280 册　第 10 页

14910　军缩与空军　《申报》　1930 年 4 月 6 日　第 269 册　第 148 页

14911　军缩之最近形势　《申报》　1934 年 9 月 9 日　第 320 册　第 268 页

14912　军校成立二十年纪念　《中央日报》　1944 年 6 月 16 日　第 49 册　第 742 页

14913　军校十周纪念辞　《中央日报》　1934 年 6 月 16 日　第 26 册　第 914 页

14914　军械　《申报》　1922 年 9 月 30 日　第 184 册　第 619 页

14915　军械借款　《民国日报》　1917 年 10 月 17 日　第 11 册　第 554 页

14916　军械借款之投函杂语　《民国日报》　1917 年 10 月 23 日　第 11 册　第 626 页

14917　军械说　《申报》　1890 年 7 月 28 日　第 37 册　第 175 页

14918　军械同盟大警告：段祺瑞挟日本以亡中国　《民国日报》　1918 年 4 月 9 日　第 14 册　第 466 页

14919　军械同盟大警告：日本政府非能亡中国者　《民国日报》　1918 年 4 月 10 日　第 14 册　第 478 页

14920　军械因时制宜说　《申报》　1890 年 9 月 10 日　第 37 册　第 459 页

14921　军械战舰不可自恃说　《申报》　1884 年 3 月 11 日　第 24 册　第 371 页

14922　军心正摇　《申报》　1920 年 10 月 15 日　第 166 册　第 777 页

14923　军需独立　《大公报》　1942 年 5 月 27 日　第 148 册　第 626 页

14924　军营保札遗存滋弊说　《申报》　1879 年 2 月 24 日　第 14 册　第 165 页

14925　军用内阁　《申报》　1921 年 9 月 23 日　第 173 册　第 436 页

14926　军用票如何流通　《大公报》　1930 年 5 月 19 日　第 96 册　第 291 页

14927　军用票问题（续）（代论）　《民国日报》　1926 年 5 月 4 日　第 63 册　第 22 页

14928　军用票问题（言论）　《民国日报》　1926 年 5 月 3 日　第 63 册　第 12 页

14929　军政部长何应钦辟谣　《申报》　1935 年 11 月 16 日　第 334 册　第 379 页

14930　军政府成立之必要　《民国日报》　1917 年 9 月 13 日　第 11 册　第 146 页

14931　军政府外对宣言申论　《民国日报》　1919 年 7 月 26 日　第 22 册　第 302 页

14932　军政府照会本埠钱业董事文　《申报》　1911 年 10 月 23 日　第 114 册　第 915 页

14933　军政改革之开始　《中央日报》　1945 年 3 月 1 日　第 50 册　第 792 页

14934　军政会议的使命　《申报》　1944 年 11 月 25 日　第 386 册　第 477 页

14935　军政联席会　《申报》　1918 年 6 月 18 日　第 152 册　第 754 页

14936   军政宣言以后：友邦好意之见端　愿军政府操心虑患　《民国日报》　1918
年 8 月 22 日　第 16 册　第 602 页

14937   军政之前途　《申报》　1913 年 9 月 14 日　第 124 册　第 172 页

14938   军治与变相之自治　《申报》　1920 年 11 月 28 日　第 167 册　第 479 页

14939   军治与党治　《大公报》　1929 年 6 月 23 日　第 90 册　第 852 页

14940   军中读物应如何供给？　《大公报》　1945 年 2 月 28 日　第 154 册　第
248 页

14941   君民一体论　《申报》　1888 年 6 月 27 日　第 32 册　第 1069 页

14942   君权民权释义　《申报》　1902 年 11 月 17 日　第 72 册　第 537 页

14943   君主先生古义　《申报》　1924 年 11 月 20 日　第 207 册　第 323 页

14944   君主与迷信　《申报》　1915 年 10 月 6 日　第 136 册　第 560 页

14945   君主之国民主之国军民共主之国得失利弊论　《申报》　1903 年 11 月 29
日　第 75 册　第 623 页

14946   君子小人辨　《申报》　1897 年 3 月 4 日　第 55 册　第 339 页

14947   均平·生产·互助　《大公报》　1948 年 8 月 9 日　第 163 册　第 602 页

14948   均权与统一之新机运　《大公报》　1935 年 3 月 11 日　第 125 册　第
164 页

14949   均势与孤立　《申报》　1937 年 11 月 23 日　第 355 册　第 1070 页

14950   均摊主义　《申报》　1922 年 8 月 5 日　第 183 册　第 85 页

14951   郡给谏孙汪二侍御合疏书后　《申报》　1882 年 12 月 10 日　第 21 册　第
973 页

14952   郡县宜重其权力论　《申报》　1888 年 11 月 24 日　第 33 册　第 949 页

14953   浚河刍言　《申报》　1893 年 5 月 15 日　第 44 册　第 99 页

14954   浚河客谈　《申报》　1885 年 1 月 21 日　第 26 册　第 119 页

14955   浚河宜先筹污泥出路说　《申报》　1884 年 1 月 9 日　第 24 册　第 49 页

14956   浚湖通淮说　《申报》　1878 年 3 月 19 日　第 12 册　第 241 页

14957   浚吴淞口议　《申报》　1881 年 3 月 18 日　第 18 册　第 277 页

14958   浚黄志喜说　《申报》　1887 年 8 月 11 日　第 31 册　第 255 页

K

14959   喀境矿利中国亟宜兴修说　《申报》　1879 年 3 月 12 日　第 14 册　第
221 页

14960   卡尔大使的伟大成就　《中央日报》　1942 年 1 月 18 日　第 45 册　第
710 页

14961   卡萨布兰卡之会　《大公报》　1943 年 1 月 28 日　第 150 册　第 128 页

749 页

14987　开河用机器火轮船利弊说　《申报》　1872 年 7 月 5 日　第 1 册　第 221 页

14988　开会期近之两大会议　《大公报》　1935 年 10 月 17 日　第 128 册　第 664 页

14989　开浚吴淞江议　《申报》　1883 年 3 月 24 日　第 22 册　第 389 页

14990　开浚吴淞港述闻篇　《申报》　1888 年 4 月 5 日　第 32 册　第 533 页

14991　开垦荒地说　《申报》　1887 年 3 月 27 日　第 30 册　第 477 页

14992　开矿必先察矿说　《申报》　1898 年 4 月 30 日　第 58 册　第 721 页

14993　开矿防患末议　《申报》　1879 年 9 月 22 日　第 15 册　第 333 页

14994　开矿论　《申报》　1872 年 5 月 20 日　第 1 册　第 61 页

14995　开矿论　《申报》　1900 年 3 月 20 日　第 64 册　第 451 页

14996　开矿说　《申报》　1901 年 1 月 9 日　第 67 册　第 49 页

14997　开矿宜兼筹运道论　《申报》　1882 年 12 月 19 日　第 21 册　第 1027 页

14998　开矿尤亟于筑路说　《申报》　1902 年 2 月 26 日　第 70 册　第 299 页

14999　开矿与全中国之关系　《申报》　1909 年 7 月 29 日　第 101 册　第 420 页

15000　开矿与全中国之关系（续）　《申报》　1909 年 7 月 30 日　第 101 册　第 434 页

15001　开滦矿工全体罢工　《民国日报》　1921 年 5 月 14 日　第 33 册　第 182 页

15002　开滦矿与北宁路之斗争　《大公报》　1931 年 3 月 27 日　第 101 册　第 316 页

15003　开滦永利两件工潮之对照　《大公报》　1929 年 5 月 28 日　第 90 册　第 436 页

15004　开罗会议的伟大成功：中美英三国领袖议定对日本的处分　《大公报》　1943 年 12 月 3 日　第 151 册　第 690 页

15005　开煤矿须请求泄气引气说　《申报》　1875 年 12 月 25 日　第 7 册　第 609 页

15006　开明民族政策的重申　《申报》　1946 年 3 月 21 日　第 388 册　第 432 页

15007　开明外交政策的重申　《申报》　1947 年 3 月 18 日　第 392 册　第 806 页

15008　开幕中之远东运动会　《大公报》　1927 年 8 月 29 日　第 80 册　第 473 页

15009　开女科议　《申报》　1903 年 7 月 22 日　第 74 册　第 573 页

15010　开辟和平建国的途径　《中央日报》　1946 年 3 月 21 日　第 52 册　第 668 页

15011　开劝工场议　《申报》　1902 年 1 月 20 日　第 70 册　第 115 页

324 页

15041　看到政治的新作风　《大公报》　1945 年 1 月 2 日　第 154 册　第 8 页

15042　看德军的"夏季攻势"　《大公报》　1943 年 7 月 10 日　第 151 册　第 42 页

15043　看吉田内阁的本质　《申报》　1948 年 10 月 19 日　第 399 册　第 130 页

15044　看接财神时的哀感（言论）　《民国日报》　1926 年 2 月 17 日　第 61 册　第 480 页

15045　看今天国大续开　《申报》　1948 年 4 月 28 日　第 397 册　第 218 页

15046　看今天美国选举总统　《申报》　1948 年 11 月 2 日　第 399 册　第 218 页

15047　看今天上海的物价：读蒋总统谈话之后　《申报》　1948 年 8 月 23 日　第 398 册　第 426 页

15048　看晋察绥战场一角　《大公报》　1946 年 11 月 18 日　第 158 册　第 312 页

15049　看"抗战特辑"　《大公报》　1938 年 1 月 27 日　第 140 册　第 108 页

15050　看了工矿展览会之后　《大公报》　1944 年 2 月 26 日　第 152 册　第 248 页

15051　看了齐燮元谈话以后　《民国日报》　1924 年 1 月 20 日　第 49 册　第 268 页

15052　"看牌"和"赌国运"　《申报》　1940 年 10 月 13 日　第 372 册　第 560 页

15053　看庞黄遗像后的酸痛　《民国日报》　1922 年 2 月 16 日　第 37 册　第 532 页

15054　看清日本的真相！　《大公报》　1940 年 3 月 13 日　第 144 册　第 290 页

15055　看日本的阁潮　《申报》　1948 年 2 月 15 日　第 396 册　第 406 页

15056　看日本的生产战　《大公报》　1943 年 1 月 13 日　第 150 册　第 58 页

15057　看日本的战争议会　《大公报》　1944 年 12 月 25 日　第 153 册　第 778 页

15058　看日本联合内阁　《申报》　1949 年 2 月 21 日　第 400 册　第 310 页

15059　看日军怎样进犯武汉　《申报》（香港版）　1938 年 8 月 22 日　第 356 册　第 1097 页

15060　看上海人的同情心如何　《民国日报》　1921 年 3 月 11 日　第 32 册　第 142 页

15061　看下半年的塘沽新港　《大公报》　1948 年 7 月 8 日　第 163 册　第 410 页

15062　看下半年总预算　《大公报》　1948 年 8 月 19 日　第 163 册　第 662 页

15063　看义国四月选举　《申报》　1948 年 4 月 1 日　第 397 册　第 2 页

517 页

15188　抗战中之中国经济　《申报》　1938 年 10 月 24 日　第 359 册　第 260 页

15189　抗战中智识妇女的任务　《大公报》　1939 年 1 月 18 日　第 142 册　第 70 页

15190　"抗争"之事实如何　《申报》　1933 年 1 月 12 日　第 300 册　第 210 页

15191　考查之必要　《申报》　1928 年 3 月 27 日　第 244 册　第 649 页

15192　考察团应当注意的几件事　《中央日报》　1934 年 5 月 16 日　第 26 册　第 542 页

15193　考察团作何感想？　《大公报》　1935 年 5 月 27 日　第 126 册　第 420 页

15194　考察宪政大臣李家驹奏考察日本司法制度折　《申报》　1909 年 9 月 27 日　第 102 册　第 385 页

15195　考察宪政大臣李家驹奏考察日本司法制度折（续）　《申报》　1909 年 9 月 28 日　第 102 册　第 401 页

15196　考察宪政大臣李家驹奏考察日本司法制度折（再续）　《申报》　1909 年 9 月 29 日　第 102 册　第 418 页

15197　考察州县说　《申报》　1903 年 9 月 27 日　第 75 册　第 189 页

15198　考官章程书后　《申报》　1882 年 8 月 5 日　第 21 册　第 211 页

15199　考核各省市党政工作　《中央日报》　1941 年 9 月 13 日　第 45 册　第 186 页

15200　考核工作的检讨　《中央日报》　1942 年 1 月 17 日　第 45 册　第 706 页

15201　考核制度的固定化　《中央日报》　1943 年 3 月 24 日　第 47 册　第 850 页

15202　考绩与行政改进　《大公报》　1935 年 7 月 8 日　第 127 册　第 106 页

15203　考虑与试验　《申报》　1929 年 7 月 16 日　第 260 册　第 442 页

15204　考试的理论与根据（专论）/戴季陶　《民国日报》　1931 年 7 月 9 日　第 93 册　第 103 页

15205　考试非疏通仕途之法说　《申报》　1881 年 3 月 31 日　第 18 册　第 329 页

15206　考试攻冒籍平议　《申报》　1899 年 4 月 21 日　第 61 册　第 683 页

15207　考试录取人员之消纳问题　《中央日报》　1931 年 6 月 26 日　第 14 册　第 1059 页

15208　考试论上　《申报》　1873 年 11 月 12 日　第 3 册　第 461 页

15209　考试论下　《申报》　1873 年 11 月 15 日　第 3 册　第 473 页

15210　考试论中　《申报》　1873 年 11 月 14 日　第 3 册　第 469 页

15211　考试冒籍宜设法限制论　《申报》　1874 年 7 月 30 日　第 5 册　第 101 页

15212　考试蒙师说　《申报》　1903 年 7 月 29 日　第 74 册　第 621 页

15213　考试西学西法议　《申报》　1889 年 8 月 23 日　第 35 册　第 333 页

15214　考试医生议　《申报》　1901 年 9 月 26 日　第 69 册　第 151 页

15215　考试用人论　《申报》　1872 年 5 月 18 日　第 1 册　第 57 页

15216　考试院成立后的吏治问题　《民国日报》　1930 年 1 月 9 日　第 84 册　第 100 页

15217　考试院今年举办各种考试　《民国日报》　1931 年 1 月 29 日　第 90 册　第 251 页

15218　考试制的实行（言论）　《民国日报》　1925 年 5 月 22 日　第 57 册　第 286 页

15219　考选与铨叙　《申报》　1944 年 4 月 13 日　第 385 册　第 359 页

15220　考医说　《申报》　1883 年 8 月 28 日　第 23 册　第 351 页

15221　考政前途之曙光　《中央日报》　1931 年 8 月 17 日　第 15 册　第 535 页

15222　靠天吃饭说　《申报》　1891 年 7 月 1 日　第 39 册　第 1 页

15223　靠徐树铮做事和望徐树铮解罪的分别　《民国日报》　1919 年 11 月 29 日　第 24 册　第 338 页

15224　苛敛　《申报》　1915 年 3 月 11 日　第 133 册　第 160 页

15225　苛税　《申报》　1916 年 12 月 3 日　第 143 册　第 598 页

15226　科场刍议　《申报》　1894 年 2 月 18 日　第 46 册　第 275 页

15227　科场条例略述　《申报》　1893 年 9 月 14 日　第 45 册　第 89 页

15228　科场舞弊论　《申报》　1893 年 11 月 12 日　第 45 册　第 491 页

15229　科场舞弊闲评　《申报》　1904 年 1 月 10 日　第 76 册　第 57 页

15230　科举必不遽停说　《申报》　1902 年 9 月 25 日　第 72 册　第 161 页

15231　科举改章说　《申报》　1898 年 7 月 29 日　第 59 册　第 603 页

15232　科举文不宜用怪诞字面说　《申报》　1903 年 8 月 12 日　第 74 册　第 721 页

15233　科举学堂合而为一论　《申报》　1903 年 7 月 13 日　第 74 册　第 507 页

15234　科目不在费时文论　《申报》　1895 年 9 月 26 日　第 51 册　第 169 页

15235　科学·民主·与理性：为纪念"五四"而作　《申报》　1948 年 5 月 4 日　第 397 册　第 266 页

15236　科学的民主与民主的科学：中国最需要民主和科学/蔡尚思（星期论文）　《大公报》　1948 年 5 月 9 日　第 163 册　第 50 页

15237　科学化与科学精神/徐旭生（星期论坛）　《申报》　1937 年 4 月 18 日　第 351 册　第 430 页

15238　科学家的使命　《中央日报》　1944 年 11 月 6 日　第 50 册　第 304 页

15239　科学家之于中国　《申报》　1940 年 8 月 24 日　第 371 册　第 708 页

15240　科学进步对于战争观念之改变/赵曾珏（星期论坛）　《申报》　1946 年 1

15341　恳劝第十八集团军　《大公报》　1941 年 7 月 21 日　第 147 册　第 82 页

15342　恳谈本区市县区现状以后的感想/陈彬龢（代论）　《申报》　1944 年 9 月
18 日　第 386 册　第 259 页

15343　空洞无物　《申报》　1922 年 12 月 10 日　第 187 册　第 199 页

15344　空防问题　《中央日报》　1932 年 10 月 12 日　第 19 册　第 578 页

15345　空军的反攻　《中央日报》　1942 年 10 月 28 日　第 46 册　第 1074 页

15346　空军的决定力　《中央日报》　1944 年 5 月 25 日　第 49 册　第 648 页

15347　空军基地网的争夺　《中央日报》　1945 年 7 月 11 日　第 51 册　第
242 页

15348　空军节论"空中心理"　《中央日报》　1944 年 8 月 14 日　第 49 册　第
1006 页

15349　空军节应有的认识　《中央日报》　1942 年 8 月 14 日　第 46 册　第
600 页

15350　空军夜袭日本九州　《大公报》　1938 年 5 月 21 日　第 140 册　第 618 页

15351　空军战略问题　《申报》（汉口版）　1938 年 3 月 18 日　第 356 册　第
125 页

15352　空气问题　《大公报》　1940 年 8 月 16 日　第 145 册　第 164 页

15353　空前水灾中之外交危机　《大公报》　1931 年 9 月 4 日　第 104 册　第
页 39

15354　空前重要的一次集会　《中央日报》　1947 年 3 月 16 日　第 55 册　第
770 页

15355　空权时代与中国/沙学浚（星期论文）　《大公报》　1944 年 8 月 15 日
第 153 册　第 208 页

15356　空文与实力　《申报》　1914 年 11 月 5 日　第 131 册　第 58 页

15357　空袭声中几件要务　《申报》　1945 年 7 月 18 日　第 387 册　第 493 页

15358　空袭随评　《大公报》　1941 年 8 月 12 日　第 147 册　第 160 页

15359　空袭下的英雄　《大公报》　1940 年 6 月 13 日　第 144 册　第 660 页

15360　空想　《申报》　1924 年 5 月 18 日　第 202 册　第 381 页

15361　空心大老　《申报》　1921 年 10 月 29 日　第 174 册　第 624 页

15362　空虚之十年　《申报》　1921 年 12 月 31 日　第 176 册　第 594 页

15363　空言废除军事协约　《民国日报》　1920 年 11 月 14 日　第 30 册　第
184 页

15364　空言与实事　《申报》　1920 年 8 月 31 日　第 165 册　第 1101 页

15365　空言与事实　《申报》　1937 年 3 月 3 日　第 350 册　第 56 页

15366　空言之两解　《申报》　1925 年 5 月 23 日　第 212 册　第 454 页

15367　空运的空前惨剧　《申报》　1946 年 12 月 28 日　第 391 册　第 694 页

15398   寇深祸迫   《申报》   1931 年 11 月 28 日   第 288 册   第 682 页

15399   哭陈布雷先生   《申报》   1948 年 11 月 15 日   第 399 册   第 300 页

15400   哭楚伧先生   《民国日报》   1946 年 2 月 17 日   第 97 册   第 181 页

15401   哭甘地! 悲人世!   《大公报》   1948 年 2 月 1 日   第 162 册   第 196 页

15402   哭黄先生有感   《民国日报》   1916 年 11 月 4 日   第 6 册   第 38 页

15403   哭刘斌（社评）   《民国日报》   1927 年 8 月 31 日   第 69 册   第 894 页

15404   苦兵   《申报》   1925 年 3 月 10 日   第 210 册   第 178 页

15405   苦不自知   《申报》   1929 年 7 月 4 日   第 260 册   第 99 页

15406   苦乐   《申报》   1926 年 8 月 20 日   第 226 册   第 472 页

15407   苦乐辨   《申报》   1890 年 9 月 24 日   第 37 册   第 549 页

15408   苦闷与快乐（专论）/胡朴安   《民国日报》   1946 年 12 月 14 日   第 99
册   第 471 页

15409   苦闷中的出路   《申报》   1939 年 8 月 20 日   第 365 册   第 830 页

15410   苦闷中之期待   《大公报》   1928 年 5 月 1 日   第 84 册   第 1 页

15411   苦心   《申报》   1921 年 2 月 1 日   第 168 册   第 507 页

15412   苦心孤诣   《申报》   1928 年 12 月 29 日   第 253 册   第 827 页

15413   苦心孤诣争取和平   《中央日报》   1946 年 3 月 18 日   第 52 册   第
650 页

15414   苦战中之精神的收获   《大公报》   1933 年 5 月 14 日   第 114 册   第
186 页

15415   苦衷   《申报》   1919 年 11 月 18 日   第 161 册   第 307 页

15416   苦衷   《申报》   1920 年 5 月 2 日   第 164 册   第 29 页

15417   库尔斯克·西西里·南太平洋   《申报》   1943 年 7 月 14 日   第 384 册
第 233 页

15418   库伦警信   《申报》   1911 年 10 月 11 日   第 114 册   第 701 页

15419   "库伦政府"   《申报》   1913 年 10 月 30 日   第 124 册   第 814 页

15420   库事   《申报》   1920 年 11 月 21 日   第 167 册   第 353 页

15421   库事与珲案   《申报》   1920 年 11 月 18 日   第 167 册   第 307 页

15422   库页岛千岛之改隶   《申报》   1946 年 3 月 1 日   第 388 册   第 319 页

15423   快办北方汉奸   《大公报》   1945 年 11 月 23 日   第 155 册   第 626 页

15424   快办汉奸严办汉奸   《大公报》   1945 年 11 月 9 日   第 155 册   第 568 页

15425   快办冀东善后   《大公报》   1946 年 11 月 25 日   第 158 册   第 358 页

15426   快办苏北善后   《大公报》   1946 年 11 月 20 日   第 158 册   第 324 页

15427   快反对官立国民大会   《民国日报》   1920 年 8 月 27 日   第 28 册   第
800 页

15428   快给北方人民一些安慰   《大公报》   1948 年 1 月 23 日   第 162 册   第

15513   扩大政治团结：支持民族战争   《中央日报》   1948 年 12 月 1 日   第 60
册   第 678 页

15514   扩大中英美经济合作   《中央日报》   1941 年 10 月 16 日   第 45 册   第
324 页

15515   扩大重庆   抵抗烧炸   《大公报》   1940 年 8 月 21 日   第 145 册   第
182 页

15516   扩大助学运动的建议   《申报》   1943 年 6 月 23 日   第 384 册   第 133 页

15517   扩会公布国府组织大纲   《大公报》   1930 年 9 月 3 日   第 98 册   第
28 页

15518   扩军声中之各国军备   《中央日报》   1936 年 8 月 29 日   第 35 册   第
713 页

15519   扩军与裁军   《中央日报》   1948 年 10 月 18 日   第 60 册   第 366 页

15520   扩张势力   《申报》   1920 年 10 月 17 日   第 166 册   第 809 页

15521   廓清党治与民主之认识   《民国日报》   1946 年 1 月 21 日   第 97 册   第
83 页

15522   廓清幻想与悲观心理   《中央日报》   1939 年 1 月 8 日   第 41 册   第
512 页

15523   廓清内忧之亟务   《大公报》   1936 年 2 月 22 日   第 130 册   第 582 页

15524   廓清投机市场   《申报》   1941 年 7 月 8 日   第 376 册   第 848 页